海外우리語文學硏究叢書60

리두연구

홍기문
1957

한국문화사

리영훈

홍기문 저

리두 연구

조선 민주주의 인민 공화국 과학원 출판사
1957

목 차

범 례……………………………………(1)

제 1 편 리두의 내용 및 력사

제 1 장 한'자와 리두의 관계………………(5)
  제 1 절 조선의 한문 수입………………(5)
  제 2 절 조선 한문의 특징………………(9)
  제 3 절 한문의 독송법……………………(13)
  제 4 절 한'자로의 조선어 기사법………(17)
  제 5 절 리두 구성의 기본적 요소………(24)

제 2 장 리두의 각종 형태……………………(26)
  제 1 절 초기 리두…………………………(26)
  제 2 절 리찰………………………………(29)
  제 3 절 향찰………………………………(31)
  제 4 절 구결………………………………(34)

제 3 장 리두의 발달·행정……………………(38)
  제 1 절 고구려에서의 발생………………(38)
  제 2 절 신라에서의 완성…………………(45)
  제 3 절 정음자와 리두의 관계……………(48)
  제 4 절 이중 서사어에서 삼중 서사어에로…(52)

제 4 장 리두에 대한 연구……………………(54)
  제 1 절 리조 시대의 연구…………………(54)
  제 2 절 최근의 연구………………………(58)

제 2 편 리찰의 문법적 분석

제 1 장 리두자…………………………………(62)
  제 1 절 새로 만든 자………………………(62)

제 2 절　변해 쓰는 자……………………………(71)
　　제 3 절　표음하는 자……………………………(84)
　　제 4 절　변형시킨 자……………………………(86)

제 2 장　리두어……………………………………(89)
　　제 1 절　명사류……………………………………(89)
　　제 2 절　부사류……………………………………(106)
　　제 3 절　형용사 및 동사류………………………(120)
　　제 4 절　성어류……………………………………(130)

제 3 장　리두 토……………………………………(131)
　　제 1 절　격 위치…………………………………(131)
　　제 2 절　법 위치…………………………………(153)
　　제 3 절　접속 위치………………………………(161)
　　제 4 절　규정 위치………………………………(201)
　　제 5 절　보조 토…………………………………(213)
　　제 6 절　류사 토…………………………………(238)
　　제 7 절　대용 토…………………………………(246)
　　제 8 절　복합 토…………………………………(250)

제 4 장　문장 구성의　몇 가지 원칙……………(262)
　　제 1 절　단어의 순서……………………………(262)
　　제 2 절　성어 및 성구의 구성…………………(268)
　　제 3 절　토의 생략………………………………(271)
　　제 4 절　특수한 구법……………………………(275)
　　제 5 절　시자식(是字式) 문장과
　　　　　　 위자식(爲字式) 문장…………………(281)
　　제 6 절　간접 대화법……………………………(284)

제 5 장　리 두 음…………………………………(286)
　　제 1 절　리두음의 전승 내용……………………(286)

제 2 절 리두어에 반영된 구두어의 변천·············(289)

제 3 편 리찰 문헌 역해

제 1 장 10 세기 이전의 문헌·····················(295)
  제 1 절 평양 성돌································(295)
  제 2 절 신라 시대의 금석 문'자···················(299)
제 2 장 10 세기에서 14 세기까지의 문헌···········(313)
  제 1 절 고려 시대의 금석 문'자····················(313)
  제 2 절 정도사(淨兜寺) 석탑기(石塔記)··········(321)
  제 3 절 백암사(白岩寺) 고문서····················(333)
  제 4 절 대명률 직해(大明律 直解)················(347)
제 3 장 15 세기 이후의 문헌······················(357)
  제 1 절 재산 관계의 고문서·······················(357)
  제 2 절 소수서원 립의····························(366)
  제 3 절 보고문 및 지시문·························(373)
  제 4 절 초사····································(384)
  제 5 절 토지 매매 문서···························(401)
  제 6 절 노비 매매 문서···························(407)

제 4 편 《리문》 주석

범 례

1. 본편 내용에 대하여

이 저서의 네 편이 일정한 련계를 가지고 있는 동시에 각각 독립한 내용으로 저술되여 있다. 즉 제 1편에서는 리두 전체에 대한 력사적 발달 행정을 해명하고, 제 2편에서는 리찰에 대한 문법적 분석을 진행하고, 제 3편에서는 리찰의 중요한 문헌들을 역해하고, 제 4편에서는 리찰 관계의 귀중한 자료인 《리문》을 간단히 주석해 놓은 것이다.

이상의 서로 다른 제목은 오직 그 취급되는 내용의 명확한 한계만을 의미하는 것 뿐만 아니라 어느 정도 서술하는 체재의 차이까지도 의미하고 있다. 즉 제 4편의 《리문》 주석이 그 우의 세 편과 체재를 달리 하는 것은 설명할 것이 없고, 그 세 편 가운데서도 제 1편은 력사 부문, 제 2편은 문법 부문, 제 3편은 고전 역해의 부문으로서 꼭 동일한 체재를 갖출 수는 없으며, 매 편을 거의 독립한 저서로 보아도 좋다. 요컨대 리두 그 중 특히 리찰을 중심 삼은 네 종류의 적은 저서를 합간하는 셈이다.

2. 인용 문헌의 정확성에 대하여

이 저서에는 물론 고대의 금석 문'자, 고문서 및 기타의 고전 문헌 등이 많이 인용되여 있는 중 그 대부분이 이런 서적, 저런 서적으로부터의 두 벌 인용인 것이다. 만일 그 원본이나 진적과 대조하여 본다면 다소간의 그릇됨이 없지 않을 것이로되, 원본 및 진적을 얻어 볼 수 없는 지금의 형편 아래 실로 부득이한 바다. 심지어 전률통보 (典律通補), 고금석림 (古今釋林), 어록변증 (語錄辨證), 유서필지 (儒胥必知) 등을 그 어느 한 권도 가지고 있지 못하다. 리찰용 한'자의 상이한 음도 직접 이 네 서적에 의거하지 못하고 향가 급 리두 연구 (鄕歌 及 吏讀 硏究), 리두 집성 (吏讀 集成), 대명률 직해 (大明律 直解)의 부록인 리두 략해 (吏讀 略解) 등에 의거한 데 지나지 않는다 (이 책을 저작하는 도중 유서 필지의 사본 (寫本)을 한 권 얻었다. 거기 의해 그 례문은 인용한다). 비록 부득이한 사정에 기인한다고는 하더라도 이 점이 이 저서의 결함으로 되는 것을 방지할 수는 없는 것이다. 애초부터 이런 결함을 스스로 고려해서 어디까지나 신중한 태도를 취하느리고 하였지마는 종당 그 결함을 완전히 벗어 날 수는 없는 것이다.

3. 인용 문헌의 범위에 대하여

향찰로 된 문헌이 아주 적게 전해 온다는 것은 누구나 잘 알고 있는 반대로 전해 오는 리찰 문헌이 역시 풍부치 못하다는 것을 아는 사람은 비교적 드물다. 사실상 사용된 년대가 훨씬 더 길고 또 사용된 령역이 훨씬 더 넓은 데 비해서는, 리찰 문헌이 향찰 문헌보다도 도리여 아주 적은 비률로 보존되고 있다. 본래 리찰 문헌이란 것은 대개 문장이 규격화되여 있는 고문서가 아니라면 분량이 극히 제한되여 있는 금석 문'자다. 그러한 문헌이 얼마만큼 많다고 하더라도 리찰의 전모를 연구하기 위해서 충분한 자료로는 되지 못하는 것이다.

그런데 다행히도 대명률 직해는 우선 권수가 30 권에 이르니 비교적 많은 분량이요, 또 각 항의 법률 조문을 해석한 것이므로 그 내용도 다채로운 편이다. 리찰의 문법적 분석을 위시해서 기타 그 용례를 필요로 할 경우에는 아무래도 대명률 직해를 기본으로 삼지 않을 수 없다.

그러나 대명률 직해의 리찰이 정도사(淨兜寺) 석탑기(石塔記)와 약간 틀리고, 또 정도사 석탑기의 리찰이 청선원(淸禪院) 자적탑비(慈寂塔碑)와 결코 동일하지 않다. 거기는 물론 년대를 따르는 변천도 인정해야 되겠지마는 그와 함께 동일한 년대에도 문체의 상위를 인정해야 된다. 그러므로 오직 대명률 직해를 위주하는 편향만은 되도록 주의하였다. 용례도 될 수 있는 한 다른 문헌으로부터 끌어 오려고 노력하였다. 단지 저자로서는 현재 리두 집성, 잡고 등에 들어 있는 이외 더 많은 자료를 가지지 못하고 있다. 인용 문헌의 범위가 자연히 좁아지지 않을 수 없다.

4. 고전 문헌의 명칭에 대하여

리찰 문헌의 어느 것은 서로 밀접한 관련을 가지고 있음에도 불구하고 각기 다른 명칭으로 불리고 있다. 례컨대 장성(長城) 백암사(白岩寺) 관계의 고문서 석 장을, 첫장은 승록사첩문(僧錄司★1貼文★2), 둘째 장은 감무관첩문(監務官貼文), 세째 장은 감무관자(監務關字)라고 하는 류다. 이렇게 달리 불려서는 그 호상의 관련이 전연 가리워지고 말 것이다. 차라리 그 전부를 《백암사 고문서》라고 통칭하면서, 그 매개의 장을 다시 번호로서 구별하는 것만 같지 못하다.

리찰 문헌의 어느 것은 이미 일정한 명칭이 있음에도 불구하고 임의의

★1. 승록사(僧錄司). 중 및 절에 관한 사무를 처리하던 중앙 관청.

★2. 첩문(貼文). 룡지서의 뜻으로서 후대의 帖字란 리두어와 비슷한 의미의 말이다. 帖字를 《첫지》라고 읽는 것으로 미루어서 貼도 역시 《체》라고 읽었을지 모른다.

략칭으로 인하여 다시 뒤섞이고 있다. 례컨대 《약목현(若木縣)★3 정도사(淨兜寺) 오층탑(五層塔) 조성(造成) 형지기(形止記)》 ★4를 혹은 《정도사 조탑기》, 혹은 《정도사 오층탑기》, 또 혹은 《정도사 석탑기》라고 하는 류다. 이렇게 여러 가지의 명칭으로 뒤섞어서는 일종의 혼란을 면치 못한다. 그 중 《정도사 석탑기》와 같이 가장 타당하다고 인정되는 한 개의 략칭으로 고정시키는 것이 필요하다.

비단 이상 두 문헌에 한하는 말이 아니다. 고전 문헌의 명칭을 되도록 이러한 방향에서 정리하였다.

5. 전문적 용어에 대하여

어떠한 부문의 전문적인 설명을 진행함에 림해서 거기 관련된 전문적 용어를 사용하지 않을 수는 물론 없다. 지금 이 저서에서도 이미 일반적으로 알려져 있는 것을 사용할 뿐만 아니라 때에 따라서는 저자 자신이 새로 만들어서까지 사용하고 있다. 그러나 전문적 용어가 저자 편으로 설명상 극히 편리한 것 같이, 독자 편으로 리해하기는 그렇게 용이하지 못하다. 꼭 필요하다고 인정되는 경우 이외 그런 전문적 용어의 사용을 피하기로 하였다. 그 중에서도 이미 일반적으로 사용되고 있는 것보다 저자가 새로 만든 것은 더 생소하고 난삽할 것이 물론이다. 아주 부득이한 경우 이외 새로운 용어를 만들지 않기로 하였다.

6. 조선어 력사 문법에 관한 리론 체계에 대하여

조선어 력사 문법에 대한 저자의 견해는 그 태반이 리찰 연구의 과정에서 구성된 것인 동시에, 리찰에 대한 저자의 해석은 조선어 력사 문법에 관한 전 리론 체계로부터 연역된 것이다. 력사 문법에 관한 전 리론 체계를 명확히 료해함이 없이는 그 해석의 마디마디에서 의문을 일으키게 될 점이 없지 않다. 그러나 그것은 따로 독립적인 저서로 발표되여야 한다. 이러한 저서에 덧붙이여 설명될 성질의 것은 아니다. 그래서 전번 《향가 해석》을 간행할 때도 되도록 력사 문법에 관한 리론 체계를 풀어 놓지 않았거니와, 이제 이 저서에서도 역시 마찬가지의 태도를 취한다. 앞으로 계속해 그러한 저서를 집필해서 저자의 전체 견해를 명확히 드러내려고 예정하고 있거니와 그런 저서가 나오기 이전까지는 이미 발표된 저자의 론문들을 참고해 주기 청한다.

★3. 약목현(若木縣). 경북 칠곡(漆谷)군의 옛이름.
★4. 형지기(形止記). 어떤 물건의 현상 및 력사적 경과를 상세히 서술한 문건.

제 1 편   리두의 내용 및 력사

제 1 장   한'자와 리두의 관계

제 1 절   조선의 한문 수입

리두란 어떤 것인가? 한'자를 리용하여 조선어를 기사하는 문'자 체계다. 한문과 어떻게 다른가? 조선어의 문법 구조에 따라 개편된 한문의 한 문체다. 하여튼 한문이 조선서 사용되지 않았다고 가정할 것 같으면 리두가 애초부터 존재하였을 수 없다. 리두를 해석하기 위해서는 먼저 한'자가 조선서 사용된 경로를 해명하는 것이 필요하다.

물론 그 문제가 지금 그렇게 명확히 연구되여 있는 것은 아니다. 우선 한'자가 처음 조선에 수입된 년대부터 명확치 못한 것이다.

중국 옛문헌에는 전해 오기를 기원전 1122년 경에 주국의 은(殷)이란 나라가 주(周)란 나라에게 정복되자 은 나라의 왕족인 기자(箕子)가 조선으로 피해 와서 드디여 조선의 임금으로 되였다고 한다. 과거의 많은 학자들은 이 이야기를 무조건 믿었기 때문에 한'자도 기자가 처음 조선으로 올 때 함께 가지고 왔으리라고 추정하였다. 그러나 여기 대해서는 여러 가지의 의문이 있다. 첫째 진, 한(秦,漢) 이전, 즉 기원전 246년 이전의 문헌에도 기자의 이름이 나옴에 불구하고 조선으로 피해 왔다는 말은 전연 없고, 오직 기자 시대로부터 7~8백년 이후 저작된 상서대전

(尙書大傳)과 사기(史記)에 비로소 그 이야기가 실리여 있으며, 둘째 또 상서대전과 사기에서 기자가 피해 갔다는 조선도 오늘의 조선이 아니라 사기와 한서(漢書)에서 서술하고 있는 고조선이며, 세째 한서 지리지(地理志)에서는 기자가 조선으로 피해 와서 조선 사람에게 례절, 의리, 농사 짓고 누에 치는 일, 길쌈 짜는 일 등을 가르치였다고 말하면서 한'자에 대해서는 일언 반구 언급치 않았으며 네째 기원전 1122년 경이라면 한'자가 과연 다른 종족에게까지 전습되도록 완비한 체계를 이루었겠는가 하는 것이 근본적으로 의문시되는 바다.

사기와 한서의 조선렬전에서는 기록하기를 기원전 109년에 한(漢) 나라가 조선을 정복하고 락랑(樂浪) ★1, 현토(玄菟) 등의 군(郡)을 설치하였다고 한다. 오늘의 일부 학자들은 이 기록을 근거로 삼아서 조선서 한'자를 수입한 것이 이 시대부터는 아주 확실하리라고 추정한다. 그러나 여기 대해서도 몇 가지의 의문이 있다. 첫째 한 나라에서 락랑, 현토 등의 고을로 만들었다고 하는 고조선의 지점이 아직도 명확치 못한만큼 반드시 오늘의 조선에 해당하다고는 경솔히 단언할 수 없을 뿐만 아니라, 둘째 설사 또 락랑, 현토 등 한 나라의 고을들이 오늘의 조선 안에 설치되였었다고 하더라도 락랑, 현토 등지에 이주해 온 중국인끼리 한'자를 사용한 것과 그 원주 종족들이 한'자를 사용한 것은 또 별개의 문제로 된다.

삼국 사기(三國 史記) 고구려(高句麗) 본기(本紀)에는 기원전 17년에 고구려 제 2세 임금인 류리왕(瑠璃王)이 시앗 싸움으로 인하여 도망 간 중국인 출신의 치희(雉姬)라는 안해를 뒤좇아 가다가 돌아 와서 피꼬리를 두고 노래를 ★2 지었다고 하면서 한

─────────

★1. 락랑(樂浪). 한서 지리지(漢書 地理志)에서 7 세기의 중국 학자 안 사고(顔師古)는《樂》의 음은 洛(락)이요 浪의 음은 狼(랑)이라고 분명히 주를 달았다. 안 사고의 이 주를 부정할 만한 유력한 론증이 없는 이상 樂을《락》으로 읽지 않고《악》으로 읽을 근거는 없다고 본다.

★2. 류리왕(瑠璃王)의 노래. 그 전문은《翩翩黃鳥 雌雄相依 念我之獨 誰其與歸》의 16 자다. 혹은 이것을 황조가(黃鳥歌)라고까지 이름 지어 부르는 사람들도 있다.

편의 한시를 소개하여 놓았다.. 이렇게 한시가 저작된 것으로 미루어서는 류리왕 당시 벌써 고구려에서 한'자가 어느 정도 사용된 것이라고 볼지도 모른다. 그러나 삼국 사기에는 분명히 노래를 불렀다고 기록하였을 뿐이요 한시를 지었다고는 기록하지 않았다. 류리왕의 노래가 본래부터 한시로 저작되였다고 보기보다 후대에 내려 와서 한시체로 번역하였다고 보는 것이 오히려 더 타당하다.

일본 력사에는 3 세기경에 왕인(王仁)이라는 백제(百濟) 사람이 처음으로 그 나라에 한'자를 전해 주었다고 한다. 이렇게 외국으로까지 전해 준 것으로 미루어서는 그 당시 백제에서 한'자가 상당히 보급된 것이라고 볼지도 모른다. 그러나 백제의 어느 개인이 한'자를 일본에 전해 준 그 것만을 가지고서 전 백제에 한문이 보급된 정도를 측량하려는 것은 곤난하다. 전 백제에 한문이 그다지 보급되지 못하였을 경우에도 특별한 관계에 의해서 또는 특출한 사람에 의해서 그런 일이 진행될 수도 없지 않다.

물론 이상을 종합해서 볼 때 조선 사람이 한'자와 접촉한 것이 아주 오래다는 그 사실만은 거의 의심이 없다. 기원보다도 훨씬 이전이거나 적어도 그 직후였을 것이다. 그러나 어떠한 한 두 개인이 한문을 처음 학습하였다거나 어떠한 개별적인 경우에 한문이 사용되였다거나 그런 것을 지금 문제로 삼고 있는 것은 결코 아니다. 우리에게 문제로 되는 바는 그것이 전 종족 내지 전 국가를 통해 하나의 공용적 문'자로 사용된 그 점인 것이다. 그런데 한'자는 다른 문'자와 달라서 한문을 떨어져서는 아무 짝에도 소용이 없는 것이다. 그러므로 한'자가 공용적 문'자로 사용되기 까지에는 한문이 일정한 범위로 보급될 수 있는 일정한 시일을 요구한다. 더구나 그 종족의 사회-경제적 발달이 일정한 단계에 도달치 않고서는 공용적 문'자에 대한 요구도 그렇게 강렬하게 움직일 수 없는 것이다. 그러므로 옛날의 조선 사람이 한문을 학습해 가면서까지 한'자를 공용적 문'자로 사용한 그 과정은 반드시 그들의 사회 경제적 발달 단계와 결부해서 고찰하여야 한다. 요컨대 조선에서 한'자를 공용적 문'자로 사용한 것이 그 최초의 접촉보다 훨씬 후대라는 그 사실은 아주 명백하다. 아무래도 그 사이에는 몇 세기가 가로 놓이여 있을 수밖에 없다.

고구려에서 한'자가 공용적 문'자로 사용된 증거로서 현재까지 드러난 가운데 가장 오랜 것은 414년에 세운 광개토경왕(廣開土境王)의 비문을 위시해서, 최근 경주서 발굴된 그와 같은 년대의 호우(壺杅)★3 와, 그 역시 그와 비슷한 년대의 소위 모두루총(牟頭婁塚)★4 으로 일컫는 고구려 고분의 지문(誌文) 등이다. 이렇게 5세기 초에 이르러서 한'자를 사용한 증거가 많이 드러나는 것도 한갓 우연한 현상만으로 보아 버리기는 어렵다. 더구나 광개토경왕의 비문 가운데는 《웃대의 예전 임금들로부터 내려 오면서 무덤 우에 돌비를 만들지 않았기 때문에 무덤직이의 연호(烟戶)들을 섞바뀌게 하였는데, 광개토경호태왕(廣開土境好太王)이 조상 임금들을 위해서 모두 무덤 우에 비를 세움으로써 그 연호를 새기여 섞바뀌지 않게 하였다.》고 기록하였다. 이렇게 광개토경왕 이전에는 없던 돌비를 광개토경왕 때로부터 세우기 시작한 데서도 한'자의 공용이 더 한층 공고해진 것을 엿볼 수 있다.

신라에서 한'자가 공용적 문'자로 사용된 증거로서 현재까지 드러난 가운데 가장 오랜 것은 551년에 세운 창녕비(昌寧碑), 568년에 세운 함주(咸州)의 황초령비(黃草嶺碑)와 리원(利原)의 마운령비(磨雲嶺碑), 그 중간 년대로 추정되는 양주(楊州)의 북한산비(北漢山碑) 등 진흥왕(眞興王) 시대의 네 비문이다. 이 네 비문은 광개토경왕의 비문보다 약 한 세기 반이나 뒤떨어지는 것

★3. 호우(壺杅). 8·15 직후 경주(慶州)에서 발굴된 로기인바, 거기에는 광개토경왕의 비문 중의 한 마디를 써 넣어서 구었다.
★4. 모두루총(牟頭婁塚). 만포(滿浦) 대안인 중국 집안현(輯安縣)에서 발견된 고구려 고분이다. 그 정면 벽 우에 한'자로 쓴 지문(誌文)이 있고, 그 중에는 《大使者 牟頭婁》, 또는 《奴客 牟頭婁》란 말이 나온다. 그러나 결락된 글'자가 많아서 이 《牟頭婁》가 무덤 임자의 이름인지 아닌지는 분명하지 않다. 일본 학자들이 곧 그 무덤의 임자를 《牟頭婁》라고 단정해서 《牟頭婁塚》이라고 부른 데는 다소 신중한 태도가 결핍되여 있다.

이다. 만일 광개토경왕의 비문 중의 한 구절을 넣어서 만든 호우(壺杅)가 경주서 발굴된 것으로 미루어 생각한다면 신라의 한'자는 다시 고구려를 통해서 수입된 것이 아닌가 한다. 현재까지 드러난 유물의 차이나는 년대가 바로 한'자의 공용이 시작된 년대의 차이는 아니라고 하더라도, 신라가 고구려보다 얼마쯤 뒤떨어졌을 것만은 틀림 없는 사실이다.

이상으로써 우리는 우선 한 가지의 사실을 명확히 단언할 수 있다. 즉 5세기 초 내지 4세기 말까지 고구려에서는 벌써 한'자를 완전히 '공용 문'자로 사용하였으며, 6세기까지 신라에서는 또한 한'자를 완전히 공용 문'자로 사용하였다는 것이다. 단지 백제로부터는 아직까지 오랜 금석 문'자기 발견되지 못하고 있으나, 그 역시 고구려, 신라의 두 나라와 비슷한 년대로 추정할 수 있다. 다른 문화 관계로 따지여서는 고구려보다 약간 뒤지고 신라보다 조금 앞섰을 것으로 보인다.

제 2 절 조선 한문의 특징

요컨대 한문은 중국의 고대어와 결부되여 발달된 것인 동시에 조선 사람에게 대해서 완전한 한 개의 외국어다. 한'자가 한문과 떨어질 수 없는 이상 한'자의 공용은 곧 한 개의 외국어를 공용한다는 결과와 같다. 단지 언어는 입으로만 말하는 것이 아니라 글로 적기도 한다. 한문이 중국에 있어서는 그 어느 편에 속하였으며 또 조선으로 와서는 다시 그 어느 편에 속하였을가를 생각해 볼 필요가 있다.

지금 언어 학자들 간에서 입으로 하는 말을 구두어(口頭語)라고 일컫고 글로 적는 말을 서사어(書寫語)라고 일컫는다. 이와 같은 구두어와 서사어의 구별을 념두에 두면서 어떠한 한 언어 집단이 다른 언어와 접촉되는 관계를 살피여 볼 때는 서로 다른 여러 경우가 존재한다는 것을 발견하게 될 것이다.

우선 첫째 저 곳에서 구두어와 서사어의 량편으로 쓰이는 언어를 이 곳에서도 량편으로 똑 같이 접촉할 경우가 있다. 비교적 발달된 언어와의 접촉에는 이런 실례가 많고, 또 근대로 내려 오면서 이런 실례가 더욱 많아진다.

　그 다음은 저 곳에서 구두어로만 쓰이는 언어를 이 곳에서 역시 구두어로서 접촉하는 것이요, 또 그 다음은 저 곳에서 서사어로만 쓰이는 언어를 이 곳에서 역시 서사어로서 접촉하는 것이다. 먼저 경우에 대해서는 오늘날도 그 실례를 찾아 내기가 별로 어렵지 않거니와, 나중 경우로 말해도 특수한 조건에 의해서 력사적으로 성립된 실례가 그렇게 희귀한 것은 아니다. 추상적으로는 구두어를 서사어로서 접촉하고, 서사어를 구두어로서 접촉하는 경우도 가정할 것이나, 력사상 그런 실례가 있지는 않다. 어떠한 한 언어 집단에서 다른 언어와 접촉하는 관계를 구체적 사실에 의해서 분석한다면 오직 상기 세 경우에 한하게 된다.

　그러면 조선에서 처음 한문을 접촉한 것은 그 어느 편이였을가? 물론 서사어다. 그 당시 중국의 한문은 그 어느 편이였을가? 그것이 기원 이전이거나 이후거나를 따질 것이 없이 역시 서사어다. 중국의 구두어를 조선 사람도 구두어로 접촉키 위해서는 다시 별개의 과정을 필요로 하지 않을 수 없다. 조선의 한문이 서사어를 서사어로서 접촉한 전형적 실례의 하나로 되고 있다. 요컨대 조선의 사회-경제적 발전 단계는 서사어를 요구함에 불구하고 그 때까지 아직 그런 것은 존재치 못하였다. 여기서 중국의 서사어인 한문은 조선에 수입되여 조선의 서사어로 정립되기에 이르렀다.

　오직 옛날의 우리만이 남의 서사어를 빌어서 자기 서사어로 쓴 것은 아니다. 중세기에 영국, 독일, 불란서 등 각국이 라틴어를 서사어로 삼았던 것과, 일찌기 로씨야에서 고대 슬라브어를 서사어로 삼았던 것 등도 또한 마찬가지다. 또 극동에서도 우리 이외 한문을 가지고 서사어로 쓴 나라들이 없지 않다. 우선 일본, 월남 등이 모두 그러하다. 본래 한'자는 표음 문'자가 아니라 표의 문'자다. 그로 말미암아 한'자가 한문과 떨어질 수도 없게 되는 동시에 다른 나라에 의해서 한문이 서사어로 차용되는 유리한 조건으로도 되는 것이다.

하여튼 중국 한문이 조선에 수입되여 서사어로 정립되면서 곧 조선 한문으로 인정되였다. 조선 사람에게 대해서 한문은 벌써 한 개의 단순한 외국어인 것이 아니라 자기들의 서사어인 것이였다. 자기 독자적으로 그것을 어떻게 새로 만들든지 또는 어떻게 변경하든지 전연 자유로운 일에 속한다. 여기서 드디여 조선 한문의 특징적인 몇 가지의 점들이 구성되여 나온다.

1. 조선 한문의 첫째 특징은 독자적으로 만들거나 변경한 '글'자를 들 것이다. 가령 畓을 《논 답》, 椺를 《사닥다리 비》라고 하는 것은 새로 만든 례요, 太를 《콩 대》, ㅏ을 《점 복》이라고 하는 것은 그 뜻을 변경한 례다. 이런 한'자를 보통 한'자와 구별키 위해서 리두자(吏讀字)라고 부르려 한다. 일본 한문 가운데도 우리의 리두자와 같이 그네들 독자적으로 사용하는 한'자들이 적지 않다.

2. 조선 한문의 둘째 특징은 독자적으로 사용하는 성어(成語) 즉 한'자의 결합을 들 것이다. 가령 꺾자 친다는 뜻을 交介라고 하고, 미곡의 량이 축났다는 뜻을 無面이라고 하는 종류다. 이런 성어를 보통의 성어와 구별키 위해서 리두어(吏讀語)라고 부르려 한다. 일본 한문 가운데도 우리의 리두어와 같이 그네들 독자적으로 쓰는 성어가 적지 않다.

3. 만일 구두어를 본위로 삼는 접촉이라면 항상 이 곳에서는 저 곳의 음운을 모방하는 수밖에 없다. 일정한 년대가 경과됨에 따라서 혹시 저 곳의 음운이 달라졌을 때는 이 곳에서 다시 달라진 그것을 무조건 좇아 가야만 한다. 물론 이 곳에도 이미 구두어의 음운 체계가 있어서 다른 음운을 모방한다거나 좇아 간다는 것이 그렇게 단순한 것은 아니지마는, 음운에 관해서는 언제나 저 곳이 정확성의 기준으로 되는 것만은 사실이다. 그와 함께 그 언어와의 접촉 범위가 아무리 광범하고 또 력사적으로 아무리 오래다고 하더라도 두고 두고 외국어로서 접촉됨에는 변함이 없는

것이다.

그런데 중국의 서사어인 한문이 조선의 서사어로 되는 데는 조선서 완전히 음운의 자주성을 가졌다.

조선 한문의 세째 특징으로서 이 점을 들려고 한다. 맨 처음 중국의 음을 가지고 그 토대를 이루었을 것임에는 틀림이 없다고 하더라도, 거기서 벌써 그 정확성은 구두어의 경우와 같이 그렇게 주의될 필요가 없었을 것이다. 더구나 일단 조선 음으로의 한 체계를 이룬 다음에는 중국음과의 직접적 련계를 끊어 버리고 도리여 조선 어음의 전 체계내에서 그의 한 가닥으로서 발달해 올 뿐이다. 가령 중국의 현대 북방어에서는 구개음화 현상에 의해서 金의 첫소리가 《ス》, 喜의 첫 소리가 《ㅅ》로 바뀌였으나, 조선 한' 자음은 《ㄱ》와 《ㅎ》의 첫 소리를 그 대로 유지하고 있다. 그것은 조선 어음에서 그런 구개음화를 정칙적으로 행하지 않기 때문이다. 또 가령 중국의 현대 북방어에서는 天의 첫소리를 《ㅌ》. 地의 첫 소리를 《ㄷ》로 내고 있으나, 조선 한'자음은 구개음화하여 《ㅌ》를 《ㅊ》, 《ㄷ》를 《ス》로 바꾸고 있다. 그것은 조선 어음에서 그런 구개음화를 정칙적으로 행하기 때문이다.

조선 한'자음과 중국 한'자음간에 일종의 대응 관계가 형성되여 있는 것은 부인할 수 없다. 그 이외의 더 다른 직접적 련계는 찾아 보지 못한다. 이런 현상은 비단 조선의 한'자만이 그럴 것도 아니다. 한'자를 수입해서 서사어로 쓴 일본, 월남 등도 모두 마찬가지다.

4. 서사어도 읽거나 외우기 위해서는 다시 독송법(讀誦法)의 문제가 제기되는 것이다. 서사어가 음운과 련계를 끊지 못하는 것이 바로 그런 까닭이다. 그러나 구두어와 서사어의 량편으로 쓰이는 언어에서는 구두어 대로 독송하면 오직 그 뿐으로 충분하다. 그런 경우에는 독송법이 억양, 음조 등 극히 제한된 범위에서 론의되는 이외 더 넘어 갈 것이 없다. 그러나 중국의 서사어인 한문이 조선의 서사어로 되는 데는 중국과 같이 독송하지 않고 독자적인 방법을 창안하였다. 일본의 한문도 역시 그러한 독

자적 방법에 의해서 독송되는 점이 조선과 같았다. 그런데 조선 한문의 독송은 오직 독자적인 방법을 창안함에 끊지지 않고 한 걸음 나가서 그 방법이 다시 력사적으로 변천해 왔다.

조선 한문의 네째 특징으로서 이 독송 방법을 들려고 한다.

조선의 한문 독송법은 조선어로서 어떤 토가 해당한 구절 아래는 그 토를 첨가하고 있다. 그로 인해서 그 구절 구절을 따라 토를 기입하는 방법이 생긴 것이다.

정음자가 창제되기 이전에는 그런 토도 오직 한'자에 의해서 기사되였다. 한'자로 기사된 조선어적 토를 리두 토(吏讀吐)라고 부르기로 한다.

그런데 일찌기 조선서도 한문의 학습을 시작한지 아직 시일이 얕은 아이들에게는 토만 첨가하는 독송을 행하기 이전 반드시 《새김》으로의 련습을 행하는 법이다. 한문 고전의 역해 형식을 규격화해 놓았다고 볼 수 있는 소위 언해류(諺解類)에서도 언제나 두 가지의 형식을 다 갖추어 가지고 있다. 《새김》이란 것이 바로 구두어로 번역하는 독송법에 해당한다. 옛날에는 《새김》으로 독송하던 것이 점차 후세로 내려 오면서 토만 첨가하는 독송법으로 변천한 것임에 틀림이 없다.

만일 그렇지 않다면 고대 인명, 지명 등의 태반이 수수께끼로 돌아가고 말 것이다. 이러한 수수께끼가 한문 독송법의 변천을 전제하는 아래서만 풀리여 나온다.

제 3절 한문의 독송법

조선어와 한문의 심한 차이는 곧 조선 사람에게 있어서 구두어와 서사어의 왕청난 불일치로 된다. 이 량자간의 불일치를 되도록 접근시키려는 노력이 자연히 생기지 않을 수 없다. 이미 한 언어를 사용하고 있는 사람들이 다른 언어와 접촉될 때에는 의식적이나 무의식적이나 자기가 사용하는 그 언어와 비교 대조해서 새로 접촉하는 언어를 리해해 나갈 것이다. 구두어 대 구두어의 경우도 물론 그렇거니와, 구두어 대 서사어의 경우라고 해서 더 다를 것은 없는 일이다. 만일 그 두 경우 사이에 다른 점이 있다고 한다면 먼저는 그것이 오직 일시적인 번역 과정으로 끄칠 것임에 비해서 나중은 그 번역 과정이 드디여 독송법으로까지 고정될 수 있는 그 뿐이다. 옛날의 조선 사람은 이렇게 번역 과정을 독송법으로 고정시킴에 따라 구두어와 서사어간의 불일치를 어느 정도 축소하려고 시도한 것이다.

이러한 독송법을 향찰식(鄕札式) 독송법이라고 부르려 한다. 향찰이 리두의 여러 형태 중 바로 이 독송법에 상응한 형태이기 때문이다.

삼국유사(三國遺事) 三권 《황룡사장륙(皇龍寺丈六)》에는 하곡현(河曲縣)의 사포(絲浦)란 말이 나온 다음 《지금 울주(蔚州)의 곡포(谷浦)라》고 주를 달았다. 谷의 고대어가 絲와 마찬가지의 《실》★¹이였음으로 그것은 동음 이의어의 통용되는 관계를 보인 것으로 된다. 그런데 만일 그 당시 谷, 絲 등의 한'자를 뜻으로 읽지 않았다면 어떻게 두 글'자가 동일한 음을 표시하였을 것인가? 이는 곧 향찰식 독송법이 행해졌던 증거가 아니겠는가?

또 동서 二권 《문호왕법민(文虎王法敏)》에는 단오(端午)란 말 아래 《세속에서 단오를 술위(車衣)★²라고 한다》고 주를 달았다. 고대어로는 차와 단오가 똑 같이 《술위》임에 따라 그 역시 동음 이의의 두말이 서로 통용됨을 설명한 것임에 벗어 나지 않는다. 그런데 만일 그 당시 모든 한'자를 음으로만 읽었다면 어떻게 車衣로써 《술위》의 음을 기사할 수 있겠는가? 車衣도 향찰식 독송법이 행해진 증거가 아닌가?

★1. 실(谷). 훈몽자회에는 谷을 《골 곡》이라고 새기고 있으나, 삼국 유사 二권 《효소 왕대(孝昭王代) 죽지랑(竹旨郎)》에서 得烏谷을 得烏失로도 불러서 谷과 失을 통용하고 있다. 또 남쪽의 谷자가 붙은 많은 지명을 《실》로 읽는 것은 물론이요, 현대어의 《시내》는 곧 《실》과 《내》의 두 말이 합성된 것으로서 한' 사로는 谷川의 뜻이다.

★2. 술위(車衣). 훈몽자회에서 車를 《술위 거》 輛을 《술위 량》이라고 하였다. 車衣는 곧 술위의 기사다.

서울 근방에 세 봉우리로 구성된 한 산이 있어서 그 이름을 삼각(三角)이라고 하고, 삼각산 아래 한 동리가 있어서 그 이름을 우이(牛耳)라고 한다. 《삼각》과 《우이》의 두 말이 한'자의 뜻으로는 같은이요 음으로도 하등의 련계가 인정되지 않는다. 그러나 그 동리 사람들이 아직도 자기 동리의 이름을 《쇠귀》라고 부르는 것을 듣는다면 일찌기 牛耳가 《쇠귀》의 기사임을 깨닫게 될 것이다. 《쇠귀》는 결국 《세귀》★3와 비슷한 음이니, 산명과 동명이 본래 동일한 말의 서로 다른 기사일 뿐이다.

삼국 사기 렬전(列傳) 제 四에서 거칠부(居漆夫)를 혹은 황종(荒宗)★4이라고 한다고 하고, 이사부(異斯夫)를 혹은 태종(苔宗)★5이라고 한다고 하였다. 荒자를 뜻으로 읽어야 《거칠》, 苔자를 뜻으로 읽어야 《이사》의 음과 같거나 적어도 비슷하게 될 수 있다. 또 동서 렬전 제 七에서 소나(素那) 아래 혹은 금천(金川)이라고도 한다고 하였다. 물론 金의 뜻은 素의 음과, 또 川의 뜻은 那의 음과 같거나 적어도 비슷하게 될 수 있다. 이상의 인명들을 한편은 뜻으로 읽고 다른 편은 음으로 읽어야 동일한 사람의 이름으로 알아 들었을 것이다. 오늘날처럼 음으로만 읽어도 전연 다르게 되지마는 그 반대로 뜻으로만 읽어도 같거나 적어도 류사한 음으로 될 까닭이 없는 것이다. 물론 향찰식 독송법이라고 해서 모든 한'자를 모조리 뜻으로 새기여 읽었다고는 생각할 수 없다. 가능한 경우에 한해서 뜻으로 새기여 읽는 이 외에는 음으로 읽는 한'자도 상당한 수효에 달하였다고 보아야 한다. 그것은 확실히 향찰식 독송법이 가지고 있던 자체 모순인 동시에 그 자체 모순으로 인한 기사의 혼란이 바로 이상의 이름들에서

★3. 세귀(三角). 한'자의 角의 뜻을 옛날 조선어에서는 《귀(耳)》로 표시하였다. 兩角을 《두 귀》, 四角을 《네 귀》라고 하는 것 등이 三角을 《세 귀》라고 하였다.

★4. 황종(荒宗). 두시 언해 三권 六七장에 荒坮를 《거츤 坮》라고 하였다. 荒의 뜻이 居漆의 음과 통한다.

★5. 태종(苔宗). 훈몽자회에서 苔를 《잇 티》라고 하였다. 苔의 뜻이 異斯의 음과 통한다.

여실히 나타나는 바다. 오직 어떤 경우에는 뜻으로 읽고 또 어떤 경우에는 음으로 읽는다는 것이 관습적으로 구별해서만 겨우 기사상의 많은 혼란을 피하였을 것이다.

그런데 한문이 더 한층 보급됨에 따라서 향찰식으로는 도리여 그 독송의 불편을 느끼게 됨을 면치 못한다. 더구나 958년 과거 제도(科擧制度)의 실시를 전후해서 한문 고전에 대한 독송이 일반적으로 더욱 장려되였다고 본다면 향찰법에 대한 불편감도 그와 함께 버썩 증가되였을 것으로 보아야 한다. 여기서 한문의 독송이 점차 음으로의 통일을 이루게 되였다 오직 지난날의 향찰식 독송법으로부터 토만을 떼다가 그것이 해당한 매 구절에 붙이여 읽었다.

이러한 독송법을 구결식(口訣式) 독송법이라고 부르려 한다. 구결이 리두의 여러 형태 중 바로 이 독송법에 상응한 형태이기 때문이다.

한 번 이렇게 한문의 독송법이 바뀌자 조선어에는 많은 이변이 일어 났다. 특히 인명, 지명 등과 같은 고유 명사에 그 이변이 심하였다. 일찌기 동일한 뜻으로 읽던 谷과 絲가 하나는 《곡》 다른 하나는 《사》로 변한 것 같이, 그 역시 동일한 말로 읽던 車衣와 端午가 하나는 《차의》, 다른 하나는 《단오》로 변한 것이다. 삼각산(三角山)의 산명과 우이동(牛耳洞)의 동명이 호상의 관계를 단절케 된 것도 바로 이런 과정에 기인되고 있는 것이다.

그러나 구결식 독송법이 나왔다고 해서 그 즉시로 향찰식 독송법이 아주 폐지되여 버린 것은 결코 아니다. 한문 학습에서는 근세까지도 두 독송법을 함께 사용하고 있었다. 단지 한문이 보급되면 보급될수록 또 과거 제도가 계속되면 계속 될수록 구결식이 향찰식보다 우세해진 것이 사실이다. 고대의 인명, 지명 및 리두자, 리두어 등에서 그러한 변천 과정을 엿볼 수 없지 않다. 가령 水尺은 《므자이》, 夜味는 《배미》와 같이 향찰식으로 밖에 읽지 않는데, 舍音은 《마름》 또는 《사음》, 斗落은 《마지기》 또는 《두락》과 같이 향찰식으로도 읽고 구결식으로도 읽는다.

또 가령 舍音과 斗落 등은 그렇게 량편으로 읽고 있는데, 斜出, 出食, 次知, 水梁 등은 오직 그 음으로 밖에 읽지 못한다. 이러한 차이가 바로 향찰식으로부터 구결식으로 이동해 가는 과정의 한 계렬을 표시하는 것이다. 즉 斜出, 出食, 次知, 水梁 등은 이미 완전히 구결식으로 이동해 버린 것이요. 舍音, 斗落 등은 바야흐로 이동 과정 중에 있는 것이며 水尺, 夜味 등은 그대로 향찰식을 보존하고 있는 것이라는 말이다.

口訣은 지금 그 음에 따라 《구결》로 밖에 달리는 읽지 못한다. 이 역시 첫재 부류에 속하는 리두어인 것이다. 그런데 15 세기 문헌에는 《입겾》이란 말이 많이 나온다. 현대어의 《토》와 같은 뜻으로 쓰이고 있다.

본래 口는 《입》의 뜻이요, 訣은 《겾》의 음으로 口訣이 곧 《입겾》이란 말의 기사였던 것이다. 《입겾》으로 읽던 口訣을 《구결》로 고쳐 읽기 때문에 《입겾》과 口訣의 관계가 전연 알 수 없이 되였다. 이와 같이 한문 독송법의 변천으로 인해서 력사상 인명, 지명 등의 적지 않은 혼란이 초치되였다. 더우기 이때까지는 그 혼란의 원인을 정확히 인식하지 못하였기 때문에 그 정리의 방법조차 막연하였었다.

그런데 한문 독송법은 향찰식과 구결식 이외 한'자음 대로만 읽는 또 한 가지의 방법이 있었다. 일본서도 《보요미(棒讀)》라고 해서 중들이 불경을 읽는 것과 같은 때 이 독송법을 사용하였다고 한다. 그런데 조선서는 오직 죽은 사람을 향해서 한문으로 지은 글을 읽거나 외울 경우에 한해서만 이런 방법을 사용하였던 것이다. 그로 말미암아 이 독송법을 제문식(祭文式)이라고 부르려 한다.

제 4절 한'자로의 조선어 기사법

구두어에서 말을 하는 것과 듣는 것이 다른 과정에 속하는 것 같이 서사에서 글을 리해하는 것과 기사하는 것이 또한 다른 과정에 속하는 것이다. 또 구두어에서 그 두 과정을 종합해서만 구체적으로 언어 행위를 파악할 수 있는 것 같이, 서사어에서도 그 두 과정을 종합해서만 또한 구체적인 사실들을 알게 될 것이다. 그런데 조선 한문의 독송법이 어느 의미에서 그 리해의 방법과 동일한 역할을 담당해 왔다는 것은 이 때 까지의 서술한 그대로다. 이제 다시 한'자를 가지고 조선어를 어떻게 기사해 왔는가 하는 문제를 제기하여 그 남은 일면을 밝히여야 할 것이다. 본래 리두란 것이 별 것이 아니다. 한문을 독송하는 데 따라서 기사해 놓은 그 것이다.

종래에는 한문 독송법과 전연 유리해서 리두의 기원도 생각하고 발달도 살피는 사람이 없지 않았다. 그렇게 하는 데서 진정한 기원이 찾아지거나 정당한 발달이 천명될 리는 만무하다. 요컨대 중국 사람과 독송을 달리하는 점은 자연히 글을 기사하는 데서도 나타나게 된다. 여기서 리두가 생기였고 또 발달하였다.

우선 한 마디의 말 내지 토가 개별적으로 기사되는 경우를 들어야 하겠다. 이런 경우는 그 어떠한 두 언어의 접촉에서나 반드시 문제되고 있는 것이다. 단지 한'자로 조선어를 기사하는 데는 그 량 쪽의 각자적인 특정 및 그 량쪽 관계의 특정으로 인해서 다른 두 언어의 경우와는 훨씬 다르게 된다. 우선 그 번역하는 방법에도 특별한 점이 있지마는 거기 쓰이는 한'자의 특별한 용례도 없지 않은 것이다. 번역하는 방법 즉 역법에는 다음과 같은 네 종류가 있다.

1. 음역(音譯). 어떤 말을 다른 말로 번역할 때 가장 광범히 사용하는 방법이다. 특히 인명, 지명 등의 고유 명사는 대부분이 방법에 의거한 것이다. 가령 위서(魏書)를 위시해서 중국의 많은 력사 책에서 고구려 첫 임금의 이름을 朱蒙이라고 쓰고 그 나라의 말로 활을 잘 쏘는 사람의 뜻이라고 하였는데, 삼국 유사 왕력(王曆)에는 鄒蒙으로도 쓴다고 하였고, 광개토경왕의 비문과 소위 모두무총 지문(誌文)에는 (鄒牟)로 썼고, 삼국 유사 신라 본기 제

六 안승(安勝)에 대한 책문(册文)★1에는 中牟로 썼다. 활을 잘 쏘는 사람이라는 뜻의 고구려 말을 번역하기 위해서 朱, 鄒, 中과 蒙, 牟 등의 한'자가 그 음으로서 사용된 것이니 이가 바로 음역의 좋은 례다.

2. 의역(意譯). 어떤 말을 다른 말로 번역하는 데는 음역과 함께 의역도 가능하다. 이 방법도 일반적으로 사용되고 있다. 가령 삼국 사기 잡지 제 五에서 丹川縣은 본래 백제의 赤川縣이니 지금의 朱溪縣이라고 하였다. 丹, 赤, 朱와 川, 溪는 음으로 사용되어서는 거리가 먼 데 비해서 뜻으로 사용되어서는 공통성이 있으니, 이가 곧 의역이였을 것으로 추정된다.

3. 이의역(異意譯). 순천(順天)의 《누루실》을 世谷, 영동(永同)의 《님실》을 主谷이라고 쓰는 등과 같이, 남쪽으로는 지금도 谷자를 《실》로 읽는 지명이 적지 않다. 삼국 유사 三권 황룡사장륙에서 絲浦를 谷浦라고 한 것도 결국 谷, 絲의 뜻이 동일한 《실》임으로 인하여 두 글'자를 통용한 것임에 틀림이 없다. 그런데 그 중의 어느 한 편이 그 지명의 본 뜻이라면 다른 편은 동음 이의에 지나지 못하는 것이다. 그것이 지명이라는 점으로 생각해서는 谷浦가 본 뜻일 것이라 絲浦는 동음 이의의 번역일 것이다.

동국세시기(東國歲時記)에는 《단오(端午)를 세속에서 술의(戍衣)라고 부르니 술의는 우리 말로 수레(車)다. 이 날 쑥잎을 뜯어서 흠썩 짓찧고 쌀 가루와 한데 이겨서 파랗게 빛이 나면 수레 바퀴 형상으로 떡을 쳐서 먹기 때문에 술의(戍衣)라고 한다.》고 하고, 렬양세시기(洌陽歲時記)에는 《우리 나라 사람이 단오(端午)를 일컬어서 수뢰(水瀨)라고 하니 물녘(水瀨)에 밥을 던져서 굴원(屈原)에게 제사 지내는 것을 이르는 것》이라고 하였다. 삼국 유사 二권 문호왕법민(文虎王法敏)에서 차득령공(車得令公)이 자기 이름을 단오라고 한 것도 결국 고대어로 차와 술위가 동

─────────
★1. 책문(册文). 봉건 시대 왕이나 왕비와 같이 높은 자리에 임명하는 것을 책봉(册封)이라고 한다. 책문은 책봉하는 의식에 사용되는 글이다.

일한 《술위》임을 따라 두 말이 통용되였던 것임에 틀림이 없다. 그런데 그 중의 어느 한 편이 그 이름의 본 뜻이라면 다른 편은 동음 이의에 지나지 않는 것이다. 이름을 차득(車得)으로 써 있으니까 단오의 《술위》는 동음 이의의 번역일 것이다.

이러한 동음 이의의 번역을 이의역(異意譯)이라고 부르고 있다. 이것은 확실히 리두의 특유한 역법이다.

4. 반음역(半音譯). 삼국 사기 신라 본기 제 三에서 炤知는 한편으로 毗處라고도 한다고 하였다. 炤가 이미 《비치》 즉 毗處의 뜻인데 왜 다시 知를 붙이여 炤知라고 하는가? 삼국 유사 一권 신라 시조(新羅 始祖)에서 赫居世란 것은 우리말이니 弗矩內라고도 쓰며, 광명하게 세상을 다스린다는 말이라고 하였다. 赫이 이미 《불구》 즉 弗矩의 뜻인데 왜 다시 居를 붙이여 赫居라고 하는가? 거기 대해서는 삼국 유사의 저자로부터 좋은 해답을 들을 수 있다. 그것은 그 책 三권 원종흥법(原宗興法)에서 염촉(厭髑)이란 인명 아래 이런 주를 달아 놓은 까닭이다.

《염촉(厭髑)★2을 혹은 異次라고도 쓰고 혹은 伊處라고도 하니 우리말의 어음이 다른 것으로 번역하면 〈싫다(厭)〉의 뜻이다. 髑, 頓, 道, 獨, 覩 등의 글자를 쓰는 사람의 편의에 따라 쓰는 바 곧 조사(助辭)다. 우는 번역하고 아래는 번역치 않기 때문에 厭髑이라고 하고 또 厭覩 등으로 쓰는 것이다》.

요약해 말한다면 異次 또는 伊處는 《싫다》는 뜻인데 지금 그것을 厭髑 厭覩 등으로 쓴다는 말이다. 厭으로써 이미

★2. 염촉(厭髑). 두시 언해 一권 二〇장에는 塞外苦厭山을 《塞外에 와 甚히 괴롭아 처러 하더니》, 또 동 二권 二장에는 厭就成都」을 《成都애 나아 가서 占卜호물 아쳗노니》라고 번역하였다. 15 세기까지 《싫다》의 뜻으로서 《아쳐러》 내지 《아쳗》이란 말이 쓰인 것이 사실이다. 또 두시 언해 二二권 五五장에는 老驥倦驤首를 《늘근 驥馬ㅣ 머리를 이처하며》, 동 二二권 一六장에는 新詩海內流轉困을 《새그를 海內에서 流轉호물 이처 하누니》라고 번역되였다. 《아쳐러》 내지 《아쳗》이란 말과 함께 倦 내지 困의 뜻으로 《이처》란 말도 쓰인 것이 사실이다. 결국 《이처》는 곧 《아쳐러》 내지 《아쳗》과 같은 말이니 異次, 伊處가 바로 그 말의 기사다. 그 말의 뜻을 취해서 厭으로 의역한 것이요, 다시 아래 오는 음절을 표시키 위해서 髑, 頓, 覩, 獨 등의 글자를 첨가한 것이다.

異次 또는 伊處의 뜻이 충분히 표시되였음에도 불구하고 次, 處에 해당한 음의 髑, 覩 등을 다시 첨가한 것이 마치 炤知나 赫居와 다름이 없다. 그런데 삼국 유사 저자는 그것을 우만 번역하고 아래를 번역치 않은 것이라고 설명하고 있다. 여기서 우만 번역하였다는 것은 결국 厭으로 의역을 했다는 의미요, 아래를 번역치 않았다는 것은 髑, 覩 등 음역을 그 대로 두었다는 의미다. 또 삼국 유사 저자는 왜 아래까지 의역하지 않았느냐 하는 문제에 대해서 끝 조사인 까닭이라고 설명하고 있다. 조사란 것은 바로 우리말의 토일 것이다.

이러한 의역, 음역 반반의 번역을 반음역이라고 부르고 있다. 이것도 리두에서만 볼 수 있는 독유의 역법이다.

그런데 목천(木川)의 《구름틔》는 屈雲峙로 쓰고, 양주(楊州)의 《구름내》는 窟雲川으로 쓴 례도 있다. 구름을 屈雲 또는 窟雲으로 기사한 것은 그 전부를 음역으로 볼 수도 없지 않으나, 우를 음역, 아래를 의역으로 볼 수도 있다. 만일 炤知, 赫居, 厭髑 등을 하반음역(下半音譯)이라고 부른다면 屈雲 또는 窟雲은 상반음역(上半音譯)이라고 부를 것이다. 반음역의 거의 전부가 하반음역이지마는 간혹 상반음역으로 인정되는 례도 없지 않다.

그런데 이러한 네가지 역법에 따라 실지로 한'자를 쓰는 데는 다음과 같은 몇 가지의 특례가 있다.

1. 동일음(同一音)과 류사음(類似音). 첫째 현대 조선어에서도 고유 어휘와 한'자음 간에는 음운 체계가 일치하지 않거니와 그런 불일치는 시대를 치켜 올라 갈수록 더 컸을 것이 정한 일이다. 둘째 한'자음은 오직 음절로 밖에 나타나지 않으나 고유 어휘에서 사용되는 음절이 한'자음에 전체 나타나 있는 것도 아니다. 우선 이 두 가지의 리유만으로서도 동일음만의 음역은 거의 불가능함을 면치 못한다. 많은 경우 동일음보다도 류사음을 취하는 수밖에 다는 없다. 그 뿐 아니라 한'자는 표의 문'자기 때문에 글'자마다 뜻을 가지고 있으며, 그 뜻은 좋고 나쁘고 아름답고 추하고 자연 각양 각색이다. 한'자들의 표시되는 음이 동일하거나 또는 류사

하다고 해서 그 뜻으로부터 받게 되는 심리적 영상(映像)이 동일한 것은 결코 아니다. 가령 삼국 유사 四권 원광서학(圓光西學)에서 가슬앞(嘉瑟岬)이란 지명 아래 嘉瑟을 加西, 嘉栖로도 쓰고 또는 古尸라고도 쓴다고 하였다. 古尸보다는 嘉栖나 嘉瑟이 얼마나 아름다운 이름인가? 또 가령 남 극관(南 克寬)의 몽예집(夢囈集)에는 智異山을 삼국 사기에는 地理山으로 썼고 지금 읽기도 《지리산》으로 읽는데 후대의 책들에서 智異山으로 쓰는 것은 알 수 없는 일이라고 하였다. 地理山이라는 것보다는 중국 전설에서 삼신산(三神山)의 하나로 나오는 智異山이 얼마나 좋은 이름인가? 智異山으로 써 놓고 《지리산》으로 읽어 오는 것을 본다면 그 산 이름을 地理로 쓰는 것이 정확한 동시에 智異는 도리여 류사음에 지나지 않는 것이 명백하다. 여기서 조선어를 한'자로 기사할 때 음이 정확하냐 정확치 않으냐보다 뜻이 어떠냐에 더 많은 주의가 돌려져 있던 사실을 알 수 있다.

삼국 사기와 삼국 유사에서는 朱蒙을 또 東明王이라고도 일컬었다. 그것은 鄒牟, 鄒蒙, 中牟 등으로 朱蒙의 이름을 기사한 것이나 마찬가지의 례다. 표면상 東明은 鄒牟 등보다도 朱蒙의 음과 틀리는 것이 사실이나 地理와 智異의 사이보다 더 틀릴 것은 없다. 또 蒙과 明이 통용될 수 있는 것 같이 中과 東도 통용될 수 있다.

2 전체음(全體音)과 부분음. 한'자음은 반드시 음절로 나타나지마는 음절을 이루지 않은 개개의 음을 필요로 할 경우도 있을 것이다. 가령 근세 구결에서 叱로 《ㅅ》, 乙로 《ㄹ》 등의 끝소리를 표시하는 것과 같은 례다. 또 다음절로 되는 조선어를 그대로 전부 필요로 하는 것이 아니라 그 중의 일부만을 사용하게 되는 경우도 없지 않을 것이다. 가령 근세 구결에서 《나르다》의 뜻인 飛로 《ㄴ》의 음을 표시하는 것과 같은 례다.

한'자의 반절(反切)은 두 음이 합성되여 한 음을 이루는 점이 특별하게도 보이나 아래우를 모두 부분음으로 볼 때는 그 이외의 별다른 용례로 될 것이 아니다. 단지 반절은 반드시 쌍성

(雙聲)★3과 첩운(疊韵)★1으로써 표시되여야 하는 것이다. 두 글'자로서 한 음절이 표시되였다고 해서 모두 반절이라고는 볼 수 없다. 물론 조선에는 불교와 함께 일찍부터 반절이 들어 왔었다. 삼국 유사 二권 태종춘추공(太宗春秋公)에서는 거기 대해서 이런 증언을 제공하고 있다.

《당(唐) 나라의 장수 소 정방(蘇 定方)이 종이 우에 란조(鸞鳥)와 솟아지 두 가지를 그리여 보냈다. 우리 나라에서 그 뜻을 몰라서 원효 대사(元曉 大師)에게 물으러 보냈더니 그가 해석하기를 빨리 돌아 가라(速還)는 뜻이라고 하였다. 畫와 鸞, 畫와 犢★1의 두 반절로 해석한 것이다》.

그러나 이 이야기와 같이 7 세기 내지 그 이전으로부터 조선에 한'자 반절이 알리여졌다고 하더라도 그로써 곧 리두에도 반절식의 음역이 존재한 증거로는 되지 않는다. 리두에서 부분음을 사용하여 두 글'자로 한 음절을 표시한 례는 있지마는 쌍성과 첩운에 의한 반절식의 음역을 사용한 일은 없다. 조선 고가 연구에서 리두에도 반절식 음역이 있다고 주장한 것은 착오다. 그것은 반절의 쌍성 첩운과 리두의 부분음이 서로 다른 것을 인식하지 못한 것이다.

이로써 한 마디의 말 내지 토가 개별적으로 기사되는 경우에 대해서는 그 대략을 설명한 것으로 된다. 계속해서 다시 문장 전체가 기사되는 경우를 들어야 하겠다. 대개 다른 두 언어간의 접촉에는 이런 기사가 전연 문제될 까닭이 없다. 오직 조선의 구두어가 그 서사어인 한문으로 기사되는 것과 같은 경우에서만 문제될 수 있을 뿐이다.

그렇다고 해서 문장 전체를 기사키 위해서는 무슨 복잡한 규

★3. 쌍성(雙聲)과 첩운(疊韻). 동일한 성(聲)의 관계를 쌍성이라고 함에 대해서 동일한 운의 관계를 첩운이라고 한다. 가령 東을 德紅切이라고 할 때 東과 德을 쌍성이라야 하는 것 같이 東과 紅을 첩운이라야 하는 것이다.

★1. 화(畫)와 독(犢). 畫와 犢의 반절운 《훅》이라 速(속)의 현행음과 틀리고 있다. 고려 시대 내지 신라 시대의 음이 반해진 것으로 추정된다.

칙이나 까다로운 수속을 요구한다는 것이 결코 아니다. 그저 첫째로 조선어의 순서를 따라서 말을 배렬하고, 둘째로 조선어의 로가 해당한 곳에 토를 첨가하는 그 뿐이다.

제 5절 리두 구성의 기본적 요소

상기와 같이 한문을 독송할 때 구두어로 번역하는 것도 자연 발생적인 습관이요, 거기 따라 한문을 기사할 때 많이 구두어의 문법을 따르는 것도 자연 발생적인 습관이다. 그러한 습관 아래 한문의 한 새로운 문체로서 즉 한'자를 가지고 구두어를 기사하는 방법으로서 점차 리두의 형성을 보게 된 것이다. 리두는 한문과 구별되는 한 개의 독특한 서사어의 체계다. 리두가 한문과 구별되는 데는 리두적 어순, 한'자 표기 어휘 및 리두 토 등 세 가지의 기본적 요소가 있다.

1. 리두적 어순. 가령 《중초사(中初寺) 돌기둥》 중에 一石分二得이란 말이 있는데 이것을 한문식으로는 分一石得二라고 고치여야 할 것이다. 또 가령 《임신(壬申) 맹서문》 중에 今自三年以後란 말이 있는데 이것을 한문식으로는 自今三年以後라고 고치여야 할 것이다. 分一石得二는 순수한 한문임에 대해서 一石分二得은 리두요, 自今三年以後는 순수한 한문임에 대해서 今自三年以後는 리두다. 리두적 어순이 리두의 중요한 요소라는 것은 오직 그것만으로도 순수한 한문과 구별된다는 점에서도 명백히 드러나는 바다. 그런데 리두적 어순이란 것이 별 것이 아니다. 후대 조선어의 어순 그대로다.

2. 한'자 표기 어휘. 다 같이 한'자로 쓰이여 있지마는 본래 한'자로 된 어휘와 구두어를 한'자로 나타낸 어휘는 서로 다르게 보아야 할 것이다. 먼저 것을 한'자 어휘라고 일컬음에 대해서 나중 것을 한'자 표기 어휘라고 일컬을 것이다. 가령 《감산사(甘山寺) 돌부처》 제 一호 중 亡考仁章一吉湌年卅七古人成之東海欣支邊散也란 구절이 있는데, 여기 나오는 어휘들을 다음과 같이

구별할 수 있다. 첫째 亡考, 古人, 東海는 한문에서 상용하는 말임에 따라 한'자 어휘라고 볼 것이요, 仁章이란 인명, 一吉飡이란 관직명, 欣支란 지명은 구두어의 한'자 표기일 것임에 따라 한'자 표기 어휘라고 볼 것이다. 그러나 본래 한'자로 된 것인지 또는 구두어를 한'자로 나타낸 것인지 미분명한 경우가 많다. 상기 인용문의 年, 冊七, 成之, 邊, 散也 등도 그 좋은 례다. 그런 말은 오직 그 당시 어떻게 읽었느냐로 결정되였을 수 밖에 없다. 즉 구두어로 번역해 읽었다면 한'자 표기로 될 것이요, 한'자음으로 읽었다면 한'자 어휘로 될 것이다. 실상 미분명한 것이 年, 冊七, 成之, 邊, 散也 등 뿐 아니라 기타의 다른 말도 역시 마찬가지다. 즉 亡考, 古人, 東海로 번역해서 읽었을 수도 있으며 그와 반대로 仁章이란 인명과 欣支란 지명도 애초부터 한'자로 지은 이름일 수도 있는 것이다.

오직 그 구별이 분명한 것은 리두자 내지 리두어로 표시되는 어휘 뿐이다. 리두자나 리두어가 구두어의 한'자 표기를 위해서 발생된 것임에 따라서 언제나 한'자 어휘로는 될 수 없는 것이 사실이다.

그와 함께 《감산사 돌부처》 제 一호에서 志全, 梁誠, 古寶里, 古老里, 觀肖里로 쓰인 인명이 제 二호에서 志誠, 良誠, 古巴里, 古路里, 官肖里로 바뀌고 있다. 만일 이런 인명이 모두 한'자 어휘였다고 하면 같은 사람의 이름을 이렇게 달리 쓴 것은 확실히 한 개의 수수께끼로 되고 만다. 그러나 한'자 표기 어휘에서는 한'자의 뜻으로 인한 부대적 차이 이외 동일한 내지 류사한 음의 어떠한 한'자나 하등의 다를 것이 없다. 만일 그 모두 그 당시의 동일한 내지 류사한 음의 한'자 표기라고 하면 오직 그 뿐으로써 충분히 해명된다.

또 그와 함께 《무진사(无盡寺) 쇠종》 중에는 成在願旨者 및 成在節 등 成在의 두 글'자가 두 번썩이나 나오고 있다. 여기의 在는 《겨》으로 읽어 오는 리두토임에 틀림이 없는 동시에, 成을 한'자 음으로 읽어서는 그 토와 어울리지 않는다.

물론 한'자 표기 어휘가 리두의 필요 불가결한 요소는 아니나 역시 요소의 하나로 치지 않을 수 없다. 첫째 그것은 《갑산사 돌부처》의 인명과 같이 그 정체가 그 구별을 기다리여서만 해명될 경우도 있거니와 《무진사 쇠종》과 같이 리두 토의 발달과 련계되여 그 구별을 필요로 할 경우도 있다.

3. 리두 토 한'자 표기 어휘보다는 물론이요 리두적 어순 보다도 중요한 요소다. 초기 리두에는 리두 토가 전연 나타나 있지 않은 것도 없지 않으나 그런 례를 제외하고는 리두의 유일한 공통적 요소라고 볼 수 있다. 《갈항사(葛項寺) 돌탑》 중 言寂法師在於 照文皇太后妳在於의 於라던지, 《개심사《開心寺) 돌탑》 중 十間入矣의 矣라든지 모두 리두 토다. 이런 리두 토가 점차 발달되여 《정도사 석탑기》 중 邀是爲白內叱等亦在弥, 立是白乎味了在乎等用良 등의 복합된 형태를 보이게 되는 것이다.

제 2 장 리두의 각종 형태

제 1 절 초기 리두

초기 리두란 어떤 것인가? 리두가 발생하던 최초의 형태를 가리키는 것이다. 그 특징은 무엇인가? 리두 토가 본격적으로 사용되기 이전 오직 리두적 어순만으로 구성되는 그 점이다. 리두 토가 본격적으로 사용되지 않았다고 말하는 데는 구체적으로 두 조건을 들 수 있다. 첫째는 토가 해당한 모든 구절에 반드시 리두 토가 사용된 것이 아니요, 둘째 리두 토 대신에 한'자의 者, 之, 也, 耳 등이 사용된 것이다.

이제 《개심사(開心寺) 돌탑》 중의 한 마디를 례로 든다.

二月一日 正骨 開心寺到 石析 三月 二十日 光軍□六隊 車十八 牛一千以 十間入矣

맨 끝으로 牛一千以의 以나 十間入矣의 矣와 같이 리두 토를 사용하였음에도 불구하고 그 우로는 한 곳에도 토를 사용하지 않았다.

그 다음 《갈항사(葛項寺) 돌탑》 중의 한 마디를 례로 든다.

二塔 天寶十七年 戊戌中 立在之 姉妹三人業以 成在之

여기도 戊戌中의 中과 業以의 以 등은 리두 토로 볼 것임에 불구코 立在之와 成在之의 之는 한'자의 조사(助辭)로 볼 수밖에 없다.

초기 리두 중에는 한'자의 조사만이 겨우 나타날 뿐이요, 리두 토라고는 전연 나타나지 않는 것도 있다. 《감산사 돌부처》라든지 《임신 맹서문》이라든지가 모두 그런 종류다. 또 한'자의 조사조차 나타나지 않아서 처음부터 토의 표시가 없는 것도 있다. 《련지사(蓮池寺) 쇠종》이 바로 그런 종류다. 그러니까 초기 리두의 유일한 특징을 리두적 순서로 들고 있다. 약간의 리두 토와 그 대용의 한'자 조사가 사용되는 등은 그 특징으로 되지 못한다. 그와 함께 초기 리두를 이 때까지 리두로 인정하기보다 보통의 한문으로 인정하여 왔다. 그것은 리두적 어순이 리두 발생의 제 일보였다는 것을 아지 못하는 동시에, 보통의 한문으로서는 그 어순이 리해될 수 없다는 것도 모르는 데 기인된다.

본래 구두어의 영향에 의해서 번역 독송의 특수한 습관이 생기고 다시 구두어 및 특수한 독송법의 거듭되는 영향에 의해서 리두적 어순으로의 기사가 시작되는 것이다. 초기 리두는 말할 것도 없거니와 《광개토경왕 비문》과 같이 순수한 한문 문체로 지은 글에서도 그런 리두적 어순을 발견할 수 있는 것이다.

王臨津言曰: 我是皇天之子, 母河伯女郎, 鄒牟王. 爲我連葭★[1]浮龜.
(왕이 물'가에 림해서 말하기를: 나는 하느님의 아들이요, 어머니가 물을 맡은 신령의 딸이요 추모왕이다. 나를 위해서 葭를 련하고 거북을 띄우라).

★1. 葭. 이 글'자의 뜻은 미상.

여기서 鄒牟王의 석 자를 혹은 아래로 爲我連葭浮龜에 붙이여 한 구절로 만드나, 또 혹은 우로 母河伯女郞에 붙이여 한 구절로 만드나 어느 편도 문리가 잘 통치 못한다. 구두어에서 말하는 그 대로 죽 해석해 나가야만 전체의 뜻을 비로소 명료하게 드러낼 수 있다.

因遣黃龍來下迎王, 王於忽本東崗黃龍負昇天
(곧 누른 룡을 보내서 내려 와 왕을 맞게 하니 왕은 홀본동강에서 황룡이 업고 하늘로 올라 갔다).

여기서 王於忽本東崗의 王을 보통 한문의 례만 미루어서 한 개의 주어로 본즉 아래 말의 黃龍負昇天과는 전혀 련결이 되지 않는다. 이 역시 구두어의 어순을 가지고 해석해야만 비로소 문리를 통할 수 있다.

이 비문의 필자는 그 당시의 한문 대가였을 것임에 틀림이 없건마는 실지 집필에 림해서 리두적 어순의 혼입을 면치 못한 것이 사실이다. 더구나 그 당시 문필에 종사한다는 사람들이 모두 이 비문의 필자와 같은 대가일 것도 아니니 그들이 기사한 글에서는 리두적 어순이 우세를 차지하지 않을 수 없는 것이다. 그런데 단지 리두적 어순만으로써 한문을 개편하여서는 그 글의 명확성이 의문시 될 경우가 드물지 않다. 여기서 구두어의 토가 해당한 구절에는 한'자 조사를 쓰기 시작하였으며, 한'자 조사가 드디여 리두 토로까지 발전되기에 이른다.

앞서 초기 리두를 그 발생하던 당초의 최초 형태라고 설명하였지마는, 실상 전라 일대를 거치여 고려 초기에 이르기까지 금석문'자로 나타나는 리두는 거의 전부 초기 리두의 형태로 기사되고 있다. 7 세기 내지 8 세기에는 벌써 향가가 기사된다는 사실과 결부해서 생각하면 신라 말기 이후 초기 리두는 남아 있을 까닭이 절대로 없다. 그러므로 그것은 맨 처음 금석 문'자에 초기 리두가 쓰이여 왔기 때문에 후대로 내려 오면서도 금석 문'자에 한해서 초기 리두를 상용하던 관습으로 해석할 것이다. 비단 금석문'자만이 아니요, 관청 문부와 같은 것은 그 자체의 성질상 리조 말기에 이르도록 초기 리두의 형태를 더 벗어나지 않았던 것이다.

제 2 절 리 찰

리찰(吏札)★¹이 본래 리두(吏讀)와 같은 뜻의 말이다. 리두와 같은 말로서 리찰 이외에도 리두(吏頭)★², 리토(吏吐)★³, 리도(吏道)★⁴ 등이 있는 것이다. 리두는 본래 한'자 어휘지마는 동일 음 내지 류사음의 번역 용례에 의해서 상기의 많은 한'자로 통용 되고 있다. 지금 가장 많이 쓰고 있는 《토》라는 현대어도 결국 리토(吏吐)의 토(吐)로부터 유래하는 것이니 한'자 두(讀)와 동음이였던 것이다. 그런데 리두에는 여러 형태가 있으며 그 중의 가장 중심적 형태를 리두란 이름 그 대로 불려 온다. 이러한 어의의 혼동을 막기 위해서 리두를 가지고 여러 형태를 포괄한 넓은 의미로 사용하는 동시에, 다시 리찰을 가지고 그 중의 한 형태만을 가리키는 좁은 의미로 사용하려 한다.

그러면 리찰이란 어떤 형태인가? 초기 리두가 점차 발달되여 관청용 서사어로서 한 체계를 갖추기에 이른 것이다. 그 형태의 특징은 무엇인가? 첫째 성어 내지 성구와 같은 경우에는 한문적 어순도 인정하나 기본적으로 리두적 어순에 의하며, 둘째 한'자 표기 어휘도 사용하지 않는 것은 아니나 대체의 어휘는 한'자 본위로 인정하며, 세째 기본적으로 리두 토를 사용하고 있다.

《백암사(白岩寺) 고문서》 제 三호로부터 한 마디를 인용해 보자.

★1. 리찰(吏札). 윤 정기(尹 廷綺)의 동환록(東寰錄)에서 설총에 대해서 이야기하는 중 又以俚語製吏札이라고 쓰고 있다.
★2. 리두(吏頭). 유서필지(儒胥必知)에서 吏頭라고도 썼다.
★3. 리토(吏吐). 유서필지에서 吏吐라고도 썼다.
★4. 리도(吏道). 대명률 직해 김 지(金 祗)의 발문(跋文)에 이렇게 썼다.

慈恩宗 中德 戒天亦 長城邑內 元屬 資福寺乙良 棄置爲遣 一息程是在 同白岩寺良中 求望 冒受關字爲去乎 向前 寶長 色掌等乙 並只 黜送 同寶長等 任意 上下爲臥乎

여기서 冒受關字는 關字를 冒受하였다는 말로서 한문적 어순을 그 대로 썼으나, 資福寺乙良 棄置爲遣라든지 同白岩寺良中 求望이라든지 向前 寶長 色掌等乙 並只 黜送이라든지 同寶長等 任意 上下라든지 모두 다 리두적인 어순으로 일치되여 있다. 그 다음 向前, 並只, 上下 등 몇 마디의 한'자 표기 어휘도 쓰이였으나 中德, 戒天, 長城, 邑內, 元屬, 棄置, 求望, 冒受, 任意, 慈恩宗, 資福寺 등 절대 다수가 한'자 어휘인 것이다. 또 그 다음 戒天亦의 亦, 資福寺乙良의 乙良, 棄置爲遣의 爲遣, 一息程是在의 是在, 同白岩寺良中의 良中, 冒受關字爲去乎의 爲去乎, 色掌等乙의 乙, 上下爲臥乎의 爲臥乎 등이 곧 리두 로다.

《숙신 옹주(淑愼 翁主) 가옥 문서》로부터 한 마디 더 인용해 보자.

東部屬 香房洞 空代段 故宰相 許錦 戶代 熟石 並只 交易爲旀 材木乙良 奴子乙 用良 斫取 造家爲丁

여기서 造家는 한문적 어순을 그 대로 썼으나, 戶代 熟石 並只 交易爲旀라든지 奴子乙 用良라든지 材木乙良…斫取라든지 모두 다 리두적 어순이다.

그 다음 並只, 代 등의 한'자 표기 어휘도 쓰이였으나 東部屬, 故宰相, 許錦, 交易, 材木, 奴子, 斫取 등 거지반 한'자 어휘로 되여 있다. 또 그 다음 空代段의 段, 交易爲旀의 爲旀, 材木乙良의 乙良, 奴子乙의 乙, 用良의 良, 造家爲丁의 爲丁 등이 곧 리두 로다.

이상과 같은 리찰은 주장 관청용 서사어로서 발달하여 온 것이라 그 문헌이란 것도 대체로 규격화한 문서 종류에 지나지 않는다. 오직 14 세기 말 대명률(大明律)을 번역해서 대명률 직해(大明律 直解)란 이름으로 간행한 것이 전해 오며 리조의 력대 실록 및 문집(文集)을 간행한 중에 리찰 문헌이 더러 들어 있을 뿐이다. 또 리찰로 된 문헌들은 상기와 같은 례외를 제하고는 전부 붓으로 쓴 것이요, 일정한 시효가 경과한 후 아무 소용이 없는 휴지라 전해 오는 것이 비교적 많지 못하다. 그런 중에서도 리조 시대의 문헌보다 고려 시대의 문헌이 적으며, 고려 시대의 문헌은 그래도 전해 오는 것이 있으나 신라 시대의 문헌은 별로 없다.

그러나 첫째 939년, 즉 신라가 망한지 불과 4년 뒤에 세운 《청선원(淸禪院) 탑비》는 완전한 리찰로 기사되여 있다. 신라 시대에 벌써 리찰이 통용되지 않았다면 이렇게 나타날 수 없지 않은가? 둘째 일제 시대에 철도 공사를 하다가 경북 칠곡(漆谷)에서 우연히 발견된 것이 상기 탑비의 다음으로 가장 오랜 리찰 문헌인 《정도사 석탑기》다. 이 석탑기가 발견되지 않았더라면 붓으로 쓴 리찰 문헌은 고려말 내지 리조 초의 것이 최고로 되였을 번 하였다.

그러므로 현존한 문헌만에 의해서 리찰의 통용된 년대를 단정하는 것은 극히 부정확하다. 관청용 서사어로서 리찰의 특수한 조건도 함께 고려해야 한다.

적어도 7~8 세기 이전 신라에서는 리찰을 벌써 통용하고 있었다고 보아야 한다. 오직 그 당시의 문헌이 전해 오지 않을 뿐이다.

제 3 절   향   찰

향찰이란 어떤 것인가? 예날 조선의 구두어를 가능한 데까지 완전히 한'자로써 기사하는 형태다. 그 형태의 특징은 무엇인가? 첫째 극소의 례외를 제외한다면 순전한 리두적 어순으로 일관하며, 둘째 약간의 성어나 성구 이외에는 전체가 한'자 표기 어휘로 되며, 세째 토가 리찰에서보다도 더 일층 구두어에 가깝게 쓰이고 있다.

향찰로 기사된 문헌으로서 지금까지 보존되여 있는 것은 삼국 유사에 수록되여 있는 14편의 신라 향가와, 균여전(均如傳)에서 나오는 11편의 균여 향가 등이다. 25편의 향가보다 이전 시대의 것은 더 말할 것이 없거니와 그 보다 이후 시대의 것도 별로 발견되지 않았다. 결국 향찰은 향가와 같은 것을 기사하기 위해서 관청용 서사어인 리찰을 가지고 구두어에 더 가깝게 만든 것이 아닌가 한다. 향찰이 오직 향가에 의해서 보존되여 오는 것도 하등 괴이할 것이 없는 현상이다.

그러면 신라 향가 중 처용가(處容歌)로부터 일부분을 들어 보자.

東京 明期 月良
夜 入伊 遊行如可
入良沙 寢矣 見昆
脚烏伊 四是良羅
二肹隱 吾下於叱古
二肹隱 誰支下焉古

악학궤범(樂學軌範)에서 정음자로 기사해 놓은 말과 비교해 보자.

東京 볼근 드래
새도록 노니다가
드러 내 자리를 보니
가르리 네히로새라
아으 둘혼 내 해어니와
둘혼 뉘 해어니오.

물론 악학궤범의 노래는 15 세기까지 입으로 전해 오던 것을 정음자로 기사한 것이니 향찰로 기사된 당시와는 상당한 시대의 차이를 가지고 있다. 처용가가 처음 나왔다는 9 세기 보다는 다섯 세기 후요, 그 노래를 삼국 유사에서 수록한 13 세기 보다도 또한 두 세기 후다. 그러나 그러한 시대의 차이를 고려한다면 두 노래는 의외로 많이 부합된다. 이로써 향찰의 용례를 천명할 수 있을 뿐이 아니라, 능히 25 편의 향가를 자신 있게 해명할 수 있게 하는 바다. 균여 향가 중 법륜가(法輪歌)로부터 다시 몇 절을 이끌어 오자.

　　　無明土 深以 埋多
　　　煩惱熱留 煎將來出米
　　　善芽 毛冬 長乙隱
　　　衆生叱 田乙 潤只沙音也

상기의 노래를 번역해 보자.

　　　무명토(無明土) 기피 무더
　　　번뇌열(煩惱熱)로 다려 내미
　　　선아(善芽) 모돈 기론
　　　즁싱(衆生)ㅅ바룰 저지샤야

　이와 같이 향찰은 어순이고 어휘고 거의 구두어 그 대로의 기사다. 로는 더욱 그렇다. 오직 東京, 無明土 등의 한'자 어휘가 더러 나오고 있으나 그 역시 리찰에서와는 아주 판이한 것이다. 리찰에서는 한문을 새기지 않는 것을 모두 한'자 어휘라고 일컬었는데 향찰에서는 바로 구두어 속에 들어 와 있는 한'자 어휘보다 더 다른 것이 아니다. 균여와 동 시대의 분이요, 또 그 향가를 한시체로 번역한 최 행귀(崔 行歸)가 그 번역시 서문에서, 한문은 그물을 벌려 놓은 것과 같고 향찰은 고대 인도(印度)의 표음 문'자인 범서(梵書)★¹를 련달아 쓰는 것과 다름이 없다고 비유하고 있다. 이런 비유가 아주 소박한 것이기는 하나 한'자를 가지고 한문을 쓸 때와 향찰을 쓸 때의 인상을 비교적 잘 표현한 것임에 틀림이 없다. 실상 향찰이란 이름도 최 행귀의 이 말에서 나온 것이다. 한시에 대해서 우리 시가를 향가라고 하듯이 한문에 대해서 우리의 독특한 문체를 향찰이라고 한 것이다.

　혹 어떤 사람은 한문이 들어 온 직후 향찰이 형성되고, 향찰이 다시 변해서 리찰로 된 것처럼 추론하고 있다. 이런 추론은 한문에 미치는 구두어의 영향과 한문의 보급된 정도가 서로 반비례된다는 극히 형식적인 사고 우에서만 가능하게 된다. 그러나

────────
★1. 범서(梵書). 요사이 《산스크리트》라고 일컫는 것.

실지의 력사는 결코 그렇게 진행된 것이 아니다. 초기 리두로부터 리찰을 완성한 것이 리두 발달의 원줄기요, 향찰은 한갖 시가 기사의 특수한 용도를 위해서 어느 기간 사용된 그 뿐이다.

14세기 말 안 축(安 軸)이 지은 시가는 한'자 어휘로만 죽 엮어 내려 오다가 흔히 향찰로 한 구절을 써서 끝을 막고 있다. 그의 관동 별곡(關東 別曲) 중 제 3장은 다음과 같다.

  叢石亭 金蘭窟 奇岩怪石
  顚倒岩 四慕峰 蒼苔古碣
  我也足★² 石岩回★³ 殊形異狀
  爲 四海天下無豆舍叱多(위 四海天下업두샷다).
  玉簪珠履 三千徒客
  爲 又來悉, 何奴日是古(위 쏘 오다 하노니이고).

이런 특이한 형식은 향찰과 향가의 옛 관계를 상기케 한다. 오랜 전통의 남은 흔적이 고려 말기의 시가 작가에 의하여 보존되여 있다.

제 4절   구   결

15세기의 성현(成俔)은 그의 저서 용재총화(慵齋叢話) 一권에서 이렇게 쓰고 있다.

《우리 왕조에 이르러 양촌(陽村)과 매헌(梅軒)★¹의 형제가 경서(經書) 공부에 밝았고 또 글을 짓는 데도 능숙하였다. 양촌은 사서(四書)★², 오경(五經)★³의 구결(口訣)을 정하였다》.

★². 我也足. 어떠한 지명의 한'자 표기인 것이니. 량 주동 씨는 려요전주(麗謠 箋註)에서 我也足을《어여차》로 해석했으나 그것은 타당치 않다. 아래의 石岩回와 련관시키어 생각할 때는 지명이라고 추정된다.

★³. 石岩回. 상동.

★¹. 매헌(梅軒). 권 우(權 遇)의 별호. 권 우는 권 근(權近)의 아우.

★². 사서(四書). 대학(大學), 중용(中庸), 론어(論語), 맹자(孟子).

★³. 삼경(三經). 주역(周易), 상서(尙書), 사(詩).

사서 오경은 모두 한문으로 씌여 있는 중국의 고전 문헌을 이름이니 구결은 곧 그러한 문헌들을 독송키 위해서 붙이는 리두 토를 가리키는 것이다.

세종 실록 四○권 一四장에는 이런 말이 있다.

《임금이 변 계량(卞 季良)에게 말하기를 그 전에 태종(太宗)이 권 근(權 近)에게 명해서 오경(五經) 토(吐)를 달게 한 일이 있다고 하였다》.

그리고 토란 말 아래 이런 주가 있다.

《대개 글을 읽을 때 우리말로 구절을 떼는 것을 세속에서 토(吐)리고 한다》.

성현이 사서 오경의 구결을 정하였다고 전하는 양촌은 바로 세종 실록에서 오경 토를 달았다는 권 근의 별호(別號)라, 그 당시는 토와 구결을 같은 의미로 통용한 것이 명백하다.

그러면 어째서 토를 구결이라고도 불렀는가? 구결이란 무슨 뜻인가? 만일 훈민 정음 언해를 보면 거기는 《입겿》이란 말이 많이 나온다. 《입겿》은 입과 겿이라는 두 말이 합성된 것으로서 곧 토라는 뜻의 옛말이다.

乎는 아모그에 하는 겨체 쓰는 字ㅣ라 〔훈민 정음 언해 一장〕
之는 입겿지라 〔훈민 정음 언해 一장〕
與는 이와 더와 하는 겨체 쓰는 字ㅣ라 〔훈민 정음 언해 一장〕
而는 입겿지라 〔훈민 정음 언해 二장〕
矣는 말 못는 입겿지라 〔훈민 정음 언해 二장〕
於는 아모그에 하는 겨체 쓰는 字ㅣ라 〔훈민 정음 언해 三장〕

口訣은 바로 《입겿》의 한'자 표기다. 口가 《입》의 의역이요 訣이 《겿》의 음역인 것이다. 그러나 지금 《입겿》의 현대어인 토는 구결과 다소 다른 의미로 사용되고 있다. 즉 한문 독송을 위해서 리두 토를 붙이거나 한문 책에 한'자로 그것을 기입하는 것을 구결이라고 일컬음에 대하여 구결을 이루는 우리말의 그 부분을 토라고 일컫는다.

그런데 왜 여기서는 리두의 한 형태를 또 구결이라고 하는가? 구결이 바로 그 형태의 유일한 특징으로 되기 때문이다. 어째서 유일이라고 말하는가? 어순도 한문 대로 두고 모든 글'자도 한문 대로 두고 오직 리두 토를 기입하는 그 뿐이다. 요컨대 리찰이나 향찰이 향찰식 독송법과 련관되는 것과 같이 구결은 구결식 독송법과 련관되고 있다. 단지 리찰이나 향찰은 한 개의 독자적인 서사어 체계로 발생하고 발달한 것임에 비해서 구결은 처음부터 끝까지 한문이라는 서사어의 독송을 위한 보조 수단으로서 존재했던 것이 서로 같지 않다. 그런 점에서 구결은 마치 중국 사람의 구두점(句讀點)★4과 비슷한 기능을 행한다고 볼 수 있다. 리찰이나 향찰과는 근본적으로 다르다.

본래 구결은 한문 독송을 위한 보조 수단이였기 때문에 인쇄된 서적에 써서 넣은 것은 있어도 그 자체까지 인쇄된 것은 보기 어렵다. 인쇄된 서적에 써서 넣은 것은 설사 그것이 인쇄 직후의 일이라고 하더라도 그 년대를 증명할 수 없다. 그러나 세종실록, 용재총화 등의 기록을 종합해서 늦어도 14 세기 말에는 구결이 벌써 류행되였다고 단언할 수 있는 것이다. 아니, 그 자체의 본질을 고려해서 한문의 독송이 향찰식에서 구결식으로 이행하던 그 당시로부터 구결의 사용은 개시된 것으로 볼 것이다.

후대로 내려 와서는 구결까지 함께 인쇄한 책이 전연 없지 않다. 특히 일반에게 광범히 읽힐 것을 목적한 정속(正俗)과 같은 책에서 그런 례를 본다.

父母者^隱　子之天地^尼　孔子曰 子生三 年然後^{厓沙}　免於父母
之懷^{伊羅爲時古}　詩曰 哀哀父母^亦　生我劬勞^{舍叱多}　又曰 父令生我
^{爲時古}　母今鞠我^{爲時尼}　欲報之德^{伊隱大}　昊天罔極^{伊舍多爲尼}　昏定晨

★4. 구두점(句讀點). 한문에서는 맨 처음 구절이 떨어지는 곳에 작은 동그라미를 치고 그것을 구두점이라고 하였다. 구두점을 찍기 시작한 것이 대개 당조(唐朝)로부터라고 하니 우리 나라로는 신라 통일 시기에 해당한다.

省˙爲㫆 出必告反必面˙爲㫆 問衣燠寒˙爲㫆 問何飮食˙爲㫆 有疾˙伊於時等
柔聲以諫˙爲也 撻之流血˙伊舍豆 不敢怨怒˙乎里尼 此皆職分之所當爲
也˙羅.

여기섯 隱, 尼, 匡沙 등의 리두 토만 뺀다면 순수한 한문 그대로다. 구결이 순수한 한문과 구별되는 점도 오직 리두 토를 첨가하는 그것밖에 없는 것이다.

그런데 구결에 사용되는 리두 토는 아주 간단화되어 불과 20~30의 음으로서 표시키 충분하다. 거기 따라 그런 음을 일정한 자로 고정시키는 동시에 그 형체까지 간략화해서 구결자(口訣字)라고 하는 일종의 새로운 문'자를 만들어 내였다.

夕 (다) 多의 반쪽
丆 (면) 面의 상부
口 (호) 乎의 상부
乁 (ㄴ) 飛의 상부
戸 (러) 戻의 상부
ソ (ㅎ) 爲의 반자인 為의 상부
厂 (애) 厓의 상부
乁 (이) 是의 하부
寸 (든) 等의 하부
口 (고) 古의 하부
匕 (니) 尼의 하부
厶 (라) 羅의 반자인 罒의 하부
그 (야) 也의 중간

尹 (나) 那의 좌변
口 (은) 隱의 좌변
余 (며) 旀의 우변
卜 (와) 臥의 우변
又 (노) 奴의 우변
乙 (을) 乙 그 대로
刀 (도) 刀 그 대로
五 (오) 五 그 대로
余 (여) 余 그 대로
牙 (아) 牙 그 대로
大 (타) 大 그 대로
尸 (시) 尸 그 대로
可 (가) 可 그 대로
果 (과) 果 그 대로

더구나 이러한 구결자는 오직 붓으로 쓴 것 뿐이요, 인쇄된 것이 거의 없다. 어느 때부터 사용되였는지 그 시작된 년대를 알지 못한다. 단지 저자가 본 것으로도 고려판 불경과 리조 초기판 유경 등에 구결자가 기입된 것이 있었으며, 그 중에는 근대에 사용하는 리두 토 내지 구결자와 약간 서로 다른 점을 발견하게 되는 것이 없지 않았다. 본래 기입의 편의를 위해서 획이 적은 한'자를 찾아 쓰거나 그 획을 략해 버린 것이라면 그것은 정음자가 창제되고 중국 고전에 대한 언해가 나오기 이전에 더 많이 필요하였을 것으로 추정한다.

제 3 장 리두의 발달 행정

제 1절 고구려에서의 발생

균여 향가를 한시체로 번역한 최 행귀는 그 서문에서 향찰에 대한 것을 서술하다가 《설 한림이 억지로 한문을 고치여 번페스럽게도 쥐꼬리를 만들기 때문이냐(薛翰林强變於斯文, 煩成鼠尾之所致者歟)》고 하였으며, 리 승휴(李 承休)의 제왕 운기(帝王韻記) 가운데 신라 력사에서 《큰 선비 설공이 리청 글을 만들어서 세속 말과 우리 언어로 학업과 사무를 통하게 되였다(弘儒薛公製吏書俗言鄕語通科隸)》고 하였다. 대명률 직해에 붙은 김 지(金 祗)의 발문에서 《우리 나라 삼한(三韓) 시절에 설 총(薛 聰)이 지은 방언 문'자(方言 文字)를 리도(吏道)라고 부른다(本朝三韓時 薛聰所製方言文字謂之吏道)》고 한 말을 들으면, 최 행귀가 설 한림이라고 부르고 리 승휴가 설공이라고 부른 것도 모두 7 세기 말 신라 사람의 설 총을 가리키는 것임에 틀림이 없다. 그러면 리두를 설 총이 만들었다는 것은 10 세기의 최 행귀, 13 세기의 리 승휴와 같은 분들이 모두 립증하는 것이 아닌가? 이렇게 오래 전부터 전해 내려 오는 이야기에는 어떠한 일정한 근거가 있을 것이 아닌가?

그러나 리두와 같은 리두자, 리두어, 리두 토 등의 복잡한 내용은 서사어로서의 한문을 사용하는 동안 점차적으로 축적되어 왔을 것이다. 어느 한 시기 더구나 어느 한 개인에 의해서 구성

될 그런 성질의 물건이 아니다. 또 그 뿐 아니라 초기 리두는 고구려 시대에 벌써 발생되여 있는 것이다. 리두가 결코 신라에서 처음 시작된 것도 아니다.

이렇게 단언하는 데는 물론 명확한 증거가 있다. 그 증거를 들어 보이기로 한다.

1. 삼국 사기 잡지 제 五 및 제 六에서 나오는 지명을 가만이 살피여 보면 고구려 지명에서 특히 리두자가 많이 발견되고 있다. 逹城, 猪逹穴의 逹라든지 㢝谷의 㢝라든지 㯏木城의 㯏라든지 등의 례다. 그 중의 㢝자만은 广이 집에 판한 자형이요, 또 오랜 옛날부터 창고라는 리두자를 穇라고 써 왔은즉 穇와 동일한 뜻의 글'자였을 듯도 하다. 설사 㢝가 바로 穇의 뜻은 아니라고 하더라도 고구려에서 독자적으로 만들어 쓴 글'자임에만은 틀림이 없다.

물론 그렇게 독자적으로 글'자를 만든 례는 일본, 월남 등 다른 나라에서도 볼 수 있다. 그것만을 가지고 리두의 고구려에서의 발생이 증명될 수 없다.

2. 삼국 사기 잡지 제 六 고구려 지명에서 穴口郡 아래 《한편으로는 甲比古次라고 한다》고 하였는데, 獐項口縣 아래 《한편으로는 古斯也忽次라고 한다》고 하고, 楊口郡 아래 《한편으로는 要隱忽次라고 한다》고 하였다. 이로써 古次와 忽次가 동일한 고구려 말의 서로 다른 번역임을 알게 되는 동시에, 결국 口도 古次의 古 내지 忽次의 忽의 음에 해당한 자임을 알게 된다.

그런데 꼭 같은 고구려 지명에서 泉井口縣 아래 《한편으로는 於乙買串이라고 한다》고 하고, 또 그와는 딴 항목으로 《板麻串은 지금의 嘉禾縣》이라고 하였다. 대명률 직해 사충아행부두(私充牙行埠頭)에는 《도회지 및 시골, 각종 시장의 중개인과 수로(水路) 각관(各串)의 배 말은 두목들은 재산 있는 사람으로서 정해서 부리되(凡 城市 鄕村 各市廛良中 諸色牙人 及 水路各串 船楫次知 頭目人等乙良 有家産爲在 人戶乙 用良 使內乎矣)》라고 하고, 만기요람(萬機要覽) 재용편(財用篇)에는 《주석서진(豆錫書鎭)과

향꾀지(香串之)가 다섯 개》라고 썼다. 여기의 꾀지라는 串之를 水路各串이라고 할 때는 串으로만 쓴 것이니 동음 이의어인 것이다.

박 지원(朴 趾源)의 예덕 선생전(穢德 先生傳) 중 서울의 《살고지》란 지명을 箭串으로 쓰고 있으며, 대전회통(大典會通) 병전(兵典) 중 月串, 長串 등의 串도 모두 《고지》 내지 《곶》으로 읽고 있는 것이다. 《고지》가 古次로도 되고 忽次로도 되고 嘉禾로도 되고 또 첫음절만 따서 口로도 되였다. 嘉禾의 禾는 리두자로서 《쉬》라고 읽는다. 그러나 《고지》의 한'자 표기는 이 외에도 더 여러 가지 있다. 삼국 유사 四권 원광서학(圓光西學)에는 가슬압(嘉瑟岬)이란 말 아래 이런 말이 나온다.

《혹은 加西라고도 하고 또 嘉栖라고도 한다. 岬을 세속 말로 古尸라고 하기 때문에 혹은 古尸寺라고 하니 岬寺라는 말과 같다. 지금 운문사(雲門寺) 동쪽으로 천여 보쯤 되는 곳에 가서현(加西峴)이 있고 그 고개 북쪽 골 안에 절터가 있는 것이 바로 그 곳이다》.

岬은 곧 우리말의 《고지》요 古尸는 곧 《고지》의 음역이다. 다시 한'자의 뜻을 취해서 古尸는 加西, 嘉栖, 嘉瑟 등으로 변한 것이다. 그런데 《고지》란 말을 왜 串으로 썼을가? 물속으로 내민 륙지라는 《고지》와 무엇을 꿰는 물건이라는 《고지》가 동음 이의어였기 때문이다. 어째서 백제와 신라의 지명에는 나오지 않고 고구려 지명에서 나오는가? 그는 바로 고구려 말에 의해서 고구려 사람이 이의역을 해 놓은 것이라고 보아야 할 것이다.

그 뿐만 아니라 삼국 사기 잡지 제 六 고구려 지명에는 仇乙峴 아래 《한편으로는 屈迁이라고 한다》고 하고, 또 딴 항목으로 甕迁은 지금의 甕津이라고 하였다. 迁은 곧 遷의 반자라 屈迁은 屈遷과 같고 甕迁은 甕遷과 같다. 그런데 이 遷이 역시 지명에 많이 나오는 리두자다. 정 약용(丁 若鏞)의 아언각비(雅言覺非)에는 이런 말이 있다.

《량 쪽 언덕을 뚫고 나오는 물의 두 편 언덕으로 물과 맞닿다 싶이 해서 길이 난 것을 우리 나라에서 遷이라고 이름 짓는다. 甕遷(통천에 있다), 兎遷(문경에 있다), 斗尾遷, 月溪遷(한강에 있다.) 등 遷이란 말은 근거가 없다(遷을 우리말로는 別吾라고 한다)》.

정 약용이 別吾라고 한다는 그 말을 《별》이라고만 쓴 례도 있다.

아으 별해 브룐 빗 다호라
〔악학궤범 동동(動動)〕

삭삭기 세몰애 별헤 구은 밤 닷되를 심고이다
〔악장가사 정석가(鄭石歌)〕

또 別吾를 《빙애》 내지 《빙에》로 쓴 례도 있다.

그촌 빙애 白塩을 當ᄒ얫도다(斷崖當白塩)
〔두시 언해 七권 二一장〕

忽然히 어두운 빙에 업더디는가 너교라(忽謂陰崖踣)
〔두시 언해 一三권 七장〕

그러나 룡비 어천가(龍飛 御天歌) 一四 주에는 淵遷이란 아래 《쇠벼ᄅ》로 기입하고 있다. 《별》 및 《빙애》,《빙에》 등은 모두 《벼ᄅ》가 변해 된 말이요, 별오(別吾)도 역시 《벼ᄅ》에서 나온 말이다.

ᄒᆞ번 紫塔를 벙으리왈고 (一去紫塔)
〔두시 언해 三권·六八장〕

宮의 구르믄 殿에 벙으리 ᄂᆞ작ᄒᆞ얫도다(宮雲去殿低)
〔두시 언해 六권 一五장〕

사른비 무름 벙으리왓도다(去入群)
〔두시 언해 七권 三〇장〕

城郭에 버은 싸해 軒盈이 훤ᄒᆞ니(去郭軒盈敞)
〔두시 언해 七권 七장〕

이상의 인용문으로서 본다면 15 세기 말까지 《去》에 해당한 뜻의 말로서 《벙으리》 내지 《버으》가 있은 것이 사실이다. 이것은 《벼ᄅ》의 뜻으로 쓰인 《빙에》와 아주 류사한 형태를 보이고 있다.

하ᄂᆞ히 브리시ᄂᆞ니(天心使寡絶)

〔룡비 어천가 ――六〕

後生애 져지비 ᄆᆞᆯ 브리디 몯ᄒᆞ면

〔월인 석보 八권 六四장〕

본래 《벙으리》 또는 《버으》가 별다른 말이 아니요 끝 《브리》의 음이 변해서 된 말이다. 이것은 《뷝근》가 《빙애》 내지 《빙에》로 변한 것과 꼭 같다. 요컨대 고대어에서 물'가 언덕의 험준한 길이란 말과 옮겨 간다든지 또 떠난다든지 하는 말이 동음 이의의 관계를 가지고 있었다. 거기 따라서 옮겨 간다든지 떠난다든지 하는 뜻의 遷으로써 물'가 언덕의 험준한 길을 가리키게 된 것이다.

그런데 동국여지승람(東國輿地勝覽) 六권 광주(廣州)에서 渡迷遷 아래 《신라 방언에서 물'가 언덕의 돌 길을 遷이라고 한다》고 적고 있으나, 삼국 사기에서는 신라 지명보다 고구려 지명에서 遷자를 보게 된다. 맨 처음 고구려에서 이런 의음역의 리두자를 사용하던 것이 드디어 신라로 수입되고, 신라가 통일한 후 전 조선에 미친 것이 아닌가고 추정된다.

그러나 이러한 지명만을 들어서 고구려의 리두 발생을 론단한다는 것은 아무래도 충분치 못하다. 좀 더 직접적이요 구체적인 증거를 제시하는 것이 필요하다고 생각된다.

3. 고구려에서 초기 리두를 사용한 물적 증거가 있다. 그는 바로 세 개씩이나 거듭 나온 《평양 성돌》이다.

제 一호 돌의 物省小兄 俳百頭□ 節矣나, 제 三호 돌의 小兄 文達 節 自此 西北 行涉之 등은 리두적 어순에 의해서만 해석될 수 있다. 또 제 一호 돌의 矣나 제 二호 돌의 之도 리두로 대용의 한'자 조사임에 틀림이 없다. 그와 함께 이 글이 초기 리두라는 것은 무엇보다 節자에 있다. 이 節자는 전률통보(典律通補)와 고금석림(古今釋林)에서 《디위》라고 읽고, 유서필지(儒胥必知)에서 《지위》라고 읽은 리두자다. 그러면 《디위》 내지 《지위》는 무슨 뜻인가?

스물 네 디위를 붉ᄂᆞ다(二十四回明)

〔두시 언해 一二권 二장〕

ᄒᆞᆫ번곰 울으니 ᄒᆞᆫ 더위옴 새롭도다(一上一回新)

〔두시 언해 一四권 六장〕

ᄒᆞᆫ 지위 노픈 하ᄂᆞᆯ해 묻고져 너기노라(一擬問靑天)

〔두시 언해 七권 三二장〕

宇宙ㅣ ᄒᆞᆫ 지위 비뉘ᄒᆞ도다(宇宙一䲔腥).

〔두시 언해 二四권 六장〕

이와 같이 15 세기에는 한 번 내지 두 번의 《번》과, 한 회 두 회의 《회》와 같은 뜻으로 쓰고 있다. 또 그러면 리찰에서는 어떻게 쓰고 있는가?

中晧亦 傳住 領衆 作決 祝上爲白如乎 節

〔백암사 고문서 제 三호〕

節 上言 從財主願意 斜給爲只爲 啓下爲白乎等用良

〔로산군 부인 전계 문서〕

여기의 節은 《때》 즉 《시간》의 뜻으로 쓰이고 있다.

단지 《평양 성돌》의 節자는 15 세기 문헌에서 쓰인 뜻으로 해석되지 않거니와 리찰에서 쓰인 뜻으로도 해석되지 않는다.

제 二호 돌은 결락된 글'자가 있음으로 인해서 미상한 바 있지마는, 제 三호 돌은 文達이란 인명 아래 련해 쓰인 것이 분명하다. 그런데 신라 시대의 초기 리두로부터도 節자가 나타나는 바 모두 상기의 두 뜻으로서는 문리를 통할 수 없다.

成在 節 崔乃秋 長幢主

〔무진사 쇠 종〕

節 州統 皇龍寺 恒昌和上

〔중초사 물 기둥〕

節傳 合入金 七百五十三廷

〔련지사 쇠 종〕

우로 두 인용문에서는 인명 우에 놓이여 있고, 아래로 한 인용문에서는 그 어떤 종류의 인물을 가르키는 것 같이 해석되고 있다. 그렇다면 그것은 최근까지 중부 일대에서 복수를 《지위》라고 부르는 말을 상기할 필요가 있다. 정 철(鄭 澈)의 시조에서 《어와 棟樑材들 뎌러ᄒᆞ여 비며이다. 헐ᄯᅳ더 기운 집의 말솜도 ᄒᆞ져이고. 못 지위 고조자 들고 헤ᄯᅳ다가 말려라.》의 지위도 바로 목수란 의미의 말이다.

갑날픠 살 미틔로 農器 디유믈 들고져 願ᄒᆞ노니(願聞鋒鏑鑄)
[두시 언해 三권 一九장]

丘戈를 노겨 農器를 디면
[두시 언해 一九권 三七장]

15 세기에는 주조(鑄造)의 뜻으로 《디유》 내지 《디》라는 말을 썼으나, 훈몽자회(訓蒙字會)에서 ᄯᅩᄋᆞᆯ 《딜둥히 분》이라고 하고 瓦를 《디새 와》라고 하여 토기 굽는 것을 《딜》 내지 《디》라고 하였다.

長安앳 겨ᅀᆞᆯ 디히ᄂᆞᆫ ᄉᆡ오 또 프르프(長安冬葅酸且綠)
[두시 언해 三권 五九장]

15 세기에는 김치를 《디히》라고 하였으니 훈몽자회에서 葅를 《딤치 조》라고 하였다.

요컨대 주조, 토기 굽는 것, 또 김치를 담그는 것 등이 물건을 제작한다는 의미에서 일정한 공통성을 가지는 것이다. 목수를 《지위》라고 부르는 것도 바로 그러한 공통적 어원에서 유래되였을 것이다.

連花ㅣ 슴ᄒᆞ얫ᄂᆞᆫ 想도 지스며
[월인 석보 八권 四二장]

想ᄋᆞᆯ 지을씨라
[월인 석보 八권 二二장]

현대어의 《짓다》는 본래 《지ᅀᅳ》였던 것이라 그는 바로 상기의 여러 말과 같은 어원일 것임에 틀림이 없다. 《지ᅀᅳ》의 《ᅀᅳ》가 탈락되여 《디유》의 《유》, 《지위》의 《위》 등의 이중 모음으로 변한 것이니 節의 리두자를 《지위》 내지 《디위》로 읽는 것도 이로써 설명될 수 있다. 즉 《평양 성돌》을 위시해서 초기 리두에 나타난

節자는 전체 제작자의 뜻으로 해석되는 것이다. 맨 처음 제작자의 뜻으로 쓰이던 節자가 리찰에 이르러는 그 동음 이의의 관계로 인해서 다시 회수나 시간의 뜻으로 쓰이게 된 것이다. 이 節자 하나만 보아도 《평양 성돌》이 초기 리두인 것은 더 의심할 것이 없다. 《갑산사 돌부처》 이하 신라 시대의 초기 리두와 조금도 틀리지 않는다.

만일 《평양 성돌》의 초기 리두인 것이 명확하다면 리두의 고구려 발생도 명확한 것이다. 또 만일 리두의 고구려 발생이 명확하다면 설 총 개인의 창제라는 말이 전해 온지 아무리 오래되였다고 하더라도 사실이 아닌 것이 명확하다. 물론 리두 관계의 서적, 례컨대 리두 집성(吏讀 集成) 등에서 리두의 례문으로 맨 먼저 《평양 성돌》을 들고 있다. 그는 곧 리두의 고구려 발생을 주장하는 것이나 조금도 다름이 없다.

고구려의 초기 리두가 신라의 리두와 력사적 련계를 가지는 것은 말할 것이 없거니와, 발해(渤海)의 문'자와도 또한 어느 정도의 력사적 련계를 가지는 것이 아닐가 한다. 발해는 발해자[1]의 형태로 발달시키여 갔음에 비하여 신라는 리두의 각종 형태로 발달시키여 온 것이 서로 틀리는 그 뿐이다.

제 2절 신라에서의 완성

그러나 초기 리두로서는 한 개의 서사어로서 완전한 체계를 갖추었다고 볼 수 없다. 그것이 리찰로 되기까지에는 더 많은 리두자 및 리두어의 축적과 무엇보다도 리두 토의 출현을 기다려야만 한다.

姉妹 三人業以 成在之

〔갈항사 물 탑〕

★1. 발해자. 세상에 나타난 것이 도무지 몇 글'자가 되지 않아서 아직 해독하지 못한다. 단지 그 당시의 중국인이 능히 혼자서 해독할 수 있었다는 기록으로 미루어서는 결국 리찰과 비슷한 것이였다고 추정된다.

여기의 娚姉妹 三人業以는 한갓 以娚姉妹三人業의 한문적 어순을 리두적 어순으로 바꾼 것만이 아니라 以로써 《로》 내지 《으로》의 음을 표시하는 리찰 토인 것이다. 成在之의 在도 한'자의 뜻으로만은 해석되지 않는 것이라, 동사 아래 첨가되여 어떠한 딴 뜻을 표시하는 리두 토로 볼 것이다.

    初奄 九月一日 此處至
            〔중초사 돌 기둥〕

여기의 初奄은 현대어 《처음》 또는 《첨》에 해당하며,

    처심 펴아 나는 소리 ᄀ트니
           〔훈민 정음 언해 四장〕

    처어미 놋갑고
           〔훈민 정음 언해 一三장〕

15 세기의 말로는 《처섬》에 해당하다. 이로써 인명, 지명 또는 기타 상용의 명사만이 리두어로 등장되는데 끄치지 않고, 상용의 부사도 점차 리두어로 출현하기 시작되는 과정을 엿볼 수 있다.

    石塔五層乙 成是白乎 願 表爲遣 成是不得爲乎 天禧二年 歲次壬戌 五月初七日 遷世爲去在乙
           〔정도사 석탑기〕

이와 같이 리두 토가 본격적으로 사용되고 成是, 不得과 같은 동사, 부사 등의 리두어가 광범히 사용되기에 이르러야 비로소 관청용 서사어로서 리찰의 성립을 보게 되는 것이다. 지금 11 세기 즉 고려 초기의 정도사 석탑기로서 그 례를 들고 있음에 지나지 않으나, 이미 7 세기 이전 신라에서 사용한 것이 사실이다. 그런데 설 총이 리두를 창제하였다는 옛전설에서 설 총의 창제를 그대로 믿을 수는 없다고 하더라도 설 총 시대의 리두 사용은 믿을 수밖에 없다. 또 만일 옛전설이 전연 사실 무근한 말이 아니라면 설 총이 관청 서사어로서의 리찰을 정비한 것을 그렇게 과장해서 전한 것으로 생각할 수 있다.

    그런데 《감산사 돌부처》는 제 一호나 제 二호를 물론하고 순

수한 초기 리두만으로 쓰고 있는 것이 아니다. 그 첫머리에는 捨其甘山莊田 建此伽藍이라던가, 无邊法界 一切衆生 同出六塵 咸登十號라던가 이러한 순수한 한문 문체로 시작했다가 끝으로 내려와서 초기 리두로 바꾸어 버린 것이다.《정도사 석탑기》도《감산사 돌부처》와 꼭 마찬가지로 순수한 한문 문체로써 첫머리를 장식하고 있다. 그 글은 國家覇業長興 鴻基永固로부터 시작되여 전체 일백 여 자에 이르는 상당히 장황한 내용이다. 만일 처음 부분을 순수한 한문으로 썼으면 나중 부분도 그렇게 쓸 수 있는 것이 아닌가？ 왜 순수한 한문으로 첫머리만 시작해 놓고 본문에 이르러 초기 리두와 리찰로 바꾸었는가？ 이것이 결코 그 글을 지은 사람의 능력 문제에 기인하는 것은 아니다. 그 시대의 한 관습적인 문제일 것이다.

리조 일대를 통해서 리찰과 순수한 한문을 함께 써 오면서 용도를 달리 하던 것도 결국 오랜 이전으로부터 계승되어 온 관습이라는 것이 분명하다. 만일 그렇지 않다면《감산사 돌부처》나《정도사 석탑기》에서 두 가지의 문체를 혼용한 사실을 리해키 곤난하다. 대개 신라에서는 초기 리두로부터 벌써 순수한 한문과는 다른 또 한 개의 서사어로 인정한 것이다. 거기 따라 일정한 범위를 나누어 그 어느 편의 사용이 하나의 관습으로 성립되기에 이른 것이다.

단지 향가와 같은 노래 내지 시를 기사하기에 이르러서는 리찰을 가지고도 오히려 불충분함을 면치 못한다. 그것을 다시 구두어 편으로 더 끌어 들이여 향찰로 만들지 않으면 안 되였다. 물론 향가는 향찰로 쓰게 되기 이전 입으로 지어서 입으로 전해 온 과정도 있는 것이다. 설사 융천사(融天師)의 혜성가(彗星歌)가 6 세기 말에서 7 세기 초에 이르는 사이에 된 것이라고 해도 그것을 바로 향찰 사용의 년대로 단정하지는 못할 것이다. 향가 중에서 글로 쓴 것이 분명한 것은 신충(信忠)의 잣 나무가요, 또 그를 뒤이어서 비로소 월명사(月明師), 충담(忠談)과 같은 향가의 전문적 작가들이 나타나고 있다. 이로써 8 세기 중엽에 향찰이 완전히 사용되고 있은 것은 더 의심할 수 없다. 그러나 향찰식 독송이 점차 구결식 독송으로 옮겨지면서 향찰은 도리여 알아 보기 어려운 문체로 되어 버리고, 향가의 형식도 또한 바뀜에 따라 반드시 향찰로 기사할 필요를 느끼지 않았다. 오직 일부 시가에서 향찰로 기사된 구두어의 몇 구절이 옛전통의 남은 흔적을 보여 주는 이외에 향찰은 드디여 소멸되고 말았다.

그와 반대로 구결식 독송에 따라 구결이 새로 나왔다. 구결은 리찰과 함께 리조 말까지 사용되고 있었다. 이와 같이 구결의 발생은 향찰의 소멸과 련계해서 고찰하는 것이 정당하나 그렇다고 그 두 현상을 꼭 동시기로 보자는 의미는 아니다. 향찰의 소멸이 균여 시대 이후라고 한다면 구결의 발생은 그보다 좀 더 앞선 세기로 추정하는 것이 타당하다.

그런데 958년 고려의 과거 제도(科擧 制度) 실시는 특히 조선 한문에 대해서 심대한 영향을 끼치고 있는 사건이다. 향찰식 독송이 구결식으로 바뀐 것을 위시해서 향찰의 소멸, 구결의 발생 등도 그 실시 전후에 일어 났다고 보아야 할 것이다.

요컨대 신라 말로부터 리두의 세 형태는 벌써 성립되였다. 고려에 이르러는 향찰을 폐지하고 리찰과 구결을 더 정돈하였을 따름이다.

제 3절 정음자와 리두의 관계

그런데 리찰을 사용하기 위해서는 우선 초보의 한문 학습을 전제하여야 할 뿐 아니라 그렇다고 구두어에서와 같히 자유스러운 표현이 가능한 것으로는 되지 못한다. 더구나 리찰이 시작된 후 7세기 내지 8세기가 경과하는 그 동안 이미 고정되여 버린 리두 토보다도 구두어는 더 발달하는 동시에, 그 당시 구두어의 문법과 어긋나는 리두 토는 점차 일반의 학습을 곤난케 하였다.

서사어인 한문과 구두어인 조선어의 불일치를 감소키 위하여 별개의 서사어인 리찰을 만들어서 이중(二重) 서사어를 사용하였으나, 리찰로서도 서사어와 구두어의 불일치가 근본적으로 제거될

리는 없다. 1393년으로부터는 사역원(司譯院)을 설치하고, 거기서 몽고어(蒙古語), 녀진어(女眞語), 왜어(倭語)와 함께 그들의 문자들을 학습해 온 것이라, 표음 문'자에 대한 어느 정도의 지식도 이미 가지고 있다.

그런데 이렇게 린근 각국의 언어에 대해서 학습 기관을 상설하고 전문가를 양성하기 시작한 것이 바로 리조 초기 봉건 문화가 한참 상승하는 표적의 하나다. 이러한 문화 상승기에 있어서 사어와 구두어의 불일치가 다른 때보다 특별히 더 큰 불편을 느끼게 하고 더 큰 관심을 돌리게 할 수 있는 것이다. 때 마침 세종은 집현전을 설치해서 각 방면의 학자를 양성해 내였으며, 금속 활자를 사용해서 서적 인쇄를 보급하였으며, 또 그 자신 한문 음운(漢文 音韻)에 대해서 상당한 연구를 쌓고 있었다. 이런 모든 조건과 환경이 배합된 밑에서 1443년 겨울 그는 마침내 조선어에 적합한 표음 문'자로서 정음자를 창제하기에 이르렀다.

그러면 정음자가 자음으로나 자형으로나 직접 리두와 무슨 관련이 있는가? 물론 없다.

그러나 정 린지(鄭 麟趾)의 훈민 정음 서문에는 이렇게 썼다.

《우리 나라는 례의, 음악, 모든 문화가 중국을 본떴으되 오직 말이 서로 틀리여 글을 배우는 자는 뜻을 알기 어려움을 걱정하고, 재판 관계의 일을 맡은 자는 그 사정이 밝혀지기 어려움을 답답히 여기였다. 신라의 설 총이 비로소 리두를 만들어 지금까지 관청과 민간에서 사용하나, 그러나 한'자를 빌어 쓰는 그것이 혹 꺽꺽하고 혹 막히여 비단 비루하고 근거가 없을 뿐 아니라 언어에 이르러는 능히 만분의 하나도 통치 못하는 것이다》.

최 만리(崔 萬理) 등이 정음자를 반대하여 제출한 상소문에는 이렇게 썼다.

《신라 설 총의 리두는 비록 비루하다고 하더라도 모두 중국에서 통용하는 글'자를 빌어서 조사(助辭)에 쓰는 것이다. 한'자와 서로 떨어진 것이 아닌 까닭에 비록 아전(衙前)과 하인들도 그것을 배우자면 반드시 먼저 글을 얼마쯤 읽어서 약간의 한'자를 안 후에야 리두를 쓰게 된다. 리두를 쓰는 자는 모름지기 한'자에 의해서만 그 뜻을 통하는 까닭에 리두로 인해서 한'자를 아는 자도 많다. 이 또한 학문을 보급시키는 한 도움인 것이다. 만약 우리 나라에서 애초부터 문'자를 모르고 결승(結繩)★¹할 시대와 같았다면 비로소 언문(諺文)을 빌어서 일시적으로 통용하는 것이 오히려 가한 일이다. 그래도 정당한 의논을 취하는 자는 고식의 편의를 위해서 언문을 통용하는 것보다 더디더라도 중국서 통용하는 한'자를 학습해서 장구한 계획을 차리는 것만 같지 못하다고 할 것이다. 하물며 리두가 사용된지 수천년에 문부와 공문에 지장이 없었거니 무엇하러 옛날부터 사용해 오고 폐해가 없는 글을 고치여서 따로 비루하고 유익이 없는 문자를 만들 것인가?》.

이와 같이 정음자 창제의 필요를 주창하는 편이나 그 창제를 반대하는 편이나 모두 똑 같이 리두를 이끌고 나오는 것은 그 무슨 까닭인가? 자음 내지 자형의 표면적 련계가 없다고 해서 그 량자간의 력사적 련계를 무시하는 것은 옳지 않다.

우선 만일 리두의 그 어느 형태나 조선어를 기사하기에 다소 적절한 것이였다면 정음자가 애초부터 창제되지 않았을지도 모른다. 이것은 비록 소극적인 면이나마 역시 중요한 관련이 아닌 것이 아니다. 더구나 장구한 리두 력사에 의해서 축적된 조선어의 음운 및 문법에 대한 지식은 정음자의 조직과 그에 의한 조선어 표기에 영향을 끼치지 않을 수 없다. 리두와 정음자의 관계는 한갖 소극적 방면에서만 인정될 것이 아니라 다시 적극적 방면에서 인정되여야 한다.

1. 《정도사 석탑기》에서 郡百姓光賢亦와 같이 폐음절 아래서만 亦의 리두 로를 쓸 뿐 아니요, 副戶長禀柔亦 處藏寺主房承長

★¹. 결승(結繩). 중국 고전에서 문'자가 없었던 시대를 결승 각목(結繩 刻木)의 시대라고 일컬으니, 결승은 끈을 맺는다는 뜻이요 각목은 나무에 새긴다는 뜻이다. 지금도 문'자가 없는 종족들에게는 무슨 끈을 여러 가지의 형태로 맺어서 의사를 표현하는 때가 있다고 한다.

老亦와 같이 개음절 아래서도 亦의 리두 로를 쓰고 있다.
그런 경험 아래 해례(解例) 합자해(合字解)에서 《孔子ㅣ》와 같은 용법을 제정하였으며, 더 근본적으로 파고 들어 가서는 《ㅐㅔㅚㅟ》 등 모음자를 구성한 것으로 추정된다.

2. 《숙신 옹주 가옥 문서》에서 事叱段의 叱은 해례 합자해의 《魯ㅅ사룸》과 같은 용법으로 반영되고, 또 奴子乙用良의 乙은 룡비 어천가 一一의 《獨夫 受乙 섬기시니》와 一〇九의 《金罍乙 브스려 ᄒᆞ시니》의 《乙》과 같은 용법으로 반영된다. 이러한 용법의 근거로 되는 리론이 바로 한'자 반절(反切)의 이분법(二分法), 즉 상성(雙聲)과 첩운(疊韻)을 정음자의 삼분법(三分法), 즉 초성, 중성, 종성으로 발전시키였다.

3. 《정도사 석탕기》에서 合是, 白於, 追于, 加于 등의 용법은 종성의 초성으로의 전환을 의미하는 동시에 그것을 가능케 하는 정음자의 조직과 부합된다. 이러한 조직은 물론 위치에 의한 음운의 분류에서 면치 못하는 일이라고 하더라도, 상기 리두의 용례가 그러한 조직을 이룸에 대해서 또 하나의 리론적 근거로 되였을 것만은 의심 없다.

4. 리두로부터 받은 유산 중 가장 큰 것이 우리말에서 로와 토 아닌 부분을 구별하게 하는 그 점이다. 이것은 비단 15 세기에 정음자를 창제한 후 처음 우리말을 표기하는 데서만 큰 영향을 입은 것이 아니요; 오늘날 현대어의 문법 구조를 리해함에 이르려서도 역시 적지 않은 영향을 입고 있다.

그런데 삼국 유사 三권 원종흥법(原宗興法)에서 염촉(厭髑)이란 인명 아래 厭髑을 異次, 伊處라고도 쓰니 곧 《싫다(厭)》의 뜻이오, 髑은 頓, 覩, 獨 등의 자와 통용하니 그는 곧 조사(助辭)라고 주를 달았다. 삼국 유사의 이 기록은 우리말에서 토를 구별해 내고 또 토의 한'자 표기가 복잡한 현상을 지적한 것이라고 보아야 한다. 물론 15 세기 이전 토는 《입겿》이라고 하였다. 《입겿》은 《입》과 《겿》의 두 말이 합성된 것으로서 토의 첨가적인 성질을 잘 표시하고 있다. 토에 대한 이러한 견해는 순연히 리두로 말미

알아 얻은 바다. 다시 이 견해에 의해서 정음자로 우리말을 표기할 때 고유 어휘에는 하철(下綴)★², '한' 자 어휘에는 상철(上綴)★³을 각각 적용한 것이다.

이상의 네 항목은 정음자의 조직 및 그에 의한 조선어 표기에 영향을 끼치였다고 추정되는 점이다. 리두와 정음자의 력사적 관계가 적극적인 방면에서도 결코 적은 것은 아니다.

제 4절 이중 서사어에서 삼중 서사어에로

리두가 비록 '한' 자를 빌어 쓴다고 하지마는 한문과는 별개의 서사어다. 신라로부터 고려까지 그 두 가지가 다 같이 통용되고 있었다는 사실은 곧 이중 서사어의 생활을 의미하는 데 벗어나지 않는다. 그런데 1443년 겨울 세종이 정음자를 창제함에 따라 한문이나 리두는 서사어로서의 력사를 끝마치였는가? 그렇지 않다. 그러면 정음자의 창제로 인해서 그 당시 조선인의 서사어는 어떠한 변동을 초래케 되였는가? 한문과 리두의 이중 서사어에다가 다시 정음자를 더 넣어서 삼중 서사어로 만든 그것이다.

세 서사어는 관습에 따라 각기 사용되는 경우를 달리하고 있다. 거기 따라 그 학습의 중심되는 계층도 서로 다를 수밖에 없다.

1. 한문.

임금에게 보내는 여러 종류의 글들, 즉 상소문(上疏文), 상전문(上箋文), 차자(箚子) 등을 위시해서, 외교 왕복의 서류, 력사적 기록 등에서 전체 한문을 사용한다. 거기 따라 관리 등용의 시험인 과거(科擧)도 문과(文科)의 시험 과목은 물론이요 무과의 시험 과목에서까지 무예에 관한 한문 서적의 강독 및 해석이 들어 있다. 리조의 량반 계급들은 학습의 기본을 한문에 두고 있어서 시와 문도 한문이요, 학문적 저작도 한문이요, 심지어 개인간의 안부 편지도 오직 한문이였다. 그들의 대다수가 리찰을 그다

★2. 하철(下綴). 《사람이》, 《사람을》이나 《잡아》, 《잡으니》와 같은 철자법.
★3. 상철(上綴). 《사라미》, 《사라믈》이나 《자바》, 《자브니》와 같은 철자법.

주의하지 않았으며, 개중에는 정음자를 아지 못하는 사람이 많았다.

2. 리찰.

지방 관리들이 중앙에 향해서, 하급 관청이 상급 관청에 향해서, 백성이 관청에 향해서, 신분 낮은 사람이 높은 사람에 향해서 제출하는 공식 문건은 반드시 리찰 사용을 요한다. 상기와 반대되는 경우의 지시와 명령이나 동등한 관청간의 문서 왕복이나 죄이에 대한 신문과 재판에도 마찬가지다. 그 뿐 아니라 개인간의 계약에도 리찰을 사용한다. 각 관청의 문부와 같은 것도 대체로 리찰 편에 속한다고 할 수 있다. 그렇기 때문에 봉건 시대 각 관청에서 직접 실무에 종사하는 계층이 거의 세습적으로 리찰의 학습을 계승해 왔다. 그러한 계층의 관리를 서울서는 서리(書吏)라고 불렀고 지방에서는 아전(衙前)이라고 불렀다.

3. 정음자.

정음자가 창제된 이후 곧 인민층에서 널리 사용함과 함께 정음 문학이 뒤이어 대두하였다. 정음 문학을 발전시키는 데는 량반 계급의 출신인 많은 작가들의 개인적 노력도 적지 않았다. 그러나 량반 계급은 오직 정음자를 가지고 한문 및 외국어 학습의 보조적 수단으로 삼거나, 또는 한문 학습에서 배제된 일반 인민들의 학습 대상으로 내맡겨 버렸을 뿐이다. 한문 내지 리찰을 대신해서 관청용 서사어의 자격을 갖추게 되기에는 이르지 못하였다.

정음자가 정치적으로 사용되는 경우는 오직 두 가지에 한한다. 하나는 인민에게 널리 알릴 필요가 있는 글에 대해서 정음자로의 번역을 붙이는 경우요, 다른 하나는 임금의 어머니나 할머니가 정치에 간여해서 언문으로 지시나 명령을 내리는 경우다. 임금의 어머니와 할머니는 아무리 한문에 능숙하다고 하더라도 정치에 간여해서 지시나 명령과 같은 것을 내릴 때 반드시 정음자를 사용해야 한다. 리조에서 임금이나 그와 대등한 인물의 지시나 명령을 전교(傳敎)라고 하기 때문에 이런 것을 어문 전교라고 일컬었다.

그런데 리조에서 삼중 서사어를 사용하면서부터 리찰에는 리두자, 리두어, 심지어 리두 토의 사용까지 되도록 감소해서 거의 한문화하다 싶이 된 것이다. 그 좋은 례로서는 리 충무공 전서(李忠武公 全書)와 농포집(農圃集) 등에 들어 있는 장계(狀啓)들이다. 먼저 것은 애초에 리두 토를 빼버리고 마치도 처음부터 한문 문체로 쓴 것처럼 게재하고 있다. 이렇게 되여서는 리찰도 오직 관습을 보존키 위한 한 개의 형식으로 되여 버린 셈이다.
　요컨대 1894년 정음자와 한'자의 혼용 서사어를 채용하기까지 삼중 서사어의 사용은 줄곧 계속되였다. 물론 실지로는 1894년 이후로도 관습의 타력에 의해서 더 오래 보존되고 있었다.

제 4장 리두에 대한 연구

제 1절 리조 시대의 연구

　경국 대전(經國 大典) 리전(吏典) 중의 경관직(京官職)이란 제목 아래 《승문원 관리로서 리문(吏文)이나 사자(寫字)의 특이한 자》란 구절에서 리문이란 말을 발견한다. 또 16세기 초의 어문학자인 최 세진(崔 世珍)의 저서 가운데도 리문집람(吏文輯覽)이란 책이 있다. 그러나 이 리문은 근세 중국의 관청용 특수 용어를 가리키는 것이다. 리찰과는 전연 다른 것이다. 그런데 리문을 위해서는 승문원의 관원들로 하여금 전문으로 연구케 하였으나 리찰에는 그런 대책이 없었고, 리문에 대해서는 일찌기 최 세진과 같은 분의 저서도 있었으나 리찰에는 아무런 저서도 없었다. 신라, 고려의 오랜 옛적은 물론이요 리조로 들어 와서도 거의 말기까지 오직 입에 의해서 전승되여 왔을 뿐이다.
　리조 시대의 서리와 아전들이 리찰을 전승해 오는 중에도 법률 관계 부문에 종사하는 사람들이 더 한층 그 학습에 힘쓰고 있었다. 그것은 죄인의 심문이나 재판에서도 관습적으로 계속 리찰을 사용했거니와 리조 초기에 간행한 대명률 직해로 인해서 법률 조문을 해석하는 데도 리찰을 필요로 했던 까닭이였다. 그러나 법률을 위시해서 의학, 천문, 수학 등은 일정한 관청에서 전문가를 양성하며, 또 그러기 위해서 교과서, 참고서 등을 저작도 하고 간행도 했으나, 리찰에 이르러는 전연 그렇지 못하였다. 오직 아버지가 배우던 대로 아들에게 전하고, 아들이 배우던 대로 다시 손자에게 전해서 그렇게 리조 말기에까지 계승해 왔다.

정 약용의 목민심서(牧民心書)에는 봉공(奉公) 제 四에서 이렇게 쓰고 있다.

《리두란 것은(是白遣, 白乎旀와 같은 것) 세상에서 신라의 설 총이 만들었다고 일컫는바, 그 중에는 혹시 알기 어려운 것이 있다(新反. 更良과 같은 것)★1. 지방의 행정 책임자로 나올 사람은 중앙에서 근무할 때 사람들에게 배워서 제 혼자도 알아 볼만큼은 되여야 한다》.

이 기록으로 보아서 정 약용 당시에는 벌써 리찰을 전문하는 계층 이외 거기 대한 일반의 학습이 별로 없었던 사실을 알 수 있다. 목민심서의 동 항목에서는 또 이렇게 쓰고 있다.

《공물(貢物)★2, 세포(稅布)★3, 군전(軍錢)★4, 군포(軍布)★5 등을 제 기한에 바치는 것을 상납(上納)이라고 하고, 장수(匠手)★6, 번군(番軍)★7, 수도(囚徒), 원역(員役)★8 등을 명령에 따라 보내는 것을 기송(起送)이라고 하고, 중앙 정부의 발

★1. 新反와 更良. 리두음으로서 新反을 《새벼》, 更良을 《가시아》라고 읽는다. 어렵다고 말하는 것은 리두음이 어렵다는 의미다.
★2. 공물(貢物). 각 지방에서 그 토산물을 바치는 것.
★3. 세포(稅布). 조세를 지방 및 경우에 따라 혹 무명, 혹 돈, 혹 무궁 등과 같이 불일하게 받았다. 이것은 무명으로 받는 조세를 이름이다. 그러나 때로는 총괄한 명사로도 쓴다. 즉 조세로 받아 들인 일체를 가리키는 말로 되는 것이다.
★4. 군전(軍錢). 병역을 져야 할 사람이 직접 입대하는 대신에 돈을 내는 것이다. 리조 중엽 이후로는 조세의 일종으로 되여 버렸다.
★5. 군포(軍布). 군전과 같다. 단지 돈 대신에 무명으로 내는 것이 다르다.
★6. 장수(匠手). 각색 장인(匠人)들.
★7. 번군(番軍). 입대시키며 보내는 사람들.
★8. 원역(員役). 각종의 일로 인해서 징발되여 가는 인원을 이름이다.

표 사항을 그 즉시 반포하는 것을 지회(知會)라 하고, 상급 관청의 긴급 공문을(세속에서 관자(關子)라고 이른다.) 어느날 받았다는 확인을 도부(到付)라고 하는데, 이런 서류들은 일체 아전의 손에 맡기여도 또한 해로울 것이 없다》.

이 기록으로 보아서 그 당시 리찰의 사용을 요하는 많은 서류가 오직 아전 내지 서리들에게 일임되여 있던 사정을 알 수 있다.

이와 같이 리찰은 일부 특수한 계층에 의해서 계속되여 오는 도시에 량반 출신인 지식 분자들의 대상으로는 되지 못하였다. 리찰을 관청용 서사어로 줄곧 사용해 왔음에 불구하고 일찌기 거기 대한 학문적 연구가 없은 것은 이와 같은 사정에 기인한다.

그러나 18 세기 이후 한편으로는 실학파의 영향에 의해서 리찰이 새삼스럽게 학자들의 주의를 끌게 되고, 다른 한편으로는 리찰을 전문적으로 계승해 오던 계층에서도 학습상 편의를 위해서 그 주해의 서적을 요하기에 이르렀다. 먼저 관계로 저작된 것이 리 의봉(李 義鳳)의 고금석림(古今釋林)과 리 규경(李 圭景)의 어록변증(語錄辨證)이요, 나중 관계로 저작된 것이 구 윤명(具 允明)의 전률통보(典律通補)와 작자 불명의 리두 편람(吏讀便覽)과 유서필지(儒胥必知)다. 리찰에 관한 리조 시대의 저작으로서 이 때까지 세상에 알려져 있는 것이라고는 상기의 다섯 종류밖에 더는 없다. 그것도 고금석림과 전률통보는 18 세기 말, 어록변증과 리두 편람은 19 세기, 유서필지는 년대가 미상하다고 하지마는 그 내용으로 보아서 고금석림과 전률통보보다 더 오랠 수 없음에 따라서 전부 18 세기 말로부터 19 세기에 이르는 동안 저작된 것들 뿐이다.

1. 고금석림 (古今釋林).

저자 리 의봉(李 義鳳)은 18 세기 서울 량반의 가정에 태여났으나 일생 학문 연구에 힘을 기울이였다. 그가 어문 관계의 많은 재료를 수집해서 저서를 이룬 것이 바로 고금석림이요, 그 중 라려 리두(羅麗 吏讀)의 한 편이 바로 리찰에 관한 것이다. 거기 수록된 총항수 172에 달하고 있다. 항수로 계산하는 그 속에는 리두자, 리두어, 리두 토 둥이 전체로 포괄되는 것이다.

2. 전률통보(典律通補).

저자 구 윤명(具 允明)은 리 의봉과 동시대의 사람이요 또 조선의 옛일과 관례를 잘 알기로 그 당시의 유명하였던 분이다. 전률통보란 본래 법률 관계의 저서지마는 그 부록으로 리찰이 수록되여 있는 것이다. 총항수 129.

3. 어록변증(語錄辨證).

홍 대용(洪 大容)과 박 지원(朴 趾源)으로 더불어 18 세기의 실학을 위하여 노력한 분으로 리 덕무(李 德懋)란 학자가 있으니 그가 곧 어록변증의 저자인 리 규경(李 圭景)의 할아버지다. 그는 자기 할아버지의 업을 계승해서 실학자로 되여 오주연문장전산고(五洲衍文長箋散稿)란 저서를 이루었는데 이 어록변증이 그 중의 한 제목이다. 고금석림은 저서의 이름을 취한 반대로 어록변증은 그 제목의 이름을 취했다. 그것은 오주연문장전산고라는 이름이 너무 길어서 부르기 불편한 까닭이다.

4. 리두 편람.

이 책은 오직 마에마(前間恭作) 씨가 보관하고 있다는 이외에는 더 다시 발견되지 않았다. 거기 따라 그 체재와 내용에 관한 것도 자세히 알 길이 없다. 단지 마에마 씨의 소개에 의한다면 편찬된 년대는 19 세기초요 또 그 편찬은 그 당시의 문신(文臣)들이 임금의 명령에 의한 것이라고 한다. 대체로 고금석림, 전률통보 둥과 비슷한 형식의 저서로 보이고 있다.

5. 유서필지(儒胥必知).

저자와 저작 년대는 함께 아지 못한다고 하더라도 리찰만을 위해서 저작된 것으로는 리두 편람과 이 책이 있을 뿐이다. 리두 편람을 얻어 볼 수 없는 이상 이 책이 어느 다른 책보다도 귀중한 재료로 된다는 것은 두 번 말할 것이 없다. 이 책에서는 그 당시 많이 쓰이는 리두음을 벌거하는 이외에 이미 잘 쓰이지 않는 리두음까지 기록해 놓았다. 또 리찰로 써야 되는 각종 서류에 대해서 풍부한 례문을 들어 보이였다.

이 몇 가지의 점은 확실히 이 책이 가지는 특수한 내용이다. 이로써 이 책은 리찰의 학습을 계승해 오던 계층에서 그 실지 학습의 목적을 위해서 저작한 것임에 벗어 나지 않는 것으로 추정된다.

리두자, 리두어, 리두 토 둥에는 전래하는 한'자음이 흔히 현행음과 같지 않다. 이것을 리두음(吏讀音)이라고 부르려고 한다. 그런데 전률통보, 고금석림, 어록변증, 유서필지 등의 리두음은 서로 틀리는 것이 적지 않다. 그 서로 틀리는 리두음을 비교 연구함으로써 리두 토의 발달 과정을 천명할 수 있을 것은 물론이다.

그런데 상기의 책들은 모두 다 리찰에 사용된 한'자의 결합된 자수로서 그 분류의 기준을 삼고 있다. 즉 리두자거나 리두어거나 또는 리두 토거나 전부 한데 뒤섞어서 한 자면 같은 一자류, 석 자면 같은 三자류에 편입하여 버린 것이다. 그보다도 리찰 토의 결합과 분리의 복잡한 현상에 대해서는 아무런 기준조차 세우지를 못하였다. 그래서 이 책에서 한 항으로 결합한 것을 저 책에서는 두 항으로 분리해 놓으며, 또 같은 책에서도 이 경우에는 한 항으로 결합한 것을 저 경우에는 두 항으로 분리해 놓은 례가 드물지 않다. 네 책의 총항수가 서로 틀리는 것도 대체로는 이러한 차이에 기인하는 것이다. 유서필지가 어록변증보다 3배의 수라고 해서 전연 새로운 항수가 그만큼 들어 있는 것은 결코 아니다.

이상의 책들은 그저 리찰에 사용된 한'자를 수집해 놓은 것에 불과하다. 엄밀한 의미에서 그것을 연구로 말하기는 물론 어려운 것이다.

제 2절 최근의 연구

19세기 말로부터 20세기 초에 이르는 동안 국내 및 국외의 학자들에 의해서 조선에 대한 연구가 갑자기 고조되였다. 그들의 연구가 력사, 언어, 정치, 경제, 민속 등 광범한 범위에 걸치여 진행되는 중 리두도 그 하나로 들지 않을 수 없었다. 단지 다른 부문과 비교해서는 의외로 연구자도 적고 연구 발표도 많지 못하다. 론문, 저서를 통털어 합쳐도 도합 10 편 내외의 정도다.

그런데 그 중에서도 그저 리두란 것이 어떻다는 것을 소개한 정도의 내용을 제외한다면 마에마(前間 恭作), 아유가이(鮎貝房之進), 오구라(小倉 進平) 등 3 씨의 저작이 있을 뿐이다. 거기다가 자전 형식으로 편찬된 것을 합쳐서 계산하더라도 도합 5～6종을 더 넘지 못하는 것이다.

1. 마에마(前間) 씨는 《약목석탑기(若木石塔記)의 해목(解讀)》★1이란 론문에서 리두·토에 대한 해석을 시도하고 또 《리두편람(吏讀 便覽)에 대해서》★2란 론문에서 리두의 기원을 밝히려고 시도하였다. 그의 그 두 론문에서 특별한 수확을 거둔 것은 없으나 일본 학자로서 리두에 대한 연구를 개시하였다고 말할 수 있다. 더구나 리두 편람이란 문헌을 오직 그가 보관하고 있을 뿐이라는 것은 이미 설명한 바와 같다. 그 책의 체재 및 내용도 오직 그의 론문을 통해서 아는 수밖에 없다.

2. 조선사 강좌(朝鮮史 講座) 중 《국문(國文)★3 리토(吏吐) 속증(俗證) 조자(造字) 속문(俗文) 차훈자(借訓字)의 1편과 《잡고(雜考)》 제 6집 《속문고(俗文考)》의 상하 량권은 모두 리두에 관한 아유가이 씨의 저작이다. 그는 리두에 사용된 한'자들의 각이한 성질을 어느 정도 인식하여 그 분류를 시도하였으며, 그러한 시도는 리두에 사용된 한'자의 각이한 성격을 어느 정도 천명하여 그 연구의 새로운 방향을 시사한 것이다. 그러나 그는 조선어를 본위로 삼아 그것이 어휘거나 토거나 력사적으로 생성 발전된 과정을 천명할 대신에 특이한 뜻 내지 음으로 사용되는 한'자에 향해서 더 많은 관심을 돌리여 버렸다. 그 결과는 우선 조선사 강좌에서 내세운 제목이 극히 착잡하고 혼동한 것과 같이 리두자, 리두어, 리두 토 등에 대한 명확한 계선도 금긋지 못하고

★1. 《약목석탑기의 해독》. 일본 잡지 《동양학보(東洋學報)》 제 15권 제 3호에 게재 되였다.
★2. 《리두 편람에 대해서》. 일본어 잡지 《조선(朝鮮)》 제 165호에 게재되였다.
★3. 국문(國文). 여기의 국문이란 아유가이가 일본어를 가리키는 것.

있다.

3. 《향가 급 리두 연구》에서 오구라 씨는 향가에 관한 해석과 함께 리두에 관한 연구를 발표하였다. 그가 자기보다 선행한 연구자들의 결함으로서 어학적 방법이 채용되지 않은 데 있다고 지적하면서 특히 매항마다 옛 문헌으로부터 용례를 인증하고, 다시 거기 기초해서 그 의미를 해석하였다. 그러나 리두에는 옛날 조선어의 문법 구조가 반영되여 있다는 것이 가장 중요한 사실이다. 어떻게 훌륭한 재료를 인증해서 어떻게 훌륭히 해석하던지 우선 하나하나의 날개로 연구되여서는 가장 중요한 그 사실이 포착될 수 없는 것이다.

물론 그는 리두를 분석해서 시자식(是字式)의 문장과 위자식(爲字式)의 문장의 차이와 백자(白字)의 문법적 의미 등을 밝히였다. 거기 따라 한 개의 리두 토가 爲, 是, 白과 련결해서 적어도 세 번 이상 중복되는 현상을 제거하기에 이르렀다. 그러나 그의 문법적 분석은 이 이상 더 전진하지 못하였다. 리두 토 호상간의 종착한 관계를 결국 덮어 둔채 지나쳐 버렸다.

그는 리두자, 리두어, 리두 토 등의 차이에 대해서도 그다지 큰 관심을 돌리지 않고 있다. 아유가이 씨와 비교해서 우월한 점도 있는 반면에 이 점만은 도리여 뒤떨어짐을 면치 못한다.

4. 일제 시대 소위 중추원(中樞院)★¹에서 간행한 대명률 직해의 끄트머리에 리두 략해(吏讀 略解)란 부록이 붙어 있다. 그것은 오직 대명률 직해의 리해를 위한 참고 자료로서 편찬된 것임에 지나지 않는다. 그러나 亦, 矣 등의 여러 가지 용법을 분석한 것이라든지 爲都에 대한 오구라 씨의 착오를 교정한 것이라든지 일가견(一家見)을 보이고 있다. 흔히 이러한 참고서에서 볼 수 있는 바와 같이 다른 서적의 내용을 그 대로 옮겨 놓은 것은 아니다. 그런데 고금석림, 전률통보 등의 각이한 리두음에 대해서는

─────────
★¹. 중추원(中樞院). 리조 시대의 관청 이름으로서 일제가 그 대로 존속시켰으며, 거기서 리조 시대 관리 출신의 늙은이를 모아다가 약간의 서적을 편찬한 것이 있다.

그 어느 책의 것임을 명기하지 않고 죽 렬거해 놓았다. 이러한 점이 아무래도 전문 연구의 저서와는 다른 것이다.

5. 중추원(中樞院)의 이름으로 다시 리두 집성(吏讀集成)을 간행한 것이 있다. 이것은 일종 간단한 자전의 형식으로 된 책이다. 그런데 그 책에서는 매항의 음과 뜻을 보이면서 그렇게 보는 근거에 대해서는 일언반구 언급함이 없다. 설사 모든 경우 정확하다고 하더라도 그것이 그 책의 장처로는 볼 수 없으려니와, 때로 부정확한 설명이 나타나고 있는만큼 더 한층 결함으로 두드러짐을 면치 못한다. 전항의 리두 략해와 이 리두 집성은 다 같은 중추원의 간행이다. 그로 미루어 두 책의 편찬자가 혹시 동일한 사람일는지도 모른다. 그러나 나중 책은 먼저 책의 가치에 멀리 미치지 못하는 것이다. 만일 나중 책에서 그 장처로 될 점을 찾는다면 오직 리두문례(吏讀文例)란 부록을 붙이어 각종 리찰 문헌을 보급시킨 그 점이다.

6. 일제 시대 소위 총독부에서 간행한 조선어 사전이 있는바 거기도 리두자, 리두어, 리두 토 등이 수록되였다. 리두 략해, 리두 집성 등이 그 책을 참고한 것은 물론이요, 그 이후 편찬된 몇 개의 조선어 사전에서도 리두에 관한 부분은 순연히 그 책으로부터 옮기여 갔다. 그러나 그 책의 내용은 배렬 순서에 따라 다른 말과 뒤섞인 가운데 간단한 음과 뜻을 변별하게 된 그 뿐이다. 특별한 가치를 들어서 론평할 만한 재료는 없다. 리찰에 관한 최근의 연구는 대략 이상과 같다. 한 마디로 말해서 그다지 많은 성과를 거두기에는 이르지 못하였다고 할 것이다.

제 2 편 리찰의 문법적 분석

제 1 장 리두자

제 1 절 새로 만든 자

한문이 중국의 서사어인 것 같이 조선의 서사어로도 되였다. 중국에서 새로운 글'자를 만들어 쓸 수 있다면 조선서라고 만들어 쓰지 못할 것이 없다. 단지 중국의 한'자는 음도 있고 뜻도 있어야 하지마는 조선의 리두자는 그 소용되는 경우를 따라 그 어느한 편만으로 충분하였다. 나중 향찰식 독송법이 구결식 독송법으로 바뀜에 따라 뜻만 가진 리두자는 거의 다 음을 갖추기에 이르렀으며, 음으로 쓰이는 리두자는 다른 한'자와 섞이게 됨에 따라 다시 한'자 어휘 구성에까지 참가하기에 이르렀다. 이러한 력사적 과정에 의해서 새로 만든 리두자 간에는 뜻과 음의 호상 관계가 반드시 동일하지 않은 것이다. 그것을 몇 개의 류형으로 구별하여 보는 것이 타당하다.

1. 음과 뜻이 서로 다른 자

이런 자는 표면상 보통의 한'자와 조금도 다름이 없는만큼, 일부의 사람들이 왕왕 순수한 한문 문체에서까지 쓴 례가 있다. 이런 자가 보통의 한'자와 구별되는 점은 오직 중국 고전에 사용되지 않았고 한'자 자전에 수록되지 않았다는 그점 뿐이다.

獷 (음)광, (뜻)고양이 리 제신(李濟臣)의 후정쇄록(候鯖瑣錄)에는 黃獷皮를 山猫皮라고 한 말이 있고, 고려사(高麗史) 충렬왕(忠烈王) 二十一년에는 黃猫皮란 말이 있다. 獷은 곧 猫에 해당한다고 볼 것이니, 그 음조차 《고양이》 즉 《괭이》와 류사한

것이 주목되는 바다. 본래 음으로서 廣자를 취한 데다가 동물을 표시키 위해서 犭변을 더한 것이 아닌가 한다. 山獷 즉 산쾡이는 山猫 즉 삵을 가리키는 말로 된다.

畓 (음)답, (뜻)논. 권 응인(權應仁)의 송계만록(松溪漫錄)에서 《우리 나라에서 水田을 畓이라고 하는데 그 음은 沓(답)과 같다》고 하였으며, 만기요람(萬機要覽) 재용편(財用篇)에서 《水田을 畓이라고 일컫는바 畓은 본래 그런 글'자가 없던 것을 두 자를 포개 써서 한 자를 만든 것이요, 沓자와 비슷하니까 고만 그 음을 따 온 것이라》고 하였다. 삼국 유사 二권 가락국기(駕洛國記)에서는 가락의 첫 임금 수로(首露)가 新畓坪이란 곳에 간 일을 기록하고, 그 이때 《畓은 세속에서 쓰는 글'자다(畓乃俗文也)》고 주를 달았다. 대안사(大安寺)의 청정탑비(淸淨塔碑)라든지 개선사(開仙寺)의 돌등(石灯)이라든지 9세기의 금석 문'자에도 벌써 이 畓자가 쓰이어 있다. 새로 만든 리두자 중 가장 오래 전부터 사용된 증거를 가지는 자가 바로 이 畓자다. 현대어에서도 田畓, 上畓, 下畓, 乾畓 등의 많은 한'자 어휘를 이루고 있다. 리두자로서 오늘까지 대표적으로 사용되고 있는 자도 역시 이 畓자다.

䀚 (음)두, (뜻)마두리. 즉 섬이 다 차지 못하는 곡식. 정 동유(鄭東愈)의 주영편(晝永篇)에서 곡식이 곡(斛)에 차지 않는 것을 䀚라고 한다고 하고 그 음은 《두》라고 하였다. 《두》란 음은 물론 斗자에서 취한 것이다.

垈 (음)대, 19 세기 이전에는 《터》. (뜻)터. 정 약용의 경세유표(經世遺表)에서의 《택전(宅廛)이란 지금의 소위 가대(家垈)니 우리 나라에서 따로 垈자를 만들어서 택전을 일컷고 있다》고 하였다. 《숙신 옹주 가옥 문서》에는 戶代라고 해서 그냥 代자를 쓰고 있다. 본래는 《터》라는 구두어를 代자로 표기하였던 것이 후대에 와서 구두어의 그 말과 代자의 음이 서로 어긋난 것으로 추측된다. 代 아래 土를 더 붙인 것도 그 음이 서로 어긋남에 따라 그 뜻을 명백히 할 필요가 있던 것에서 온 것이 아닌가 한다.

襨 (음)대, 19 세기 이전에는 《티》. (뜻)옷감. 경국 대전의 리전(吏典) 경관직(京官職) 중 상의원(尙衣院)이란 아래 衣襨란

말을 쓰고 있다. 《듸》란 음은 對에서 취한 것이다.

楡 (음)명, (뜻)홈. 즉 홈통의 의미. 리 덕무의 대묵서책(對六書策)에서 楡자로 筧자를 대용한다고 하였는데 筧은 훈몽자회에서 《홈》이라고 새기고, 《대나무로 샘물을 끌어 오는 것이라》고 해석하였다. 근세까지도 남쪽 산 속에 있는 절에서 많이 대나무 홈통으로 물을 끌어 들이는 데 바로 그런 홈통을 가리키던 리두자인 것이다. 생명수(生命水)란 성어와 련결해서 그 자형을 리해할 수 있다. 또 물론 命을 따라 《명》이라고 읽은 것이다.

梛 (음)비, (뜻)사다리. 리 덕무의 앙엽기(盎葉記)에서 《자전에 찾아 보나 없는데 혹은 나무로 만든 사다리(木梯)라고 한다》고 하였다. 14세기의 한시인 리 색(李穡)의 시에는 《다시 조그만 아전을 불러서 梛자를 쓰인다(更呼小吏書梛字)》라고 한 구절이 있다. 사다리로 공중에 올라 가는 것을 《나르다》로 표현한 데서 옛 사람의 소박한 생각을 엿보게 한다. 물론 飛자를 따라 《비》로 읽는 것이다.

闟 (음)서, 19세기 이전에는 《셔》. (뜻)잃다. 대명률 직해에서 자주 闟失이라고 썼는바 이는 곧 현대어의 한'자 어휘인 《서실》에 해당한다. 그 역시 西자를 따라 《셔》로 읽은 것이다.

鐥 (음)선, 19세기 이전에는 《션》. (뜻)술잔으로 쓰던 대야. 정 약용의 아언각비(雅言覺非)에서 《鐥은 술을 되는 그릇이니 우리 나라에서 만든 글'자다. 지금 각 고을에서 술 다섯잔을 대접하거나 선사하면서 한 鐥이라고 하는데(중국에는 이런 글'자가 없다) 우리말로 《대야》라고 한다. 세수 그릇도 역시 《대야》라고 하지마는 단지 대소가 같지 않다. 상고해 보건대 匜란 자가 술 담는 그릇의 뜻이요 또 세수하는 그릇도 의미하는 터인즉, 그렇다면 鐥자를 버리고 匜자를 써서 중국과 동일한 글로 되는 것이 해롭지 않을 것이다》라고 하였다.

穛 (음)수, (뜻)창고. 주영편(晝永篇)에서 창고를 穛라고 한다고 하고 그 음을 《수》라고 하였다. 대명률 직해 제 七 고청고역침기(庫秤雇役侵欺)에서 司穛란 말이 쓰여 있는 것을 보면

오랜 옛날부터 사용되여 온 리두자임을 알 수 있다.
　栍(-음)생, 19 세기 이전에는 《싱》. (뜻)표(標)말 또는 제비(籤). 삼국 유사 四권 《관동 풍악 발연수 석기(關東 楓嶽 鉢淵 藪石記)》에서 이 글'자가 나오고, 또 대전회통(大典會通)의 례전(禮典) 제과(諸科)에서 이 글'자가 나온다. 《통도사(通度寺) 장생(長生)》의 生도 바로 이와 같은 자일 것이련마는 아직 거기서는 木변이 붙지 않았다.
　獤(음)전, 19 세기 이전에는 《뎐》. (뜻)獤皮가 양 혹은 염소의 가죽. 이 글'자가 맨 처음 나오는 것은 경국 대전 공전(工典) 경공장(京工匠)이 獤皮匠이란 말이다. 여기 대해서 전물통보는 염소 가죽이라고 해석하고 중추원 간본 대전회통에서는 너구리의 가죽이라고 주해하였다. 그러나 박통사 언해 상권 二九장에도 獤皮를 양의 가죽이라고 하고 있다. 이로 보아 염소 가죽이라는 해석이 비교적 근사하다고 할 것이다. 단지 박통사는 한어(漢語) 측 중국어 교과서다. 거기 獤자가 쓰이였다는 것은 곧 리두자가 아니라는 증거로 된다고 볼 수 있다. 그럼에 불구하고 박통사 언해에서는 獤자가 중국 자전에도 없는 글'자기 때문에 그 뜻을 잘 알 수는 없다고 하였다. 혹 리두자를 한'자와 섞어서 한어 교과서에 넣지 말란 법도 없다.
　迲(음)지, 19 세기 이전에는 《디》. (뜻)움푹 꺼진 땅. 주영편에서 황해도 사람은 땅이 움푹 꺼진 곳을 迲라고 한다(海西人稱地之窄陷者謂之迲)고 하고 그 음은 《디》라고 하였다. 황해도 연탄(燕灘)의 迲內를 《구탕》, 평안남도 강동(江東)의 迲田洞을 《굿밧골》, 평안북도 운산(雲山)의 迲畓을 《군논이》라고 한다. 훈몽자회에서 窖를 《군》이라고 하였는데 《군》은 곧 구뎅이의 《구뎡》, 진 쿠령의 《쿠령》 등과 같은 의미의 말이다. 《구탕》이나 《굿밧골》이 《군》인 것은 더 설명할 것도 없거니와 《군논이》의 《군》도 아래 음에 의한 역행 동화에서 그 끝소리가 변해진 것 뿐이다. 그러므로 이 자의 뜻은 본래 《군》으로 새기였던 것이라고 판정된다. 그 음의 《디》는 물론 地자로부터 취한 것일 것이다.

韞(음)온, (뜻)운혜. 수놓은 비단 신을 《운혜》라고 하는데 역어류해(譯語類解)에는 鞃鞋 아래 《운혜》라고 설명하였다. 이로 보아 《운혜》는 곧 《옹혜》의 음이 바뀐 것이니, 그 음이 다름에 따라서 鞃자 대신 韞자를 만든 것으로 보인다. 동국여지승람에서는 溫鞋陵이란 말이 나오고 있다. 溫의 氵변을 革변으로 고친 것은 다시 후대의 일이다.

籅(음)유, (뜻)그릇. 통문관지(通文舘志)에는 食籅란 말이 있고, 륙전조례(六典條例) 공전(工典)에는 柳籅란 말이 있다. 본래는 臾의 음일 것이나 나중에 변해진 것으로 추측된다.

2. 음과 뜻이 일치하는 자

이런 자는 그 글'자만이 보통의 한'자와 혼동되게 할뿐이 아니라 그 글'자로 기사된 구두어까지 한'자 어휘와 혼동되게 한다. 이런 자가 보통의 한'자와 구별되는 점은 역시 중국 고전에 쓰이지 않고 자전에도 수록되지 않은 것 이외 아무런 차이를 발견하지 못한다.

艍(음)거. 경국 대전의 호전(戶典) 조전(漕轉)에는 居刀船이란 말이 있는데 그것은 바로 《거무배》란 구두어의 기사다. 대전회통(大典會通) 병전(兵典) 제도병선(諸道兵船)에는 艍舠船이라고 썼으니, 그것은 나중에 내려 오면서 居刀의 두 자에다가 모두 舟변을 붙인 것임에 틀림이 없다. 舠는 본래부터 있는 한'자지마는 艍는 새로 만든 리두자다. 居刀 내지 艍舠가 어째서 《거무》로 되였느냐 하는 것은, 次第를 《차례》라고 하고 牡丹을 《모란》이라고 하는 것과 같이, 옛말에서 《ㄷ》, 《ㄹ》가 통용되였기 때문이다.

蓳(음)근. 륙전조례(六典條例)에서 蓳臺菜라는 말을 썼는데 훈몽자회에서 菦을 《근댓 군》이라고 읽고 蓮을 《근댓 달》이라고 읽었다. 결국 菦蓮의 음과 《근대》라는 구두어가 일치하지 않으니까 다시 蓳자를 만들어서 蓳臺라고 쓴 것임에 틀림이 없다.

獤(음)돈. 동월(董越)의 조선부(朝鮮賦)에서 《지방 사람들이 貂를 獤이라고 부른다(土人名貂爲獤)》고 하였는데, 훈몽사회에서 貂를 《돈피》라고 새기고 있다. 돈피는 獤皮일 것이나 獤의 음이 어디서 유래된 것인지는 미상하다.

礡 (음)박. 평양의 偉礡里를 《위박리》, 石礡山을 《돌박산》이라고 읽는데, 현대어에서 다듬은 돌을 《박석》이라고 하는 말이 바로 礡石인 것이다. 청국 대전 공전(工典) 경공장(京工匠) 가운데서 벽돌 만드는 사람을 礡匠이라고 한 것으로 미루어 생각한다면 아마 甎의 통용자인 塼을 잘못 읽은 데서 생긴 글'자인 것이다. 박석을 벽돌이란 말로 일컬을 수 없지 않다. 또 礡을 塼으로 그릇 보는 것도 있을 수 있다.

㳦 (음)벌. 대전회통의 호전(戶典) 어염(魚鹽)에서 海㳦嶼草란 말이 있으니, 海㳦은 《바다벌》이요 嶼草는 조그만 섬들의 풀갓(草枝)이다. 중추원 간본에서 海, 㳦, 嶼, 草를 각각 딴 마디라고 해석했으나 그것은 그릇된 해석이다. 바다'가에서 물에는 해초, 해변에는 풀 등이 난 곳을 함께 《바다'벌》로 일컷는다. 그 음을 취하여 伐로 쓰는 동시에 다시 바다'가의 뜻을 표시키 위해서 氵변을 붙인 것이다.

芐 (음)변. 한약의 지황을 가리키는 것이니 숙지황을 숙변(熟芐)이라고 하고 생지황을 생변(生芐)이라고 한다. 본래 지황의 뜻을 가진 한'자로서 芐자가 있는데, 芐에 한 점을 더 찍어 드디어 芐으로 만든 것이 아닌가 한다. 그것은 지황과 같은 약에 下자를 쓰기 좋아하지 않은 까닭일 것이다. 이미 下를 卞으로 고침에 따라서 그 음도 그만 《변》으로 된 것이다.

縷 (음)비. 선당하기(宜堂下記)에 縷縰라고 썼으니 곧 《누비옷》이라는 뜻의 누비다. 본래는 衲衣의 음이 변해진 것인데 다시 그 변해진 음에 맞추어 쓰기 위해서 縰와 같은 자를 새로 만들기에 이른 것이다.

繕 (음)선. 19세기 이전에는 《션》. 주영편에서 《옷 가장자리를 繕이라고 한다》고 하고, 또 그 음을 《션》이라고 하였다. 구두어에서 지금까지 《선》이라고 하는 것은 단순한 옷 가장자리를 의미하는 것이 아니다. 거기다가 딴 헌겊으로 두르는'것을 의미한다. 중국의 옛력사, 례컨대 북사(北史), 주서(周書) 등에서 고구려 부인들의 옷에는 襈을 가한다고 하였다. 이는 곧 현대어

의 《선》과 일치하는 말로서 繕이 결국 襈과 같은 음, 같은 뜻의 자가 아닌가 한다. 문헌비고(文献備考)에서 繕廛이란 말 아래 비단을 파는 곳인바, 세속에서 立廛이라고들 일컷는다(賣匹段 俗 稱立廛)고 하였다. 立廛도 결국 繕廛과 같이 읽을 것이어니와 비 단전을 하필 繕廛이라고 부르게 된 것은 옛날의 관습상 의복의 선을 두를 때 반드시 비단이 소용되던 까닭일 것이다. 만기요람 재용편에서는 繕廛을 線廛으로 쓰고 그 線이 곧 立의 뜻이라고 하 면서 맨 먼저 비단전을 세운(立) 까닭에 立廛이라고 일컬은 것이 라고 설명하였다. 이렇게 설명키 위해서는 立廛이라고 쓰기보다 先廛이라고 썼어야 할 것이다. 문헌비고에서 繕廛이라고 쓴 것 이 옳다. 繕의 재료 즉 비단을 파는 전을 의미하는 것이다.

胖 (음)양. 아언각비에서 《우리 습속으로 소의 위(胃)을 胖 이라고 한다》고 하고, 그 아래 다시 우리 나라에서 만든 글'자니 거성(去聲)이라고 하였다. 胖은 보통 음보다 길게 읽는 것이기 때문에 특히 거성이라고 설명한 것이다.

頉 (음)탈. 주영편에서 《무슨 일을 핑게로 면하는 것을 頉이 라고 한다》고 하고, 그 음을 《탈》이라고 하였다. 대명률 직해 제七 부여전량사하보수(附與錢粮私下補數)에서 頉下란 말이 있는 것으 로써 보면 이미 오랜 이전부터 사용된 것이 명백하다.

橖 (음)탱. 19세기 이전에는 《팅》. 향약 집성방(鄕藥 集成 方)에서는 기실(枳實)을 橖子라고 한다고 하고, 주영편에서는 橖 의 음을 《팅》이라고 하였다.

欕 (음)엄. 엄나무를 가리키는 글'자다.

柺 (음)외. 벽의 뼈대로 되는 얽이를 가리키는 글'자다.

3. 음만 있는 자

이런 자는 끝까지 리두자로 남아 있는 글'자다. 흔히 사람의 성, 이름 및 지명 둥에 쓰이고 있다.

厼 (음)금. 리두 토로 쓰이는 자다. 리두 토에서 다시 설명 하겠다.

茓 (음)늣. 주영편에서 음만 있고 뜻이 없는 글'자의 하나로 서 이 茓자를 들고 그 음을 《늣》이라고 하였다.

亇(음)마. 주영편에서 음만 있고 뜻이 없는 글'자의 하나로서 亇를 들고 그 음을 《마》라고 하였다. 고려사 우(禑) 3년에는 북원(北元) 사신의 이름으로 豆亇達이라고 썼으며, 용재총화에는 음악가의 이름으로 李亇知라고 썼으며 만기요람의 군정편(軍政篇) 관방(關防)에는 성 이름으로 斜亇洞城이라고 쓴 등 이 글'자는 비교적 널리 쓰이고 있다.

旀(음)며. 리두 토로 쓰이는 자다. 리두 토에서 다시 설명하겠다.

逹(음)수. 19세기 이전에는 《슈》. 주영편에서 간성(杆城)을 逹城이라고 일컫는다고 하면서 그 음을 《슈》라고 하였다. 옛날 고구려의 지명으로서 많이 쓰이고 있는 글'자다.

岾(음)점. 19세기 이전에는 《졈》. 금강산 속에 楡岾寺(유점사)란 절이 있었다.

遝(음)횡. 양엽기에서는 연안(延安)에 遝이란 성을 가진 사람이 있는데 그 음이 《횡》이라고 하였다.

闧(음)왁. 양엽기에서는 광주(廣州)에 闧이란 성을 가진 사람이 있는데 자기네 말로 《왁》이라고 한다고 하였다.

4. 뜻만 있는 자.

畓, 椺, 楡, 遝 등의 글'자가 반드시 처음부터 음을 가지였던 것이라고는 생각되지 않는다. 그것은 遝의 음이 《더》라는 것이 주영편에 보인 이외 실지의 지명에서 쓰인 례를 보지 못하는 것도 좋은 증거의 하나다. 대개 독송법이 바뀐 이후 뜻만 가지고 있던 모든 리두자에까지 음을 정하게 된 것이 사실이다. 그것은 류사한 자형의 畓을 따라서 畓의 음을 정한 것도 그 증거의 하나다. 그런데 음이 없이 내려 온 례외의 자가 몇 자 있다. 이 또한 새로 만든 리두자 전부가 처음부터 모두 음을 가지지 못하였던 증거로 되는 것이다.

㖯(뜻)다지. 대명물 직해 제 一 범죄사발재도(犯罪事發在逃)에서 白㖯란 말을 썼으며 근세까지도 㖯音이란 리두어를 썼다. 㖯音에 대해서 전률통보와 고금석림은 《다딤》, 어록변증과 유서

필지는 《다집》이라고 읽고 있다. 오직 白鳥는 전물통보에서 《쇼
다》라고 읽었다. 그것은 다른 리두음에서 보는 바와 같이 《다집》
또는 《다딤》의 음으로부터 일부의 음이 탈락한 것이다.

   遤 (뜻)쟈라. 리 수광(李晬光)의 지봉 류설(芝峰 類說)에서
는 《우리 나라에서 글'자를 쓰는 데는 수전(水田)을 畓이라고 하
고, 미곡이 섬에 차지 않는 것을 㪳라고 하고, 땔나무 단이 큰 것
을 遤라고 하니 모두 의사에 따라 만든 것이다》고 하였으며, 홍
만종(洪 萬宗)의 순오지(旬五志)에는 《세속에서 수전을 畓이라고
하고, 미곡이 섬에 차지 않는 것을 㪳라고 하고, 땔나무가 단에
차지 않는 것을 遤라고 한다》고 하였다. 이와 같이 遤는 畓, 㪳
의 두 자와 함께 새로 만든 리두자의 거의 대표로 지적되여 오고
있는 글'자다. 그럼에도 불구하고 이 자만이 음을 가지지 못한
채로 내려 왔다. 그 뿐 아니라 지봉 류설에서는 땔나무의 큰 단
을 遤라고 한다고 하는 데 대해서, 순오지에서는 땔나무가 단에
차지 않는 것을 遤라고 한다고 하여 어의의 차이를 보이고 있다.
그러나 逃, 㪳 등의 례를 미루어 《책바침》이 결코 좋은 의미가 아
닌즉 지봉 류설보다 순오지의 해석이 정당한 것으로 추정된다.
혹은 땔나무를 계산하는 단위가 반드시 한 가지에만 국한될 것
이 아니라면 16세기까지 큰 단위에는 차지 않으나마 작은 단위
로는 많은 분량을 遤라고 하다가, 17세기 이후로는 큰 단위거나
작은 단위거나 물론하고 어떠한 단위보다 모자라는 분량을 일체
로 遤라고 하였는지 모른다

   畕 (뜻)배미. 근세까지 토지 대장과 같은 서류에서 전답의
구획을 가리키는 글'자로 썼다. 강희 자전(康熙 字典)에는 이 자
를 《제》의 음과 陌의 뜻으로 설명하였으나 조선서는 그런 음 내
지 뜻과 관계 없이 따로 만들어 낸 것이다.

   이상을 종합해서 새로 만든 리두자는 첫째 사람의 성과 이름
또는 지명 등에 많이 쓰이지 않았으면, 둘째 특수한 문서와 같은
데서밖에 발견되지 않는 것을 알 수 있다. 현대어의 한'자 어휘
가운데서 광범히 사용되고 있는 자는 오직 畓, 頉 등을 제외한 다

음 별로 없다. 여기서 이러한 한 가지의 결론을 내리기 가능할 것이다. 즉 새로운 리두자를 만들어 내는 것이 후대로 내려 오면서 점점 줄어 들 뿐만 아니라 이미 만들어 낸 리두자까지 차차 쓰지 않게 되였다는 그것이다.

제 2절 변해 쓰는 자

일찌기 옛날에는 새로운 리두자를 만들어 내기만 한 것이 아니요, 보통의 한'자도 그 뜻과 음을 변화시켜 리두자로 쓴 례가 드물지 않다. 이런 리두자는 어떠한 구체적인 경우에서 리두적인 뜻 내지 음을 표시하지 않는다면 그것을 리두자로 판명할 아무런 기준이 없다. 그런데 이렇게 보통의 한'자가 리두자로 변하는 데는 뜻이 주장이다. 음이 변하고 않는 것은 한갓 부대적인 현상이다. 그러나 그 부차적인 현상으로 인해서 두 가지의 류형으로 가를 수 있다. 한 류형은 뜻과 음이 함께 변하는 것임에 비해서 다른 한 류형은 뜻만이 변하는 것이다.

1. 뜻과 음이 함께 변하는 자

鞃. 한'자로서는 (음)삽, (뜻)적은 아이의 신. 그런데 리두자로서는 (음)깁, (뜻)비단신. 고려사 식화지(食貨志)에 鞃鞋匠이란 말이 있는데 전률통보에서는 鞃鞋匠을 남자신, 곧 임금의 신을 만드는 사람이라고 해석하였다. 그것은 임금의 신을 《깁신》, 즉 비단신으로 만드는 데서 유래된 말이지 鞃鞋란 말이 본래 임금의 신을 의미하는 것이 아니다. 훈몽자회에서 絹, 綃 등을 모두 《깁》이라고 새기고 있다. 鞃鞋는 곧 絹鞋의 의미일 것이다.

喬. 한'자로서는 鳳의 고자나, 리두자로서는 (음)궉, (뜻)사람의 성. 앙엽기에는 《우리 나라에는 喬가 성이 있으니 그 음은 權憶切이다. 선산(善山) 궉씨촌(喬氏村)이 있다》고 하였다.

欏. 한'자로서는 椙와 같은 자나 椙는 (음)치, (뜻)방맹이. 리두자로서 (음)덕, (뜻)고원. 홍 량호(洪良浩)의 북새기략(北塞紀略)에는 높은 언덕을 欏이라고 한다고 하였는데 만기요람 군정편에 나오는 三江㙍(삼강덕)이 그런 례의 하나다. 훈몽자회에서 坡, 阪 등을 《두듥》, 丘, 原 등을 《두던》이라고 하였으니 이 두 말은 본래 같은 어원에서 나온 것이려니와 《두듥》은 다시 《두력》, 《두렁》 등으로 변하며, 《두력》은 또 다시 《둑》으로 변하였으니, 지금 중부에서 《방천둑》, 《둑성이》 등 《둑》이라고 말하는 것을 동북, 서북 두 방언 구역에서는 《덕》이라고 말하는 것이다.

㙍. 한'자로서는 (음)통, (뜻)缶㙍이란 성어와 사람의 성으로 쓰인다. 리두자로서 (음)동, (뜻)물을 막아 쌓는 둑. 정약용의 흠흠신서(欽欽新書)에는 《우리말로 둑을 쌓아 물을 막는 것을 㙍이라고 한다》고 하였다. 《두력》이 《둑》으로 된 것 같이 《두렁》은 《동》으로 된 것일 것이다.

洑. 한'자로서는 (음)복, (뜻)땅속으로 흐르는 물 즉 복류(伏流). 리두자로서는 (음)보, (뜻)동둑으로써 막아 놓은 물. 정약용의 경세유표(經世遺表)에서 《물을 대기 위해서 도랑을 파는 공사는 반드시 먼저 흐르는 물을 막아야 하는 것이니 우리말로 洑라고 한다.》고 하였다.

分. 한'자로서는 (음)분, (뜻)나누다. 리두자로서는 (음)뿐, (뜻)《무엇무엇 뿐》이라는 뿐의 뜻. 후대의 리두 문헌에는 㧎, 盼 등으로 썼으나 대명률 직해에는 그 대로 分으로 썼다. 맨 처음에는 그 글'자의 음 대로 《분》으로 읽던 것이 나중 《뿐》으로 변한 것이라고 보인다.

夕. 한'자로서는 (음)석, 19 세기 이전에는 《셕》. (뜻)저녁. 리두자로서는 (음)사; (뜻)한 홉(合)의 십분의 일. 만기요람 재용편에서는 勺을 夕으로 쓴다고 하면서 夕의 음을 《사》라고 하였다. 최근까지도 홉 아래의 단위를 한'자 수사와 련결해서는 《작》이라고 하고, 고유 수사와 련결해서는 《사》라고 한다. 그런데 훈몽자회에서 勺은 《구기 쟉》이라고 읽었지마는 芍과 藥은 모두 《샤약》이라고 새기고 있다. 이로써 芍의 옛음이 《샤》임을 알 수 있는 동시에 勺도 역시 그랬으리라고 추정되는 것이다. 그런데 옛날에 토지 대장과 같은 것을 꾸민다면 매건 마다 그 면적을 명기해야 할 것은 물론이다. 그럴 때마다 최하 단위의 勺을 맨 끝으로 쓰지 않을 수 없으나, 맨 끝의 획을 꾼부려 올린다는 것은 그다지 편리한 일이 아닌 것이다. 여기서 勺은 夕으로 변하였다. 자형을 夕으로 바꾸면서도 그 대로 勺의 음으로 읽은 것이다.

味. 한'자로서는 和의 고자(古字)니 (음)화. (뜻)고르다, 순하다, 응하다 등등. 리두자로서는 (음)섭, (뜻)높이 두드려지도록 깊이 새기는 조각. 경국 대전의 공전(工典) 경공장(京工匠)에서는 味匠이란 말이 있는데 전물통보에서 味匠은 금은으로 띠를 만드는 사람이라고 하고 세속에서 《섭장》이라고 한다고 하였다. 또 주영편에서 높게, 깊게 조각하는 것을 味刻이라고 하면서 味의 음을 역시 《섭》이라고 하였다.

媤. 한'자로서는 姻와 같은데 姻는 (음)사. 19 세기 이전에는 《ᄉᆞ》. (뜻)녀자의 이름. 리두자로서는 (음)싀. (뜻)남편 쪽으로 맺어지는 관계. 아언각비에는 《媤는 녀자의 이름인데(옛날 중국서는 녀자들이 머리를 쪽지면서 새로 이름을 짓는다) 시집이란 뜻으로 쓴다(남편의 아버지를 시아버지, 남편의 어머니를 시어머니라고 하는 류다)》고 하였다.

作. 한'자로서는 (음)작, 주, 자. (뜻)짓다, 일어 나다, 시작하다 등등. 리두자로서는 (음)질. (뜻)관청 문서. 만기요람 재용편에서 反作이란 말 아래 作은 음이 《질》이라고 주를 달았을 뿐이 아니라, 作자가 들어 간 리두어는 모두 《질》내지 그와 비슷한 음으로 읽는다. 또 리두어로서는 作文은 관청에서 보관하는 문부 등을 가리키는 말이요, 作紙는 관청의 차무비로 징수하는 세금의 일종을 가리키는 말이다. 이렇게 해석할 때 봉건 시대 각 고을에서 아전들이 사무 보는 장소를 秩廳, 吉廳, 또는 作廳이라고 부르는 것이 결국 동일한 말임을 알 수 있다. 作의 리두음이 秩인 것은 물론이어니와 人定을 《인경》, 點心을 《겸심》이라고 하는 것과 같이 秩의 음이 吉로 된 것이다. 또 옛날 봉건 시대 어떤 관리가 어떤 벼슬에 임명되였을 때는 반드시 사헌부(司憲府) 및 사간원(司諫院)에 그 자신의 호적 등본을 제출하는 법인데, 그것을 제출치 않았을 때는 리조 시대의 사령장인 고신(告身)에 作不納의 석 자를 써서 취임을 취소하던 관습을 비로소 리해할 수 있다. 作이 곧 공문서니 作不納은 호적 등본을 바치지 않은 그 리유를 명기하는 것이다.

대개 《짓다》란 말은 15 세기로 올라 가서 《지ᄉ》다. 《지ᄉ》의 《△》가 구두어에서는 《ㅅ》로 바뀌고 作의 뜻으로서는 《ㄹ》로 바뀌였다고 볼 수도 없지 않다. 그러나 후대로 내려 와서 《질》은 벌써 作의 음으로 인정되였을 뿐이고 뜻으로 인정되지는 않았다.

干. 한'자로서 (음)간. (뜻)방패, 륙갑 이름의 하나 등등. 리두자로서는 (음)한, (뜻)벼슬 이름, 또는 무슨 일에 종사하는 사람. 지봉 류설에서 《우리 나라 말에는 채소 가꾸는 사람을 원두한(園頭干), 고기 잡는 사람을 어부한(漁夫干), 두부나 묵을 만드는 사람을 두부한(豆腐干)이라고 한다. 대개 우리말로 큰 것을 한(干)이라고 하기 때문이다.》라고 하였다.

鯸. 한'자로서는 (음)공. (뜻)고기 알. 리두자로서는 (음)홍. (뜻)가오리. 동의 보감(東醫 寶鑑)에서 鯸을 《가오리》라고 하였다.

茸. 한'자로서는 (음)용. (뜻)풀이 난 형용이다. 리두 자로서는 (음)이. (뜻)버섯. 지금까지도 松茸, 石茸 등의 말을 쓰고 있다.

2. 뜻만 변하는 자.

結. 한'자로서는 《맺다》의 뜻이나, 리두자로서는 《먹》의 뜻. 만기요람 재용편 제 二 전결(田結)에서 《百負가 結로 된다》고 하고, 結자 아래 《속음(俗音)이 먹이라》고 주를 달았다. 《먹》은 본래 《맺다》와 같은 어원에서 나온 말이니 지금 중부 일대에서 여러 사람에게 물건이 분배되는 것을 《머지머지》 또는 《메지메지》라고 말하는 것도 역시 그와 마찬가지다. 즉 결속의 뜻인 《맺다》가 경지 면적의 높은 단위를 의미하게 되는 동시에 각 사람에 대한 분배물도 의미하게 되는 것이다. 장가 들 때의 《먹》은 《막다》에서 오고, 《먹이 찼다》란 성구는 목의 뜻인 《먹》으로부터 유래한다.

경지 면적의 《먹》은 그와 달리 결속의 뜻인 《맺다》에서 나온 말이다.

대안사(大安寺) 청정탑비(淸淨塔碑)와 개선사(開仙寺) 돌등(石灯) 등에서 이미 이 結자가 쓰이여 있으며, 신라 시대 호적에는 물론 이 結자가 많이 나타나고 있다. 경지 면적의 높은 단위를 結이라고 일컬은 것은 아주 오랜 이전의 일이다.

庫. 한'자로서는 창고의 뜻이나, 리두자로서는 장소 즉 곳의 뜻. 대명률 직해 제 十七 역사계정(驛使稽程)에 錯書庫有去等은 《착서한 곳 있거던》으로 해석될 것이다.

棵. 한'자로서는 부러진 나무의 뜻이나, 리두자로서는 거문고 줄을 바치는 안족(鴈足)이란 뜻. 훈민 정음 해례에서 《과》가 琴柱라는 것이 바로 이 말을 가리킨 것이다.

藿. 한'자로서는 콩 잎의 뜻이나, 리두자로서는 미역 및 다시마 등을 가리키는 말. 동국여지승람 경상도 경주(慶州)에서 《바다 가운데 먹는 풀이 있어서 藿이라고 이름 지으니 곤포(昆布) 다시마(塔士麻)를 모두 藿이라고 한다》고 하였는데, 만기요람 재용편에는 粉藿, 早藿, 藿耳 등의 말이 나오고 있다. 지금은 오직 《미역》만을 藿이라고 부르고 있으나, 기름에 튀겨 낸 다시마를 튀각 곧 튀藿이라고 말하는 것으로 미루어서도, 옛날 다시마까지 포괄하던 말인 것은 의심할 여지가 없다.

串. 한'자로서는 《꿰다》 또는 《꼬지》의 뜻이나, 리두자로서는 곶 즉 바다 속으로 내민 륙지라는 뜻. 만기요람 재용편에 香串之란 말이 있으니 串之는 곧 꼬지의 반음역(半音譯)이다. 이 串은 다시 이의역(異意譯)에 의하여 月串, 長串 등과 같이 《고지》란 말을 기사케 된 것이나, 후대에 와서는 串이 그만 《고지》를 가리키는 리두자로 고정되여 버린 것이다. 룡비어천가 九장 주에는 暗林串을 암림곶, 登山串을 둥산곶이라고 하여 串을 《곶》이라고 하였으나, 본래는 《곶》의 한 음절이 아니요 《고지》의 두 음절이다. 그것은 삼국 유사 四 권 원광서학(圓光西學)에서 《古尸寺라는 것이 岬寺라고 말하는 것과 같다》고 한 것도 그 증거요,

만기요람 군정편 제 四에서 남해(南海)의 고지곶을 串岬이라고 쓴 것도 그 증거다. 고지로 된 지방을 고지라고 부르던 것이 지명은 그대로 《고지》로 남고 일반적으로 쓰는 말은 《곶》으로 변하였다. 여기서 고지란 지명 아래 다시 일반적으로 쓰는 《곶》을 포개여 《고지곶》과 같은 말이 나온 것이다. 그 《고지곶》을 한'자로 옮기여서는 串岬으로 된다. 串이 岬의 뜻을 가진 리두자라고 생각할 때는 아주 재미 있는 지명인 것을 알게 되는 것이다.

娚. 한'자로서는 喃과 같은 뜻이요, 喃은 말소리의 형용인데, 리두자로서는 오라비라는 뜻. 아언각비에는 이 리두자에 대하여 자세히 서술하고 있는데 《娚이란 말소리니 오직 속석(束晳)의 부(賦)에만 이 글'자가 있다. 우리 습관으로는 안해의 사내 형제를 妻娚(처남)이라고 한다. 그 뿐 아니다. 사람들이 아들 하나, 딸 하나를 두면 娚妹(남매)를 낳았다고 말하는 것이다(고려사 선거지(選擧志)에는 이르기를 한 아들의 음관(蔭官)을 허락하고 제 아들이 없는 사람에게는 姪娚女壻에게 허락한다고 하였다). 대개 부인 녀자들이 사내 형제더러 娚이라고(우리말로 올아비) 한다. 근거가 없는 것이다》라고 하였다.

아언각비에서 근거가 없다고 말한 것은 보통 한'자로서의 경우를 가리키는 것임에 지나지 않는다.

본래 우리말로 형제 남매간의 칭호가 다른 말과 달라서, 남자는 녀자더러 누이라고 하고 녀자는 남자더러 오라비라고 한다. 그리고 남자는 남자 끼리, 녀자는 녀자 끼리 서로 형이라고 하고 아우라고 하는 것이다. 이러한 특수한 관계 아래 녀자 대 남자의 칭호인 오라비의 뜻으로서 娚자를 변해 쓰게 되였다. 그것은 오라비의 뜻을 표시하기 위해서 娚의 자형이 아주 적당하기 때문이다. 물론 처음에는 그 뜻을 가지고 《오래비》라고 읽었을 것이나 나중 男자의 음을 좇아서 《남》이라고 읽었을 것이다. 《남》으로 읽으니까 妻娚, 娚妹와 같은 한'자 어휘들까지 나오게 된 것이다.

그런데 이 글'자는 고려사 선거지에서만 나오는 것은 아니다. 《갈항사(葛項寺) 돌탑》에서 벌써 나오고 있다.

權. 한'자로서는 물을 터 놓는(洩水) 도구의 뜻이나 리두자로서는 박달나무라는 뜻. 그 동음의 관계를 리용한 것이다.

主. 한'자로서는 임금, 임자 또는 주장 등의 뜻이나 리두자로서는 존칭의 뜻. 父主는 아버님, 母主는 어머님으로 되는 것과 같다. 개선사(開仙寺) 돌동에 文懿皇后主大娘主라고 쓴 것으로 미루어 主자를 이렇게 쓰는 것도 아주 오래 전부터인 것을 알 수 있다.

縛. 한'자로서는 《무엇을 얽다》의 뜻이나 리두자로서는 《얼굴이 얽다》라는 뜻. 즉 이의역이다.

卜. 한'자로서는 《점을 치다》의 뜻이나 리두자로서는 《짐》의 뜻. 만기요람 재용편에서 《十把(줌)가 束(뭇)이 되고 十束이 負(짐)가 되고 百負가 結(먹)이 된다》고 하고, 負 아래 《혹은 卜이라고 일컫는다》라고 주를 달았다. 卜자가 어째서 負자 대신으로 쓰이느냐에 대해서 아무도 해명한 사람이 없으나, 그 자형이 마치 등에 무엇을 지고 있는 사람을 련상케 하는 데서 나온 것이리라고 생각한다.

査. 한'자로서는 떼'목, 또는 《살피다》 등의 뜻이나 리두자로서는 《사돈》이라는 뜻. 아언각비에서 《査는 물에 뜬 나무인데 사돈집을 일컫는 글'자로 쓴다(신랑 집과 색시 집이 査頓이라고 이르면서 査兄 査弟라고 일컫는다)》고 하였다. 사돈이란 말을 査頓으로 기사하고 다시 査頓을 략해서 査라고만 쓴 것이 드디어 査자를 《사돈》이라는 뜻의 리두자로 변해 쓰게 된 경로일 것이다.

柶. 한'자로서는 숟갈의 뜻이나 리두자로서는 윷이란 뜻. 리익(李瀷)의 성호쇄설(星湖僿說)에서 《柶는 나무 숟갈》이라고 하고, 또 《이제 이 유희가 나무 쪼각 넷으로 노는 도구를 삼기 때문에 빌어 쓴 것이니 아마 고려 때로부터 전래하는 풍속일 것이다》라고 하였다.

苫. 한'자로서는 지붕을 잇는 영의 뜻이나, 리두자로서는 《섬》이라는 뜻. 그런데 우리 말의 《섬》즉 《섬》은 바다에 둘려 쌓인 륙지와 곡식을 담는 그릇의 두 가지 뜻을 가지고 있다. 苫도 리두자로서 두 가지의 뜻으로 쓰이니, 아언각비에서 인증한 바와 같이 최 치원의 숭복사(崇福寺) 비문에서는 나중 뜻으로 苫자를 썼고, 중국인 서 긍(徐 兢)의 고려도경(高麗圖經)에서는 먼저 뜻으로 苫자를 썼다. 아언각비에서는 苫에 대하여 옛문헌을 론증한 다음 《이제 우리말을 상고해 보면 곡식 담는 것도 苫이라고 하고, 도서(島嶼)도 苫이라고 하기는 하나, 곡식 담는 苫은 평성(平聲)이요 도서의 苫은 거성(去聲)》이라고 하였다. 우리말의 길고 짜른 것을 아언각비에서는 중국 사성(四聲)과 비교해서 거성과 평성으로 나눈 것이니, 현대어에서도 도서의 《섬》은 길게 내나, 반대로 곡식 담는 《섬》은 짜르게 내는 것이 다르다.

省. 한'자로서는 《살피다》 또는 행정 기관 등의 뜻이나, 리두자로서는 《솔》이란 뜻. 경국 대전의 공전 경공장에는 梳省匠이란 말이 있으니 梳省은 《빗솔》이란 말이요 만기요람 재용편 제 一에는 瓢省이란 말이 있으니, 瓢는 바가지요 省은 솔이다. 省을 《솔》로 읽는 것은 그 음에서 유래되였다고도 볼 수 없지 않으나 그 뜻의 《살피다》의 첫음절로부터 왔다고 보는 편이 더 타당할 것이다.

色. 한'자로서는 색채의 뜻이나 리두자로서는 행정 사무의 부서 또는 어떠한 분과를 가리키는 말. 대전회통 리전(吏典)에서 호조(戶曹) 아래는 別特色, 別庫色, 또 병조(兵曹) 아래는 政色, 馬色 등의 명사가 나오고, 또 대명률 직해에는 色掌, 色吏 등의 명사가 나오고 있다. 즉 色은 현대의 부, 국, 과에 해당한 동시에 그 책임자를 色掌, 그 부원을 色吏라고 하는 것이다. 그것이 다시 굴러서 리조 시대의 당파를 가리키는 말로 쓰이였다. 즉 네 갈래의 당파를 사색(四色)이라고 하는 례와 같다.

그러나 色이 리두자로서 이렇게 변해 쓰이게 된 것은 신라로부터의 군사 제도와 긴밀한 관계를 가지고 있는 것이다. 삼국 사기 잡지(雜志) 제 九에는 군대들이 소속 부대를 달리함에 따라서 웃깃의 빛갈을 달리하던 습관이 기록되여 있는바, 이런 습관의 일부는 리조에까지 계승되여 왔다. 만기요람 군정편 제 二에서 각 부대의 호의(號衣)가 五방을 따라 빛갈을 달리하기 때문에 깃과 덧깃의 빛갈만 보아서 곧 그 소속 부대를 판정할 수 있다고 하면서, 덧깃이란 말 아래《세속에서 동정이라고 일컫는다》고 주를 달았으니, 이로써 동정이란 그 말 자체가 신라 시대 부대의 칭호인 동(幢)과 정(停)에서 유래됐다는 것을 확인키 가능하다. 이와 같이 맨 처음에는 色이 각 부대의 구별을 의미하기 시작해서 점차 행정 사무의 부서를 의미하고, 나중에는 당과 관계까지도 의미하게 된 것이다.

　色은 혹 뜻으로서《빛》이라고도 읽고 또 혹 음으로서《색》이라고도 읽는다. 봉건 시대 각 고을의 살림을 맡아 보던 官廳色도 관청'빛, 관청색 그 어느 편이나 마찬가지로 통했다.

　鉎. 한'자로서는 쇠옷의 뜻이나, 리두자로서는 금속으로 만든 杜이라는 뜻. 삼국 유사에 게재된《발연수 석기(鉢淵藪 石記)》가운데는 杜으로 쓰인 것이 금석총람(金石總覽)에는 鉎으로 되여 있는 례를 발견한다.

　節. 1). 한'자로서는 마디, 절개, 계절 등의 뜻이나 리두자로서는 때 또는 회수라는 뜻. 본래 節의 음이《철》로 되여 계절의 뜻으로 쓰이고, 다시 굴러서 지각의 뜻으로 쓰이는데 이《철》과는 달리 때 또는 회수의 뜻으로서는 절물통보와 고금석림에서《더위》, 유서필지에서《지위》라고 읽었다. 《더위》나《지위》도 節의 음과 비슷한 것은 사실인데 단지 두 음절로 된 것이 의심스럽다. 癰을 옹이, 凝을 응이, 特을 트기 胡笛을 호드기 등과 같이 단음절의 한'자음이 두 음절로 된 례도 있으니, 《더위》내지《지위》가 節의 음을 두 음절로 만든 것이라고 볼 수도 없지 않다.

　　同奴婢 後所生 并以 永永 傳係爲白良結 節 上言
　　　　　〔로산군 부인 전개 문서〕
　　節 病重是如 專人來到爲白有昆
　　　　　〔전물 통보 폐문〕

　2). 이 글'자가 초기 리두에서는 제작자라는 뜻으로 쓰이여 있다. 그것은《평양 성돌》,《무진사 종》등에 쓰이여 있는 節자가

모두 그런 뜻이다.

尺. 한'자로서는 자의 뜻이나 리두자로서는 직종(職種)을 가리키는 말. 삼국 사기 잡지 제 一에는 歌尺, 舞尺, 琴尺, 笳尺 등의 말을 쓴 다음 《신라 시대에 악공(樂工)을 모두 尺이라고 한다》고 하였는데, 고려사에서는 또 墨尺, 刀尺, 津尺 등의 말을 발견하게 된다. 尺은 곧 《자》니 그것이 바로 현대어 《쟁이》에 해당한 말인 것이다.

그러나 리두 편람에서 水尺을 무자이, 墨尺을 먹자이, 刀尺을 칼자이라고 해서 尺이 자이의 두 음절에 해당케 되고 있다고 한다. 이런 현상은 節을 《디위》 내지 《지위》의 두 음절로 읽는 것과 극히 류사하게 보이는 바다.

遷. 한'자로서는 《옮기다》의 뜻이나 리두자로서는 물가의 벼랑 길이라는 뜻. 물론 《옮기다》의 고대어는 《벙으다》, 《버리다》로 되여 벼랑의 고대어인 《벼르》와 동일 내지 류사의 관계를 가지고 있었다. 거기다가 辻, 迚, 迖 등에서 이미 본 바와 같이 책받침이 본래 좋은 뜻을 표시하지 못하는 데다가 遷의 많은 획은 서사상의 곤난을 가져다 주는 점이 더욱이 遷자로서 물가의 벼랑 길이란 뜻을 표시한 것일 것이다.

太. 한'자로서는 《크다》의 뜻이나 리두자로서 콩이란 뜻. 대전통편(大典通編)의 호전(戶典) 수세(收稅)에서 경작지 세금을 수전(水田)은 米로, 한전(旱田)은 太로 한다고 하고 太자 아래 《곧 黃豆라》고 주를 달았다. 정 약용의 목민심서(牧民心書) 세법에서 位太니 稅太니 하는 말을 쓰고, 그 아래 太는 大豆니 아래의 한 점으로써 豆자에 해당시킨 것이라고 하였다. 즉 점을 豆의 상형으로 인정하고 大와 합해서 大豆를 표시한 것이다. 단지 그 유래는 어찌되였건 太자를 콩이란 뜻으로 변해 쓰는 결과로 되였다.

把. 한'자로서는 《쥐다》의 뜻이나 리두자로서는 한 발, 두 발 하는 《발》의 뜻. 結(먹)의 백분의 1을 負(짐), 負의 10분의 1을 束(뭇), 束의 10분의 1을 把(줌)이라고 하는데, 여기서 把을 《줌》으로 쓴 것은 한'자의 뜻을 그대로 쓴 것에 벗어 나지 않는다. 만일 負을 짐이라 하고, 東을 뭇이라고 하는 것이 한'자의 뜻을 그 대로 쓴 것이라면 把의 《줌》도 다를 것이 없다. 그러나 把를 《발》이라고 하는 것은 확실히 변해 쓰는 것이다. 그것은 보통의 한'자가 아니요 한 개의 리두자다. 아언각비에서는 一把가 한 줌이요 발을 의미할 수는 없다고 전제하면서 把를 발로 읽는 것이 결코 옳지 않다고 력설하였다. 오직 한'자로서만 따진다면 아언각비의 주장은 물론 당연하다. 그러나 把자의 원 뜻을 취해서 《줌》으로 쓴 것과는 전연 달리, 그 류사한 음을 리용해서 《발》 즉 이전의 《볼》로 쓰고 있다. 리두자를 보통의 한'자와 한데 쉬어 놓고 이야기할 수 없다.

膿. 한'자로서는 《살찌다》의 뜻이나 리두자로서는 胖과 같은 뜻.

茸. 한'자로서는 풀이 난 형용이나 리두자로서는 록용이라는 뜻. 사슴의 뿔이 굳은 것은 록각이요 갓돋은 것은 록용이다.

印. 한'자로서는 인장의 뜻이나 리두자로서는 《문서의 끄트머리》라는 뜻. 옛날 문서를 쓸 때 맨 끝에 印자를 하나 써 놓고 《끗》이라고 읽었으니, 그것은 인장 대신 글'자를 쓰기 때문에 印자요, 문서가 끝난 것을 표시하기 때문에 《끗》이라고 읽은 것으로 추측된다.

樞. 한'자로서는 《문 지두리》의 뜻이나 리두자로서는 楓와 같은 뜻. 만기요람 재용편에 樞木이란 말을 쓰고 있다.

矣. 1). 한'자로서는 말이 끝난 것을 표시하는 토로 쓰이나, 리두자로서는 어록변중에서 《듀비》라고 하였으니 곧 주비라는 뜻. 우선 《주비》가 무슨 말인가? 월인석보 一권 一四장에는 《八部는 여듧 주비니》라고 하였고, 동서 二권 五〇장에는 《道士이 주비를 道家ㅣ라 ᄒᆞᄂᆞ니라》고 하였다. <주비>는 곧 부락의 뜻이요 부류의 뜻이다. 만기요람 재용편에는 《서울 안의 각 전은 앉아서 장사케 하는 것인데 큰 것이 여섯이니, 선전(線厘), 면포전(綿布厘), 면주전(綿紬厘), 내외 어물전(內外 魚物厘)(두 전이 어울러서 한 목), 지전(紙厘), 저포전(苧布厘)과 포전(布厘)(두 전이 어울러서 한 목) 등을 六矣厘이라고 한다》고 하고, 또 그 아래 六注比라고 한다고 주를 달았다. 注比가 곧 《주비》란 말이니 상품의 종별과 함께 전이 다 각각 서는 까닭에 《주비》라고 한 것이다.

그러면 왜 矣자를 가지고 주비란 뜻으로 변해 쎴는가? 만기요람 재용편에는 경작지의 八結(먹)을 夫라고 한다고 하고, 그 아래 혹은 矣라고 한다고 하였다. 그 책은 다시 夫를 어째서 矣라고 하는데 대해서 《結夫의 夫자는 그 夫자 우에 동그라미를 질러서 표하였는데, 그래서 동그라미와 夫자를 련해서 矣로 만들어 놓고 세속에서 注非라고 일컫는 것이라》고 하였다. 즉 옛날의 로지 대장에는 八結(먹)마다 한 주비로 쳐서 동그라미를 질렀는데, 夫자 우에 동그라미를 지른 것이 마치 矣자와 같으니까 그만 矣자로 쓰고, 그 矣자를 《주비》로 읽었다는 말이다. 본래 맨 처음의 토지 대장과 같은 문서에서는 夫가 주비의 뜻으로 변해 쓰이던 리두자였으나, 그 우에 반드시 동그라미의 표를 지르는 관습에 의해서 드디어 矣자가 夫자 대신 주비의 뜻으로 변해 쓰이는 리두자로 등장한 것이다.

그래서 지금까지 矣는 《주비 의》라고 읽는다. 근세에 이르러 한 개의 수수께끼로 된 矣의 뜻인 《주비》는 이와 같은 옛날 관청 문서의 한 습관으로부터 유래되여 오는 것이다. 경작지에서 夫의 주비를 대행하기 시작한 矣는 점차 모든 데서 《주비》란 리두자로 되여 버렸다. 여기서 六注比厘 또는 六注非厘도 六矣厘으로 쓰고 있으며, 나중에는 矣를 음으로 읽어서 《륙의전》이라고까지 하게 된 것이다.

그런데 옛날 습관상 八結을 一矣 즉 一夫로 만들어서는 그로부터 한 사람의 대표자를 내세우고 그를 《주비》로 불렀었다. 맨처음 夫가 어째서 주비란 뜻으로 되였는가 하는 문제는 다시 이러한 습관에 의해서 능히 설명될 수 있다.

2). 이 글'자는 또 1인칭 대명사를 표시하는 리두자로도 된다. 矣身, 矣徒 등이 바로 그런 례다. 혹은 이 矣를 지시 대명사의 《이》로 해석하는 사람이 있으나 이 경우 이외에는 《이》의 음을

矣로 기사한 일이 없다. 더구나 리두 문헌에서는 《저의 집》을 矣家, 《저의 어머니》를 矣母 등으로 쓰고 있으니, 이런 矣는 지시 대명사의 《이》로서 설명되지 못한다. 이와 같이 矣의 한 자로서 이미 1인칭 대명사의 완전한 자격을 갖추고 있는 것이다. 거기다가 身, 徒 등의 글'자를 첨가해서 비로소 1인칭 대명사로 되는 것이 결코 아니다.

그러나 이 矣에 대해서는 두 가지의 상정이 가능하다. 하나는 矣身, 矣徒 등의 말이 줄어서 드디어 矣만이 1인칭 대명사로 등장하였다는 것이요, 다른 하나는 矣가 본래 한 개의 1인칭 대명사로서 다시 身, 徒 등과 합성하였다는 것이다. 단지 이 矣가 지시 대명사의 《이》와만 류사한 것이 아니요 1인칭 대명사 복수의 《우리》와도 류사하다는 것은 확실히 주의를 요하는 점이다. 더욱이 내'물의 《나리》가 《내》, 세상의 《누리》가 《뉘》, 배알의 《알》이 《애》, 울안의 《울》이 《위》로 되는 둥 《리》 또는 《ㄹ》의 탈락이 모음의 변화와 반수된다는 고대 어음의 특징을 미루어 《우리》와 矣는 련계될 수 있는 어음이다. 《우리》로부터 어음적으로 분화되여 나온 矣는 1인칭 단수의 의미로 통용되였다고 볼 수도 없지 않다. 그것은 현대어의 《저의》가 《저》의 복수임에 불구하고 많은 경우 《저》와 마찬가지로 쓰고 있는 것과 다름이 없다. 하여튼 矣가 1인칭 대명사로 변해 쓰는 그것은 의심할 수 없다. 오직 그 유래가 의문이다.

이상을 종합해서 변해 쓰는 리두자의 대략적인 현상을 짐작하였을 것이나 여기서 두 가지의 의문이 일어 날 수 있다. 첫째 리두자를 만드는 과정에서 반드시 한'자 자전을 하나 하나 참고하지 않았을 것만은 명백한 일인즉, 가령 娚, 媤, 味 등의 자도 실상은 새로 만든 부류에 속할 수 있지 않은가? 둘째 중국의 한'자도 후대로 내려 오면서 점점 증가한 것이라면 가령 樻, 鉎, 機 등의 자를 변해 쓰는 부류에 포괄시키기 위해서 먼저 탕편의 사용 년대부터 정밀히 고증해야 하지 않는가? 이것은 우리의 작업을 더 정밀화하기 위해서 유조한 의문이지마는 이상 서술한 바가 대체로 실제의 생성 과정을 반영하는 것만은 틀림 없다.

그 뿐 아니라 변해 쓰는 리두자의 범위를 결정하는 데도 여러 가지의 문제가 없지 않다. 洞은 한'자로서 洞壑의 뜻이니 어째서 洞里의 洞이 리두자가 아니며, 木은 한'자로서 樹木의 뜻이니 어째서 布木의 木이 리두자가 아닌가? 또 이와는 반대로 㳄는 한'자로서 伏流의 뜻이라 관개의 의미로 전용할 수 있으며, 色은 한'자로서 色彩의 뜻이라 분파의 의미로 전용할 수 있지 않은가? 물론 이러한 문제에서 일정한 기준을 발견한다는 것은 심히 곤난한만큼 역시 리두 문헌과 결부해서 그 한계를 결정하는 수 밖에 없다.

제 3절 표음하는 자

본래 리두자는 새로 만들거나 변해 쓰거나 두 가지의 범위를 벗어 날 것이 없다. 여기서 표음하는 자라고 말하는 것도 결국은 《새로 만든 자》 중 《음만 있는 자》에 속한다. 그런데 이 종류를 특히 딴 절로 설정한 것은 다른 《음만 있는 자》와 달라서 일정한 표음의 부분을 가지기 때문이다. 일정한 표음의 부분이 생기였다는 것은 전체 리두자의 한 새로운 단계를 의미한다고 볼 수 없지 않다.

1. 《ㄱ》 받침

어떠한 글'자 아래 《ㄱ》를 붙이여 《ㄱ》의 끝소리를 표시한다.

화. (음)둑. 관서계록(關西啓錄)에는 《吳화劫 宋國成과 함께 矣大의 시체를 끌어서 李坊憲의 집에 갔다 두었다》고 하였다. 吳화劫은 《오 둑집》이다.

특. (음)격. 탁지조례(度支條例)에는 《내주방(內酒房)의 놋 周특 한 개》라고 쓰고 있다. 周특은 《주격》이다.

2. 《ㄴ》 바침

爲자 아래 了를 붙이여 《ㄴ》의 끝소리를 표시한다. 그것은 了의 뜻이 과거 시칭의 《ㄴ》과 통하기 때문일 것이다.

孯所. 유서필지에서 《호바》라고 읽고 있다.
孯喩. 유서필지에서 《호지》라고 읽고 있다.

3. 《ㄹ》 받침.

어떠한 글'자 아래 乙을 붙이여 《ㄹ》의 끝 소리를 표시한다.

乻. (음)늘. 강릉(江陵)의 乻木里를 《늘모기》. 화천(華川)의 乻阿隅를 《늘아우》라고 한다. 김 정호(金 正浩)의 대동여지도 (大東輿地圖)--五의 一一 충청도의 乻魚里는 《늘어리》다.

㰘. (음)줄. 만기요람 재용편 제 一에는 小東㰘, 大東㰘 등의 말이 나오니 束은 《묶음》이요 㰘은 《줄》로서 《큰 묶음 줄》, 《작은 묶음 줄》의 뜻이다. 《묶음 줄》은 가마나 들채와 같은 것을 메기 위해서 쓰는 줄이다.

乫. (음)갈. 대동여지도 七의 一〇 합경도의 乫罕川은 《갈한내》, 五의 一五 평안도의 乫軒洞은 《갈한골》, 三의 九 합경도의 乫坡知는 《갈파지》요, 一四의 一〇 충청도의 乫文山은 《갈문산》이다.

乽. (음)잘. 대동여지도 三의 七 합경도의 加乽峰은 《가잘봉》이다.

㐌. (음)걸. 대동여지도 一의 三 㐌吾洞는 《걸오골》이다.

乤. (음)할. 대동여지도 二의 四 합경도의 乤浦는 《할개》다

乧. (음)돌. 대동여지도 一八의 八 경상도의 可斗乧嶺은 《가두돌》이요, 七의 九 합경도의 古邑乧嶺은 《곱돌》이다.

乺. (음)솔. 대동여지도 一의 三 합경도의 乺下川은 《솔하내》요, 三의 一三 乺三洞은 《솔삼골》이다.

乶. (음)볼. 대동여지도 二의 四 합경도의 乶下川은 《볼하내》요, 一二의 一〇 강원도의 乶乧은 《볼돌》이다.

이 이외에도 옛날의 지명으로 乽(잘) 乧(볼) 등의 자가 쓰이여 있으며, 또 딴 물명으로 㐘(굴) 廤(골) 등의 자가 쓰이여 있다.

4. 《ㅅ》 받침.

어떠한 글'자 아래 叱을 붙이여 《ㅅ》의 끝 소리를 표시한다.

㖯. (음)곳. 륙전조례(六典條例)에서 《고삐》를 㖯非로 썼다.

懇. (음)읫. 대동여지도 三의 一三 평안도의 懇怖는 《읫괴》다. 단지 평북 방언에서 《외》를 전부 《왜》로 바꾸어 내기 때문에 실상 그 지방에서는 《왯패》라고 부른다.

罷. (음)꽈. 대동여지도 二〇의 一五 전라도의 罷亇島는 《꽈마도》다.

廳. (음)곳. 근세 리찰에서 곳의 뜻으로 쓰는 庫를 廳으로 고쳐 쓴 례가 있다

5. 된소리

分자 아래 叱을 써서 《쓴》의 음을 표시하였다. 고금석림과 유서필지에서 分叱不喩를 《쓴아닌지》, 爲白分叱不喩를 《ᄒᆞ올쓴아닌지》라고 읽은 례다. 또 分과 叱을 한데 붙이여 㒋으로 써서 《쓴》의 음을 표시하기도 하였다. 흠흠신서(欽欽新書)에서 㒋除良라고 쓴 것은 곧 《쓴더러》로 읽을 것이다. 그러나 어떤 글'자 아래 叱를 붙이여 쓰는 것은 ㅅ의 끝소리를 표시하고 있기 때문에 된소리를 표시하는 㒋의 叱과 혼동됨을 면치 못한다. 여기서 㒋의 순서를 뒤집어 㐺로 만들어서 《ㅅ》의 끝소리와 된소리의 표시 방법을 달리하려고 시도한 례도 있었다.

물론 이상의 표음하는 자들이 리두자로서의 새로운 단계를 이루는 것임에는 틀림이 없다고 하더라도 대개가 정음자 제작 이후 사용되여 있는 것이다. 了, 乙, 叱 등도 그렇지 않은 것이 아니지마는, 더구나 즉, 특의 《ㄱ》에 이르러는 그 자형조차 정음자를 그대로 빌어 온 것이다. 그러므로 이러한 표음 방법이 리두자 자체의 발달 과정에서 생긴 것으로는 될 수 없다. 한갖 정음자의 표음 방법을 다시 리두에 적용한 데 지나지 않을 뿐이다.

제 4절 변형시킨 자

한'자와 리두자가 다른 요소는 음과 뜻에 있으며, 거기 따라 한'자가 리두자로 변해지는 요소도 음과 뜻에 있는 것이다. 그 자형이 어떠냐 하는 문제는 본래 리두자로서의 기본적인 문제는 아니다. 그러나 리두의 한 개 부산물로서 많은 한'자에 대해서 종종 변형을 가해 놓은 례가 있다. 이왕 리두자를 이야기하는 길에

변형시킨 자   87

참고삼아 그러한 변형의 전형적인 례를 들어 보이는 것도 의의가 없지 않다.

1. 대용자(代用字)

어떤 자를 대신해서 뜻이 전연 다른 자를 사용하는 례다. 일종 《변해 쓰는 자》와 같이 볼 수도 없지 않으나, 그 '글'자 단독으로는 대용되는 그 뜻을 표시치 못하는 점에서 그와는 역시 같지 않다. 그 대용의 원인으로 말하면 일개해서 설명하기 곤난한 바 있다. 물론 많은 경우 서사의 편의를 위한 것이 사실이나, 때로는 서사의 더 곤난한 자를 대용한 례도 없지 않다.

하여튼 대명률 직해에서 仔細의 仔를 字 또는 子 등으로 쓰고, 一般의 般을 盤으로 쓰고, 公平의 平을 反으로 쓰고, 同黨, 成黨, 惡黨의 黨을 倘으로 쓰는 등이 모두 그러한 대용자다. 한약 방문(方文)에서 薑자 대신 干, 棗자 대신 조를 쓰는 것도 그러한 대용자다.

2. 반자(半字)

어떠한 글'자의 획수를 감해서 쓰는 것인바 이야말로 순전히 서사의 편의를 취한 것이다. 그런데 이런 반자를 중국서도 력대로 많이 사용하여 왔으며 물론 중국 것을 받아 온 것이 아주 많은 만큼 그 중의 어떠 어떠한 자가 조선서 만든 것임을 밝힌다는 것은 극히 곤난한 일이다. 가령 聽의 반자 听을 조선의 독자적인 것으로 보아서 리두 략해에서 넣어 놓았으나 최근 중국서 역시 聽자를 听으로 만들어 쓰고 있다. 만일 조선의 반자가 중국으로 수출된 것이라고 확증할 근거가 없다면 중국으로부터 조선에 들어 온 것이라고 보아야 한다. 또 일찌기 저자는 陽을 阳, 陰을 阴로 쓰는 것이 조선의 반자로 알았더니 어느 기회에 월남(越南) 사람도 사용하고 있는 사실을 발견하였다. 만일 두 나라에서 우연히도 똑 같은 자형을 고안해 낸 것이 아니라면 중국으로부터 다 각각 전파된 것이라고 보아야 한다.

그러나 조선 문헌에 쓰여 있는 반자가 깡그리 중국서 다 나타나고 있는 것은 아니다. 그런 중에는 조선서 독자적으로 만들

어 낸 반자도 없지 않을 것만은 사실이다. 례컨대

羅는 罖	佛은 仸
權은 栯	擊은 伊
儒는 伩	

3. 합성자(合成字)

두 글'자를 합치여 한 글'자로 만드는 례다. 단지 쓰기만 한 글'자로 쓰고, 읽기는 여전히 두 글'자로 읽는다. 물론 균여전 (均如傳)에서 艹로 합성된 菩薩이 중국 돈황(敦煌)에서 발견된 고문헌 가운데서도 나오고 있다. 이런 방법도 맨 처음 중국서 시작 된 것임에 틀림이 없다. 그러나 조선 관계의 특수한 말에서 가끔 합성자를 발견한다. 그것은 순연한 조선의 산물이라고 보아야 한다.

呑. 大口의 합성. 동의 보감(東醫 寶鑑)에서 呑魚에 대해서 《속명(俗名) 대구어(大口魚)》라고 하였다.

巭. 功夫의 합성. 巭로도 쓰나 많이 功을 几으로 변형해서 합성한다. 인부(人夫)의 뜻이다. 대명률 직해 제 二九 천조작(擅 造作) 등에도 쓰이여 있고, 경국 대전의 공전(工典) 철장(鐵塲) 등 에도 쓰이여 있다. 주영편에서는 이 합성자를 리해하지 못하기 때문에 《경국 대전에 量定人巭이란 글이 있는바 그 음과 뜻을 알 수 없다》고 하였다.

朶. 乃末의 합성. 신라의 벼슬 이름인 奈麻를 진흥왕(眞興王) 비문에서는 奈末로 쓰고, 삼국 유사 四권 원효불기(元曉不羈) 에서는 乃末로 썼으니, 이 합성자는 곧 신라의 벼슬 이름이다. 《흥법사(興法寺) 진공탑비(眞空塔碑)》에서 旻會朶, 金舜朶와 같 이 인명 아래 붙이여 쓴 것이 나온다.

夲. 《흥법사 진공탑비》에서 朶과 함께 나온다. 이 역시 신라 시대 벼슬 이름인 것은 의심이 없다. 아유가이(鮎 貝)씨는 大等의 합성이라고 보았으나 大乃末이란 大末의 합성으로도 해석하기 가능하다. 단지 구체적인 경우로는 大等이라야 더 타당한 곳도 있고 그 반대로 大乃末이라야 더 타당한 곳도 있으므로 탑비 그것을 더 세밀히 조사해 보기 이전 단정키는 곤난하다.

桑. 《정도사(淨兜寺) 석탑기(石塔記)》에서 여러 자가 나온다. 이것은 그 전후의 문맥으로 따져서 齋米의 합성이라고 추정된다. 본래 齋의 반자가 齐다. 거기 따라 文아래 米 자를 합성하였다고 보인다.

이상 세 가지의 《변형시킨 자》는 한' 자를 서사하는 일체 경우에 다 통용되고 있지마는, 특히 리두 문헌에서 그 자체의 성질상 많이 사용될 수밖에 없다. 옛리두 문헌을 해독하려 할 때 실상 《새로 만든 자》나 《변해 쓰는 자》만이 곤난한 것이 아니라, 《변형시킨 자》의 원형을 판명하는 것도 또한 그만 못지 않게 곤난하다.

제 2 장 리 두 어

제 1 절 명사류

만일 물건의 이름, 직종의 이름 및 봉건 시대 특수 관습에 관한 용어까지 포괄하기로 말하면 명사류의 리두어는 실로 상당한 수효에 달할 것이다. 물론 이런 리두어를 전체 수집하는 작업도 필요하지 않은 것이 아니나 이 저서에서 그것을 기대할 수는 없는 바다. 우선 그 중에서 비교적 일반적으로 사용되는 것을 들어서 그 구성의 일반적인 실례를 보임에 끄치려고 한다. 그러기 위해서는 명사류의 리두어를 다시 몇 개의 류형으로 구별하는 것이 필요하다.

1. 전체 뜻으로 읽는 말

條所. 가닥바. 만기요람 재용편에 條所三艮 衣란 말이 있다. 가닥으로 된 바'줄의 뜻이다.

物物. 갓갓. 또는 가지가지. 유서필지에서 物物白活을 《갓갓

발걸》이라고 했으니 物物은 곧 《갓갓》에 해당한다. 훈몽자회에서 物을 《갓》으로 새기고 있을 뿐 아니라, 현대어에서도 《왼갓》이라고 할 때는 아직도 《갓》으로 내고 있다. 《갓》이 이것 저것의 《것》으로 된 것은 물론이어니와 한 가지, 두 가지의 《가지》로도 된 것이다. 지금 중부 방언에서 애결 복결하는 것을 《가지가지 발괄을 한다》고 하는 것이 바로 物物白活에 해당한 말이다.

這這. 갓갓. 또는 又又. 고금석림, 어록변증, 유서필지에는 《갓갓》이라고 하고, 전물통보에는 《又又》이라고 하였다. 지금 중부에서 《하나 하나》의 뜻으로 《저저히》란 말을 쓰는데 그 바로 這這의 음이다. 본래 物物의 《갓갓》은 모든 것의 뜻과 함께 한 가지 한 가지의 뜻으로 쓰이였다. 이 나중의 뜻을 밝히기 위해서 物物 이외 다시 這這와 같은 리두어를 만든 것이다.

進賜. 나으리. 고금석림에서 《나으리》라고 하였는데 유서필지에서는 《나아리》라고 하였다. 훈몽자회에서 進을 《나을》, 賜는 《줄》이라고 새긴 것으로 미루어 두 자의 뜻을 합해서 이루었던 말이다. 중간의 《ㅿ》 또는 《ㅈ》가 탈락되면서 《나으리》로 된 것이나 최근에 이르러는 《으》의 음절이 통으로 탈락되여 《나리》라고 하였다. 혹은 進만 뜻으로 보고 賜를 음으로 치나, 그렇게 처서는 《나으리》의 《리》의 음이 나올 근거를 가지지 못한다. 그것은 水賜에서 더욱 명료하게 드러나고 있다. 그 항을 참고하기 바란다.

日耕. 날가리. 한전(旱田) 즉 밭의 면적을 계산하는 단위다. 근세의 토지 매매 문서와 같은 데서 많이 사용하고 있었다. 그런데 日耕만을 떼 놓으면 《날갈이》에 해당하고, 二十日耕, 三十日耕과 같은 때도 역시 《날갈이》로 통하나, 一日耕은 《하루갈이》, 二日耕은 《이틀갈이》, 五日耕은 《닷새갈이》라고 한다. 또 半日耕이란 말도 있는데 그것은 《반날갈이》로 읽고 있다.

斗尺. 말자이 또는 마자이. 대명률 직해에서 여러 군데 나오고 있으니, 곡식을 되는 직종을 가리키는 말이다. 尺이 직종을 가리킬 때 《자이》로 읽는 것은 물론이어니와, 斗도 딴 례로 미루어 말로 읽었다고 추정된다.

斗落. 마지기. 밭의 면적을 日耕으로 계산하는 것과는 달리 수전(水田) 즉 논의 면적은 《마지기》로 계산하고 있다. 즉 파종을 요하는 종자의 분량을 가지고 그 면적 계산의 기준으로 삼은 것이다. 이 말도 日耕이나 마찬가지로 토지 매매 문서 등에서 발견되고 있다. 즉 경작지의 공식적 단위로서 전답을 총괄해서 멱, 집, 뭇, 줌을 쓰는 이외 사사로운 단위로서 전답을 갈라서 日耕과 斗落을 쓴 것이다. 그런데 훨씬 더 아래로 내려 와서는 日耕이나 斗落을 뜻으로 읽는 동시에 음으로도 읽었다. 단지 斗落에 차지 못하는 것을 升落으로 계산하고 그것을 《되지기》라고 읽는데, 升幕만은 한'자음으로 읽지 않는다.

水賜. 무수리. 경국 대전의 형전(刑典) 금제(禁制)에 水賜라고 쓴 것은 리조 시대 왕궁에서 심부름하던 녀종으로서 《무수리》라고 부르던 것이다. 리두 편람에서는 水賜伊라고 쓰고서 그 아래 《무수리》라고 음을 달아 놓았다고 한다. 水賜는 水賜伊와 마찬가지의 말이다. 進賜를 《나으리》로 읽는 것과 같다.

水鐵. 무쇠. 경국 대전의 공전(工典) 경공장(京工匠)에는 水鐵匠이란 말이 있는데, 훈몽자회에는 鐵자 아래 《生鐵은 무쇠요 熟鐵은 시우쇠》라고 설명하고 있다. 水鐵은 곧 《무쇠》니 水鐵匠은 《무쇠장이》로 읽을 것이다.

山枝. 뫼갓. 대명률 직해 제 五 도매전택(盜賣田宅)에는 山枝라는 말이 있으니, 이것은 지금 중부에서 마을 가까이 있는 산기슭을 《뫼갓》이라고 하는 말에 해당한 것으로 된다. 훈몽자회에서 山을 《묏 산》, 枝를 《가지 지》라고 읽었는데, 物이 《갓》 또는 《가지》에 해당했던 것 같이, 枝도 《가지》 또는 《갓》에 해당할 수 없지 않다. 《뫼갓》의 《갓》은 변두리의 의미인 《갓》이다. 이 《갓》도 본래는 《ᄀᆞᆺ》 내지 《그지》 등의 말로부터 유래되고 있다.

斜是. 빗기. 대명률 직해 제 五 전매전택(典買田宅)에서 나오는 것으로서 《빗기》라고 읽었다고 추정된다. 《빗기》는 관청의 증명을 맡는다는 의미니, 어떠한 서류를 관청에서 증명해 줄 때는 반드시 그 끄트머리에다가 비스듬하게 증명한다는 문'구를 써 주는 까닭에 《빗기》라고 하는 것이다.

白侤. 숣다. 전률통보에서 《숣다》라고 읽었다. 죄수의 자복한 공술을 가리키는 말이다. 오구라(小倉) 씨가 侤音을 《다짐》으로 읽는데 미루어, 전률통보의 《숣다》는 《숣다짐》의 오자라고 보았으나 리두음을 그렇게 볼 수는 없다. 우선 擬只를 고금석림에서는 《시비기기》로 읽는 것을 전률통보에서는 《비기》, 어록변증에서는 《비김》, 유서필지에서는 《사긔》 또는 《시기》로 읽어서 음이 서로 다른 것은 물론이요 음절이 배나 틀리고 있다. 물론 **白侤**의 **侤**도 처음에 《다짐》 내지 《다딤》였을 것은 의심이 없다. 단지 《지》가 자연히 탈락한 것이 아니요 반드시 오자로 인한 루락이라고 주장할 근거는 발견하지 못한다.

白是. 숣이. 유서필지에서 《숣이》라고 읽었다. 부모나 조부모한테 편지를 할 때 맨 끝으로 년월일과 이름을 쓰고 白是 또는 上白是라고 썼다. 더 후대로 와서는 白是보다 上白是를 쓴 례가 많다. 上白是는 《상살이》라고 읽는다.

草枝. 풀갓. 대명률 직해 호전(戶典) 도매전택(盜賣田宅)에서 草枝란 말이 나오고 있다. 지금 중부에서 마을 부근의 조그만 풀밭을 《풀갓》이라고 하는 말에 해당한 리두어다.

向事. 안일. 유서필지에서는 《안일》이라고 읽었는데 전률통보와 고금석림에서는 《아안일》이라고 읽고, 어록변증에서는 《아안》이라고 읽었다. 근세까지 각 관청에서 어떠어떠하게 하라고 지시할 때 끝으로 宜當向事 또는 向事를 쓰던 것이니 그는 곧 《그렇게 할 일이다》라는 명령의 뜻이다. 여기서 向事의 向을 《아안》 또는 《안》으로 추정하기 가능하다. 사실로 《향가 급 리두 연구》와 《조선 고가 연구》에서는 향가에서 나오는 向자를 그렇게 해석하고 있다. 그러나 고대어의 어음을 연구한 기초 우에 볼 때 처음부터 《아안》과 같은 단어는 존재했을 수 없다. 어떠한 단어의 자음들이 탈락해서 《아안》으로 되고, 《아안》의 음절이 줄어서 다시 《안》으로 된 것이라고 보아야 한다.

명 사 류

부텨 向호슨바 손 고초샤
[월인 석보 一권 五二장]

여기서는 오직 《向하다》의 한'자 어휘로 쓰고 있으나

至極혼 모슨모로 브라 저쉽거나
[월인 석보 二一권 一三三장]

여기서는 《向하다》에 해당한 고유 어휘로서 《브라》를 쓰고 있다. 현대에서 《바라다》는 여러 가지로 쓰이고 있어서 《약속한 사람을 바라고 있다》는 말은 기다린다는 뜻이요, 《많은 동지를 바라고 일을 시작했다》는 말은 믿는다는 뜻이요, 《사방을 바라본다》는 말은 멀리 내다 본다는 뜻이나 《집을 버리고 다름질 첬다》는 말은 그 바로 《향해서》와 꼭 같은 뜻이다. 맨 처음 向事는 《브란 닐》로 읽었을 것이니 그는 곧 그렇게 희망한다는 의사의 표시다. 나중 리두음으로서 《ㅂ》와 《ㄹ》의 두 자음이 탈락되여 버리기 때문에 《아안일》로 되여 버린 것이다.

上項. 운목. 어록변증에서 《운목》이라고 읽었다. 《웃목》의 음을 그렇게 기사한 것임에 틀림이 없다. 목은 한 몫, 두 몫의 뜻이다. 현대어로는 즉 《상기 항목》과 같은 말이다.

爻周. 엣뎌러. 어록변증에서는 《엣뎌러》라고 읽었지마는 고금석림에서는 《쇼쥬》라고 읽었다. 《쇼쥬》의 쇼는 爻의 음을 구개음화한 것이라 그것은 결국 한'자음 그 대로 읽는 것과 같다. 이 말은 취소, 물시 등의 뜻으로 쓰인다. 즉 《엣》은 《에꾸다》요 《뎌러》는 《두무》로서 爻는 그 자형 같이 격자를 지른다는 의미요, 周는 글'자를 흐리기 위해서 동그라미를 친다는 의미다. 전날의 결정을 취소 내지 물시하는 것을 爻周라고 한다. 그것은 옛문서의 말소를 의미하기 때문이다.

2. 뜻과 음으로 섞어 읽는 말

並囚. 갋슈. 유서필지에서 《갋슈》로 읽었다. 함께 범죄한 공범도 《갋슈》라고 하고 같이 가쳐 있는 죄수도 《갋슈》라고 한다. 훈민 정음 언해에서 並書를 《글방 쓰면》이라고 했고, 지금도 일부 방언에서 나란이 섰다는 말을 《갈서다》고 한다. 《갋》은 곧 《굴밝》에서 유래되는 말이요 《갈서다》의 갈과 같은 말이다.

處干. 곳한. 대명률 직해 제 一 《응의자지부조유범(應議者之父祖有犯)》에서 爲頭處干이란 말이 나오고 있다. 爲頭는 우두머리의 뜻이요, 處干은 옛날 농촌에 있어 일종의 신분 또는 직업의 표시일 것이다. 대명률 제 一七 사역민부대교(私役民夫擡轎)에서는 佃客을 處干으로 번역하였다. 거기 따라 處干을 곧 근세의 《작인》이라고 주석한 사람들이 있다. 그러나 먼저 인용문 중에는 爲頭處干 바로 우에 舍音이 있고 따로 田作이 있으니 田作이 곧 근세 《작인》임에 틀림이 없다. 또 만일 處干이 《작인》이라면 舍音 이외 爲頭란 것이 있을 수 없다. 월인석보 서문 二〇장에서 《處는 고디라》고 하였고, 干은 리두자로서 《한》으로 읽는거. 이로써 그 음은 《곳한》으로 읽었으리라고 추정한다.

長音. 길음. 만기요람 재용편 제 一에는 菉豆長音과 長音菉豆 등의 말이 있다. 菉豆長音은 《녹두길음》이요 長音菉豆는 《길음녹두》다. 현대어에서는 흔히 《길금》이라고 해서 들기름, 콩기름의 기름과 구별한다. 거기 따라 長音을 《길금》이라고 보아도 무방하다.

衿記. 깃긔. 어록변증에서 《깃긔》로 읽었다. 토지 소유자의 성명과 그 세금의 액수를 명기한 문서다. 《깃》은 본래 《웃깃》의 뜻이나 분할 내지 배당의 뜻으로도 쓰인다. 현대어에서 《한 깃 든다》의 《깃》은 역시 그런 의미로 해석되는 것이다.

衿給. 깃급. 근세의 분재 문서 등에서 많이 쓰이는 말이다. 분배해 주었다는 의미다.

衿得. 깃득. 衿給과 함께 근세에 많이 쓰인 리두어다. 이것은 분배해 받았다는 의미다.

月乃. 드래. 만기요람 재용편 제 一에서 낙지와 같은 것을 月乃로 계산하고 있다. 月乃은 《드래》니 현대어 《타래》에 해당하다.

侤音. 다짐. 어록변증과 유서필지에서는 《다짐》으로 읽었으나 전률통보와 고금석림에서는 《다딤》으로 읽었다. 현대어로서는 《다지다》는 《단단하게 하다》 또는 《확인하다》의 뜻이요. 《다딤》은 《서약》 또는 맹서의 뜻이다. 이 借音은 죄수의 문초 또는 자복을 의미한다. 그것은 죄수의 심문 관계로 이 말을 많이 써 왔기 때문에 마치 그러한 특정의 어의를 가진 것처럼 되여 버린 것이다.

夜味. 바미. 근세 토지에 판한 서류에서 많이 쓰이였다. 논의 구획을 가리킨 말이다.

件記. 《볼긔》. 고금석림에서는 《볼기》라고 하였으니 현대어 《발기》에 해당하다. 어떠한 필요에 응해서 물건의 품종 및 분량을 적은 것이니 《혼수 발기》, 《장례 발기》 등과 같이 말한다. 그러나 件記도 어록변증에서는 《별긔》 유서필지에서는 《별긔》라고 읽고 있다. 그것은 현대어에서 의복이나 기타 물건의 계산 단위로 쓰고 있는 《벌》과 일치한다. 본래 이 《벌》도 옛날에는 《볼》로 말했다. 박통사 언해 상권에서 你打幾件兒을 《네 몃 볼을 만들다》, 這五件兒刀子를 《이 다섯 볼 칼을》과 같이 번역한 것이 바로 그러한 증거다.

捧上. 밧자. 전률통보에서 《밧ᄌ》로 읽은 이외 어록변증과 유서필지에서는 모두 《밧자》로 읽고 있다. 관청에 세금이나 기타의 물건을 바치는 것을 가리키는 말이다. 捧은 奉과 통용의 자요, 월인 석보 서문 一三장에서 《奉은 바둘씨라》고 하였다. 또 上자의 음은 리두에서 많이 《자》로 읽는다.

分衿. 분깃. 근세의 리두 문헌에서 흔히 쓰고 있다. 분배한 몫을 가리키는 말이다. 지금 중부에서 잔치 음식을 나누어 보내는 것을 《반기》라고 한다. 그것은 頒衿 즉 《반깃》에서 《ㅅ》 끝소리가 탈락된 것이다.

舍音. 말음. 전률통보와 유서필지에서는 《말음》이라고 읽은데 대해서 어록변증에서는 《마름》이라고 읽었다. 철자의 차이요 발음의 차이는 아닐 것이다. 그런데 월인석보 二一권 九一장에서 《莊ᄋᆞ ᄆᆞᄅᆞ미라》고 하였다. 莊이 곧 舍의 뜻임에 따라 舍音이 결국《므롬》의 반음역으로서 그 뜻이 舍의 한 자와 조금도 다르지 않음을 알 수 있다. 또 대명률 직해 제 一《응의자지부조유범(應議者之父祖有犯)》에서 《家人, 伴黨, 舍主, 爲頭處干等亦 威勢乙 憑仗, 良民乙, 侵害爲旀》라고 쓰이여 있다. 舍主의 主는 존칭의 리두자인 것이 아니라 리조 시대의 용어인 京主人, 營主人의 主人과 같은 의미일 것이니 그 《므롬》 즉 莊의 관리자일 것이다. 그러나 고금석림에는 《농장(農庄)》을 주관하는 사람을 舍音이라고 하였으니 근래까지 지주(地主) 대신 토지를 관리하는 자를 《마름》이라고 부르던 것이 바로 그 말이다. 본래 《므롬》은 전장(田莊)의 뜻이요 그 관리자는 《므롬주인》과 같은 말로 불렀던 것이나, 후대로 내려 와서 므롬 곧 므롬의 관리자란 뜻으로 변해진 모양이다.

그 뿐 아니라 대명률 직해에는 舍主와 바로 련해서 爲頭處干이 벌거되고 있다. 爲頭處干이란 그 말로 미루어 處干이 다수였음과 또 處干이란 어의에 비추어 그들이 일정한 장소에서 로무에 종사하던 사람들임을 알 수 있다. 그렇다면 處干이란 것이 《므롬》의 구성 인원으로 되여 舍主의 통솔 아래 일을 하던 로무자들이 아닌가? 그런 로무자들을 다시 어떠한 형태로 조직해서 소위 爲頭處干이란 것을 만들어 놓은 것이 아닌가? 물론 이런 견해도 좀더 확실한 고증을 요하지마는 리두 략해(吏讀 略解) 70 페지에서 舍主를 오늘의 舍音과 같다고 설명한 것이나 향가 급 리두 연구 456 페지에 處干을 근세의 작인이라고 설명한 등은 반드시 타당한 해석이 아니다. 處干을 작인으로 보는 것은 그래도 일리가 있거니와 舍主의 主가 舍音의 音에 해당한다고 주장하는 것은 전연 근거가 없다. 물론 이것은 《므롬》 제도의 연구를 기다려서 비로소 해명되리라고 믿는다. 여기서는 이 이상 더 론의하지 않겠다.

白等. 숣든. 전물롱보에서는 《솖든》으로 읽었는데 고금석림에서는 《솖동》이라고 읽고, 어록변증에서는 《솔든》 또는 《솔동》이라고 읽고, 유서필지에서는 《살등》이라고 읽었다. 죄인의 고백을 기록할 때 서두를 시작하는 말이니 현대어로는 《말씀을 올리자면》

과 류사한 의미다.

　　尺文. 즈문. 어록변증과 유서필지에서는 《즈문》이라고 읽었으나 고금석림에서는 《지문》이라고 읽고 있다. 어록변증에서는 수표(手標)와 같은 뜻이라고 하였는데, 고금석림에서는 《이제 지방 사람이 중앙 관청에 돈이나 곡식을 바치고 글을 받아서 증거로 삼는 것이라》고 하였다. 《즈문》은 곧 관청에 물건을 바치고 받아 오는 령수증인 셈이다. 거기서 수표와도 의미가 통할 수 있다.

　　題音. 저김. 전률통보에는 《저김》으로 읽었으나 유서필지에서는 《제김》으로 읽고 있다. 백성들이 제출한 소송장에다가 판결을, 또는 신청서에다가 지시 등을 써 주는 것을 가리키는 말이다. 《저김》은 현대어의 《적다》를 명사로 만든 말이요 《적다》는 곧 **題**의 뜻이다. 현대어에서 기록하는 것을 《적바림》이라고 하는 그 《적》도 《저김》과 같은 어원의 말이다.

　　卜定. 지졍. 유서필지에서 《지졍》으로 읽은 데 대해서 전률통보에서는 《디졍》, 고금석림에서는 《지뎡》으로 읽고 있다. 봉건 시대 일정한 물품을 각 지방에 배정해서 징수하는 것을 의미한다.

　　卜役. 딘역. 전률통보와 유서필지에서 모두 《딘역》으로 읽었다. 봉건 시대 인민들의 부역 또는 병역을 의미한다.

　　卜數. 짐슈. 어록변증에서 《짐슈》라고 읽었다. 의무적으로 부담된 그 수량을 가리키는 말이다.

　　流音. 흘님. 유서필지에서 《흘림》이라고 읽었다. 원 장부로부터 벗기여 낸 부본을 가리키는 말이다.

　　流伊. 흘리. 전률통보에서는 《흘리》로 쓴 데 대해서 유서필지에서는 《흘니》로 썼다. 금전이나 물품을 여러 회에 나누어 지출한다는 의미다.

　　向前. 아젼. 전률통보, 고금석림, 유서필지에서 모두 《아젼》으로 읽었다. 현대어 《전자(前者)》와 같은 말이다.

　　矣徒. 의니. 유서필지에서는 矣徒를 《의니》라고 하였으며 전률통보와 고금석림에서는 矣徒等을 《의니둥》으로 읽었다. 矣徒나 矣徒等이나 모두 1인칭 복수에 해당한 말이다. 《상원사(上院寺)

권선문(勸善文)》에는 僧等爲我를 《즁내 날 爲ᄒ야》라고 번역하고 있다. 이 徒의 《니》가 바로 그 等의 《내》와 동일한 말이다. 이미 《의니》의 《니》가 붙은 아래 다시 等을 붙이는 것이 웃으운 듯하나 현대어에서도 우리들, 너희들, 또는 우리네들, 너희네들과 같이 쓰고 있다. 앞서 矣에 대해서 제기한 두 가지의 추정 가운데서 설사 矣 곧 우리와 같은 말이라는 추정을 좇더라도 하등의 모순을 느낄 필요는 없다.

矣身. 의몸. 어록변증과 유서필지에서 모두 《의몸》으로 읽었다. 《숙신 옹주(淑愼 翁主) 가옥 문서》를 위시해서 기타의 많은 리두 문헌에서 1인칭 대명사로 쓴 말이다. 정 몽주(鄭 夢周)의 작품이라고 전하는 옛시조에는 《이몸이 죽어 죽어》란 말을 썼으며, 17 세기 이후의 소설 문학에서도 《이몸》이란 말이 많이 쓰이여 왔다. 여기서 矣身을 곧 《이몸》의 기사로 볼 뿐이 아니라, 矣身으로부터 矣만이 떨어져서 1인칭 대명사처럼 쓰이였다고 보게 되는 것이다. 그러나 矣徒란 말이 이미 신라 향가에서 나오고 있다. 이렇게 일찌기 矣身의 矣를 떼여 따로 썼겠느냐 하는 것은 의문이 없을 수 없다.

右味. 올우미. 어록변증에서 《올우미》라고 읽었는바 훈몽자회에서 右를 《올홀우》라고 한 것으로 미루어 《올우》는 곧 右의 뜻인 것이다. 현대어로서 《우기 사항》이라는 말에 해당한 것으로 보인다.

串之. 꼬지. 만기요람 재용편에는 豆錫書鎭 香串之 各五雙이란 말이 나오고 있다. 串之는 향을 꽂는 꽂이의 의미다.

3. 한'자의 음이 달라진 말

艮衣. 거리. 만기요람 재용편 제 一에서 三甲所 三艮衣라든지 條所 三艮衣라든지 하는 말이 나오고 있다. 여기의 艮衣는 《거리》로 읽어야 한다.

役只. 격기. 전률통보, 유서필지에서는 《격기》라고 했는데 어록변증에서는 《젹지》라고 하였다. 두시 언해(杜詩 諺解) 二五권 三六장에서 供給豈不愛를 《겻기호물 엇뎨 ᄉᆞ랑 아니 ᄒ리오》

라고 하였으니 役只의 《격기》는 이 《겼기》와 같은 말이다. 현대어에서도 《손을 격구》, 《사람을 겪다》 등과 같이 접대 또는 공궤의 의미로 《겪다》란 말을 쓰고 있다. 役只의 《격기》도 바로 그런 뜻이다.

豆錫. 듀석. 만기요람 재용편에서 豆錫書鎭이란 말이 나오는바 豆錫 곧 주석이다. 훈몽자회에서 鍮를 《듀석 듀》, 鉐을 《듀석 석》이라고 읽었으니 주석은 본래 鍮鉐이라는 한'자 어휘다. 듀의 음이 구개음화함에 따라 《쥬》로도 되지마는 이중 모음을 단모음으로 만들어 《두》로도 될 수 있다. 일시는 그 량편이 함께 통용되였던 것이니, 豆錫이 바로 나중 말의 기사임에 대해서 현대어의 《주석》은 먼저 말의 세승으로 된다.

冬音. 둘음. 리 충무공 전서 란중 일기(亂中 日記)와 만기요람 재용편 등에 많이 나온다. 물고기나 나물 같은 것을 계산하는 단위다.

反作. 반질. 만기요람 재용편에서 反作의 作은 음이 《질》이라고 하였다. 대전회통의 호전(戶典) 창고에서 虛錄反作者重勘이라고 하여 없는 것을 있다고 기록하는 것은 虛錄, 사실과 틀린 것을 기록하는 것은 反作로 규정하고 있다.

白活. 발괄. 유서필지와 고금석림에서는 《발괄》이라고 하고 전률통보에서는 《발결》이라고 하였다. 그것은 白活의 두 자를 모두 다 음으로 읽은 것일 것이다. 그러나 어록변증에서만은 《솔화》라고 하였다. 이것은 活만 음으로 읽고 白은 뜻으로 읽은 것일 것이다. 본래의 뜻은 관청에 향한 청원 내지 신소를 가리키는 말이다. 현대어에서는 애걸 복걸의 뜻으로 쓰이고 있다.

別乎. 벼름. 유서필지에서 《벼름》이라고 읽은 이외 전률통보에서는 《별음》, 고금석림에서는 《별오》, 어록변증에서는 《별롱》 등과 같이 가지 각색으로 읽고 있다. 일정한 비률로서 여기저기 또는 이 사람 저 사람에게 배정하는 것을 가리키는 말이다.

飛陋. 비누. 만기요람 재용편의 飛陋小豆는 곧 《비누팥》이다. 陋의 음 《두》를 《누》로 변해 내고 있다.

召史. 조이. 유서필지에서 《조이》라고 읽었으나 고금석림에서는 《소시》로 읽고, 근래에는 현행음 그 대로 읽었다. 또 고금석림에서 보통 사람의 안해를 召史라고 일컫는다고 하였으나 근래에는 과부에 한해서만 쓰고 있었다.

城上. 정자. 대명률 직해 제 一 《칭감림주수(稱監臨主守)》에서 나오고 또 경국 대전의 형전(刑典) 궐내각차비(闕內各差備)에서 나오고 있다. 고려 시대 성 우에 감시소(監視所)를 차려 놓고 그것을 城上所라고 하는 동시에 수직(守直) 감시하는 일도 城上, 그런 임무를 수행하는 사람도 城上, 리조 시대에 와서는 왕궁 안 일종의 하인도 城上 등으로 불렀다. 전래해 오는 음이 《정자》다. 上은 리두에서 대개 《자》로 읽거니와 城도 《정》으로 음을 변하고 있다.

作文. 질문. 전률통보, 고금석림, 유서필지에서 모두 《질문》이라고 읽었는데 오직 어록변증에서만 《지어》라고 읽었다. 토지 대장, 호적 대장과 같은 관청의 문부들을 위시해서 관청 문서를 의미한다.

作廳. 질청. 秩廳 또는 吉廳 등으로도 쓴다. 봉건 시대 각 고을에서 아전의 사무 보던 장소를 의미한다.

上下. 차하. 고금석림에서는 《차하》로 읽었는데 어록변증에서는 《추하》로 읽고 유서필지에서는 《추아》로 읽었다. 무엇을 주거나 지불하는 것, 다시 그로부터 벼슬을 시키는 것 등의 뜻으로 쓰인다. 향가 급 리두 연구 391 페지에서는 上下란 말이 差下의 잘못 된 말이라고 하였는바, 그것은 上의 음을 《차》 내지 《추》로 읽는 데서 일으킨 억측이다. 捧上, 城上 등에서 上을 이미 《자》로 읽으니 《자》를 《차》로 변해 읽는 것 쯤은 오히려 괴이할 것이 없다. 作文에서 《질》로 읽다가 作紙에서 《칠지》로 읽고, 白活에서 《발》로 읽다가 白文에서 《백》으로 읽는 등의 례가 드물지 않다. 上의 한 자가 《자》로도 나고 《차》 내지 《추》로도 난다고 해서 굳이 딴 자의 잘못된 말로 설명할 필요는 없는 것이다.

帖子. 체자. 어록변증에서는 《체자》로 읽었으나 유서필지에서는 《체즈》, 고금석림에서는 《뎨즈》로 읽었다. 근래까지 통용되던 한'자 어휘로서 증명서나 위임장이라는 《체지》도 바로 이 말이요, 또 사령장이라는 《첩지》도 또한 이 말이다. 이 말은 증명서, 위임장, 사령장 등의 의미로 쓰이였다. 子자를 혹 字나 旨로 바꾸어 쓰기도 한다.

牌子. 배지. 아언각비에서 존귀한 사람이 천한 사람에게 보내는 편지를 牌子라고 한다고 하고, 또 계속해서 牌子는 牌旨라고도 한다고 하였다. 이 말도 근래까지 쓰던 말인바 子자만 《지》로 읽는 것이 아니요 牌까지 《배》로 읽어 《배지》라고 하였다.

還上. 환자. 고금석림에서 《還上, 捧上, 外上의 上은 모두 자라고 한다》고 하였다. 還子로 쓴 데도 있다. 리조 시대 관청에서 백성들에게 봄철이면 뀌여 주었다가 가을이 되면 리식을 붙이여 받아 들이는 곡식을 이르는 말이다. 이 還上는 리조 말기의 커다란 정치 문제로 됨에 따라 그로부터 많은 한'자 어휘들이 파생되였으니, 還上에 관한 정치 문제를 還政, 還上로 되는 곡식을 還穀, 還上 곡식을 축낸 것을 逋還이라고 하는 등등이다. 《향가 급 리두 연구》 391 페지에서는 還上, 捧上, 外上 등의 上은 본래 子에서 나온 것이요 그래서 《자》로 읽는 것이라고 설명하였다. 만일 그렇다면 還子, 捧子, 外子로 썼을 것이지 還上, 捧上, 外上로 썼을 까닭이 없다. 《자》는 上의 리두음이다. 결코 다른 자의 음을 上자로 기사한 것이 아니다.

外上. 외자. 편무적인 관계를 가리킨다. 한편에서만 욕을 하면 외자 욕, 한편에서만 하게를 하면 외자 하게, 결혼할 대상도 없이 상투를 틀면 외자 상투라고 하는 등이다. 이렇게 보면 外上의 外는 마치 《외》의 음을 기사한 것도 같으나 맞돈을 내지 않고 물건을 사는 것을 外上이라고 하는 것을 보면 한'자로 된 리두어인 것이 분명하다. 단지 外上은 한'자음 그 대로 외상이라고 읽어서 외자 욕, 외자 하게 등과 전연 다른 말처럼 되고 있다.

4. 현행 한'자음과 일치하는 자

甲折. 대명률 직해 제 七 초법(鈔法)에서 나오고 있다. 현대어의 배라는 뜻의 《갑절》에 해당한 말이다.

結尾. 고금석림에서 《말의 끄트머리(言語末)》라고 설명하였다.

庫員. 대명률 직해에서도 여러 군데 나오고 근세 리두 문헌에서도 흔히 사용된다. 본래는 전답 매자리의 면적이라는 의미였으나 다시 변해서 전답의 자리 수효를 의미하기도 하였다.

告課. 고금석림에는 아래서 우로 보하는 데는 반드시 **詮次告課**라고 말한다고 하였다. 告課는 곧 현대어 《보고》에 해당한 의미다.

告目. 고금석림에는 천한 사람이 존귀한 사람에게 보내는 편지를 告目이라고 한다고 하였다. 牌子와 상대되는 말이다.

公貼. 대명률 직해에 쓰이여 있다. 현대어 《공문》에 해당하다.

根脚. 고금석림에 실리여 있는 리두어다. 죄수의 생년월일, 얼굴 모양 및 그 집안 관계 등을 기록한 것이다.

關字. 옛문헌에서 많이 나오는 리두어의 하나니 상급 관청으로부터 하급 관청에 향해서 지시 또는 전달하는 공문이다. 關文이라고도 하고 關子라고도 하고 關 한 자만도 쓰니 《백암사(白岩寺) 고문서》 제 三호 가운데 觀察黜陟使關內나 議政府 舍人司 關內의 關도 역시 關字의 의미다. 그러나 박통사 언해 중권 五장에도 關字란 말이 나온다. 중국의 관청 용어를 수입한 것으로 추측된다.

等內. 각 지방의 행정 책임자들은 일정한 재직 기한이 있었음에 따라서 본래는 그 《기한 내》를 의미하는 말이였다. 그런 의미가 다시 변해서 그 기한내에 재직한 그 인물을 가리키게 되여 전임자를 前等內, 새로 취임한 자를 새 等內라고 말하였던 것이다.

等狀. 고금석림에는 많은 사람이 련명해서 제출하는 서류를 等狀이라고 한다고 하였다. 여러 사람이 련명한 신소장 또는 청원서의 의미다.

螺匠. 대명률 직해에서 나오는 리두어니 경국 대전의 병전 (兵典) 반당(伴倘)에는 羅將으로 쓰고 있다. 법률을 맡은 각 관청에서 죄인을 다루는 사람이니 신분은 아주 낮다. 리조 중엽 이후는 螺匠이란 이름을 쓰지 않고 일부 관청에서는 소유(所由), 또 일부 관청에서는 갈도(喝導) 등으로 고치였다. 羅將이란 명칭을 사용하던 시대에도 그 신분이 낮음으로 인하여 일부러 螺匠과 같은 동음의 자로 바꾸어 쓴 듯하다.

立役. 대명률 직해에 쓰이여 있다. 옛날 조선에서 일정한 공역(公役)을 지고 있는 사람이 그 공역을 위해서 나가는 것을 의미하는 말이다.

立所. 역시 대명률 직해에 쓰이여 있다. 각각 자기 공역(公役)에 따라 일정한 장소에서 일정한 로무에 종사하게 될 때 그 장소를 의미하는 말이다.

明文. 근세까지 많이 쓰이던 리두어의 하나다. 본래는 명확한 문건의 뜻이였고 나중에는 법적 문건의 뜻으로 변하였다. 그러나 대명률 본문에도 쓰이여 있다. 중국의 관청 용어를 수입한 것이라고 추측된다.

無上. 리 충무공 전서 장계(狀啓)에서 나온다. 수군 중에 있으면서 물 긷고 잡무에 종사하는 사람들을 가리키는 말이다. 水尺이 《무자이》요 無上의 上을 리두음으로 읽어서 역시 《무자》니 결국 같은 말이다. 水尺이란 말이 그 본인들의 감정을 상하게 되기 때문에 동음의 딴자로 바꾸어 쓴 것이다. 더구나 無上의 上을 현행음으로 읽으면 水尺과는 아주 딴 말로 된다. 리조 초기에 水尺을 白丁으로 고치여 부르고, 또 白丁을 丁白으로 고치여 부른 력사적 사실에 비추어 이 無上도 또한 水尺인 것은 의심할 여지가 없다.

民契. 대명률 직해 및 기타 리두 문헌에 쓰이여 있다. 인부 (人夫)의 뜻이다.

反貼. 대전회통에 쓰이여 있다. 딴 관청으로부터 조회해 온 공문에 회답을 써 보내거나 관청에서 발행한 문건을 도로 물여놓는 것을 가리키는 말이다.

反庫. 대전회통에 쓰이여 있다. 창고에 보관된 물품을 장부의 기록과 대조 검사하는 일을 가리키는 말이다.

卜物. 근세까지 많이 쓰이던 리두어다. 짐으로 실어서 보내는 물품이다.

奉足. 리조 시대의 병제(兵制)에는 한 사람이 병역(兵役)에 복무하는 동안 딴 사람을 그의 奉足으로 지정해 주는 것이다. 그러면 奉足으로 지정된 사람은 병역 대신 그 사람에게 일정한 로무 또는 거기 해당한 물품을 제공하고 있다. 현대어에도 남의 일을 방조하는 것을 《봉죽 든다》고 한다. 《봉죽》은 바로 奉足의 음이 변해진 말이다.

分揀. 고금석림에는 죄를 용서하는 것을 分揀이라고 하였다. 본래 죄인과 구별한다는 뜻으로부터 용서란 뜻으로 쓰인 것이다.

白文. 대전회통 등에 쓰이여 있다. 관청의 증명을 경유하지 않은 매매, 계약, 협정 등의 문건이다.

司䅲. 대명률 직해 제七 《고청고역침기(庫秤雇役侵欺)》에서 나오는데, 庫秤 斗級 若雇役之人을 司䅲, 公斗人, 使令人等亦라고 번역하였다. 司䅲는 庫秤에 해당한 말로서 곧 창고직이다. 그 창고에 출입되는 물건의 중량을 그가 계산하고 있기 때문에 庫秤에 해당한 말로 썼다.

私通. 고금석림에서는 아전들 간에 왕래하는 문건을 私通이라고 하였다. 즉 지방 관청 또는 책임자의 이름을 빌지 않고 아전들 끼리 사사로이 문의 또는 회답하는 문건이다.

斜出. 斜是를 경유한 서류다. 白文과 상대되는 말이다.

所志. 근세까지 많이 사용하던 리두어다. 백성들이 신소, 청원 내지, 그을 위해서 관청에 제출하는 글이다.

色吏. 근세까지 많이 사용하던 리두어다. 사무를 직접 담당하고 있는 아전을 이름이다.

子枝. 대전회통 등에 나오고 있다. 신분이 낮은 사람의 자손을 이름이다.

詮次. 훈민 정음 언해에서 《故논 젼ᄎᆞ라》고 한 것과 같이 현대어의 《까닭》에 해당한다.

呈狀. 백성들이 관청에 향해서 신소, 청원 또는 소송 등에 관한 문건을 제출하는 것을 가리키는 말이다.

重記. 관리가 교체되였을 때 전임자가 신임자에게 그 보관 재산을 인계한 서류를 가리키는 말이다.

秩秩. 어록변증에서 秩秩을 《질질》이라고 하였고, 고금석림과 유서필지에서 秩秩以를 《질질로》라고 하였다. 그 뜻은 대개 《여러 가지》란 말과 같다. 그런데 월인 석보 二一권 二四장에는 《그 즈싀 一萬 가지라》고 하였는데, 이 《즈싀》는 곧 현대어 《짓》에 해당한다. 이 《즈싀》의 《△》가 다시 《ㄹ》로 바뀌여 바느질, 칼질의 《질》로도 되고 전간병의 《지랄》로도 되였다. 秩秩은 곧 그러한 《질질》의 음을 기사한 것으로서 《모든 짓》이라는 말이나 마찬가지다.

遲晚. 고금석림에서는 죄인의 자복한 공초(供招)를 遲晚이라고 한다고 하였다. 대명률 직해에서는 遲慢과 같은 의미로 쓰고 있다.

之次. 대명률 직해에 쓰이여 있다. 《다음》의 뜻이다.

祗受. 근세에 많이 사용하던 말이다. 임금으로부터 서류를 받고 나서 그것을 확인하는 공문이다.

次知. 대명률 직해, 대전회통 등에 쓰이여 있다. 담당 또는 담당자라는 뜻으로부터 대리의 의미로도 변해 쓰이였다. 월인 석보 二一권 一二三장에는 《사ᄅᆞ미 목수믈 ᄀᆞ슴알며》라고 하고, 동서 一二九장에는 《이 大鬼王 목숨 ᄀᆞ슴아논 이논》이라고 하였다. 여기의 《ᄀᆞ슴알》이라는 말은 《관할하다》와 같은 말이라 《ᄀᆞ슴》이 결국 현대어의 옷감, 관대(冠帶)감이라는 《감》에 해당하다. 근세에는 옷감을 衣服次, 관대감을 冠帶次 등으로 썼으니 次知란 말이 바로 《ᄀᆞ슴알》이라는 말의 의역인 것을 알 수 있다.

頉稟. 리조 실록을 위시하여 많은 문헌에 자주 나오는 말이다. 어떠한 행사를 관례 대로 집행치 않을 데 대해서 임금에게 청하는 일이다.

頉下. 頉稟과 함께 많이 나오고 있는 말이다. 어떠한 리유에 의해서 재래의 행사를 폐지하거나 그 사람의 의무와 부담을 면제시키는 등의 일이다.

形止. 《정도사 석탑기》의 이름은 본래 淨兜寺五層石塔造成形止記다. 形止는 이와 같이 오래된 리두어로서 어떠한 물건의 유래 및 현상을 총괄하는 말이다.

行下. 상급으로부터 하급에 내리는 지시나 명령을 대명률에서 行下라고 하였다. 대명률 직해에서는 그보다 더 다른 뜻으로 쓴 례는 없다. 그러나 후대에 이르러 하인들이나 기타 수공업자, 장사치들에게 특례로 주는 돈이나 물품을 가리키는 말로도 되였다. 최근에는 려관, 음식점 등에서 심부름하는 사람들에게 돈을 주는 것도 行下라고 하였다.

回貼. 대명률 직해에 쓰이여 있다. 회답 공문의 의미다.

和會. 대전회통에 쓰이여 있다. 협의의 의미다.

有旨. 근세에 많이 쓰던 말이다. 임금의 명령을 승정원(承政院)의 승지(承旨)들이 대신 전달하는 공문을 이른다.

月子. 근세에 많이 쓰던 말이다. 훈몽자회에서 髢, 髻를 《돌외》라고 새기였으니 이것이 바로 《달외》, 즉 근세어로는 《다리》의 이의역이다.

一任. 그 대로 던지여 둔다는 뜻이다. 不喻와 련접해서 그 대로 둘 수 없다는 말을 이룬다.

　　先師重刱 道場乙 一任爲白乎所 不喻
　　　　　　　　　〔백암사 고문서 一호〕
　　今如 矣身 年將叱 七十 一任爲乎 不喻
　　　　　　　　　〔숙신 웅주 가옥 문서〕

제 2절 부사류

리두어에서 명사류를 제해 놓은 다음 그 이외의 것은 분류하기가 그렇게 용이치 않다. 왜 그런가 하면 부사가 실상 많이 형용사, 동사로부터 왔고 또 형용사 동사가 혼히 부사처럼 쓰이기 때문이다. 그 뿐 아니라 부사나 형용사, 동사에는 어미로 인정될 수 있는 공통의 글'자들이 붙어 있다. 그 공통되는 끝자들을 부사니 형용사니 동사니 가르지 말고 종합해서 연구하는 것도 필요하다. 그렇다고 그냥 한데 뒤섞어서는 리두어를 한 개의 혼동 상태로 보는 종래의 연구자들과 혼동될 우려가 없지 않다. 여기서 부사류와 형용사―동사류로 분류하고 다시 그것을 각각 공통되는 끝자에 따라 분류해서 호상의 련계를 보이기로 한다.

只의 끝자

故只. 짐즛. 대명률 직해 제 一 《범죄득무감(犯罪得累減)》, 《상사소불원(常赦所不原)》 등에 쓰이여 있다. 룡비 어천가 六四에서 勝耦之籌 迺故齊之를 《이기싫籌을 짐즛 업게 ᄒ시니》라고 번역한 것 등에 비치여 《짐즛》이라는 말에 해당한 기사임을 알 수 있다.

戈只. 과글리. 전률통보, 유서필지에서 과글리로 읽었다. 로걸대 언해(老乞大 諺解) 상권에는 急且難着主兒를 번역하여 《과갈이 님쟈 엇기 어려오니라》고 하였고, 박통사 언해(朴通事 諺解) 중권에는 急且那裏走를 번역하여 《과거리 어듸로 ᄃ라나리오》라고 하였다. 이 《과갈이》나 《과거리》는 《과글리》와 같은 말이다. 그것은 박통사 언해 끄트머리에 붙은 단자해(單字解)에서는 急且를 다시 《과글이》라고 한 것을 보아서 일층 확실하다. 현대어에서 숯불 같은 것이 한참 성하게 핀 것을 《괄다》고 하고, 사람의 성질이 급한 것도 또한 《괄다》고 한다. 과글리는 《괄다》에 해당한 옛말이 부사로 된 것임에 벗어 나지 않는다. 현대어로는 《심하게》, 《급하게》 등 말에 해당한다.

己只. 그지. 《정도정 석탑기》를 위시해서 대명률 직해 등에 쓰이여 있다. 월인 석보 二一권 一〇三장에는 《죠그맛 사싀룰 브터 그지 업수매 니르느니》라고 하였다. 현대어에서도 《그지 없다》는 말을 《한이 없다》와 같은 의미로 쓰고 있다. 이 《그지》가 바로 己只로써 기사된 말로서, 《끝》 내지 《갓》과 같은 어원의 말인 동시에 현대어 《까지》가 여기서 유래되여 온 것이다.

的只. 마기. 전률통보, 고금석림, 유서필지 등에서는 모두 《마기》로 읽었는데 오직 어록변증에서만 《막기》로 읽었다. 월인석보 서문 八장에 《證은 마긔와 알씨라》라고 한 것이 바로 이 말이니, 현대어로는 《적실히》, 《정확히》 등의 의미다.

並只. 다모기. 고금석림에서는 《다모기》로 읽고, 유서필지에서는 《다무기》로 읽고, 전률통보에서는 《다목기》로 읽었는데, 오직 어록변증에서만 《아울우지》로 읽었다. 박통사 언해 하권에는 某並不曾抵敵을 번역해서 《某ㅣ 다므기 일즙 抵敵디 아니 ᄒ엿ᄂ니》라고 하였으니, 이 《다므기》가 바로 並只의 《다모기》와 같은 말임은 물론이다. 그런데 두시 언해 二권 五장에는 共登臨을 번역해서 《다못 登臨케 ᄒ노라》라고 하고, 동서 二권 三〇장에는 與天遠을 번역해서 《한놀과 다못 머니》라고 하였다. 並只의 《다모기》는 이 《다못과 같은 어원의 말일 것이다. 훈몽자회에서 傭, 雇 등의 한'자 아래 《삭바돌》로 새긴 다음, 초학자회(初學字會)에서는 《다므사리》로 새기였다고 주를 달아 놓았다. 이 《다므사리》란 말은 현대어의 《더부사리》에 해당할 말로서 並只의 《다모기》와 련계가 있다고 보아야 한다. 지금 함흥 방언에서는 보통보다 큰 잔으로 술을 파는 술집을 《다모토리》라고 하고 있다. 이 《다모토리》는 서울 방언의 《곱배기》에 해당한 것으로서 또한 並只의 《다모기》와 련계가 있다고 보아야 한다. 그런데 후대로 내려 오면서 《다모기》 및 《다못》 등의 말이 점차로 쇠퇴해 가면서 그 대신 《아우르다》란 말이 등장하게 되였다. 어록변증에서 보여 주는 바와 같이 일부에서는 구두어의 영향에 의해서 並只를 《아울우지》로 고쳐 읽은 것이다.

須只. 모롬지기. 대명률 직해에 많이 쓰이여 있다. 무시 언해 八권 五〇장에는 自須遊阮舍를 《내 모로매 阮舍애 놀오져 ᄒ더웨이》라고 하였고, 로걸대 언해에는 須要車子載着를 《모로미 술위로 시르며》라고 하여 須를 《모로매》또는 《모로미》로 번역하고 있다. 그러나 근세에는 須를 《모롬지기》라고 새기였는바 須只의 只음으로 보아서는 오히려 거기 가까운 셈이다. 《모로매》, 《모로미》가 16세기 또는 그 이전의 말임은 틀림이 없지마는, 그렇다고 해서 모롬지기가 반드시 그보다 뒤에 나온 말이라는 증거로는 되지 못하는 것이다. 가령 훈민 정음 언해에서 牙를 《엄》이라고 하였는데 현대어는 《어금》이요, 또 훈민 정음 해례에서 蠅을 《풀》이라고 하였는데 현대어는 《파리》다. 이로서 《엄》이 《어금》으로 변하고 《풀》이 《파리》로 변하였다고 볼 것이 아니요, 현대어의 《어금》이 《엄》보다나, 《파리》가 《풀》보다도 더 오랜 말이라고 보아야 한다. 대개 15세기 당시 구두어에서 《어금》과 《엄》, 《파리》와 《풀》의 두 말이 함께 쓰이였는바, 그 당시 서사어로 채용되기는 새로운 말의 《엄》과 《풀》이였음에 대해에 결국 구두어에 있는 옛말의 《어금》과 《파리》가 강인하게 계승되여 온 것임에 틀림이 없다. 《모로매》 또는 《모로미》와 《모롬지기》의 관계도 그와 류사한 것이라, 후대의 《모롬지기》가 옛문헌에서 나오는 《모로매》나 《모로미》보다도 더 오랜 말일 수 있다.

始只. 그 음은 추정하기 어렵다. 대명률 직해에 쓰이여 있다. 그 뜻은 대체로 始叱와 같은 것이다. 단지 只로 끝난 것으로 미루어 끝의 음절이 始叱과 달랐던 것이 아닌가 한다.

曾只. 일즉. 대명률 직해에서 자주 나오고 있다. 현대어 《일찍》에 해당하다. 로걸대 언해 상권에서는 不曾飮水裏를 《일즙 믈 머기디 아녓더니》라고 하고, 曾見人打水를 《일즙 사룸의 믈 깃기를 보와시되》라고 하였다. 여기서는 曾이 《일즙》으로 번역되여 있는 것이다. 그러나 두시 언해 八권에는 花徑不曾緣客掃를 《곳 뼈 려멋눈 길홀 일즉 소니 젼츠로 쓰디 아니 ᄒ다니》라고 번역하였다. 《일즉》이란 말도 《일즙》과 함께 오랜 이전부터 사용되여 온 것이다. 단지 《일즉》도 曾只에 비치여 본래부터 《즉》의 끝소리로 끝났던 말이 아니다. 唯只의 《아즉》과 같이 맨 끝의 음절인 《기》가 탈락되면서 《ㄱ》가 그 우의 음절의 끝소리로 변한 것이라고 보인다.

最只. 안직기. 전률통보에서는 《안직기》라고 읽었으나 어록변증에서는 《아직기》라고 읽고 유서필지에서 《안주기》라고 읽었다. 두시 언해 二권 二七장에는 最相輕을 《안직 서르 업시우ᄂ다》로 번역하고, 三권 六七장에는 最蕭瑟을 《안직 蕭瑟ᄒ니》라고 번역하여 그 당시에는 현대어 《가장》의 뜻으로 《안직》이란 말이 쓰이고 있었음을 알게 한다. 그러나 박통사 단자해에서 且를 《안직》으로 설명하였을 뿐 아니라 현대어에서도 《아직》이란 말을 《안직》이라고도 하고 있다. 또 실상 현대어 《오직》에 해당한 唯只를 《아즉》, 《안직》으로 읽고 있은즉 결국 《오직》, 《아직》, 《가장》의 세 뜻이 서로 혼동됨을 면치 못하는 셈이다. 《아직》과 《오직》은 한 말의 분화로 볼 수 있으려니와 《가장》의 뜻인 《안직기》도 《아직》, 《오직》과 같은 어원이냐 아니냐는 얼른 단정키 곤난하다. 그것은 뜻으로 련계가 닿지 않는다기보다도 후대에 이르러 그 말이 《가장》, 《제일》 등과 교체된 원인을 도리여 《아직》, 《오직》 등과의 어의 혼동에서 찾을 것으로 보이기 때문이다.

이렇게 어의의 혼동으로 인해서 한 편의 말이 딴 말로 교체된 례가 우리말에 상당히 많다. 우선 《서로 보다》의 《맛보》가 《맛을 보다》의 《맛보》로 인해서 딴 말로 교체되고, 창문의 《잎》이 얼굴에 있는 《입》으로 인해서 딴 말로 교체되고, 《좋다》의 《됴흔》이 구개음화되면서 《정하다》의 《조흔》은 《정하다》란 말로 교체된 등이다. 그런데 最只의 리두음은 어느 책에서나 모두 《기》로 끝나고 있다. 이는 곧 맨 처음에는 只로 기사된 음이 《ㄱ》의 끝소리가 아니요 《기》와 같은 음절이였다는 또 하나의 유력한 증거로 되는 바다.

惟只. 아기. 유서필지에서 《아기》라고 읽었다. 박통사 언해 단자해에서 只를 《오직》, 且를 《안직》으로 설명하였다. 《오직》 내지 《안직》의 《ㄱ》 끝소리는 본래 《기》의 음이 준 것으로 볼 수 있다. 한편으로 구두어에서는 끝의 음절이 빠져서 끝소리로 되는 대신에 惟只의 리두음에서는 중간의 음절이 빠지고 《아기》로 될 것이다.

惟只. 아즉. 유서필지에서는 《아즉》으로 읽었으나 전률통보 고금석림, 어록변증 등에서는 모두 《오직》으로 읽었다. 惟只와 唯只는 동일한 뜻의 리두어임에 불구하고 그 리두음이 서로 다르다. 그러나 惟只의 《아기》, 唯只의 《아즉》, 그래서 惟只의 《오즉》에 이르면 완전히 현대어와 일치하게 되는 것이다. 이 또한 《오즉》의 옛 형태가 《아지기》였다고 볼 수 있는 유력한 근거다.

于의 끝자

加于. 더욱. 고금석림과 유서필지에서는 《더욱》으로 읽었으나 전률통보에서는 《더옥》, 어록변증에서는 《더우여》로 읽었다. 현대어에서도 《더욱》이라고 하는 것으로서 동사의 《더하다》 및 부사의 《더》 등과 같은 어원에서 나온 말이다. 훈민정음 언해 一三장에는 左加一點을 번역해서 《왼 녀기 호 點을 더으면》이라고 하고, 동서 一四장에는 加點同을 번역해서 《點더우면》이라고 하였다. 《더으》, 《더우》로부터 《으》, 《우》가 탈락되여 《더》로 된 것은 의심이 없거니와, 이 《으》, 《우》 자체도 어떤 자음의 탈락으로 인해서 모음만이 남은 것이 아닌가고 상정된다. 그 뿐·아니라 《더욱》의 《ㄱ》 끝소리도 그것이 본래부터 있었던 것은 아닌 모양이다. 만일 그런 끝소리가 본래부터 있었다면 于의 끝자로 기사되였을 리가 없다.

尤于. 더욱. 유서필지에서 尤于를 《더욱》으로 읽고 전률통보에서도 尤于過甚에 대해서 《더욱과심》으로 읽었다. 그 뜻은 加于와 같다.

因于. 지즈로. 대명률 직해에서 나오고 있다. 다음의 仍于와 같은 뜻임에 비추어 역시 《지즈로》로 읽었을 것이다.

仍于. 지즈로. 유서필지에서는 《지즈로》라고 읽고, 고금석림에서는 《지조루》라고 읽고, 어록변증에서는 《즈즐우》라고 읽었다. 현대어로는 《인해서》, 《그대로》 등에 해당한 뜻으로 된다. 두시언해 一권 二九장에는 仍萬盤을 《지즈로 一萬 바롤 서렷도다》라고 하고, 三권 一八장에는 仍恃險을 《지즈로 險호물 믿느니》라고 하여 15세기 당시에는 비교적 자주 쓰이던 말이다. 두시 언해 二〇권 二三장에 相仍을 《서르 지즈러 오놋다》라고 번역한 것을 본다면 오직 부사로만이 아니요 동사로도 쓰인 것을 알 수 있다. 두시 언해 二一권 四장에 肯籍荒庭春草色을 《거츤 뜰헷 픐비츨 지즐어 안조믈 肯許ᄒᆞ시면》이라고 번역한 것을 본다면 《지즈로》란 말은 《지즐어 앉다》의 《지즐어》와 같은 어원임을 알 수 있다. 현대어에서 무엇을 누르는 것을 《지질르다》라고 하는 말은 바로 《지즈로》 내지 《지즈러》 등의 말로부터 유래되고 있다.

必于. 비록. 유서필지에서 《비록》이라고 읽었다. 必은 의역으로 쓰인 것이 아니요 음역으로 쓰인 것이다.

亦의 끝자

强亦. 그 음을 추정하기 어렵다. 대명률 직해에 쓰이여 있는데 《억지로》와 같은 뜻이다.

便亦. ᄉᆞ의여. 유서필지에서 《ᄉᆞ의여》라고 했는데 어록변증에서는 《문득》이라고 했다. 현대어 《문득》에 해당한 말이다. 월인석보 八권 二二장에는 《ᄒᆞᆫ ᄆᆞᅀᆞᄆᆞ로 며 부쳐를 ᄉᆞ외 보ᅀᆞᄫᆞ라》고 하고, 또 동서 四二장에는 《無量壽佛을 ᄉᆞ외 보ᅀᆞᄫᆞ더니》라고 하였다. 이와 같은 《ᄉᆞ외》는 《문득》에 해당한 뜻으로서 便亦의 《ᄉᆞ의여》와 같은 말이다.

使亦. ᄉᆞ리여. 고금석림에서 《ᄉᆞ리여》라고 읽었다. 《향가급 리두 연구》에서는 《使》자의 뜻을 미루어 이 말을 해석하려 하였으나 《使》가 의역으로 쓰인 것보다는 음역으로 쓰인 것이라고 볼 수 있다. 또 그 책에서도 지적한 바와 같이 使亦 不納爲乎樣以라는 고금석림의 례문으로 본다면 차라리 强亦의 뜻이지 使자의 뜻과는 거리가 멀다. 현대어 중에서도 이 말에 해당한 것을 아직 발견치 못한다.

先亦. 몬져. 대명률 직해 등에 쓰이여 있다. 월인석보 七권 四장에 《優波離를 몬져 出家히쇼셔》라고 하고, 박통사 언해 상권 六장에 《몬져 두 순비 술 머근 후에》라고 하였다. 현대어의 《몬져》는 15~16 세기로부터 이미 사용된 말이다. 先亦도 《몬져》의 기사리라고 생각한다.

專亦. 젼혀. 전률통보, 고금석림, 어록변증에서 모두 《전혀》라고 읽었는데 유서필지만이 《전여》라고 읽었다. 현대어에서도 《전부》 또는 《아주》 등의 의미로서 《전여》란 말을 쓰고 있다. 이것은 애초부터 한'자 어휘인 것 같다. 오직 亦만을 리두음으로 읽고 있을 뿐이다.

重亦. 그 음을 추정하기 어렵다. 대명률 직해에 쓰이여 있는데 《중하게》 또 《중히》와 같은 의미다.

初亦. 처음. 어록변증에서 《처음》이라고 읽었다. 현대어의 《처음》과 같은 뜻이다. 그러나 《亦》자로 미루어 본다면 본래는 《처음》으로 읽지 않았을 것이다. 지금 처음과 같은 뜻으로서 《아예》, 《아세》 등의 말이 있으니 그 말에 해당한 기사라고도 볼 수 있다.

易亦. 아니혀. 어록변증과 유서필지에서는 《아니혀》라고 읽었는데, 전률통보에서는 《인으려》, 고금석림에서는 《이눅혀》라고 읽었다. 현대어의 《용이히》와 같은 뜻일 것이다. 지금 구두어에서 《이내》라는 말을 많이 쓰고 있으니, 즉 《이내 술이 취했다》, 《이내 잠이 들었다》 등의 례다. 그만큼 한'자 어휘의 《인(因)해》가 변한 것으로 생각되나, 《易亦》의 리두음으로 보아서 《아니여》의 변한 것이 사실이다. 더구나 유서필지에서는 다시 爲去等易亦에 대해서 《호거든 이니여》라고 해서 《아니혀》를 《이니여》로 고쳐 읽었다. 《아니혀》보다 《이니여》에 이르러서는 그가 바로 《이내》란 말의 고형이라는 것을 의심할 여지가 없다.

丁의 끝자

私音丁. 아룸뎌. 대명률 직해 등에서 나오고 있다. 현대어 《사사로이》에 해당한 말이다. 두시 언해 二권 一三장에는 自私를 《아룸뎌 호물》이라고 번역하고 四권 二九장에는 捉私鑄를 《아룸뎌 디틸 잡더니》라고 번역하였으니, 15세기 이전에는 《사사로이》란 뜻으로 《아룸뎌》란 말을 사용하였다. 또 월인 석보 二一권 一九장에는 《親은 아ᅀᆞ미라》고 하였으니 《아룸뎌》의 《아룸》은 친족의 뜻인 《아ᅀᆞᆷ》과 같은 어원의 말일 것이다.

私丁. 私音丁과 같다.

新丁. 새려. 대명률 직해 제 二七 도류인도(徒流人逃)에 씌여 있다. 두시 언해 四권 八장에는 新戰死를 《새려 싸호다가 죽드다》라고 하고, 五권 一二장에는 新燒棧을 《새려 블 브튼 棧道는》이라고 하였다. 이 新丁은 바로 《새려》란 말의 기사일 것으로 추측된다. 《새려》는 현대어의 《새로》나 《새로이》와 같은 의미다.

叱의 끝자

佳叱. 又. 대명률 직해에 씌여 있다. 두시 언해 一권 二〇장에는 初日을 《又돋는 히》라고 하여 初를 《又》으로 번역하였는데, 로걸대 언해 상권에는 纔拿着廻來를 《又 자바 도라 오니》라고 하여 纔를 《又》으로 번역하였다. 대명률 직해 제 一 공사실착(公事失錯)에서 唯只掌務令史佳叱免罪不得爲乎事(오직 掌務令史 又 免罪 모질 하올 일)의 佳叱도 纔의 뜻으로 해석할 것이다. 纔는 현대어에서 《겨우》라고 새기여지는 말로서 《오직 掌務令史 又 免罪 모질 호올 일》은 《오직 掌令史만 免罪 모질 호올 일》과 같은 의미로 된다.

始叱. 비릇. 유서필지에서는 《비릇》 또는 《비라》로 읽었는데, 전물통보에서는 《비롯》으로 읽고, 고금석림에서는 《비를》로 읽었다. 현대어 《비로소》에 해당한 말이다. 두시 언해 一권 二七장 및 二九장 등에서 始知를 《비르서 알와라》고 하였으나, 동서 二五권 七장에는 始如湯을 《비릇 더운 물 곧도다》라고 하고, 一六권 四六장에는 《이리 비릇 一定ᄒᆞᄂᆞ니》라고 하였다. 15 세기에는 《비르서》와 함께 《비릇》, 《비릇》 등의 말이 사용되였던 것을 알 수 있다.

良의 끝자

更良. 가시아. 전물통보, 고금석림, 유서필지에서는 모두 《가시아》라고 읽었으나 오직 어록변중에서만 《다시》라고 읽었다. 현대어로는 《다시》에 해당한 말이다. 두시 언해 三권 四一장에는 更靑을 《가시야 푸르도다》라고 하고 更多를 《가시야 하리로다》라고 하였다. 이와 같이 15 세기 말까지도 《가시야》란 말이 자주 나오고 있는 것을 발견케 된다. 그 뿐 아니라 두시 언해 一二권 二七장에는 山不改을 《뫼 비치 가시디 아니 ᄒ더니》라고 해서 다시 동사로 쓰고 있다. 지금 특히 부인네들의 말에서 달이나 해가 바뀌는 것을 《가시다》고 하는 것이 바로 이 말에서 유래되는 것이다.

右良. 임의여. 전물통보에서는 《임의여》라고 읽었는데 유서필지에서는 《님의여》라고 읽었다. 현대어의 《이상과 같이》에 해당한 말로서 《이미》란 말과 련계되는 뜻이라고 보인다.

如의 끝자

初如. 초여. 고금석림에서는 《초여》라고 했는데, 유서필지에서는 《쵸혀》라고 하였다. 初亦과 같은 말로서 《처음》의 뜻일 것이다. 그런데 《초여》 곧 初如의 음으로 볼 것이나 단지 《쵸》로도 쓴 것이 의심스럽다. 후대에 이르러서는 《쵸》도 《초》로 읽은 것이라 거기서 서사상의 혼동을 일으킨 것이 아닐가 한다.

右如. 《정도사 석탑기》에서도 나오고 있다. 右良과 같은 말일 것이다.

貌如. 갸로혀. 유서필지에서 《갸로혀》라고 읽었다. 현대어의 《같이》와 같은 의미다. 그런데 貌如使內良如敎는 유서 필지에서 《즛 바리다야산》 또는 《즛다부리다이사》라고 하여서 貌如를 《즛》 또는 《즛다》로 읽고 있다. 《즛》이 15세기에는 《즁》으로서 거기서 《지랄》이란 말도 파생되고 있으니, 《짓》과 《갸로》는 결국 같은 말로 되는 것이다.

한ᄀᆞᆮ벼리 눈ᄀᆞᆮ 디니이다

〔룡비어천가 표〇〕

여기의 《ᄀᆞᆮ》은 곧 현대어의 《같다》란 말이니 《ᄀᆞᆮ》도 《즁》에서 나온 말이다. 즉 시늉하다는 의미로서의 《즁》으로부터 또 다시 같다는 의미의 《ᄀᆞᆮ》이 나온 것이다. 같다는 말은 본래 《ᄀᆞᆮ하다》로 쓴다. 즉 《즁ᄒ다》와 마찬가지다.

각이한 끝자

並以. 아오로. 전물통보와 유서필지에서는 《아오로》로 썼는

대 고금석림에서는 《아으로》, 《어록변증》에서는 《아올너쓰》로 읽었다. 어록변증에서 《아올우지》라고 읽은 並只와 같은 의미일 것이다.

使易. 스리여. 전률통보에서 《스리여》라고 읽었다. 《스리여》의 使亦과 같은 말일 것이다.

始此. 비롯. 전률통보에서는 始此를 始叱과 같이 《비롯》이라고 읽었는데 어록변증에서는 始此를 《비록》이라고 읽었다. 그 뜻은 물론 始叱과 다름이 없는 것이다. 어록변증의 리두음을 좇으면 必于의 《비록》과 꼭 같은 말로 되고 있다. 그 두 말이 본래 같은 어원으로부터 분화된 것인지도 모른다.

新反. 시로히. 고금석림과 어록변증에서는 《시로히》라고 읽었는데 전률통보에서는 《세로이》라고 읽고, 유서필지에서는 《시로이》라고 하였다. 《새려》의 新丁과 같은 말이다.

適音. 마참. 유서필지에서는 《마참》으로 읽었고 전률통보와 고금석림에서는 《마츰》으로 읽었다. 현대어 《마침》에 해당한 말로서 《맞다》에서 나온 것이다. 대명률 직해에서는 逢音으로 쓴 례도 있다. 그 말이 《맞다》에서 나온 것을 생각할 때는 《逢》자로 《適》자를 대용한 것은 당연한 일이다.

粗也. 아야라. 전률통보, 고금석림, 어록변증, 유서필지 등 그 읽는 음이 모두 동일하다. 현대어로는 《겨우》라는 의미다. 두시언해 一권 一○장에는 且飽飯을 《아야라 비 부르 먹거니와》, 二권 一七장에는 僅百層을 《아야라 온 層이로다》, 三권 三二장에는 纔傾一盞을 《아야라 혼 盞을 기우리면》 등과 같이 번역하였다. 즉 한'자로 且, 纔, 僅 등의 의미를 가지는 것이다.

況旀. 호물며. 전률통보와 유서필지에서는 《호물며》로 읽었는데 어록변증에서는 《허물며》로 읽었다. 현대어 《더구니》에 해당한 말이다. 그런데 월인 석보 二一권 八一장, 八六장 등과 두시언해 一권 一四장 등에서 모두 《호물며》라고 하였다. 旀와 련결된 것으로 보아서는 《호물》이 한 개의 의미를 가지고 있던 말인 것으로 보인다.

凡矣. 믈읫. 대명률 직해에 쓰이여 있다. 훈민 정음 언해 一三장에 凡을 《믈읫》으로 번역하고, 훈몽자회 범례에서도 凡을 《믈읫》으로 번역하였음에 따라서 그 음을 《믈읫》이라고 추정한 것이다. 그러나 만일 16 세기 이전의 말과 같이 《ㅅ》의 끝소리가 있었다면 《矣》의 끝자를 사용치는 않았을 것이다. 본래는 《의》 내지 그와 류사한 음으로 끝나던 말인데 후대에 이르러 폐음절로 된 것이 아닌가 한다.

不의 첫자

不冬. 안들. 전률통보, 어록변증, 유서필지에서 모두 똑 같이 읽었다. 명사류에 속하는 冬音에서도 冬은 《들》로 읽고 있으며, 等의 리두음도 역시 《들》이다. 현대어로서는 《안 가다》, 《안 오다》의 《안》 또는 《가지 않다》, 《오지 않다》의 《않》과 같다. 우의 경우와 같이 쓰임과 함께 아래 경우와 같이 직접 술어(述語)로 쓰이는 경우도 많다. 대명률 직해에서는 不冬 대신에 安徐도 사용하고 있다. 그 읽는 음은 아마 달랐을 것이다.

不喩. 아닌지. 고금석림, 어록변증, 유서필지에서 일치하게 읽었다. 그러나 喩乃에 대해서 전률통보가 《디나》, 고금석림이 《쩌디나》로 읽은 것을 볼 때 喩도 《지》로 읽는 이외 또 《디》로도 읽었다는 것을 알 수 있다. 喩을 《지》 내지 《디》로 읽는 데 대해서는 종래로부터 의문이 많았다. 그러나 모든 리두자가 그런 것 같이 음으로 읽지 않으면 뜻으로 읽었을 것임에 틀림이 없다. 지금 음으로 보자. 조선의 현행음이 《유》인데 수온(守溫)의 자모도(字母圖)에서 그 글'자가 바로 자모의 명칭으로 된 데 비추어 《유》의 음이 9 세기 내지 10 세기의 중국음과는 같은 것으로 판정된다. 또 뜻으로 보자. 훈몽자회에서 《알욀》이라고 새기였을 뿐이 아니라 두시 언해 一권 五八장에는 喩蜀을 《蜀 알외 돗》이라고 번역하고, 五권 一二장에는 《蜀 알외욜 쁘들》이라고 번역하였다. 이와 같은 정도로는 음으로나 뜻으로나 전연 련계가 닿지 않는 것이 사실이다. 좀 더 깊이 파고 들어 갈 필요가 있다. 지금 훈몽자회에는 鍮를 《듀석 듀》, 錫을 《듀석 석》으로 읽었다.

주석이란 현대어가 바로 鍮銿이란 두 한'자의 합성으로 이루어진 한'자 어휘인 것이다. 그런데 실상 鍮의 현대음은 《유》로서 鍮器를 《유기》, 鍮鐵을 《유철》이라고 하고 있다. 즉 《鍮》의 음이 《듀》로부터 《유》로 바뀌어 옴에 따라서 《유기》와 《유철》의 鍮는 주석의 鍮와 전연 다른 음으로 되지 않을 수 없은 것이다. 喩도 鍮와 동일한 경로를 밟아 온 자로 상정된다. 옛날에는 그 음이 《유》가 아니고 《듀》였던 것이다. 본래 偸, 媮, 腧 등 俞변의 많은 글'자를 아직까지 조선과 중국에서 모두 《투》로 읽고 있다. 鍮, 喩와 같은 글자의 옛음이 《듀》였다는 것도 한'자음의 발달된 력사와 또한 련계가 없지 않은 것으로 보인다.

不喩의 《아닌지》는 현대어로서 《무엇 무엇이 아니다》의 《아니》와 같다. 결국 《안들》의 不冬과 꼭 같은 부인 부사로서 그 사용되는 경우가 다를 뿐이다. 그런데 현대어의 《아니》 또는 《안》과 비교해서 《들》과 《디》의 음이 더 있는 것이 아닌가? 그런 음들은 대체 어떻게 된 것인가? 물론 15세기 이후의 문헌에서는 일체로 《아니》 또는 《안》의 형태밖에 더 나오지 않으나, 오직 훈몽자회에서 《非》자 아래 《윌 비》라고 읽고 다시 《또는 안득 비》라고 또 한 가지의 달리 읽는 례를 들어 보이였다. 대개 구두어에서는 15세기에 벌써 《들》, 《디》의 음이 완전히 탈락되였음에도 불구하고, 오직 한'자를 읽는 례로서는 16세기까지 보존되여 온 것을 보여 주는 것이다. 그런 례는 현재도 적지 아니하게 발견할 수있다. 우선 矣를 《주비》로 읽고 也를 이끼(즉 입겻의 변음)로 읽는 것이 그 중의 하나다. 이로써 《아니》, 《안》 등의 말에는 《들》내지 《디》의 음이 들어 있었던 것이다. 그것은 리두어가 성립된 그 시기 이후로부터 15세기에 이르는 동안에 탈락되여 버린 것이다.

不得. 모질. 유서필지에서는 《모질》로 읽었는데 전률통보에서는 《모딜》로 읽었다. 현대어 《못》에 해당한 부인 부사나 不得만이 《못하다》의 뜻으로도 쓰이는 점은 《못》과 좀 다르다. 훈민정음 언해 三장에 終不得伸其情者를 《ᄆᆞᄎᆞᆷ내 제 ᄠᅳᆮ을 시러 펴디

몯 홀 노미》라고 번역하고, 두시 언해 一권 三二장에는 一墜那得
取를 《ᄒᆞᆫ번 ᄠᅥ러디면 엇디 시러곰 자바 내리오》라고 번역하였다.
옛날 得의 뜻에 해당한 말로서 《시러》가 있었으니 不得의 得이
바로 그 음의 기사로 되는 것이다. 《모딜》 내지 《모질》은 《못》
의 옛형태다. 《안들》, 《안인디》 등에서 음이 탈락되고 음절이 축
소되듯 《모딜》 또는 《모질》도 《못》으로 변한 것임에 틀림이 없다.

이상과 같은 부사류 리두어를 다시 총괄해 말한다면 다시 그
끝자를 가지고 몇 개의 집단으로 분류할 수 있으니, 즉 只자, 良
자, 于자, 叱자의 네 집단으로 나눌 수 있는 것이다. 대개 只자
는 《이》로 끝나는 말이요, 良자는 《아》, 《어》로 끝나는 말이요,
于자는 《오》, 《우》로 끝나는 말이요, 叱자는 폐음절로 끝나는
말인 것이다. 그 나머지 亦, 丁, 如 등의 끝자와 使易, 先可, 粗
也는 전체 良자 집단에 속하고 始此, 不冬, 不得은 叱자 집단에
속하고 不喩는 只자 집단에 속한다. 또 만일 리두음만을 기준한
다면 新反는 只자 집단, 凡矣는 叱자 집단에 각각 속할 것이다. 오
직 適音, 並以, 況㫆의 세 말이 네 집단의 아무데도 포괄되지 않
았다. 그것은 適音의 音, 並以의 以, 況㫆의 㫆가 딴 리두 토로
서 조성되였기 때문이다.

그런데 대명률 직해를 위시하여 후대의 리찰 문헌에서는 한'
자로서 새로운 부사를 만들어 쓸 때 대체 亦의 끝자를 취해 썼다.
親亦, 猶亦, 能亦, 一亦, 差錯亦, 精密亦, 明白亦, 堅實亦, 有能
亦, 不均亦, 自擅亦, 盡數亦, 現然亦, 無緣故亦 등의 례다.

詳은 ᄌᆞᅀᆞᄅᆞ빈 말란 子細히 다 쓸씨라
　　　　　　　[석보 상절 서문 四장]
우리 마ᄅᆞᆯ 正히 반ᄃᆞ기 올히 쓰는 그릴씨
　　　　　　　[석보 상절 서문 五장]

《子細히》, 《正히》와 같이 한'자 어휘를 부사로 쓴 데는
《히》를 붙이였다. 상기의 亦은 곧 《히》에 해당한 것으로 된다.

제 3절 형용사 및 동사류

　대체 리찰에서 형용사 및 동사와 같은 말은 거지반 한문식으로 그 대로 쓰기 때문에 명사나 부사보다도 리두어로 된 수효가 많지 못하다. 더구나 형용사 및 동사로서 리두어가 된 것은 자주 쓰이는 말에 한하기 때문에 그런 말의 일부가 부사는 물론, 토로 까지 변해 버리고 있다. 이런 한계를 명확히 하기 위해서 다시 앞으로 정밀한 연구가 필요할 것이다. 여기서는 우선 부사류에 포함되지 않은, 그러나 아직 완전히 토로 볼 수 없는 것까지 포괄시키기로 한다.

只의 끝자

　進只. 낫드러. 전률통보에서 《낫드러》라고 읽었으나 只의 끝자와 맞지 않는다. 그 뜻은 대개 進叱과 같으며, 進叱의 리두음 《나드지》라는 것이 이 말의 본음이였던 것 같다.

　擬只. 비기. 어록변증에서는 《비기》라고 읽었지마는 전률통보에서는 《비깈》, 고금석림에서는 《시비기기》, 유서필지에서는 《사기》 또는 《시기》 등으로 읽었다. 근세까지 擬를 《비깈》이라고 새기였고 그 뜻은 《비교》라는 말이니 擬只의 《비기》도 그런 뜻으로 해석할 것이요, 또 《사기》, 《시기》, 《시비기기》 등도 모두 그런 뜻의 말과 련계되는 것으로 보아야 할 것이다.

于의 끝자

　追于. 조초. 전률통보, 고금석림, 어록변증에서는 모두 《조초》라고 읽었고 오직 유서필지에서 《좃초》라고 읽었다. 두시 언해 一권 五〇장에서 《ᄆᆞᆷ 조초 葛巾애 빈혀 고자(隨意簪葛巾)》라고 한 《조초》가 바로 追于의 뜻에 해당하다. 追于를 追乎, 隨乎 등으로도 쓴다.

亦의 끝자

　無亦. 어오어여. 유서필지에서 《어오어여》라고 읽고 또 흔지는 않으나마 《업스로견이여》라고도 읽는다고 하였다. 현대어로는

《없이》에 해당한 말이다.

至亦. 니르리. 대명률 직해에 쓰이여 있다. 월인 석보 二一권 一六二장에는 《一日로 七日 至히》라고 하고, 동서 一九一장에는 《五百弟子애 니르리》라고 하였으니, 《至히》 곧 至亦과 같고, 《니르리》 곧 《至히》와 같은 말일 것이다.

有亦. 이신이여. 유서필지에서는 是白置有亦를 《이솔두이신이여》라고 읽고, 고금석림에서는 爲白置有亦를 《ᄒᆞ올두이신니여》라고 읽었으니, 有亦은 《이시니여》 또는 《이신니여》라고 읽은 것임에 틀림이 없다. 그 뜻은 현대어 《있어서》, 《있음으로》 등에 해당한다.

而亦. 마리여. 전률통보에서는 爲白在而亦를 《ᄒᆞ잇견마리여》라고 읽고, 유서필지에서는 爲有在而亦를 《ᄒᆞ잇견마리여》라고 읽었으니, 而亦은 《마리여》로 읽은 것이라고 보인다. 현대어로는 《어떠어떠하지마는》, 《어떠어떠할 것이지마는》 등의 의미에 해당한다.

　　나라히 오라건마ᄅᆞᆫ
　　　　　〔룡비 어천가 八四〕
　　새 비도 또 수이 어드리언마ᄅᆞᆫ
　　　　　〔두시 언해 六권 四장〕

상기의 《마ᄅᆞᆫ》이 바로 而亦과 같은 뜻이다.

　　이제 가미 반드기 도라 오디 몯ᄒᆞ리마는
　　　　　〔두시 언해 四권 九장〕
　　이 夏店을 내 아래 ᄒᆞ두번 든녀마는
　　　　　〔로걸대 언해 상권 五四장〕

《마ᄅᆞᆫ》은 후대에 이르러 《마는》으로 변하였고 《마는》은 다시 현대어의 《마는》으로 된 것이다. 그러나 리두어의 而亦은 아직 후대의 《마ᄅᆞᆫ》 또는 《마는》과 같이 완전히 토로 되여 버린 말은 아니다. 마치 無亦, 有亦과 같이 亦의 끝자로 나타난 한 개의 동사다.

　　東都애 보내어시ᄂᆞᆯ 하리로 말이ᅀᆞᄫᆞᆫᄃᆞᆯ(遣彼東都 沮以讒說)
　　　　　〔룡비 어천가 二六〕

삼뢰/갓가이 말라 丞相이 믜리라(愼莫近前丞相嗔)
〔두시 언해 一一련 一八장〕

而亦의 《마리》는 곧 상기의 《말》과 같은 말이니, 현대어에서도 여전히 금지 또는 불긍의 뜻으로 사용되고 있다. 한문의 《而》자가 본래 아래 글이 웃글과 반대 편으로 전개될 때 들어 가는 글'자라 의역으로서 사용된 것임에 틀림이 없다. 그런데 《而》를 근세에 이르기까지 《마리 이》라고 읽고 있지 않은가? 그것은 대체 무슨 말인가? 《마리여 이》란 뜻이다. 즉 《而亦의 而》란 뜻이다.

耳亦. 쭌녀. 유서필지에서는 《쭌녀》라고 읽었으나 고금석림에서는 《쭌려》, 어록변증에서는 《쭌여》로 읽었다. 훈민 정음 언해 三장에서 《耳는 쭌르미라》고 하였으니 현대어 《따름이다》에 해당한 뜻이다.

ᄒᆞ물며 ᄒᆞᆫ 女身 愛호미ᄯᆞ녀
〔월인 석보 二一련 八大장〕

멋결 님 져긔 오ᄃᆞ나라 걷너미ᄯᆞ녀
〔두시 언해 一련 一九장〕

따름의 뜻인 耳亦은 《쭌녀》와 같은 토로 되여 있다.

ᄒᆞ물며 門戶애 드로미ᄯᆞ녀잇가
〔월인 석보 二一련 二二二장〕

《쭌녀》가 존대로 쓰일 때는 다시 《쭌니》로 변하기도 한다. 그러나 리두어의 耳亦은 아직 《쭌녀》나 《쭌니》와 같이 한개의 토로 굳어지지는 못하였다. 아직도 亦의 끝자로부터 耳의 뜻을 표시한 그 말을 변별할 수 있다.

所獲을 다 도로 주샤
〔룡비 어천가 四一〕

여기의 《다》란 부사는 단음절이요 개음절의 말이다.

興이 다아 衰호면 受苦ᄅᆞ빙ᄋᆞ미 地獄 두고 뎌으니
〔월인 석보 一련 二一장〕

流落호야 돋노매 쁘디 다ᄋᆞ 업소라
〔두시 언해 二一권 三六장〕

여기의 《다아》나 《다ᄋᆞ》로 보아서는 마치 어떠한 끝소리라도 탈락된 것과 같이 보인다. 사실로 지금 《혜가 닳다》 또는 《신발이 닳다》 등의 말을 쓰고 있으니 《닳다》는 마멸의 뜻이다. 만일 《마멸》이란 말이 역시 《다하다》의 뜻과 통한다고 보면 《다아》나 《다ᄋᆞ》의 《다》와 《닳다》의 《닳》이 같은 어원에서 나온 것이라고 볼 수 없지 않다.

良의 끝자

餘良. 남아. 是沙餘良에 대해서 전률통보에서는 《이사남아》라고 읽있고 고금석림에서는 《이산나마》라고 읽었다. 餘良만은 《남아》 내지 《나마》에 해당한다.

그런데 餘良으로 기사된 《남아》란 말이 실상 《餘》자의 뜻보다는 《踰》자 또는 《溢》자의 뜻으로 해석되여야 한다. 즉 의역이 아니요 이의역이란 말이다. 월인 석보 八권 二四장에는 《예서 너믄 것 업소미》라고 하였지마는 동서 二一권 一九六장에는 《바미 宮城 나ᄆᆞ샤》라고 하였다. 《踰》자 내지 《溢》자의 뜻으로서 옛날에는 《너므》라고만 하는 것이 아니라 《나ᄆᆞ》라고도 하였다. 거기서 현대어의 《라도》와 같은 토의 의미를 가지게 되는 것이다. 현대어의 《어떠하나마》 또는 《무엇이나마》의 《나마》가 아직도 그렇게 쓰이고 있다.

除良. 더러. 전률통보, 고금석림, 어록변증, 유서필지 등에서 모두 같이 읽었다. 현대어로는 《제하고》, 《빼고》 등의 의미다.

導良. 드듸여. 전률통보와 어록변증에서는 《드듸어》라고 읽고, 고금석림에서는 《드듸아》라고 읽고, 유서필지에서는 《드디여》라고 읽었다. 현대어에서도 《드듸다》의 동사와 함께 《드듸어》란 부사를 쓰고 있다. 그러나 리두어의 導良는 아직 오늘의 《드듸어》와 같은 한 개의 부사로는 되지 않았다. 현대어의 《좇아》나 《따라》와 같은 뜻으로 쓰이고 있다.

及良. 미처. 전률통보와 유서필지에서는 《미처》라고 읽고,

고금석림에서는 《밋쳐》라고 읽고, 어록변증에서는 《밋쳐》라고 읽었다. 현대어에서의 그 뜻과 다를 것이 없다.

爲良. 호야. 전률통보, 고금석림, 유서필지에서 向爲良를 《향호야》라고 읽었으니 爲良의 음은 결국 《호야》로 되는 셈이다. 그 뜻은 현대어에서와 꼭 같다.

依良. 그 음을 추정하기 어렵다. 대명률 직해에서 나온다. 그 뜻은 《依하여》와 동일할 것이다.

用良. 쎠아. 전률통보에서 用良만에는 《쎠아》로 읽었으나 白有臥乎等用良에는 《솔잇누온들쎠아》라고 해서 다시 《쎠어》라고 읽고 있다. 훈민정음 언해 三장에 《用은 뿔쎠라》라고 한 것으로 미루어서 《쎠아》가 《쎠아》보다 더 오랜 음인 것이라고 보아야 한다.

엇뎨 뻐곰 사르미라 호리오 (何以爲烝黎)

〔두시 언해 四권 一二장〕

어두 흔 남ᄀ로뻐 괴오리라 (可以一木支)

〔두시 언해 六권 四四장〕

이와 같이 以가 《뻐곰》, 《뻐》로 번역되고 있으며 근세까지도 以를 《뻐》로 새기고 있다. 이는 곧 用良의 《쎠아》인 것이다.

如의 끝자

歧如. 가르혀. 유서필지에서는 《가르혀》라고 읽었는데 전률통보에서는 《가릐여》, 고금석림에서는 《가르여》, 어록변증에서는 《갈여》라고 읽었다. 그 뜻은 이것과 저것을 교체한다는 말이라고 한다. 룡비어천가 八五에는 事改國號를 《나랏일훔ᄀᄅ시니》라고 번역하였다. 지금도 어떠한 직무의 담당자가 변동된 것을 《갈리다》, 또 그를 변동하는 것을 《갈다》라고 말하는 등은 바로 歧如의 《가르혀》과 같은 어원에서 나오는 것이다.

歧等如. 가르트려. 전률통보에서는 《가로트려》라고 하였으나 유서필지에서 歧等如使內如乎를 《가로리브리다온》 또는 《가로려브리다온》으로 읽어서 《가로리》 또는 《가로려》라고 하였다. 현대어로는 《갈아 드려》의 뜻으로서 곧 《교채해 가면서》라는 말이나

《어디나》,《자주》 등의 뜻으로 굴려 쓰이였다.

絃如. 시우려. 전률통보와 어록변증에서는 《시우려》로 읽고, 고금석림에서는 《시우여리》로 읽고, 유서필지에서는 《시오려》로 읽었다. 훈몽자회에서 弦을 《시울》이라고 새기였는바 현대어로 활시위의 《시위》요 睫을 《눈시울》이라고 새기였는바 현대어로《눈시위》나 《눈시욱》이요, 脣을 《입시울》이라고 새기였는바 현대어로 《입술》이다. 그러나 동남, 동북, 일부의 방언에서 《눈시위》를 《눈시부리》,《입술》을 《입수부리》 등으로 내는 것을 듣는다면 《시울》의 두 음절 사이로부터 《ㅸ》음이 탈락된 것이 분명하다. 거기 따라 絃如의 《시울》에도 애초에는 《ㅸ》 음이 들어 있던 것이 아닌가 한다. 대체로 이 말의 뜻은 《어떠어떠해서》,《무엇무엇 때문에》 등으로 쓰이는바, 그 어원은 아직 명확하지 못하다. 단지 《시울》이 絃의 뜻으로서 쓰인 것이 아니요 그와 동음 이의의 형용사 내지 동사였을 것만은 그 구성으로 보아서 거의 의심이 없다.

是의 끝자

令是. 시기. 전률통보에서 令是遣를 《시기고》로 읽었으니 令是가 《시기》로 되는 것이다. 월인 석보 七권 四七장에는 《目連이 시기샤 警戒ᄒ라 ᄒ야시놀》,《和尙을 시기샤 警戒ᄒ라 ᄒ야시놀》 등과 같이 《시기》란 말을 쓰고 있다. 현대어에서도 광범히 쓰이는 동사 중의 하나다. 더구나 한'자 어휘 아래 붙어서 《運動시기다》,《休息시기다》와 같이 사역상(使役相)으로 되고 있다.

退是. 물리. 전률통보에서는 《물리》라고 읽었고 유서필지에서는 《물이》라고 읽었다. 룡비 어천가 五一에는 識斯退歸를 번역해서 《아쳗고 믈러 가니》라고 하고, 동서 三五에는 遂能退之를 《믈리시니이다》라고 하였다. 《물리》는 《물러》의 사역상이다. 지금도 《날자를 물리다》,《밥상을 물리다》 등으로 말하고 있다.

각이한 끝자

茂火. 더불어. 전률통보에서는 《더불어》로 읽고, 어록변증에서는 《더부려》로 읽었는데, 유서필지에서는 《지북녀》로 읽었다. 훈민 정음 언해 一장에서 《與는 더브러 호미라》고 하였다. 한'자로 與자의 뜻이다. 與자를 근세까지 《더불》이라고 새기였으며, 또 고용살이를 《더부살이》라고도 말하였다. 머리가 정리되지 않은 것을 《더벅머리》라고 하고, 한 명이로 많이 나는 쑥을 《다복쑥》이라고 한다. 《다복》 또는 《더벅》은 무성하다는 뜻과 통하던 것이라고 보인다. 《더불어》를 《지북녀》라고도 하여 《불》이 《북》으로 변한 례도 있을 뿐이 아니라, 다복 쑥은 16 세기 이전 《다봇》으로서 그 끝소리도 변한 것이다. 《茂》자로써 《더불어》의 첫 음절이 기사된 것은 옛날 《茂》란 뜻의 말과 《더불다》란 말이 동음 이의였던 관계에서 벗어 나지 않는다. 火는 물론 《불》이다. 《茂》로 이미 기사된 《더불》의 《불》을 다시 《火》자로 거듭 기사하고 있다.

使內. 브리. 유서필지에 岐等如使內如乎에 대해서 흔히 쓰지 않는 음으로는 《가로려브리다온》이라고 해서 使內를 《브리》라고 읽었는데, 보통 쓰는 음으로는 《가로리브리다온》이라고 해서 使內를 《브리》라고 읽었다. 그 뿐 아니라 使內白如乎에 대해서 유서필지도 전률통보나 마찬가지로 《바리숣다온》이라고 해서 使內를 《바리》로 읽었고, 또 使內白에 대해서 《바뇌숣》이라고 해서 使內를 《바뇌》로 읽었고, 使內事에 대해서 전률통보는 《부리온일》이라고 해서 使內를 《부리》로 읽었고, 使內良如爲에 대해서 또 전률통보는 《부려와라다암》이라고 해서 使內를 《부려》로 읽은 등 실로 가지각색으로 읽었다.

셴 하나비를 하늘히 브리시니(幡幡老父 天之令兮)
〔룡비 어천가 一九〕

가리라 흐리 이시나 長者를 브리시니(欲往者在 長者是使)
〔룡비 어천가 四五〕

이와 같이 《令》, 《使》 등 한'자에 해당한 《브리》가 바로 使內의 《브리》와 같은 말일 것이다. 현대어에서도 《사람을 부리다》, 《말을 부리다》 등 이 말은 자주 쓰이고 있다.

어듸 브리워야 됴홀고(那裏安下好)
　　　　　〔로걸대 언해 상권〕
다 뎌긔 브리오ᄂ니(都在那裏安下)
　　　　　〔로걸대 언해 상권〕

여기의 《브리》는 현대어로서 《짐을 브리다》는 뜻과 일치한다. 이것은 우의 뜻으로부터 다시 굴러서 딴 뜻을 이루고 있는 것이다. 그런데 근세까지 사용되던 편지투에서《복모구구(伏慕區區) 브리읍디 못 하읍고》라는 《브리》는 상기의 두 가지 뜻과 다른 또 별개의 뜻이다. 즉 그것은 《견디다》, ●《부지하다》 등의 뜻으로 해석해야 할 것이다. 使內의 《브리》는 오직 첫째 뜻으로만 쓰이지 않고 세째 뜻으로도 쓰이고 있다. 그런 때는 흰 개의 동사로 보다도 토에 가깝게 된다.

그런데 使內를 《바니》로 읽은 례도 있거니와 使內의 內자와 《브리》의 《리》 음이 서로 맞지 않는 것이다. 어떤 사람은 옛사람이 《ㄹ》, 《ㄴ》의 두 음을 잘 혼동하기 때문에《內》자로 《리》음을 기사한 것이라고 설명하지마는 그런 종류의 설명은 해석이 곤난한 경우에 흔히 들을 수 있는 소리다.

揚子江南을 쓰려샤 使者를 보내신들(揚子江南 忌且遣使)
　　　　　〔룡비 어천가 一五〕
쉰 할미를 하늘히 보내시니(皤皤老嫗 天之使兮)
　　　　　〔룡비 어천가 一九〕

여기서는 使자를 다시 《보내》로 번역하고 있다. 《보내다》란 말이 실상 어형으로나 어의로나 《브리》와 아주 류사한 것만 사실이다. 이 두 말은 본래 같은 어원에서 나온 것임에 틀림이 없다. 후대로 내려 오면서 어음 분화와 함께 어의 분화를 일으킨 것이라고 보인다.

除除. 뎌뎌러. 유서필지에서 除除良에 대해서 《뎌뎌러》라고 썼다. 그것은 除良를 거듭해서 그 뜻을 강조한 것일 것이다. 대명률 직해에는 除除란 말이 나오고 있다. 이것은 除除良으로부터 다시 良자를 생략한 것일 것이다.

屬屬. 이어. 전률통보에서 《이어》로 읽었다. 현대어로는 《계속해서》, 《련달아》 등의 뜻이다.

　　惠伊. 져즈리. 유서필지에서는 《져즈리》로 읽었는데 어록변중에서는 《져즈려》, 전률통보에서는 《져지리》로 읽었다. 고금석림에서도 惠伊分揀을 《져즈리분간》이라고 해서 역시 유서필지와 같은 음이다. 그런데 惠伊分揀은 널리 분간한다는 뜻이라고 한다. 惠伊가 《널리》에 해당한 말로 될 것이다. 그런데 分揀이란 본래 용서의 뜻이니 은혜(恩惠)로운 용서가 바로 광범한 범위의 용서다. 惠伊가 《널리》에 해당되는 것은 오직 分揀이란 말 우에 제한되는 것이요, 일반적인 경우의 동일한 어의를 의미하는 것은 결코 아니다. 그러면 그것은 무슨 뜻의 말인가? 법어략록(法語略錄) 三六장에 作爲似俗子를 번역하여 《ᄒᆞ져지로미 俗子 근ᄒᆞ야》라고 하였다. 《ᄒᆞ져지로미》는 《ᄒᆞ》와 《져지르》의 두 말이 합성한 것으로서 그 《져지르》가 바로 惠伊의 《져지리》와 같다. 그러면 또 그 《져지르》는 무슨 뜻의 말인가? 《져지르》는 현대어의 《저지리》와 동일한 말로서 애초에는 결단성 있는 행동을 표시하였다. 그것이 점차 《사단을 이리키다》의 뜻으로 변해서 지금은 《말저지리》, 《일저지리》 등과 같이 쓰이고 있는 것이다.

　　向入. 앗드러. 유서필지에서는 《앗드러》로 읽었으나 어록변중에서는 《알들》로 읽었으며, 고금석림에서는 유서필지와 같이 《앗드러》로 읽으면서 또 그와 달리 《안이》로도 읽었다. 向入의 向도 向事의 向과 같이 《브라》란 말이니 《앗드러》는 《브라드러》의 음이 변해진 것이라고 보아야 한다. 그 뜻은 현대어의 《어찌어찌하고자》의 《고자》나 《어찌어찌하려》의 《려》와 같다. 《브라드러》의 어의로 보아서도 그렇게 쓰일 수 있다.

　　向立. 앗드려. 유서필지에서 이렇게 읽었다. 向入과 같은 말이다.

규정어로만 쓰이는 말

　　형용사 동사류 중에는 규정어로만 쓰이는 몇 개의 리두어가 있다. 이때까지 서술해 온 것과는 서로 구별할 것임에 따라서 다른 《각이한 끝자》와 분리해서 따로 들기도 한다.

犯斤. 버근. 대명률 직해에 쓰이여 있다. 현대어로는 《다음》의 뜻이다. 월인 석보 八권 三장에는 《功德이 또 버그니》, 동서 二一권 四一장에는 《버거 千百이 이쇼티》라고 했고, 두시 언해 二권 五三장에는 《버근 將帥》라고 하였다. 犯斤은 이 《버근》의 음을 기사한 것이니 犯近으로 쓴 례도 있다.

持音. 디님. 대명률 직해에 쓰이여 있다. 현대어로는 《간직한》, 《휴대한》 등의 뜻이다. 월인 석보 八권 九장에는 《네 부텻 마룰 디녀》, 五五장에는 《衆生이 五戒를 디니며》라고 하였다. 持音은 《디니》를 규정어로 만든 것인데 音의 끝자가 규정어를 만드는 《ㄴ》, 《ㄹ》 등의 음과 다른 것이 의문이다. 혹은 《ㅁ》 音을 《ㄴ》 음으로 처서 《디닌》으로 설명하고 있으나 그것은 근거가 없다. 더구나 지르는 길을 지름길, 돌아 가는 감기를 돌림 감기라고 하는 등의 지름 및 돌림은 한 개의 규정어로도 볼 수 있다. 무조건 持音의 音을 《ㄴ》 음이라고는 단정할 수 없는 일이다.

少爲. 아춘. 대명률 직해에 쓰이여 있다. 현대어의 《적은》과 같은 말이다. 월인 석보 二一권 七七장에는 《그中에 또 各各 여러 혀근 地獄이 이쇼티》라고 하였는데, 동서 一五一장에는 《네 큰 神力을 諸神이 미츠리 져그니》라고 하였다. 《져그》는 《혀그》의 음이 구개음화된 것이다. 또 월인 석보 二一권 一二七장에는 《효근 惡業이 惡趣에 뻐러딇거슬》이라고 하였는데, 동서 一〇三장에는 《죠고맛 ㅅ시룰 브텨 그지 업수매 니르느니》라고 하였다. 《죠고》는 《효マ》의 음이 구개음화된 것이다. 15 세기 문헌에는 《적다》란 뜻의 말이 이렇게 네 가지로 쓰이고 있다. 즉 《혀그》 및 《효マ》와 그 구개음화된 음의 《져그》 및 《죠고》인 것이다. 그런데 두시 언해 一一권 一三장이나 二五권 一四장 등에는 《弟姪》을 번역하여 《아으와 아춘 아돌》이라고 하였다. 여기의 《아춘》도 역시 《적다》는 뜻의 말로서 《혀근》 내지 《효근》의 음이 변한 것이다. 대명률 직해에는 三寸少爲子를 위시해서 三寸少爲父, 三寸 **少爲母** 등의 칭호를 쓰고 있다. 이로써 少爲는 곧 《아춘》의 기사임을 알 수 있다.

別爲. 별호. 대명률 직해에 쓰이여 있다. 현대어의 《별한》에 해당한 말일 것이다.

이상에서 규정어로만 쓰이는 말을 빼 내면 형용사 및 동사류의 리두어도 부사류나 마찬가지로 몇 개의 집단으로 총괄할 수 있다. 즉 只자 집단에는 只의 끝자, 是의 끝자와 使内 惠伊 등이 속하고, 于자 집단에는 于의 끝자가 속하고, 良자 집단에는 良의 끝자, 亦의 끝자, 如의 끝자 등과 茂火, 向入, 除除, 屬屬 등이 속할 것이다. 단지 부사류와 비교해서 첫째 叱자 집단이 없고, 둘째 只자 집단과 于자 집단도 기의 없다 싶이 하고, 세째 良자 집단의 활약만이 유표하게 보인다. 惠伊를 《져즈려》로도 읽고 使内를 《바려》로 읽은 등도 良자 집단의 맹렬한 활약을 반영하는 좋은 증거로 된다.

제 4절 성어류

성어류가 수효로서는 그다지 많지 못하다. 단지 그 성질상 다른 리두어와는 구별됨으로 인해서 따로 한 절을 만들었을 뿐이다.

三甲所. 만기요람 재용편에서 나온다. 대명률 직해에서 《갑절》을 甲折로 기사하였고, 훈민정음 언해 二장에서 《所눈 배라》고 하였다. 三甲所는 세 겹으로 꼰 바'줄을 가리키는 말이다. 삼겹 바를 三甲所라고 쓰는 식으로 가닥 바는 條所라고 썼다.

紅箭門. 옛문헌에서 많이 나온다. 훈몽자회에도 箭을 《살》로 새기고 있지마는 여기서도 箭만은 살로 새기여 《홍살문》이라고 읽는다. 옛날 관청이나 임금의 무덤과 같은 앞에 세우던 문이니 그 문우에는 반드시 살형상을 만들어 꽂고 또 붉게 칠한 까닭에 그렇게 부른 것이다. 각 고을의 아전 계층들이 자기 스스로 《홍살문 안의 사대부(士大夫)》라고 일컬었다.

周挾改. 옛문서 끄트머리에서 흔히 보는 말이다. 周는 둥그라미를 질러서 업샌 글'자를 의미하고, 挾은 옆으로 써 넣은 글'자를 의미하고, 改는 고친 글'자를 의미한다. 본래 周 몇 자, 挾 몇 자, 改 몇 자를 명기하던 것이나 형식화해서 그만 그 석 자만 련달아 써 버리게 된 것이다. 아주 그 석 자를 도장으로 새기기도 하는데 네모진 도장의 테두리를 周의 바깥 테두리로 잡아서 吉挾改로만 새긴 것도 있다.

知不得. 알모질. 유서필지에서 《알모질》이라고 읽었다. 알지 못한다는 의미다.

夾角夾板. 대명률 직해에서 나온다. 옛날에 서류를 보관하는 방법이 두 가지가 있으니 하나는 角에 꽂는 것이요, 다른 하나는 板에 매놓는 것이다. 夾角은 角에 꽂은 서류를 의미하고, 夾板은 板에 매 놓은 공문을 의미한다. 夾角夾板이라고 합해 말할 때는 서류 일체란 뜻을 표시하는 것이다.

鼠子無面. 대명률 직해에도 나오지마는 회계 관계의 리두문헌에서 가끔 나오는 말이다. 훈몽자회에는 面을 《놋》, 穀을 《낟》이라고 새기였으니 面과 穀이 류사한 음으로 되고 있다. 즉 無面은 본래 면목이 없다는 뜻의 말이지마는 이의역으로는 없어진 곡식이란 뜻과 통할 수 있다. 鼠子無面은 곧 《쥐새끼가 없앤 곡식》의 뜻인바, 저장할 당시보다 재고량(在庫量)의 감소를 가리키는 말이다. 혹은 無面이라고만도 한다.

제 3 장 리 두 토

제 1 절 격 위치

이미 루차 설명된 바와 같이 15 세기의 말로누 토가 곧 《입겾》이다. 《입》은 말하는 입을 가리키는 것이요 《겾》은 옆댕이라는 결을 가리키는 것이니, 리두에서 그것이 쓰이는 위치로 인해서 그런 이름이 나왔을 것이다. 그런데 훈민 정음 언해에서는 《입겻》에 해당한 한'자를 주석하면서 이렇게 세 가지로 달리하고 있다.

《입겻》이라고만 주석한 것.

之는 입겨지라
而는 입겨지라

《겨체 쓰는 자》

乎는 아모그에 ᄒ논 겨체 쓰는 字ㅣ라
與는 이와 뎌와 ᄒ논 겨체 쓰는 字ㅣ라
於는 아모그에 ᄒ논 겨체 쓰는 字ㅣ라
則은 아모리 ᄒ논 겨체 쓰는 자ㅣ라

《말 못는 입겻》

矣는 말 못는 입겨지라

《입겻》이라고만 주석한 두 글'자는 실상 乎, 與 등과 같은 종류임에 따라 결국 《겨체 쓰는 자》와 《말 못는 입겻》의 두 가지로 구별되고 있는 셈이다.

《겨체 쓰는 자》

之, 而, 乎, 與, 於, 則.

《말 못는 입겻》

矣.

이것이 물론 분류를 위한 본격적 분류는 아니라고 하더라도 거기서 옛사람이 토를 어떻게 보았는가 하는 그 방향을 엿보기에는 훌륭한 재료다. 이제 리두 토를 서술하려 하면서 먼저 그 방향에 의거해서 ᄀ저음 분류하기로 한다.

例시 석보 서문에는 언해와 달라서 일반 부사까지도 입겻으로 일컫고 있다. 그것도 입겻이란 옛말의 개념을 리해키 위해서는 좋은 재료다.

夫는 말ᄊᆞᆷ시작ᄒᆞ논 겨체 쓰는 字ㅣ라
〔월인 석보 서문 一장〕
聿은 말ᄊᆞᆷ시작ᄒᆞ논 겨치오
〔월인 석보 서문 一六장〕

그러나 언해에서 입겻으로 일컬은 데는 부사가 들지 않았다.

여기서는 언해를 표준 삼아서 이야기 한다.

첫째 《입겿》의 《겿》이 본래 일정한 위치의 표시인바, 위치의 표시를 위해서는 일정한 토들이 따로 있다. 그런 토를 위치 토라고 부를 것이다. 둘째 제 스스로 위치를 표시하지는 못하고 오직 위치 토에 첨가되여 여러 가지의 의미를 보태는 토들이 있다. 그런 토를 보조 토라고 부를 것이다.

만일 리두 토를 다시 분류한다면 이렇게 위치 토와 보조 토의 두 가지로 분류할 것이다. 그 이외 토 같이 쓰이는 류사 토나 대용 토는 아직 본격적인 토로 볼 수 없고, 토가 복합되여 쓰이는 복합 토는 그 본래 독립한 종류를 이룰 수 없다.

그러나 위치 토와 보조 토란 것은 대별한 분류다. 다시 그 두 토의 세분도 있을 수 있다. 우선 위치 토에는 그 위치의 차이에 따라서 종종으로 구별되는 것이니, 즉 격을 표시하는 위치, 법을 표시하는 위치, 규정어를 이루는 위치, 말이나 문장을 접속시키는 위치 등이다. 현대 문법의 견지에서 볼 때 상기의 각종 위치란 것이 상이한 성질임에 불구하고, 리두에서는 동일한 토로 되며 또 동일한 위치로 된다. 그 세분의 명칭은 되도록 현대 문법과의 련계를 취할 것을 목적하였다. 거기 따라 격 위치, 법 위치, 규정 위치, 접속 위치 등으로 일컬어 둔다.

먼저 격 위치의 토를 설명하겠다. 물론 격의 칭호도 일반적으로 통용하는 례를 좇는다.

1. 주격(主格)

초기 리두에는 주격에 해당한 글'자가 도무지 나타나지 않는다. 오직 《갈항사(葛項寺) 돌탑》의 《娚者 零妙寺 言寂法師在旀 姉者 照文皇太后君妳在旀 妹者 敬信大王妳在也》라고 한 가운데서 者자를 주격 토에 해당하다고 볼 수 있다. 그러나 者자가 설사 리두 토로 쓰이였다고 하더라도 향가에서 隱, 焉 등으로 쓴 그 리두 토에 해당한 것으로 보아야 할 것이다. 나중에 응당 이야기 되겠지마는 隱, 焉 등을 주격 토로 보느냐 않느냐가 다시 한 개의 문제인 것이다. 그런데 괴상한 것은 향가에서도 隱, 焉

둘을 제외해 놓으면 주격 토에 해당한 글'자가 별로 나타나지 않는 그것이다. 백성가 가운데서 民是 愛尸 知古如 또는 혜성가 가운데 白反也 人是 有叱多와 같이 是자로 나타난 곳이 몇 곳 있고, 부처가 가운데서 塵塵 馬洛 佛体叱 刹亦와 같이 亦자로 나타난 곳이 한 곳 있을 뿐이다. 《향가 급 리두 연구》와 《조선 고가 연구》에서는 공덕가의 佛伊 衆生 毛叱所只의 伊도 주격 토로 보았으나 그것은 잘못이다. 그 전후의 용례를 종합해서 伊 곧 体의 오자라고 판정할 수밖에 없다. 또 설사 그 伊자까지 주격 토로 보더라도 신라 향가에서 두 자, 균여 향가에서 두 자, 주격 토에 해당한 글'자가 도합 녀 자로 된다. 그것도 또 是, 亦, 伊 등 각양의 글'자로서다.

주격 토에 해당한 글'자가 뚜렷이 나타나기는 《정도사 석탑기》가 처음이다. 거기서는 주격 토로 해당한 곳에 반드시 亦자가 쓰이여 있다.

郡 百姓 光賢亦
同生兄 副戶長 稟柔亦
元伯士 身寶 衆三亦
又 右長亦
廿一人亦
處藏寺主 房承長老亦
陪到爲賜乎 事亦
隨願爲在乎 事亦

이와 같이 《정도사 석탑기》에서는 亦자가 비교적 많이 쓰이여 있고, 또 대개 주격 토로 해석되고 있다. 그것이 일정한 어휘에 한한 것이 아니라 광범히 쓰이는 동시에, 오직 폐음절에만 붙은 것이 아니라 개음절에도 붙은 것으로 추정된다.

대명률 직해에도 亦자를 가지고 완전히 수격 토로 쓰고 있다. 례컨대

所掌內 人民亦 仰屬官員乙 殺害爲於
〔대명률 직해 一권 大장〕

大有才爲在 人亦 軍衆乙 能整爲旀
〔대명률 직해 一권 七장〕

그다지 많지는 않으나마 亦자 대신 是자를 쓴 데도 있다. 례컨대

所在 長官是 推問爲乎事
〔대명률 직해 二○권 八장〕

所掌 民是 官高爲在乙
〔대명률 직해 二○권 六장〕

나중 口訣에 이르러는 오직 是자를 쓸 뿐이다. 亦자는 거의 쓴 례가 없다.

고금석림에서 矣身亦를 《의몸여》로 읽고 있으나 是자로 대용된 관계로 미루어 현대어와 같이 《이》로 읽었던 것이 명확하다. 다른 데서 亦자를 《여》로 읽기 때문에 주격 토에서도 리두음으로서는 드디여 《여》로 읽은 것이 아닌가 한다.

그런데 저류토보에서 某名厼只를 《아모개이》라고 읽고 있다. 某名이 《아모개》. 厼只가 《이》에 해당한 것으로 되여 厼只 곧 亦이라는 결론으로 돌아 가고 있다.

所司·厼只 界官良中 出納下問令是乎旀
〔백암사 고문서 二호〕

大臣厼只 任意以 任用爲在乙良
〔대명률 직해 二권 一장〕

이와 같이 厼只가 얼른 보기에 亦과 같은 주격 토로 되고 있으나 곧 그렇게 단정하기는 어렵다. 우선 亦과 厼只가 함께 쓰인 례도 있는바, 그런 례를 좀 더 세심하게 고찰할 필요가 있다.

其 嫡妻亦 年五十 已上厼只 無後爲去等
〔대명률 직해 四권 四장〕

凡 邊境 軍官員厼只 賊人亦 圍把爲有去乙 堅固守城 不多 棄去爲旀
〔대명률 직해 一四권 五장〕

상기의 인용문에서 만일 亦과 厼只를 서로 바꾸어 놓으면 말이 잘 되지 않는다. 그것은 亦이 현대어의 주격 토 《이》에 해당함에 비해서 厼只는 꼭 그렇지 않기 때문이다. 또 《백암사 고문

서》를 위시해서 몇 종의 리두 문헌에는 敎是를 亦과 같이 쓴 례가 있다. 이로써 敎是를 주격 토의 하나로 보는 사람도 있다.

先師 覺眞國師敎是 重剏是遣
〔백암사 고문서 一호〕

祖上 文貞公敎是 三寸叔父 王師 復同願
〔백암사 고문서 二호〕

단지 敎是는 존칭의 의미로 쓰인 것이 亦과는 아주 다르다. 현대어로서는 《께서》에 해당한 것이다.

2. 대격(對格)

초기 리두에서는 전연 찾아 볼 수 없다. 《갈항사 돌탑》의 二塔 天寶十七年 戊戌中 立在之란 구절 가운데 二塔이 대격 토를 요구함에 불구하고 아무런 글'자도 붙이지 않았다. 신라 향가에서 비로소 肹자로서 나타나기 시작한 것이다.

吾肹 不喩 慚肹伊賜等　（꽃흘가）
花肹 折叱可 獻乎理音如　（꽃흘가）
扁理叱 大肹 生以 支所音 物生 （백성가）
此肹 喰惡只 治良羅　（백성가）
此地肹 捨遣 只於冬是 去於丁 （백성가）
心未 際叱肹 逐內良齊　（기파랑가）
膝肹 古召旀　（관음가）
千隱 手叱 千隱 目肹　（관음가）
一等下叱放 一等叱肹 除惡支 （관음가）
乾達婆矣 遊烏隱 城叱肹良 望良古　（혜성가）

신라 향가에서 이렇게 자주 나오는 대격 토의 肹자가 균여 향가에서는 오직 한 곳밖에 나오지 않는다.

際于萬隱 德海肹　（여래가）

그런데 신라 향가에서는 肹자 대신 乙자를 대격 토에 해당하게 쓴 례도 있다.

薯童房乙　（서동가）

균여 향가에서는 肹자를 오직 한 곳밖에 쓰지 않은 반대로, 乙차를 쓴 곳은 아주 많다.

功德叱 身乙 對爲白惡只 （여래가）
佛前灯乙 直体良焉多衣 （공양가）
菩提 向焉 道乙 迷波 （참회가）
法雨乙 乞白乎叱等耶 （법문가）
衆生叱 田乙 潤只沙音也 （법문가）
手乙 寶非 鳴良 （누리가）
離行苦行叱 願乙 （고행가）
命乙 施好尸 歲史中置 （고행가）

상기의 인용문으로써 신라 향가에서는 주로 肹자를 대격 토에 해당하게 쓴 데 비해서 균여 향가에서는 주로 乙자를 대격 토에 해당하게 썼다는 사실이 드러나고 있다. 어느 편에나 각 한 개의 례외가 있다고 하지마는 이것을 량자간 중요한 차이의 하나로 보지 않을 수 없다.

또 叱자가 肹 내지 乙과 같은 대격 토로 해석되 경우도 있다. 이것은 신라 향가 및 균여 향가에 공통되고 있는 현상이다.

頂禮叱 心音矣 命叱 使以惺只 （도솔가）
皃史沙叱 望阿乃 （잣나무가）
塵塵 虛物叱 邀呂白乎隱 （여래가）
修叱賜乙隱 頓部叱 吾衣 修叱孫丁 （공덕가）

《청도사 석탑기》로부터는 대격 토가 오직 乙자로만 나타난다.

石塔 五層乙
修善僧 覺由 本貫 壽城郡乙
貞元 伯士 本貫 義全郡乙
石乙良
僧智渙 郡禪院依止 本貫 同郡乙
米 五拾肆石乙
物業乙

隨願僧俗等 一千餘人乙
右 伯士乙
宋良卿矣 結審是乎 導行乙
八居縣 厺陆村乙
三寶內庭中乙
石練時乙

《백암사 고문서》 및 대명률 직해에도 오직 乙자로 대격을 표시하였다.

先師 重辦道場乙 一任爲白乎 所不喩
　　　　　　　　〔백암사 고문서 一호〕
十惡乙 犯爲在隱 不用此律
　　　　　　　　〔대명률 직해 一권 八장〕

乙良을 전물통보와 유서필지에서 《을안》, 어록변증에서 《을쇼이》라고 읽었고, 乙沙를 유서필지에서 《을사》라고 읽었다. 그 乙만은 역시 《을》에 해당한 것으로 되고 있다.

3. 생격(生格)

초기 리두에서는 그 역시 볼 수 없다. 《갈항사 돌탑》의 娚姊妹三人業以란 구절 가운데 三人 아래 생격 토가 쓰일 수 있음에도 불구하고 나타나지 않았다. 신라 향가에서 비로소 矣자를 생격 토로 쓰기 시작하였다.

耆郞矣 皃史　（기파랑가）
直等隱 心音矣 命叱　（도솔가）
乾達婆矣 遊烏隱 城肹良 望良古　（혜성가）
三花矣 岳音 見賜烏尸 聞遣　（혜성가）
自矣 心米　（도적가）

균여 향가에는 矣자가 나오지 않고 그것도 일인칭 대명사에 한해서 衣자가 나오고 있다.

吾衣 身 不喩仁　（공덕가）
吾衣 身 伊波　（회양가）
吾衣 願 盡尸 日置　（총결가）

격 위 치   139

《矣身》을 어록변증과 유서필지에서 《의몸》, 《矣徒》를 유서필지에서 《의니》, 《矣徒等》을 전률통보, 고금석림, 유서필지 등에서 《의니 등》이라고 읽였다. 단순한 矣자만은 《의》에 해당한 것으로 처고 있다.

그런데 향가에서는 생격에 해당한 리두 토를 차라리 叱자라고 보아야 할 것이다. 그것은 衣보다는 물론이요 矣보다도 더 많이 쓰이여 있기 때문이다.

蓬次叱 巷中 (죽지랑가)
宿理叱 大肹 (백성가)
逸烏川理叱 磧惡希 (기파랑가)
栢史叱 枝次 (잣나무가)
千手觀音叱 前良中 (관음가)
彗理叱 軍置 (혜성가)
佛体叱 刹亦 (부처가)
無盡辯才叱 海等 (여래가)
一毛叱 德 (여래가)
頓部叱 懺悔 (업장가)
十方叱 佛体 (업장가)
緣起叱 理良 (공덕가)
嫉妬叱 心音 (공덕가)
衆生叱 田乙 (법륜가)
菩提叱 菓音 (법륜가)
難行苦行叱 願乙 (고행가)
大悲叱 水留 (중생가)
衆生叱 海惡中 (회향가)
法性叱 宅阿叱 寶良 (회향가)
佛体叱 事 (총결가)
普賢叱 心音 (총결가)

그런데 分叱不喩를 고금석림과 유서필지에서 《뿐 아닌지》로 읽였으니 分叱은 《뿐》에 해당하며, 分叱을 叱分으로도 쓰니 叱은 뿐의 《ㅅ》음의 기사로 된다. 지금 향가에서 생격으로 叱을 사용한 례를 본다면 대체로 15세기 문헌에서 《ㅅ》, 《△》 등의 음을 삽입한 것과 일치하는 것이 사실이다.

그런데 《청선원(淸禪院) 자적탑비(慈寂塔碑)》에는 矣자가 생격으로 나온다.

師矣 啓以

《정도사 석탑기》에도 矣자가 생격으로 나온다.

宋良卿矣 結審是乎 導行乙用良

대명률 직해에 이르러서되 矣가 광범히 생격 토로 사용되고 있다.

他人矣 犯罪乙 因于
〔대명률 직해 一권 一七장〕

妻矣 前夫子乙 毆打爲在乙良
〔대명률 직해 二○권 一六장〕

그와 함께 간혹 《叱》자가 사용된 례도 있다.

凡 他矣 戶叱 所納 貢稅乙
〔대명률 직해 七권 四장〕

衣甲鎗刀旗幟等叱 軍器乙
〔대명률 직해 一四권 八장〕

그러나 후대로 내려 와서는 《叱》자는 거의 쓰지 않았다. 矣로 통일된 셈이다.

4. 조격(造格)

초기 리두에서 주격, 대격, 생격 등에 해당한 토는 볼 수 없지마는 조격에 해당한 토는 볼 수 있다. 단지 그것은 한'자로써 우리 어음을 기사한 것이 아니라, 그 뜻에 해당한 한'자를 그대로 썼다. 즉 《갈항사 돌탑》 중 娚姉妹 三人 業以라는 以가 바로 조격 토다. 그것은 훨씬 후대로 내려 와서 《개심사(開心寺) 돌탑》의 牛一千以나 《청선원 자적탑비》의 師矣啓以 등의 以와 조금도 다름 없는 것이다. 그러나 신라 향가에는 조격에 해당한 토가 한글'자도 나타나지 않는다. 오직 대격으로 해석되는 叱을 어느 경우 현대어에 비추어서는 조격으로 해석할 수도 있을 뿐이다. 균여 향가에 와서야 비로소 조격 토가 나타나고 있다.

心未 筆留 (부처가)   煩惱熱留 (법문가)
閻王 多留 (여래가)   曉留 (누리가)
法供 乙留 (공양가)   大悲叱 水留 (중생가)
淨戒叱 主留 (엄장가)

이렇게 균여 향가에서 많이 나오는 조격 토의 留자가 신라 향가에서 한 자도 나오지 않는다는 것은 확실히 량자간의 중요한 차이라고 말하지 않을 수 없다.

그런데 리찰에서는 향가의 留자보다 초기 리두의 以자를 계승하여 썼다. 이미 례를 들어 보인 《개심사 돌탑》 및 《청선원 자적탑비》를 위시해서 《정도사 석탑기》 등이 전부 그렇다.

承玆造塔惣得生天之願以
戶長 柳瓊 左徒 副戶長 承律 左徒 例以
日日以
牒以

〔이상 정도사 석탑기〕

이렇게 다른 말 아래 以자가 놓이는 것이 리두 토의 본격적 위치지마는 한문 문체에서와 같이 다른 말 우에 놓인 례도 있다.

矣身 以貧困所致
與他宅 以移賣次

〔이상 유서필지 례문〕

그런데 유서필지에서는 《道以》는 《도로》, 《樣以》는 《양으로》라고 읽고 있다. 조격의 《以》는 현대어에서와 같이 《로》 내지 《으로》로 읽은 것임에 틀림이 없다. 물론 《以》자의 새김은 《써》요, 그래서 어록변증에서는 《幷以》를 《아울너쓰》라고 읽었으나, 그 새김은 조격의 以와 아무런 관계가 없다.

그것은 균여 향가에서 留자를 조격으로 쓴 사실로서도 증명되거니와 리찰에서 조격으로 방위를 가리킬 때 以자 대신 了자를 쓴 사실로서도 증명되기에 충분하다.

都評議使司. 司憲府. 六曹良中了 實封乙 中間邀奪 爲在乙良
〔대명률 직해 一七권 三장〕

凡 國家以 軍馬抄送事果 報緊急軍事以 鎭邊防禦所了事果
〔대명률 직해 一七권 五장〕

5. 위격(位格)

초기 리두에서 위격 토는 조격 토보다도 더 먼저 나타난다. 그것은 中의 한'자로서 표시되고 있다. 《평양 성돌》 제 三호의 丙戌十二月中의 中자는 공교롭게 자형이 모호해서 위격 토의 첫 출현으로 주장키 곤난하나, 《갈항사 돌탑》의 戊戌中의 中은 확실히 위격 토임에 틀림이 없다. 향가에서는 신라 향가와 균여 향가를 물론하고 모두 中자로써 위격을 표시하는 데 일치한다.

蓬次叱 巷中 (죽지랑가)
世呂中 (누리가)
命乙 施好尸 歲史中 (도행가)
迷火隱乙 根中. (중생가)

그런데 향가에서 中자만 쓰지 않고 中자 우에 다시 어떠한 딴 글'자를 얹어 쓴 례도 있다.

沙是 八陵隱 汀理也中 (기파랑가)
千手觀音叱 前良中 (관음가)
一念惡中 (여래가)
衆生叱 海惡中 (회향가)

이 토는 다시 惡希, 阿希, 良衣 등으로 쓰인 례도 있다.

逸烏川理叱 磧惡希 (기파랑가)
法界惡之叱 佛會阿希 (법물가)
南无佛也 白孫 舌良衣 (여래가)

그 뿐 아니라 良자 한 자만으로 위격 토와 비슷한 의미를 보인 례도 적지 않다.

明期 月良 (처용가)

枝良 出古 （누이제가）
彌陀刹良 逢乎 （누이제가）
緣起叱 理良 （공덕가）

良자나 마찬가지로 希, 乃, 衣 등의 글'자를 가지고 위격으로 쓴 례도 없지 않다.

紫布 岩乎 邊希 （꽃흘가）
無量壽佛前乃 （달하가）
佛体前衣 （부처가）

향가에서 격 토를 표시한 중 가장 착잡한 것이 위격 토다. 서로 달리 쓴 례가 10종 이상에 달하고 있다. 그것은 비단 향가만 그런 것이 아니요 후대의 리찰도 역시 마찬가지였다. 《정도사 석탑기》에는 良中으로 나오는 것도 있고

淨兜寺良中, 寺良中, 作良中, 石築十方尺良中, 重拾貳兩參目良中, 而今良中

亦中으로 나오는 것도 있다.

金直田筒亦中, 重二兩亦中

대명률 직해에서도 《정도사 석탑기》와 같이 良中과 亦中이 모두 사용되였다.

其 婦人亦 夫家良中 得罪爲旅
〔대명률 직해 一권 一五장〕

凡 流罪良中 犯爲在乙良
〔대명률 직해 一권 一六장〕

凡 獄囚亦中 衣粮醫藥乙 理合請給爲在乙
〔대명률 직해 二八권 五장〕

事狀乙 囚人亦中 漏通令是乎矣
〔대명률 직해 二八권 四장〕

대명률 직해에서는 良中, 亦中과 함께 良자만을 쓴 례도 발견된다.

徒流罪良 犯爲在乙良
〔대명률 직해 一권 一九장〕

同僚官亦 文案良 同着署爲在
　　　　　〔대명률 직해 一권 三四장〕

良中은 전률통보와 유서필지에서 《아히》 고금석림에서 《아에》라고 읽고 亦中은 유서필지에서 《여히》라고 읽었다. 단지 어록변중에서 良中이나 中이나 똑 같이 《아의》라고 읽은 것은 주목을 요한다.

6. 호격(呼格)

관청 서사어인 리찰에는 어떤 격 토보다도 호격 토가 제일 불필요하였던 것으로 추측된다. 초기 리두에는 물론이어니와 그 이후의 리찰에도 호격 토라고 명확히 말할 수 있는 글'자는 별로 나타난 적이 없다. 그러나 향가는 그와 물론 다르다. 죽지랑가와 기파랑가 중 郎也의 也는 혜성가의 彗星也, 白反也와 여래가의 南旡佛也 白孫 등의 말로 미루어 끝 호격에 해당함을 알 수 있다. 그런데 그 호격 토로 사용된 也자가 다시 감탄의 의미를 표시하는 토로도 쓰이였다고 보인다. 백성가의 君隱 父也와 臣隱 愛賜尸 母史也라고 하는 也자가 바로 그런 것이다. 그렇다면 나중의 의미로 전용된 토는 후대 리찰에서도 나타날 수 있는 것이 아닌가? 대명률 직해에는 그와 같은 의미가 어떤 글'자로 기사되여 있는가?

　　凡 監臨亦 稱云者隱
　　　　　〔대명률 직해 一권 四三장〕
　　凡 一日亦 稱云者 百刻以 通計齊
　　　　　〔대명률 직해 一권 四三장〕

여기서 《亦》으로 쓴 토를 다른 곳에서는 是如로 바꾸어 쓰고 있다.

　　父母是如 稱云齊
　　　　　〔대명률 직해 一권 四二장〕
　　凡 與同罪是如 稱云段
　　　　　〔대명률 직해 一권 四二장〕

이 亦이란 글'자가 바로 향가의 也와 같이 감탄의 의미를 표시하는 토로서 본래는 호격 토에서 유래되였을 것임에 틀림이 없다.

리두어에서 《亦》은 대부분 《여》로 읽었다. 이렇게 읽는 것이 현대어의 호격 토와도 가깝게 된다.

7. 동격(同格)

이 토는 대명률 직해에서 처음으로 나타난다. 가령 대명률 직해 一권 一六장의 父果 祖果 子孫果亦의 果자는 父, 祖, 子孫 등이 동일한 주격임을 표시하고 있고, 또 가령 대명률 직해 一권 五장의 祖父母果 父母果 夫矣祖父母 父母果乙의 果자는 祖父母, 夫矣祖父母, 父母 등이 동일한 대격임을 표시하고 있다. 그런데 격 토 바로 우의 果자는 쓰지 않은 례도 있다.

八十以上果 十歲以下 及 廢疾爲在人亦
〔대명률 직해 一권 二二장〕

小功以上親果 父祖妾等乙
〔대명률 직해 一권 六장〕

또 그 반대로 격 토를 빼 버리고 《果》자만으로 어떠한 격에 해당하게 쓴 례도 있다.

祖父母果 父母果 現在爲去乙
〔대명률 직해 一권 五장〕

여기의 父母果는 父母果亦 또는 父母亦에 해당한 말이다. 亦자를 빼 버리고 그 대로 주격을 이루었다.

본래 이 果자는 접속 위치로부터 온 것이다. 그것은 爲是果 등의 토에서 잘 볼 수 있거니와 직접 果를 遣, 旀 등의 접속 위치와 같이 쓴 례도 있다.

犯罪不多 罷職果 冗官乙 削除果 濫設衙門乙 革罷果 右如 因事罷任 降等爲良置
〔대명률 직해 一권 一四장〕

여기의 罷職, 削除, 革罷 등을 명사류의 말로 보기 어려움에 따라서 아래의 罷任降等과 접속되고 있다고 볼 것이다.

凡 十惡殺人果 官物乙 偸取爲旀 强盗爲旀 竊盗爲旀 放火爲旀 發塚爲

旀······ 爲等如
〔대명률 직해 一권 一七장〕

여기의 果는 아래의 爲旀와 동등한 말로서 접속되고 있다고 볼 것이다.

그러나 대명률 직해에서부터 果는 벌써 완전히 다른 접속 위치와 구별되고 있다. 첫째 爲자 또는 是자 등을 붙이여 쓰지 않고, 둘째 약간의 례외를 제외하고는 오직 동격인 관계를 표시하는 토로 되여 버린 둣이다.

구결자로서는 어떠한 음절 아래서나 果를 한'자음 그대로 읽는다. 리두 토에서도 마찬가지가 아니였을가 한다.

8. 격과 같은 위치에서 쓰이는 자

이상의 격 토 이외에도 격 토와 꼭 같은 위치에서 사용되고 있는 일련의 리두 토들이 있다. 그것을 하나하나 무슨 격이라고 새로이 이름 짓기보다는 한 제목 아래 렬거해 두는 것이 간편할 것이다.

弋只. 이미 설명한 바와 같이 흔히 亦과 꼭 같은 주격으로 리용되여 있으나 결코 의미가 전등한 것은 아니다.

餘罪亦 後發爲 後發罪亦 其輕弋只 先發罪以 相等爲去等 勿論遣
〔대명률 직해 一권 三〇장〕

이런 경우의 弋只는 《가볍기가》의 《기가》에 해당하고,

其 嫡妻亦 年五十弋只 無後爲去等 妾長子乙 用良 爲嫡子爲乎矣
〔대명률 직해 四권 四장〕

이런 경우의 弋只는 《나이 五十이 되도록》의 《되도록》에 해당한다.

所司弋只 界官良中 出納下問令是乎旀
〔백암사 고문서 二호〕

大臣弋只 任意以 任用爲在乙
〔대명률 직해 二권 一장〕

여기의 弋只도 단순히 亦의 《이》와 같다기보다 현대어의 《로서》 내지 《로있어》 등의 의미와 동일하다고 볼 것이다. 현대어의

《로서》,《로있어》 등이 실질적 의미상 흔히 주격 토와 같이 사용되고 있으나, 거기는 어디까지 자격, 정도 등을 제한하는 의미가 내포되고 있다. 이렇게 본다면 年五十弋只 其輕弋只의 弋只와 所司弋只 大臣弋只의 弋只에서 공통되는 의미를 발견할 수 있다.

오직 所司弋只 大臣弋只가 자격의 제한을 의미함에 대해서 年五十弋只 其輕弋只가 정도의 제한을 의미하는 것이 다를 뿐이다.

요컨대 弋只의 只는 爲良只, 爲巴只, 爲只爲 등 접속 토의 只와 동일한 토다. 즉 주격 토 亦과 只가 결합된 것으로 보는 것이 타당하다. 신라 향가에서는 많이 支로 나타나지마는 균여 향가에서는 거의 전부 只로 나타났다. 가령 백성가의 喰惡支, 관음가의 除惡支 등에 대해서 고행가의 碎良只, 중생가의 潤良只 등으로 된 례다.

이 弋只에 해당한 토가 15세기 문헌에서도 발견되지 않는 현상으로 미루어 두 가지로 추정을 내리기 가능하다. 첫째는 리두 토로만 사용되고 구두어에서는 사용되지 않았다고 보는 것이요, 그 다음은 구두어에서 이에 소멸되여 오직 리두 토로만 남았다고 보는 것이다. 《상원사(上院寺) 권선문(勸善文)》 가운데 《우리 聖上이 키 天命을 받즈오샤》라는 구절이 있다. 여기서 《聖上이》와 《키》를 맞붙이여 《이키》로 읽고 그로써 弋只의 기사라고 보기도 쉽다. 그러나 두시 언해 一권 五三장에서는 大降湖南殃을 번역해서 《湖南앳 殃禍를 키 느리오니라》라고 하였다. 《상원사 권선문》의 《키》도 이와 마찬가지의 《크다》는 부사로 해석해야 그 원문과 부합되는 것이다. 실상 15세기 문헌에서 弋只에 해당한 토를 볼 수 없을 뿐 아니라, 그 이후에는 리찰에서까지 별로 사용하지 않았다. 이로 미루어서는 본래 구두어에서 사용되던 토가 리두 토로 기사된 것이였으며, 나중 구두어에서 그 토가 소멸됨에 따라서 리찰에서도 자취를 감춘 것이였다고 해석할 것이다.

전물통보에서는 某名弋只進叱使內良如爲을 《아모개이 낫부려왜라

다암》으로 읽었다. 弋只 곧 《이》로 읽은 것은 의심 없다. 그러나 그것은 후대 리찰에서 弋只를 잘 쓰지 않음과 함께 리두음도 보통의 주격 토와 혼동한 것이다. 응당 弋只라는 두 글'자의 음이 다 났었을 것임에 틀림이 없다.

대명률 직해 현행본에는 弋只와 戈只를 혼동한 곳이 많으나 그것은 자형의 류사로서 일어 난 착오다. 弋只는 이상에서 설명한 바와 같은 토요 戈只는 《과글니》라는 부사의 리두어로서 서로 전연 다른 말이다.

隱. 이 토는 향가에서 처음 나타나기 시작한다. 향가에서 주격 토가 거의 나타나지 않다 싶이 하는 데 비해서는 이 토가 비교적 많이 나타나고 있다.

君隱 父也 (백성가)
臣隱 愛賜尸 母史也 (백성가)
民隱 如支 (백성가)
二肹隱 吾下於叱古 (처용가)
二肹隱 淮支下焉古 (처용가)
善化公主主隱 (서동가)
汝隱 (도솔가)
生死路隱 (누이제가)
吾隱 (누이제가)
一等隱 枝良 出古 (누이제가)
潢陵隱 (도적가)
身万隱 (부처가)
灯炷隱 須彌也 (공양가)
灯油隱 大海 逸留去耶 (공양가)
惡寸隱 (엄장가)

그런데 隱자 대신에 焉자를 쓴 례도 있다. 그래도 신라 향가에서는 隱을 많이 쓴 데 비해서 균여 향가에서는 焉도 거의 동수로 쎘다.

民焉 狂尸恨 阿孩古 (백성가)

手焉 法界毛叱色只 爲旀 (공양가)
吾焉 頓叱 進良只 (법문가)
吾焉 頓部叱 逐好友伊晉如 (고행가)
覺樹王焉 (중생가)

그런데 이 隱이나 焉이 《정도사·석탑기》와 《백암사 고문서》 등에서는 한 군데도 나타난 일이 없다. 대명률 직해에 이르러서야 비로소 다시 나타나고 있다.

凡 監臨亦 稱者隱
〔대명률 직해 一권 四三장〕
弟子等隱 兄弟之子以 同
〔대명률 직해 一권 四四장〕

그러나 대명률 직해에서 亦에 비해서는 거의 비교가 되지 않을만큼 사용된 례가 드물다. 亦은 말할 것도 없고 弋只보다도 아주 적게 사용되고 있다.

전율통보에서는 爲隱喩에 대해서 《호지》로 읽었고 유서필지에서는 是隱去向入에 대해서 《인가앗드러》로 읽었으니 隱 곧 《ㄴ》에 해당한 셈이다.

물론 여기의 隱은 격 위치로 쓰인 隱과 다른 것이지만은 이로써도 격 위치의 隱이 오늘의 《은》 내지 《는》에 해당한 토라는 것을 명확히 하기에는 좋은 중거다. 단지 현대어에서 《은》 내지 《는》의 토는 주격과 대격의 위치에서 함께 사용되는데, 리두 토의 隱은 오직 주격 위치의 례만이 있고 대격 위치의 례는 거의 없다. 이 점이 弋只와 비슷한 동시에 대명률 직해에서 隱이 그렇게 사용되지 않은 것도 많은 경우 弋只로 대용된 관계임을 추측할 수 있다.

置. 이 토도 향가에서 처음 나타나기 시작한다.

倭理叱 軍置 (혜성가)
月置 (혜성가)
必只 一毛叱 德置 (여매가)
歲史中置 (고행가)

皆 佛体置 (고행가)
爲乙 吾置 (중생가)
惡寸 業置 (회향가)
吾衣 願 盡尸 日置 (총결가)

향가에는 置자 대신 都자를 쓴 례도 있다.

吾隱 去內如 辭叱都 (누이제가)
世理都 (잣나무.가)

그러나 《정도사 석탑기》에는 置 내지 都에 해당한 토로 投를 썼으니 占定令是乎味投의 投가 바로 그것이다. 그 후 《백암사 고문서》에 이르러서 제 一호에는 雨漏分置, 제 三호에는 等狀是置 有等以와 같이 다시 置자를 쓰고 있다. 그런데 대명률 직해의 용례를 살피여 보면.

次知 管領 提調置 亦是 監臨主守
〔대명률 직해 一권 四三장〕

여기서는 주격의 위치에서 쓰이였으나

遷徙付處人等矣 家口置 如前 放還齊
〔대명률 직해 一권 一九장〕

여기서는 대격의 위치에서 쓰이였다. 이것이 弋只, 隱 등과는 다르나 현대어의 《도》 또는 《은, 는》의 용법과 완전히 일치하는 바다.

段置를 고금석림과 유서필지에서 《단두》, 어록변중에서 《쯘두》로 읽었고, 爲白置 是白置를 유서필지에서 《호숣두》, 《이숣두》라고 읽었다. 근세까지 置를 《둘 치》로 읽었으니 《두》는 곧 그 뜻이다.

段. 이 토는 《청선원(淸禪院) 자적탑비(慈寂塔碑)》에서 僧矣段, 《정도사 석탑기》에서 寺之段과 같이 오랜 이전으로부터 사용되였다. 대명률 직해에서도 비교적 자주 나오고 있다.

已上 罪狀段 並只 常赦不赦 例良中 不在爲乎事
〔대명률 직해 一권 一八장〕

唯只 二死 三流罪段 各同一減
〔대명률 직해 一권 四一장〕

段置를 고금석림과 유서필지에서는 《단두》로 읽고 어록변증에서는 《똔두》로 읽었다. 段은 《단》 내지 《똔》에 해당한 것으로 된다. 그런데 이것이 무슨 의미인가? 현대어의 어느 토에 해당한 것인가?

德으란 곰배에 받줍고 福으란 림배에 받줍고
〔악학궤범 동동〕

나즈란 디내와손뎌……바므란 쏘 엇디 호리라
〔악장가사 청산별곡〕

段은 비로 이 《란》에 해당한 토요 僧矣段의 矣段과 寺之段의 之段은 또한 《으란》에 해당한 토다. 대명률 직해에서는 矣段, 之段을 대신해서 叱段이라고도 쓰고 있다.

凡 國家律令叱段
〔대명률 직해 三권 一장〕

器用錢帛等叱段
〔대명률 직해 一八권 一八장〕

본래 段은 弋只, 隱 등과 같은 토의 하나다. 대명률 직해에서는 隱보다도 오히려 많이 사용된 셈이다. 그러나 후대에 내려와서는 弋只나 마찬가지로 잘 쓰이지 않았다. 오직 어떠한 서류를 물론하고 그 첫머리에 한해서 右所志矣段 右明文事叱段과 같이 반드시 段의 토를 쓰는 것이 한 관례로 되여 버리였다.

分. 이 토는 대명률 직해에서 처음으로 나타난다.

犯人矣 已身分 坐罪爲乎事
〔대명률 직해 一권 一三장〕

僧人 衣服乙良 唯只 紬絹布四分 使內遣
〔대명률 직해 一二권 六장〕

대명률 직해에는 分과 꼭 같은 의미로 叱分을 쓴 례가 있다.

二字良中 一字叱分 觸犯爲在乙良
〔대명률 직해 三권 四장〕

知情現告 捕捉爲在乙良 家產叱分 賞給遣

〔대명률 직해 一八권 二장〕

후대에 이르러는 叱分을 뒤집어서 分叱로 쓴 례가 많다.

依戊辰例 私禮單分叱 贈給是白遣
〔해행총재(海行摠載)〕

또 叱分, 分叱 등의 두 글'자를 합해서 兺, 哛으로도 썼다.

無論遠近之族 替勞主事 苦無其人兺除良
〔유서필지 리방소지(吏房所志)〕

그런데 分叱不喩에 대해서 고금석림과 유서필지에서 《뿐아닌지》라고 읽었으니, 分叱이 《뿐》에 해당하고 分叱 내지 叱分의 叱이 《ㅅ》에 해당한다고 보아야 한다. 대명률 직해에서 벌써 叱分으로도 쓴 것을 본다면 이미 그 당시로부터 《뿐》으로 읽었다는 사실이 명백하다. 그러나 叱分의 叱이 에초에는 한'자의 分과 다른 말이 결합되는 그 중간에서 나던 《ㅅ》가 아닌가 한다. 分이 본래 한'자였다는 것은 그 아래 다시 격 토의 以를 붙이여 쓰는 것으로서도 드러나는 바다.

本罪分以 與罪爲乎矣
〔대명률 직해 一권 四三장〕

式. 이 토는 아주 후대의 발생이다.

靑魚 五百冬音式 詳定
〔소수서원(紹修書院) 립 의(立議)〕

山直 一方 八名式 排列分置
〔법주사(法住寺) 완문(完文)〕

그런데 대명률 직해에는 式의 한 자만을 쓴 례가 없다. 모두 式以의 두 자로 나타나고 있다.

每日 吹鐵 三斤式以 捧上
〔대명률 직해 一권 四七장〕

一日 四十文式以 生徵
〔대명률 직해 四권 九장〕

이 式도 물론 分과 같이 한'자에서 발생된 것이다. 《ㅅ》음의 삽입음에 의해서 《썩》으로 되고, 式以의 以가 떨어져서 한 개의 토처럼 되는 과정을 밟고 있다.

제 2절 법 위치

초기 리두에는 말이 끝날 때마다 혼히 之, 也, 哉 등의 글'자를 붙이여 놓았다. 그것이 한문 문체로서 타당하게 쓰인 경우가 없는 것도 아니다. 그러나 짤막한 기록에 몊어 놓고 이런 자를 그렇게 많이 쓰는 것은 한문 문체로만 리해되지 않는 점이다. 이것을 우리말의 법토가 반영된 것으로 보아야 비로소 완전히 리해될 수 있는 것이다.

物省小兄 俳百頭 節矣
〔평양 성물 一호〕

小兄 文達節 自此 西北 行涉之
〔평양 성물 二호〕

囚考 仁章一吉湌 年卌七 古人成之 東海 欣支邊散也 後代追愛人者 此善助在哉
〔감산사 돌부처 一호〕

囚妣 官肖里夫人 年六十六 古人成之 東海 欣支邊散之
〔감산사 돌부처 二호〕

戊戌中立在之 嫡姉妹 三人業以 成在之…… 妹者 敬信大王妳在也
〔갈항사 돌탑〕

신라 향가에 이르러는 법토의 표시가 아주 복잡 다단해서 거의 갈피를 찾기 곤난하다. 거기 사용된 한'자의 수만이 20자 내외요 그것을 같은 종류로 정리해서도 십 여종에 가까운 법토를 보게 된다.

1. 직설의 법토로서는 첫째 多자를 쓰고 있다. 그것은 그 글'자의 음 대로 읽는 것이다.

祈以支白屋尸置內乎多 （관음가）
倭理叱軍置來叱多 （혜성가）
彗星也白反也人是有叱多 （혜성가）

安支尙宅都乎隱以多　(도적가)
吾焉頓部叱逐好友伊音叱多　(고행가)

多의 음을 如자로도 표시하고 있다. 그것은 옛날 如자의 뜻이 《다빙》 또는 《드빙》였기 때문이다.

花肹折叱可獻乎理音如　(꽃흘가)
民是愛尸知古如　(백성가)
國惡支持以支知古如　(백성가)
國惡太平恨音叱如　(백성가)
夜矣卯乙抱遣去如　(서동가)
吾道修良待是古如　(누이제가)
今呑藪未去遣省如　(도적가)

그런데 16세기 이전 문헌에는 직설법으로서 《다》와 《라》가 통용되고 있었다.

《다》의 례.

바미도 세 뿔 說法ᄒᆞ더시다
　　　　　　[월인 석보 二권 二七장]

너 슈고 ᄒᆞ여다
　　　　　　[로걸대 언해 상권 四一장]

《라》의 례.

無憂樹미틔 가시니라
　　　　　　[월인 석보 二권]

내 밋디 못 ᄒᆞ여라
　　　　　　[로걸대 언해 상권 四五장]

현대어의 《해라》에도 직설법에 《다》를 쓰는 것과 《라》를 쓰는 것의 두 가지가 있다.

　　나는 책을 본다 (보너니라)
　　나는 책을 보겠다 (보리라)
　　나는 책을 보았다 (보니라)

《다》와 《라》의 통용은 오랜 이전으로부터 계승되여 오는 것이다. 그것은 향가에서 多 내지 如의 법토를 羅로도 쓴 데서 명백히 드러나고 있다.

脚烏伊 四良羅 （처용가）
二于 萬隱 吾羅 （관음가）
來如 哀反多羅 （오라가）

우의 글'자와 합해서 《라》의 음이 표시된 것도 있다. 等邪 내지 等耶가 바로 그런 례다(等의 음이 《들》인 것은 아래의 류사토 참조).

一等沙隱賜以古只內乎叱等邪 （관음가）
達阿羅浮去伊叱等耶 （혜성가）
此良夫作沙毛叱等耶 （부처가）
法雨乙乞白乎叱等耶 （법륜가）
世呂中止以友白乎等耶 （누리가）
佛体爲尸如敬叱好叱等耶 （중생가）
不冬萎玉內乎留叱等耶 （중생가）

等耶의 사이에 있는 《ㄹ》음이 탈락된 것을 그 대로 기사한 례가 있다.

舊留然叱爲事置耶 （회향가）
又都佛体叱事伊置耶 （총결가）

置耶 이외에도 《라》의 《ㄹ》음이 탈락된 것을 그 대로 기사한 례가 더 있다.

耆郎矣兒史是史藪耶 （기파랑가）
烽燒邪隱邊也藪耶 （혜성가）
灯油隱大海逸留去耶 （공양가）

또 良자도 직설법으로 쓴 것이 있는바 그 글'자는 뜻으로 《어디》요, 음으로 《량》이다. 많은 경우 리두음으로 《아》 내지 《야》로 읽어 온 것은 그 뜻의 첫음절을 취한 것이려니와, 이제 법토로서는 어느 편으로 해석해도 다 좋다.

法界毛叱所只至去良 （부처가）
一念惡中涌出去良 （여래가）

迷火隱乙根中沙音賜焉逸良　(중생가)

물론 도솔가의 彌勒座主陪立羅良의 良도 표면상 이 종류에 속한다고 볼 것이나 그것은 良羅가 거꾸로 오자된 것이라고 볼 것이다. 처용가의 脚烏伊四是良羅란 구절로 미루어서 더욱이 그렇게 판단되고 있다.

2. 의문의 법도로서는 첫째 古자를 쓰고 있다. 그것은 물론 음 대로 읽는 것이다.

二肹隱誰支下焉古　(처용가)
奪叱良乙何如爲理古　(처용가)
毛如云遣去內尼叱古　(누이제가)

古과 같은 음의 故자를 쓴 례도 있다.

此也友物比所音叱彗叱只有叱故　(혜성가)

또 그 리두음이 《고》인 遣자를 쓴 례도 있다.

西方念丁去賜里遣　(달하가)

그러나 의문법을 古자와 음이 틀리는 去자로도 표시하였다. 去는 뜻으로 읽어 《가》요, 음으로 읽어 《거》다.

四十八大願成遣賜去　(달하가)
嫉妬叱心音至刀來去　(공덕가)

또 過로 표시한 례도 있다.

不多喜好尸置乎理叱過　(공덕가)

15세기 문헌에도 의문법이 《고》 또는 《가》의 두 가지로 나온다.

《고》의 례.

네 스승이 엇던 사롬고
　　　　　　〔로걸대 언해 상권 六장〕
어듸 브리워야 됴흘고
　　　　　　〔로걸대 언해 상권 一○장〕

《가》의 례.

그 잡황호젼이 네하가
　　　　〔로걸대 언해 상권 四四장〕

흥졍이 뜯의 마즌가
　　　　〔로걸대 언해 하권 五九장〕

단지 의문의 법토와 같으나 의문법으로 해석되지 않는 것이 없지 않다. 관음가의 放冬矣用屋尸慈悲也根古의 古와 際毛冬留願海伊過의 過다.

3. 명령의 법토로서는 첫째 賜立를 쓰고 있다. 賜는 음으로 읽고 立은 뜻으로 읽는 것이다

惱叱古音多可支 白遣賜立　（달하가）
慕人 有如 白遣賜立　（달하가）
十方叱 佛体 閼遣只賜立　（엄장가）

그런데 오라가의 來如來如來如 功德修叱如良來如의 如도 직설법으로 볼 것이 아니요, 명령법으로 볼 것이다. 賜立이 현대어로 존대의 명령법에 해당한다면 如는 현대어로 해라의 명령법에 해당한다. 만일 직설법에서 《다》와 《라》가 통용되였다면 명령법에서도 그 통용을 인정할 수 있을 것이다. 더구나 功德修叱如良의 如는 《라》 내지 《러》로 읽어야 되는만큼 來如의 如도 《라》로 읽을 수 없지 않다.

　　　　次第（차례）
　　　　牡丹（모란）
　　　　菩提（보리, 중들의 말）
　　　　道塲（도량, 중들의 말）
　　　　艗舟（거루, 배 이름）
　　　　水團（수란, 음식의 일종）

현재 《ㄷ》의 첫소리로 나는 약간의 한'자음이 일정한 어휘 속에서는 《ㄹ》음으로 나고 있다.

　　　　바다 바룰（16 세기 이전 말）
　　　　가닥 가룰（16 세기 이전 말）

나달 나락(서북 방언과 동남 방언)
비듬 비름
구녕 구령
버덩 버령

현대어중 《ㄷ》의 첫소리로 나는 약간의 어휘는 옛날 《ㄹ》의 첫소리로 났거나 또는 현재도 《ㄹ》의 첫소리로 바뀌여 나고 있다.

여기서 《ㄷ》와 《ㄹ》는 한 음으로부터 갈라져 나온 것이거나 적어도 옛날부터 혼동되기 쉬운 음이였다고 볼 수밖에 없다. 《다》음에 해당되는 如자가 다시 《라》음에 해당되는 관계도 이러한 조선어의 어음 발달의 특징에 기인하는 것이다.

4. 감탄의 법토로서는 호격 토로 쓰는 也자를 사용하였다.

君隱父也 (배성가)
臣隱愛賜尸母史也 (배성가)
雪是毛冬乃乎尸花判也 (기파랑가)
仰頓隱面矣改衣賜乎隱冬矣也 (잣나무가)
世理都之叱烏隱第也 (잣나무가)
次弗□史內於都還於尸朗也 (도적가)
灯炷隱須彌也 (공양가)
伊於衣波最勝供也 (공양가)
衆生叱田乙潤只沙音也 (법문가)
覺月明斤秋察羅波處也 (법문가)
向屋賜尸朋知良閪尸也 (누리가)
佛体頓叱喜賜以留也 (중생가)
吾衣願盡尸日置仁伊而也 (총결가)
向乎仁所留善陵道也 (총결가)

또 下是, 下里, 下呂 등으로써 감탄의 뜻을 표시한 례도 적지 않다.

逢烏支惡知作乎下是 (죽지랑가)
蓬次叱巷中宿尸夜音有叱下是 (죽지랑가)
然叱皆好尸卜下里 (고행가)

吾衣身不喩仁人音有叱下呂　(공덕가)
佛影不冬應爲下呂　(누리가)
吾衣身伊波人有叱下呂　(회향가)

5. 이상의 법토 속에 포괄되기 어려운 몇 가지의 법토가 있다.

물론 그것도 광범한 의미에서 직설법의 변종이라고 볼 수 없는 것은 아니다.

우선 어떻게 했으면 좋겠다는 희망이거나 어떻게 하자는 권유를 표시하는 법토로서 齊가 있다.

兒史年數就音墮支行齊　(죽지랑가)
心未際叱肹逐內良齊　(기파랑가)
九世盡良禮爲白齊　(부처가)
來際永良造物捨齊　(엄장가)
他道不冬斜良只行齊　(고행가)
迷反群无史悟內去齊　(회향가)
伊留叱餘音良他事捨齊　(총결가)

齊자 대신에 制자를 쓴 례도 있다.

間王冬留讚伊白制　(여래가)
佛佛周物叱供爲白制　(공양가)

齊나 制와 류사한 음의 丁도 법토로 쓰이고 있다. 어떤 경우는 齊나 制와 같은 의미로도 되고 어떤 경우는 단순히 감탄의 법토처럼도 된다.

此地肹捨遣只於冬是去於丁　(백성가)
去奴隱毛冬乎丁　(누이제가)
修叱賜乙隱頓部叱吾衣修叱孫丁　(공덕가)

마치 현대어의 하게와 같이 《켜》음으로 되는 법토의 今가 있다.

毛等盡良白乎隱乃今　(여래가)
皆佛体置然叱爲賜隱伊留今　(고행가)

今자 대신에 舌자를 쓴 례도 있다.

道尸迷反群良哀呂舌 （누리가）

이상은 향가에 나타난 법토를 대략 간단히 분석해 본 것이다. 이로써도 향가 당시 법토의 발달 상태를 충분히 알 수 있다. 그럼에 불구하고 《정도사 석탑기》에는 한 자의 법토가 나타나 있지 않다. 대명률 직해에서 법토로 사용한 것은 오직 齊의 한 자 뿐이다.

互相 自告爲在 人乙良 犯罪人亦 自告例以 論爲 免罪齊
〔대명률 직해 一권 二七장〕

凡 入番侍衛人亦 兵仗乙 身上不離爲乎矣 違者乙良 笞四十齊
〔대명률 직해 一三권 六장〕

요컨대 관청용 서사어로서는 그 문장을 구성하여 가는 과정에서 감탄법이나 의문법을 전연 필요로 하지 않을 수 있다. 향가에서는 그렇게 복잡하게 반영되여 있는 법토가 리찰 문체에서 거의 찾아 볼 수 없는 것이 바로 그런 까닭에 지나지 않는다. 그런데 대명률 직해에도 다른 사람의 생각 또는 말을 서술하는 문장이 있다. 그런 문장에서 齊 이외의 다른 법토도 발견되는 것이다.

耗主如 爲在乙良 隨意選擇 充立爲遣
〔대명률 직해 二권 一장〕

上書及申聞事良中 免赦是如 當言爲乎庫良中
〔대명률 직해 三권 三장〕

여기의 如는 직설법의 토가 아니면 그 무엇이냐?

他人亦 現告爲乙去 知想只遣 現告爲旀
〔대명률 직해 一권 二八장〕

難苦爲去 向入 回避爲要 因而爲在乙良
〔대명률 직해 二권 五장〕

또 여기의 去가 의문법의 토가 아니면 그 무엇인가?

리찰에서도 기본적으로 직설법의 如자와 의문법의 去자를 쓴 것이 명백하다. 단지 보통 경우에는 그런 법토가 필요치 않음에 따라서 따로 사용된 례가 없는 그 뿐이다.

제 3절 접속 위치

만일 리두 토가 복잡하다고 한다면 그 대부분의 원인이 이 접속 위치로 돌아 가지 않을 수 없다. 그것은 첫째 수효로 보아서도 격 위치와 법 위치를 합한 것보다 더 많을 뿐 아니라, 격 위치나 법 위치도 다시 접속 위치로 되는 례가 드물지 않기 때문이다. 그런데 이 접속 위치 토가 보조 토와 결합하여 쓰이는 것은 물론이요 흔히 딴 말과도 결합되여 쓰이고 있다. 보조 토 내지 딴 말과 결합된 것을 모두 별개의 접속 위치로 보기 때문에 접속 위치의 복잡성이 더 일층 심하여 진다. 이로 미루어 리두어에서 이미 시험한 방법과 같이 동일한 끝자를 중심 삼아 류사한 토들을 함께 포괄하기로 한다. 동일한 끝자가 언제나 류사한 토를 의미한다고도 단언할 수는 없지마는, 많은 경우 유기적인 관계를 가지는 것만도 부인치 못할 사실이다.

1. 可의 끝자.

如可. 전률통보에서 爲有如可를 《ᄒᆞ잇다가》라고 읽었으니 如可는 《다가》에 해당하다. 《다가》란 토가 15 세기는 물론이요 현대어에서도 의연히 사용되고 있다.

곳 벘다가 도로 드려
〔월인 석보 二一권 ——七장〕

ᄒᆞ다가 襄ᄒᆞᆫ 한아빌 므러 와 말 호ᄆᆡ
〔두시 언해 七권 一六장〕

이 토는 직접 동사와 형용사에 맞붙이여서만 쓰는 것이 아니라, 다른 토 아래 다시 붙이여 쓴 례도 있다. 《아, 어, 야, 여》 등의 토 아래 붙이여 쓴 례로는 다음과 같고,

벗아 네 콩을 젼뎌 내여다가
〔로걸대 언해 상권 二一장〕

격 토 아래 붙이여 쓴 례로는 다음과 같다.

搖車를다가 흔들면
〔박통사 언해 상권 五一장〕

현대어에서도 상기 두 가지의 용법이 다 있는데 단지 대격 토 대신 위격 토(位格 吐) 및 조격 토(助格 吐)에 붙이여 쓰는 것이 서로 틀릴 뿐이다. 이 《다가》는 《다거 앉다》, 《다거 서다》의 《다거》와 동원의 말인 것으로서 본래 한 개의 동사였던 것이다. 다른 토 아래 붙이여 쓰이는 그것이 바로 옛날의 그러한 면모를 머물려 가지고 있는 것임에 틀림이 없다. 그런데 처용가에는 夜入伊遊行如可와 같이 벌써 이 如可가 한 개의 토로서 나타났다. 《다가》란 말이 토로 된 것도 퍽 오랜 이전이라고 추측된다. 그러나 후대의 리찰에서 如可만으로 나온 례는 거의 없다. 爲如可 令是如可 등등의 형태로 나오고 있다.

爲如可. 《ᄒᆞ》란 말 아래 《다가》를 붙이여 쓴 것.

婚禮乙 已定遣 更良 佗人乙 改嫁 爲乎爲 生謀爲如可 未成婚者 杖七十
〔대명률 직해 六권 二장〕

令是如可. 《시기》란 말 아래 《다가》를 붙이여 쓴 것.

守護女人乙 用良 入獄 看審令是如可 産後 百日是去等
〔대명률 직해 二八권 一八장〕

使內如可. 《부리》란 말 아래 《다가》를 붙이여 쓴 것.

他衙門 吏員以 使內如可 受粮司吏良中 發充人亦 犯罪爲在乙良
〔대명률 직해 一권 一四장〕

爲有如可. 유서필지에서 爲有去乙을 《ᄒᆞ잇거을》, 爲有置를 《ᄒᆞ잇두》로 읽은 데 미루어서 《ᄒᆞ잇다가》로 읽었을 것인데 현대어의 《하였다가》와 같은 것.

父亦 從前良中 子乙 知不得爲有如可 歐打後良中沙 始知其子爲在乙良
〔대명률 직해 一권 三九장〕

爲行如可. 전률통보에서는 《ᄒᆞ려다가》, 고금석림에서는 《ᄒᆞ녀다가》, 유서필지에서 《ᄒᆞ엿싸가》로 읽었는바 그 의미는 爲有如可와 같은 것.

凡 强盜乙 同謀爲行如可 臨時 不行爲良置
〔대명률 직해 一八권 一七장〕

爲白如可. 고금석림에서는 《ᄒᆞ을싸가》, 유서필지에서는 《ᄒᆞ

숨다가》로 읽었는바 爲如可의 높은 계칭으로 되는 것.

悌男段 在布韋 其蹤跡 絶不相通爲白如可 及爲藎官之後 時或來見
〔광해 일기(光海 日記) 황신초사〕

2. 遣의 끝자.

遣. 전률통보와 유서필지에서 是遣를 《이고》라고 읽고, 또 전률통보에서 令是遣를 《시기고》라고 읽었으니, 遣만은 《고》라는 토에 해당한 것을 알 수 있다. 이 《고》란 토가 15 세기 이후 오늘까지 가장 많이 쓰이고 있는 것 같이 리찰에서도 이 遣는 상당히 많이 쓰이는 토 중의 하나다. 리찰만 아니라 향가에서도 여러번 나오고 있다. 단지 향가에서는 리찰에서 쓰는 의미와 같은 경우도 있고 또 다른 경우도 있다.

리찰에서와 같은 경우

執音乎手 母牛 放敎遣 (꽃흘가)
此地肹 捨遣 只於冬是 去於丁 (배성가)
夜矣卯乙 抱遣 去如 (서동가)
此矣 有阿米 次肹伊遣 吾隱 去內如 辟叱都 毛如 云遣 去內尼叱古 (누이제가)
遠烏隱逸□□ 過去知遣 (도적가)

리찰과 달리 쓰인 경우

西方念丁 去賜里遣 (달하가)
惱叱古晉多可支 白遣賜立 (달하가)
慕人 有如 白遣賜立 (달하가)
此身 遣也 置遣 四十八大願 成遣賜立 (달하가)
今呑 藪未 去遣省如 (도적가)

본래 遣이 리두 토로 쓰인 것도 퍽 오래 전부터 일 뿐 아니라, 《고》의 음으로 읽히어진 것도 또한 퍽 오래전부터인 것이 사실이다. 그것은 리찰과 꼭 같이 쓰인 遣자만을 《고》의 음으로 읽어서 말이 되는 것 아니요, 그와 달리 쓰인 遣자도 대체로 《고》의 음으로 읽어야 말이 되는 것을 보아서 알 수 있다. 遣자의 음이 절운지장도(切韵指掌圖) 제 七도에서는 계모(溪母) 즉 《ㅋ》의 첫 소리로 되여 있으나, 현행의 조선음은 견모(見母) 즉 《ㄱ》의 첫소리로 되고 있다. 또 遣자의 음에는 《ㄴ》의 끝 소리가 있지마는 삼국 유사 원종흥법(原宗興法)에서 頓을 道, 覩 등과 동일한 음으로 쓴 것과 같이 흔히 고대 한'자음에서 끝 소리가 무시된 례를 발견하게 된다. 遣은 爲, 是 등의 글'자와 련해도 쓰이는 동시에 단독으로도 쓰인다. 단독으로 쓰이는 때는 흔히 爲자에 해당한 경우에 한한다.

　　石乙良 第二年 春節已只 了兮 聞遣
　　　　　　　　〔정도사 석탑기〕

　　外方 防禦所良中 發送 充軍遣
　　　　　　　　〔대명률 직해 一권 三九장〕

爲遣. 《ㅎ》 아래 《고》를 붙이여 쓴 것.

　　石塔 五層乙 成是白乎 願 表爲遣
　　　　　　　　〔정도사 석탑기〕

　　門生以 奴婢幷 參口交易 納寺爲遣
　　　　　　　　〔백암사 고문서 一호〕

是遣. 전률통보와 유서필지에서 《이고》로 읽은 것.

　　先師 覺眞國師敎是 重叛是遣
　　　　　　　　〔백암사 고문서 一호〕

　　僞造乙 知想是遣 知情用使爲在乙良
　　　　　　　　〔대명률 직해 七권 一장〕

只遣. 대명률 직해에서 특히 知想이란 말 아래 쓰고 있는 것.

　　犯法人亦 他人亦 現告爲去 知想只遣 現告爲在乙良
　　　　　　　　〔대명률 직해 一권 一四장〕

　　他人亦 現告爲乙去 知想只遣 現告爲㫆
　　　　　　　　〔대명률 직해 一권 二八장〕

令是遣. 《시기》 아래 《고》를 붙인 것.

　　自告者乙良 所因之罪乙 免令是遣
　　　　　　　　〔대명률 직해 一권 二八장〕

使內遣. 《부리》 아래 《고》를 붙인 것.

　　凡 公事乙 失錯亦 使內遣
　　　　　　　　〔대명률 직해 一권 三五장〕

爲白遣. 白遣를 고금석림과 유서필지에서 《숣고》로 읽었음으로 《ᄒ숣고》라고 읽을 것인바 爲遣의 존칭.

伏候王旨爲白遣 趣便以 進來 問當 不多爲旀
〔대명률 직해 一권 八장〕

爲有遣. 현대어의 《하였고》에 해당한 것.

所犯罪乙 決斷 不多 爲有遣 財産 必于 沒官爲在乃
〔대명률 직해 一권 二五장〕

爲是遣. 유서필지에서 《ᄒ잇고》로 읽은 것으로 미루어 본다면 爲有遣과 같은 의미로 쓴 것이라고 생각된다.
《향가 급 리두 연구》에서 《ᄒ이고》란 말로, 즉 《ᄒ》의 사역상 (使役相)을 표시하는 말로 해석하였으나 구체적인 용례의 증거가 없다.

是白遣. 白遣를 고금석림과 유서필지에서 《숣고》로 읽었으므로 《이숣고》라고 읽을 것인바, 是遣의 높은 계칭.

悌男乙 或遇泮宮, 或相見於友家弟是白遣 矣身 一不見於其家
〔광해 일기 황신초사〕

不冬遣. 《안들》즉 현대어로는 《아니》라는 말 아래 《고》를 붙인 것.

後夫乙良 與罪 不冬遣 財禮 還生徵爲乎事
〔대명률 직해 六권 四장〕

3. 故의 끝자.

한'자에서 들어 온 토다. 훨씬 후대 문헌에 이르러서야 나타나기 시작하는바, 乎故의 두 자가 붙어서 쓰인다. 지금 구두어에서 《이런고로》, 《그런고로》 등의 말을 사용하고 있다. 《고로》가 바로 故다.

如干什物盡爲偸去而 家祭幾張 入於其中是乎故
〔유서필지 예문〕

4. 昆의 끝자.

고금석림과 유서필지에서 爲昆을 《ᄒ곤》이라고 읽은 것으로 미루어서 昆은 《곤》에 해당한 것이 의심이 없다. 이 昆은 신라 향가와 균여 향가에서도 각 한 군데 씩 나오고 있다.

入良沙 寢矣 見昆 (처용가)
得賜伊馬落 人米 無叱昆 (공덕가)

爲昆. 《ᄒᆞ》 아래 《곤》을 붙인 것. 현대어로는 《하니》 등에 해당한 의미.

逃奴 推捉 稱云 因欲逃凶 至爲悖逆爲昆 矣身 離病不得爲乙可 先於 遺書成給爲去乎
〔정해군(貞海君) 유서〕

是昆. 《이》 아래 《곤》을 붙인 것. 현대어로는 《이니》 등에 해당한 의미.

萬同一般 三寸姪子以 可繼其役是昆 冶役上納在 池山乙良 冶匠以 仍舊 使内乎事
〔소수서원(紹修書院) 립의(立議)〕

爲白昆. 고금석림에서는 《ᄒᆞᄋᆞᆯ곤》, 유서필지에서는 《ᄒᆞᄉᆞᆲ곤》으로 읽었는바 爲昆의 높은 계칭.

身病 且迷劣 未即爲之爲白昆 此外 無他可白之事 右良
〔광해조 일기(光海朝 日記)〕

是白昆. 유서필지에서 《이ᄉᆞᆲ곤》으로 읽었는바 是昆의 높은 계칭.

天日在上 無所逃情叱分不喩 懿仁在天之靈 且亦陰誅是白昆 右良
〔광해조 일기〕

爲有昆. 爲昆의 완료태

前受 魚基 三處所并以 同院以 式爲 輸送亦 熊川官 行下爲有昆 郡以置 移文 檢擧捧上 使内向事 仍舊 使内乎事
〔소수서원(紹修書院) 립의(立議)〕

爲白有昆. 전률통보와 유서필지에서는 《ᄒᆞᄉᆞᆲ빗곤》, 고금석림에서는 《ᄒᆞᄋᆞᆯ잇곤》으로 읽었는바, 爲白昆의 완료태인 동시에 爲有昆의 높은 계칭.

得病危重是如 專人來到爲白有昆 人子情理 極爲罔極
〔고사신서(攷事新書)〕

5. 㐁의 끝자.

구결에서는 㢱의 략자를 㐁로 쓰고 있으나 리찰에서는 㐁와 㢱가 전연 다른 토로 되고 있다. 전률통보와 유서필지에서 是良㐁을 《이아금》이라고 읽은 것으로 미루어 㐁은 《금》의 음임에 대해서 㢱는 《며》의 음이요, 또 㢱는 현대어의 《며》라는 토임에 대해서 㐁은 그렇지 않다. 15 세기 문헌에서 《곰》이란 토가 나오고 있으니

 호 부체를 다 드니 호 부체 열이곰 흘씨
   〔월인 석보 七권 九장〕

 各各 다섯 龍곰 즈르 드디어
   〔월인 석보 七권 四七장〕

이 《곰》으로부터 《ㄱ》의 첫소리가 탈락되여 있는 례도 없지 않으니

 千里象은 호르 千里옴 녀는 象이니
   〔월인 석보 七권 五一장〕

 호르 五百 디위옴 길이더시니
   〔월인 석보 八권 九一장〕

현대어에도 특히 구두어에서 《가게곰》, 《오게곰》과 같이 《게곰》의 토가 광범히 쓰이고 있는바, 이 《곰》이 바로 《곰》으로부터 유래하는 것이다. 비단 《게곰》의 《곰》만이 아니라 《다시금》, 《하여금》의 《금》 등도 마찬가지다. 단지 15 세기의 《곰》은 반복되는 동작을 표시하기 위한 것이였으나, 현대어의 《곰》은 오직 그 우에 오는 말이나 토의 뜻을 강조하는 것 뿐이다. 대체로 동작이 반복된다는 것은 어느점에서 그 동작의 강한 기세를 의미하는 것이라, 그 뜻이 변해진 경로도 리해될 수 있는 일이다. 그런데 리찰의 㐁은 반드시 良㐁으로서만 나타나며 그 《良㐁》은 현대어의 《ㄴ즉》과 같은 뜻에 해당한 토로 된다. 만일 15 세기의 《곰》이 다시 리찰의 《㐁》으로부터 나온 것이라면 이 토의 뜻은 현대어에 이르기까지 적어도 세 차례나 변동된 것으로 보아야 한다.

良亦. 是良亦의 是가 생략된 것으로 추정되는 것.

防築亦 暴水霆雨良中 破壞爲在如中 非人力所能制良亦 勿論爲乎事
〔대명률 직해 三○권 二장〕

是良亦. 전률통보와 유서필지에서 《이아금》이라고 읽고 있는 것.

私家良中 本無之物是良亦 生徵難便爲乎等用良
〔대명률 직해 一권 二八장〕

有良亦. 《이시》 즉 현대어로는 《있》이라는 말 아래 《良亦》를 붙인 것.

徒一年 贖錢亦 八貫四百文是去有良亦 每一朔 贖錢亦 七百文是去有等以
〔대명률 직해 一권 二四장〕

其餘 二年二年* 徒役年限 贖錢亦 不等爲置有良亦 各年月乙 筭計 贖罪爲乎事　（*이 二年은 三年의 오자로 추정됨）
〔대명률 직해 一권 二四장〕

6. 果의 끝자.

爲是果. 동일한 내용의 사물을 렬거할 때 쓰는 토로서 현대어로서는 《거나》에 해당한다. 현대어에서는 그 렬거되는 사물이 명사로 나타날 경우에 《와, 과》요 동사 및 형용사로 나타날 경우에 《거나》인데, 리찰에서는 먼저 경우에 果요 나중 경우에 爲是果다. 만일 이 두 果가 동일한 어의에서 오는 것이라고 본다면 爲是는 다시 그 우에 붙은 딴 말로 보아야 한다. 거기서 《향가 급 리두 연구》에서는 爲是果를 《ᄒᆞ이과》로 읽을 것이라고 주장하였다. 마치 是의 《이》로써 爲의 《ᄒᆞ》이라는 규정어를 받은 것처럼 해석하고 있다. 그러나 다음의 슈是果도 그와 같이 《시긴이과》로 해석할 수는 없다. 차라리 글'자 대로 爲是果는 《ᄒᆞ이과》로 읽었다고 보아야 할 것이다.

一人亦 犯數罪爲乎矣 枉法 不枉法 贓如 爲在 理合沒官爲是果 器物破毁爲 理合生徵爲是果 竊盜爲 理合刺字爲是果 職官矣 所犯 杖一百 私罪亦 理合罷職爲是果 不枉法贓 一百二十貫以上乙 罪止杖一百流三千里爲是果乙 各盡本法擬斷
〔대명률 직해 一권 三○장〕

令是果. 爲是果의 爲是는 제 스스로 이루어진 것을 가리킴에 대하여 令是果의 令是는 사역의 뜻을 가리키는 것.

中人弋只 敎誘通姦令是果 許接主人等乙良 犯人罪良中 各減一等齊
〔대명률 직해 二五권 一장〕

是在果. 유서필지에서 《이견과》로 읽었는바 현대어의 《이거니와》에 해당하게 쓰이는 것.

諸王所管 道內良中 草賊起色 有去等 道內 官員亦 抄軍 防禦爲臥乎所 恒式是在果 他道 大小 官員亦 文字相通 軍馬起送 且助戰令是乎叱段 王旨行下 無亦 越境使內乎所 不喩齊
〔대명률 직해 一四권 二장〕

爲在是果. 爲是果의 爲와 是 사이에 在라는 말을 다시 끼운 것으로 볼 것.

知情 不冬爲在是果 文案良中 同着署 不冬爲在乙良 不論罪爲乎事
〔대명률 직해 三권 九장〕

爲白在果. 전률통보와 유서필지에서는 《ᄒᆞᆸ견과》로 읽고 고금석림에서는 《ᄒᆞᆯ견과》로 읽었는바 爲在果의 높은 계칭.

矣身與金悌男 相知爲白在果 自爲國舅之後 心實有不便者
〔광해군 일기〕

是白在果. 是在果의 높은 계칭.

謀議情節 矣身 不能詳知是白在果 其時 得聞鄭元老之言則 當初相見 只是 閑漫說話而已
〔경신 역옥 추안(庚申 逆獄 推案)〕

爲有在果. 爲在果의 완료태
許堅不道之言 矣身聽受 一款 旣已承服爲有在果 臣子所不忍聞之言 晏然聽受 無一言所答云者 極爲凶慘是旀
〔경신 역옥 추안 염(梒) 조사〕

令是在果. 令是果의 令是와 果 사이에 在라는 말을 다시 끼운 것으로 볼 것.

凡 監臨主守官亦 官司 馬, 牛, 駝, 騾, 驢等乙 私丁 借用人果 傳傳
他人亦中 借與令是在果 請借人等乙良 各 笞五十遣
〔대명률 직해 一六권 六장〕

爲白有在果. 爲白在果의 완료태인 동시에 爲有在果의 높은
계칭.

矣身 不以人視許堅故 不爲通婚爲白有在果 與之相親 受其籠絡事段 實
爲無據
〔경신 역옥 초안 리 원길(李 元吉) 초사〕

7. 乃의 끝자.

유서필지에서 爲去乃를 《ㅎ거나》로 읽고 是去乃를 《이거나》
로 읽였으니 乃가 《나》의 음으로 됨에 틀림이 없다. 향가에도 乃
자가 여러 군데 나오고 있는 가운데서 두 군데만은 리찰의 乃와
같은 의미로 추정된다.

兒史沙叱 望阿乃 (잣나무가)
必于 化緣 盡動賜隱乃 (누리가)

爲去乃. 현대어의 《하거나》에 해당한 것.

在囚爲去乃 乃在配所爲去乃 中路良中 病死爲在乙良
〔대명률 직해 二八권 六장〕

爲在乃. 다른 리두 토에서 在자는 많이 《견》으로 읽어 왔다.
그렇게 읽어서는 爲在乃 즉 《ㅎ견나》로서 爲去乃의 《ㅎ거나》와 비
슷한 음으로 된다. 그런데 대명률 직해에 있는 爲在乃의 용례는
현대어의 단순한 《하거나》보다 《하였으나》란 뜻에 해당한다. 다
른 리두 토에서 有가 많이 지속의 뜻인 《었》을 표시하고 있고,
또 在자는 有와 같은 뜻의 글'자라는 데서 그 역시 괴이할 것은
없는 일이다.

囚人亦 必于 已招服爲在乃 親族故交亦中 自請不多爲是果 必于 親故亦
中 自請爲良置 未招服前良中 殺害爲㫆
〔대명률 직해 一권 一六장〕

是去乃. 현대어의 《이거나》에 해당한 것.

遷官段 他官良中 移差是去乃 鄭官良中 權知是齊 去任段 政滿遞還是去
乃 致仕等類是乎事
〔대명률 직해 一권 一六장〕

叱分是乃. 《뿐》 즉 현대어로는 《뿐》 아래 是乃를 붙인 것.

所告 數事亦 一事叱分是乃 實爲去等 並只 免罪齊
〔대명률 직해 二二권 五장〕

8. 尼의 끝자.

옛날 문헌에서는 전연 볼 수 없고 아주 후대에 이르러서야
나타나기 시작한다. 현대어로서는 《하니》의 《니》에 해당한 듯이
요 구결의 尼와 마찬가지다. 15세기 정음 문헌에는 벌써 《니》의
토가 활발히 사용되고 있음에도 불구하고 리두 토에서는 15세
기도 훨씬 지나서만 비로소 발생한 것이다. 이것은 리두 토와 구
두어 간의 관계를 정당히 리해하기 위해서 좋은 재료의 하나다.

是乎尼. 현대어의 《이오니》에 해당한 것.

矣身 幾代祖 罪名則 未蒙昭釋之典是乎尼
〔유서필지 례문〕

是白加尼. 《이더니》의 높은 계칭.

實無可對之言 可見之顔 只爲定限 要免目下困境是白加尼
〔유서필지 례문〕

9. 置의 끝자.

고금석림과 유서필지에서 爲有置에 대해서 《ᄒᆞ잇두》라고 읽
었으니 置가 《두》의 음임에 틀림이 없다. 격 위치에서 이미 격토
와 같이 쓰이는 置가 있음을 설명하였는바 이 置도 결국 그와 동
일한 의미의 토인 것이다.

爲置. 《ᄒᆞ》 아래 《두》를 붙인 것.

其餘 二年 二年 徒役 年限 贖錢亦 不等爲置 有良亦 各年月乙 冥計 贖
罪爲乎事
〔대명률 직해 一권 二四장〕

是置. 《이》 아래 《두》를 붙인 것.

期親族長 及 外祖父母事乙 訴告爲良在等 必于 實事是置 杖一百齊
〔대명률 직해 二二권 八장〕

爲良置. 유서필지에서 《호야두》라고 읽었는바 현대어의 《하야도》와 같은 의미.

> 右如 因事 罷任 降等爲良置 謝貼 收取 不多爲在隱 現任以 同
> 〔대명률 직해 一권 一四장〕

是良置. 유서필지에서 《이라두》라고 읽었는바 현대어에서와 같은 의미.

> 凡 生謀事狀 明白爲在如中 必于 一人是良置 同二人之類
> 〔대명률 직해 一권 四四장〕

爲有置. 爲置의 완료태를 표시하는 형태일 것이나 현대어로는 《하였은즉》에 해당한 것.

> 矣身 以堅之親信婢子 必能指名發告是如 爲白置 仁祖朝 老尙宮者 何許 宮人而 其姓爲何是旀 逆堅緣何蹊徑相通而 得聞內間之事是喩 矣身旣是 親信婢子則 堅之所爲 必無不知之理
> 〔경신 역옥 추안 초선(楚仙) 초사〕

有良置. 《이시》란 말 아래 **良置**를 붙인 것.

> 逢音 宥音 有良置 猶亦 離異改正 令是齊
> 〔대명률 직해 六권 一九장〕

爲白置. 爲置의 높은 계칭으로서 유서필지에서 《호숣두》로 읽었는바, 현대어로는 《하온데》에 해당한 것.

> 盆梅 及 書簇 矣身 不爲借給 姑以推託之辭答之曰 後日相見則 可以言 之是如 爲白置 前招 所謂 有求不給云者 此事是白乎旀.
> 〔경신 역옥 추안 염(栟) 초사〕

是白置. 是置의 높은 계칭으로서 유서필지에서 《이숣두》라고 읽었는바, 현대어로는 《이온데》에 해당한 것.

> 矣身 子息 患痘疫 症勢方重乙 仍于 不得越期上來 差遲二日 別無他意 是白置 相考 分揀 施行敎事
> 〔경신 역옥 추안 리 원길(李元吉) 초사〕

爲白良置. 유서필지에서 《호숣아두》라고 읽었는바 **爲良置**의 높은 계칭.

度支累年 精力俱疲 前後 得病呈告 爲白良置 每被聖諭丁寧 黽復曳
病出仕
〔광해 일기 황신 초사〕

是白良置. 고금석림에서는 《이살타두》, 유서필지에서는 《이솗아두》로 읽었는바 是良置의 높은 계칭.

爲白有置. 爲有置의 높은 계칭.

台瑞又言 休府之設 必有益於他日定策之時是如 爲白有置 逆謀同參 的只乎事
〔경신 역옥 추안 조 정창(趙 挺昌) 초사〕

令是良置. 《시기》 아래 良置를 붙인 것.

必于 同宗人乙 作子 傳繼令是良置 族長 族下 次序 不當爲去等 罪同齊
〔대명률 직해 四권 四장〕

不喩良置. 《아닌지》 즉 현대어로는 《아니》란 말 아래 良置를 붙인 것.

必于 百姓乙 親管處 不喩良置 其凡事 皆在手端爲在如中 亦是 監臨是齊
〔대명률 직해 一권 四四장〕

不喩是良置. 不喩良置와 동일한 것.

雜織官 及 軍民 吏卒等 仰屬不喩是良置 他官 三品以上乙 犯打爲在乙良
〔대명률 직해 二〇권 六장〕

不冬爲良置. 《안둘》과 《ᄒᆞ야두》란 말을 붙이여 쓴 것.

逃囚背叛人亦 必于 現告 不冬爲良置 本處良中 還歸爲在乙良
〔대명률 직해 一권 二八장〕

在白敎是良置. 在는 《겨시》의 뜻이니 높은 계칭을 표시키 위해서 그 아래 白 즉 《솗》을 붙이였고, 敎是는 《이시》의 뜻이니 다시 존칭을 표시키 위해서 덧붙인 것이다.

必于 宥旨 在白敎是良置 流配合當 爲在乙 並只 不赦爲乎事
〔대명률 직해 一권 二〇장〕

10. ᄂᆡ의 형자.

等자는 리찰에서 가장 많이 쓰이는 글'자의 하나요, 또는 여러 음으로 나는 글'자의 하나다. 우선 矣徒等의 等은 《둥》으로 읽고, 等以의 等은 《들》로 읽고, 여기의 等은 《든》으로 읽는 것과 같다. 《든》의 음으로 나는 等을 향가에서는 等焉 또는 等隱으로 쓰고 있다.

　　君如 臣多支 民隱如 爲內尸等隱　(때성가)
　　吾良 遺知支賜尸等焉　(관음가)
　　生界 盡尸等隱　(총결가)

焉이나 隱이 없이 等의 한 자만을 쓴 례도 있다.

　　吾肹 不喩 慚肹伊賜等　(꽃흘가)
　　伊羅 擬可 行等　(공덕가)
　　吾里 心音水 淸等　(누리가)
　　衆生 安爲飛等　(중생가)

爲等. 용례로 미루어서는 현대어의 《하도록》에 해당한다고 추정되는 것.

　　公山新房 依止 修善僧 覺由 本貫 壽城郡乙 繼願成畢爲等 勸善爲
　　　〔정도사 석탑기〕

是等. 용례로 미루어서는 현대어의 《어든》에 해당하다고 추정되는 것.

　　奉命出征時是等 與者 受者 不在此限
　　　〔대명률 직해 二三권 六장〕

爲去等. 고금석림과 유서필지에서 《ᄒᆞ거든》으로 읽었는바, 현대어의 《하거든》과 같은 것.

　　萬一 世任亦 來現爲去等 此文貌如 告官 文記等推尋爲乎矣 生謀爲去
　　等 大徵其罪爲乎事
　　　〔정해군 유서〕

是去等. 유서필지에서 《이거든》으로 읽었는바 현대어의 《이거든》과 같은 것.

　　今後 禪師 若雲乙 下山 禁止 向事 出納爲乎事是去等 差使員 別定 向

前 若雲 門生等乙 一亦 禁止爲遣
〔백암사 고문서 一호〕

有去等. 현대어의 《있거든》에 해당한 것.

後次 別爲所 有去等 此文字內 事意乙 用良 告官辨別
〔숙신 웅주 가옥 문서〕

無去等. 현대어의 《없거든》에 해당한 것.

皆字 無去等 依首從爲 論齊
〔대명률 직해 一권 三三장〕

爲白去等. 전물통보와 유서필지에서 《ᄒᆞᆸ거든》으로 읽었는바 爲去等의 존칭.

渠方得勢中良中置 矣身 儕輩 尙不 因緣攀附爲白去等 渠乙 失勢之後 與渠從遊 人情天理 千萬無理爲白齊
〔광해 일기 황신 초사〕

是白去等. 是去等의 높은 계칭.

不過泛然相知而已 元非相許之友是白去等 有何親密之事乎
〔광해 일기 황신 초사〕

爲有去等. 爲去等의 완료태.

黃愼段 水火中 救我者是如 爲有去等 與悌男親切事狀 從實直告亦 傳敎推考敎是臥乎在亦
〔광해 일기 황신 초사〕

爲行去等. 爲有去等과 같은 것.

邊境城邑等處良中 賊人亦 出入爲行去等 臨機領兵捕捉爲在隱 不在此限
〔대명률 직해 一四권 六장〕

爲良去等. 爲去等과 같은 것.

軍人亦 頭目亦中 知乎不冬 私丁 出外虜掠爲良在等 爲首乙良 杖一百 爲從乙良 杖九十遣 傷人爲良在等 爲首乙良 斬 爲從乙良 杖一百遣 並只 遠處充軍齊
〔대명률 직해 一四권 六장〕

爲去乙等. 爲去等과 같은 것.

全羅道 泰仁縣良中 設立 情願儒生 養育之事 載於輿地勝覽爲去乙等 本道段 號爲人材淵藪 稱爲國家鄒魯之地以 儒生養育之事乙 出於他道之

下爲乎不喩是㫆
　　　　　　　〔소수서원 립의〕

合是去等. 《사기》 아래 去等을 붙인 것.

梳主 名下 五名乙 逃亡令是去等 降充軍齊
　　　　　　　〔대명률 직해 一四권 一三장〕

敎是去等. 《敎是》란 존칭 아래 去等을 붙인 것.

上決行下敎是去等 照律擬議爲 更良申聞 委官矣 字細推明乙 待候爲良沙 一定 決斷齊
　　　　　　　〔대명률 직해 一권 九장〕

的是去等. 的是 즉 的只란 말 아래 去等을 붙인 것

推問爲乎矣 的是去等 前人乙 更良 爲首以 論罪爲
　　　　　　　〔대명률 직해 一권 三六장〕

不喩去等. 《아닌지》 아래 去等을 붙인 것.

小功親矣 使用 傭役人乙 歐打爲乎矣 折傷不喩去等 不論罪遣
　　　　　　　〔대명률 직해 二〇권 八장〕

爲白內等. 전물롱보에서는 《ᄒᆞᆷ니든》이라고 읽고, 유서필지에서는 《ᄒᆞᆷ옵든》이라고 읽었는바, 爲白去等의 진행태로 추정되는 것.

不喩是去等. 不喩去等과 같은 것.

緦麻 小功以上 親屬矣 奴婢乙 歐打爲乎矣 折傷不喩是去等 勿論罪遣
　　　　　　　〔대명률 직해 二〇권 八장〕

不冬爲去等. 不冬과 爲去等을 련접해서 쓴 것.

養馬乙 管領爲在 官員亦 用心不冬 爲去等 各減三等遣
　　　　　　　〔대명률 직해 一六권 二장〕

不得爲去等. 不得과 爲去等을 련접해 쓴 것.

此亦中 中路風險爲㫆 逢賊爲㫆 疼病 喪事乙仍于 速行不得爲去等 所在官 司弋只 告狀捧上 閱實 明文成給爲乎矣
　　　　　　　〔대명률 직해 二권 六장〕

使內良在等. 良在等은 良去等과 같은 것이니 使內 아래 그것을 련접해서 쓴 것.

所任官良中 行移 使內良在等 遲慢失誤爲在乙良 同官乙 坐罪爲乎事
　　　　　　　〔대명률 직해 二九권 四장〕

在白敎是去等. 在白敎是는 在白敎是良置에서와 같은 듯.

逢音 宥旨在白敎是去等 行路日數亦 限日 已過已只 來到爲在乙良 不許
放赦齊
〔대명률 직해 一권 一八장〕

11. 矣의 끝자.

유서필지에서 爲乎矣를 《호오되》, 是乎矣를 《이오되》라고 읽
었고, 고금석림에서는 爲乎矣를 《호오디》로 읽었다. 이로 보아
矣는 《되》 내지 《디》로 읽은 것임에 틀림이 없다. 그러면 矣를
《되》 내지 《디》로 읽은 원인은 과연 어디 있는가? 근세에 이르
기까지 矣를 《주비》라고 새기였고 그래서 리조 시대 서울 안의
묵주비전을 《六矣廛》이라고 썼다. 《되》나 《디》가 이 《주비》라
는 새김과 긴밀히 관련되여 있는 것은 물론이다. 단지 다시 한
걸음 더 나가서는 《주비》가 어떻게 《되》 내지 《디》로 되였는가?
어록변증에서 《주비》를 《듀비》라고 하였다. 첫 음절의 《ㄷ》였던
것이 구개음화해서 《ㅈ》로 변한 것이 분명하다. 향가에서는 이
러한 의미의 矣자를 꼭 한 군데서밖에 찾아 볼 수 없다.

放冬矣 用屋尸 慈悲也 根古 （孔음가）

리찰 문헌에 이르러는 청선원(淸禪院) 자적탑비(慈寂塔碑)
를 위시해서 개심사(開心寺) 돌탑 및 정도사 석탑기 등에서 이미
자주 쓰고 있다.

且以入京爲使臥 金達舍 進置右寺原問內乎矣
〔청선원 자적탑비〕

光軍寸 六隊, 車 十八, 牛 一千以 十間入矣
〔개심사 돌탑〕

寺之段 司倉上導行 審是內乎矣
〔정도사 석탑기〕

石築 十尺方良中 排立令是白內乎矣
〔정도사 석탑기〕

그러나 물론 리두 토의 《되》 내지 《디》가 部의 뜻인 옛말의

《주비》로부터 유래하는 것은 아니다. 《주비》에 해당되는 矣자를 동음 이의의 관계로써 한갓 차용한 것일 따름이다.

부텨는 本來 變化ㅣ디비 사ᄅᆞ미 몯ᄒᆞᆯ 이리라
〔월인 석보 二권 三六장〕

이ᄀᆞᆮᄒᆞᆫ 大士ㅣ 慈悲願으로 大鬼王 모믈 現ᄒᆞ디비 實엔 鬼 아니라
〔월인 석보 二一권 一二九장〕

이 《디비》는 현대어의 《그런 것이지 저런 것이 아니다》라는 《지》에 해당한 토인바, 《되》 내지 《디》의 矣가 결국 여기서 유래되는 것이 아닌가 한다.

山이 草木이 軍馬ᄃᆞ뵈니이다
〔룡비 어천가 九〇〕

이 《ᄃᆞ뵈》는 월인 석보에서 《ᄃᆞ외》, 현대어에서 《되》로 되고 있는 것이니, 《디비》와 같은 어원의 말일 것으로 추정된다.

<u>敎矣</u>. 전률통보에서는 《이시되》, 고금석림에서는 《이ᄉᆞ되》, 유서필지에서는 《이ᄉᆞ되》라고 읽었는바 敎라는 존칭 아래 矣를 붙인 것.

一本乙良 都節制使戈只 轉達都評議使 申聞 上鑒 選用敎矣、
〔대명률 직해 二권 一장〕

爲乎矣. 《호》 아래 《되》를 붙인 것이요 乎는 높은 계칭의 표시로 삽입된 것.

判付是乎 狀內 爲乎矣
〔백암사 고문서 一호〕

是乎矣. 《이》 아래 《되》를 붙인 것이요 乎는 높은 계칭의 표시로 삽입된 것.

矣身 依其言 上京 犯此死罪是乎矣
〔의금부 등록(義禁府 謄錄) 구천초사〕

只乎矣. 知想이란 말에 대해서만 쓰고 있는 것.

知想只乎矣 故只 推考 不多爲在乙良 盜賊以 同罪齊
〔대명률 직해 七권 八장〕

白乎矣. 矣의 존칭과 높은 계칭을 함께 표시한 것. 또는 《숣》

이라는 말 아래 乎矣를 붙인 것.

    百工匠人等置 各各 可言之事乙 直亦 上前 啓受白乎矣
                〔대명률 직해 一二권 四장〕

爲有矣. 爲矣의 완료태.

    矣身 仍以起出 遂與相絶是如 爲有矣
                〔경신 역옥 추안 염(栂) 초사〕

令是矣. 《시기》 아래 矣를 붙인 것.

    右人矣 妻眷乙 依例 口糧題給 資生終身令是矣
                〔대명률 직해 二권 三장〕

令是乎矣. 令是矣의 존칭.

    徒年己過年數乙 幷計爲 更良 當役令是乎矣 不得四年齊
                〔대명률 직해 一권 二一장〕

使內乎矣. 《브리》아래 乎矣를 붙인 것.

    陳言事意乙 並只 直言爲旀 簡略亦 使內乎矣
                〔대명률 직해 一二권 四장〕

爲白乎矣. 유서필지에서 《ᄒᆞᄉᆞ오되》라고 읽었는바 爲矣의 존칭과 높은 계칭이 겸한 것.

    八議良中 應當爲在 人矣 所犯之事乙 實封申聞爲 伏候上旨爲白乎矣
                〔대명률 직해 一권 八장〕

是白乎矣. 是矣의 존칭과 높은 계칭이 겸한 것.

    彼人 多般說話是白乎矣 語音不通故 不能對答
                〔대명률 직해 一二권 四장〕

令是敎矣. 《시기》 아래 敎矣를 붙인 것. 令是矣의 존칭.

    其言 可用是去等 卽時 所司良中 行下令是敎矣
                〔대명률 직해 一二권 四장〕

爲白有矣. 爲有矣의 높은 계칭인 동시에 爲白矣의 완료태.

    傳令以 倭舘事 有詳問之事 見卽上來亦 爲白有矣
                〔경신 역옥 추안 려 원길 초사〕

爲白有乎矣. 爲白乎矣의 완료태.

去丙子年 十一月分 魯山君敎是乙 賜祭爲白有乎矣
〔로산군 부인(魯山君 夫人) 전게 문서〕

不冬爲乎矣. 不冬과 爲乎矣를 련접해서 쓴 것.

必于 死罪乙 犯爲良置 加刑不冬爲乎矣 犯反逆良中 緣坐屬公合當爲在乙良 不用此律
〔대명률 직해 一권 二二장〕

12. 以의 끝자.

조격 토의 以와 같은 것이다. 단지 그것이 접속 위치로서 쓰이는 경우를 지적할 뿐인 것이다. 옛날에는 在乙, 在隱 등과 함께 在以라는 토를 쓰고 있다. 자적탑비의 大山是在以가 바로 그 좋은 례다. 그러나 후대의 문헌에 이르러는 在以와 같은 토가 전연 나타나지 않고 오직 等以로써 나타나고 있다. 유서필지에서 是白乎等以를 《이솗온들로》, 是去有等以를 《이거이신들로》, 爲有置有等以를 《ᄒ잇두이신들로》, 是去是乎等以를 《이거이온들로》라고 읽고 있으니, 等以의 '무 글'자는 《들로》에 해당한 것으로 된다. 等을 《들》로 읽음에 불구하고 그 뜻은 한'자 그대로다. 즉 等 아래 조격 토를 붙이여 접속 위치로 사용하고 있는 것이다. 乙, 隱 등의 격토도 在와 련접해서는 在乙, 在隱과 같은 접속 위치로 되고 있다. 일찌기 在以란 토가 사용된 것으로 미루어서도 그 일련의 관계를 알기 어렵지 않다. 그런데 等以가 현대어로는 《어떠어떠한 까닭에》, 《어떠어떠하기 때문에》라는 《까닭에》 또는 《때문에》에 해당한 뜻이다. 정도사 석탑기에는 이 토가 자주 나오고 있는 데 비해서 대명률 직해 이후의 문헌에는 비교적 많이 나오지 않는다.

是等以. 《이》 아래 等以를 붙인 것.

同日 三寶內庭中乙 定爲在乎 事是等以
〔정도사 석탑기〕

有等以. 《이시》 아래 等以를 붙인 것.

同白岩寺乙良 還屬山門 依舊香火 等狀是置 有等以
〔백암사 고문서 三호〕

先可 初亦 判下敎 同郡 資福良中 移接向事 關是去 有等以

〔백암사 고문서 三호〕

在等以. 在란 말 아래 等以를 붙인 것. 有等以와 같은 뜻.

本文記廾[囚] 許與爲去乎在等以 永永 居住爲乎矣(□표은 추정한 글자)

〔숙신 옹주 가옥 문서〕

是乎等以. 是等以의 높은 계칭.

同崔泰汲 曾有資活之恩於矣身是乎等以 不忍現告 誣引他人是白如乎

〔의금부 등록 구천 초사〕

是白等以. 이 역시 是等以의 높은 계칭.

矣身 初一日 上京 無與相知是白等以 出宿城佛堂 實無城內止接是白置

〔의금부 등록 구천 초사〕

是在等以. 《이》 아래 在等以를 붙인 것.

長城官以 申省爲乎 事以在等以

〔백암사 고문서 二호〕

有在等以. 《이시》 아래 다시 在等以를 붙인 것.

修營 作法祝上爲白良結 望白去乎 事是去 有在等以

〔백암사 고문서 一호〕

爲白在等以. 爲在等以의 높은 계칭.

向前狀內 全當造排爲白在等以

〔백암사 고문서 二호〕

等 아래 用良을 붙이어 쓴 토가 있는바, 그것은 爲去等 是去等의 等이 아니요 等以의 等이다. 그렇기 때문에 전률통보에서는 爲白有臥乎等用良을 《ᄒᆞᄋᆞᆲ잇ᄉᆞ온들ᄡᅵ아》라고 읽었으며, 유서필지에서는 是乎等乙用良라고 써서 아주 等자 아래 乙자를 삽입하고 있다.

13. 旀의 끝자.

정 동유(鄭東愈)의 주영편(晝永篇)에서는 旀에 대해서 이렇게 서술하고 있다. 《우리 나라에는 자전에 없는 글'자가 많다. ……또 음만 있고 뜻은 없는 글'자도 있으니 㖙은 음이 《늣》, 旀

는 음이 〈며〉다.

이 말에 대해서 《조선 고가 연구》 458 페지에서는 이렇게 론중하고 있다.

《㫆는 우에 인용한 주영편의 이야기와 같이 보통 우리 나라에서 만든 글'자로 생각하나 실은 彌의 략획에 벗어 나지 않는다. 끝 弓이 方으로, 爾가 尒로 략획된 것이다. 이를 확증하는 것은 신라의 벼슬 이름 海干(바돌한)의 음차(音借)인 波珍干(바돌한), 珍의 새김 〈돌〉을 수서(隋書)와 기타에서 破彌干으로 오서한 것이니 이는 珍의 속체(俗體)인 珎이 彌의 속체인 㫆와 혼동된 것이다. 彌(㫆)는 음이 〈미〉로서 〈며〉에 그 대로 쓰이게 된다》.

《조선 고가 연구》의 이 론증은 상당히 유리한 것이라고 보지 않을 수 없다. 그것은 자적탑비의 別地主無亦 在彌의 彌가 바로 㫆에 해당한 것으로서도 더 한층 확증되는 것이다. 이 㫆는 향가에서도 두 군데나 나오고 있다.

　　膝肹 古召㫆 (관음가)
　　手焉 法界 毛叱色只 爲㫆 (공양가)

물론 초기 리두에서도 이 㫆자는 나타나는 것이다.

　　娚者 零妙寺 言寂法師在㫆 姉者 照文皇太后君㫆在㫆
　　　　　　　　　　　　　〔갈항사 돌탑〕

在㫆. 갈항사 돌탑 이외 정도사 석탑기에도 한 군데 나오고 있다.

　　又 鏅合一 重拾貳兩參目良中 邀是白叱乎亦 在㫆

白㫆. 이것도 정도사 석탑기에서 한 군데밖에 더 나오지 않는다. 15 세기 말로 《술븨며》의 뜻일 것이다.

　　善州土 集𧗱院主人 貞元 伯士 本貫 義全郡乙 白㫆

爲㫆. 고금석림과 유서필지에서 《ᄒᆞ며》라고 읽었는바 《ᄒᆞ》 아래 㫆를 붙인 것.

　　先可 榮川官了 關字 輸送米石 受來 役只 措置爲㫆
　　　　　　　　　　〔소수 서원 립의〕

是㫆. 《이》 아래 㫆를 붙인 것.

矣身 抵元老三度書中 每稱社友 所謂社友者 何人是旀

〔경신 역옥 추안 염(構) 초사〕

良旀. 대명률 직해에서 率이란 말 아래 쓰고 있는 것.

犯者矣 親人乙 牽良旀 大內良中 進叱 面啓爲白遣

〔대명률 직해 二八권 六장〕

爲內旀. 爲旀의 사이에 內를 삽입한 것. 內는 진행태.

同年 春秋多 念丁 今冬 石練已畢爲內旀

〔정도사 석탑기〕

爲白旀. 爲旀의 사이에 白을 삽입한 것. 爲旀의 높은 계칭.

本來 瑠璃筒一 鍮合一 重二兩亦中 安邀爲白旀

〔정도사 석탑기〕

敎是旀. 敎是 아래 旀를 붙이어 쓴 것. 즉 旀의 존칭.

大藏經 安邀敎是旀

〔백암사 고문서 三호〕

令是旀. 《시기》아래 旀를 붙이여 쓴 것.

一國人民乙 安寧令是旀

〔대명률 직해 一권 七장〕

爲白乎旀. 유서필지에서는《ᄒᆞᆸ오며》라고 읽고, 고금석림에서는《ᄒᆞᆯ보며》라고 읽었는바, 爲旀의 존칭과 높은 계칭.

體府旣已相議復設 誠爲好矣是如 爲白乎旀

〔경신 역옥 추안 조 정창 초사〕

是白乎旀. 전물통보와 유서필지에서《이ᄉᆞᆸ오며》라고 읽었는바 是旀의 존칭과 높은 계칭.

元老處 當問則 可知是白乎旀

〔경신 역옥 추안 염(構) 초사〕

爲白有旀. 爲白旀의 완료태요 爲有旀의 높은 계칭.

矣身 與許堅 平生相見 只是三度而 一番 禁府同被拿時 見之 一番則 許政丞在忠州時 徃見 一番 與李光漢 同徃見之爲白有旀

〔경신 역옥 추안 리 원길 초사〕

使內乎旀. 《보리》아래 旀를 붙이여 使內旀로 되는바 使內

㢱의 높은 계칭.

治稅 上納爲在 池上乙良 冶匠以 仍舊 使內乎矣
〔소수서원 입의〕

不冬爲㢱. 《안들》과 《ᄒᆞ며》를 련접해서 쓴 것.

壯丁人口乙 付籍 不多爲㢱
〔대명률 직해 四권 二장〕

不得爲㢱. 《모질》과 《ᄒᆞ며》를 련접해서 쓴 것.

刑名事 及 造作等事 圓備爲音可 事乙 圓備 不得爲㢱
〔대명률 직해 三권 八장〕

不喩是㢱. 《아닌지》와 《며》를 련접해서 쓴 것.

時急事 不喩是㢱 枉道以. 騎持 故失 不喩是去等
〔대명률 직해 一七권 五장〕

不冬令是㢱. 《안들》과 《시기며》를 련접해서 쓴 것.

赴役 合當爲在乙 赴役 不多令是㢱
〔대명률 직해 二八권 一七장〕

14. 沙의 쓸자.

고금석림에서는 爲白沙餘良을 《ᄒᆞ올산 남아》로 읽고, 유서필지에서는 爲白沙餘良를 《ᄒᆞᆸᄉᆞ나마》, 是白沙餘良를 《이ᇫᄉᆞ나마》로 읽었으니 沙가 《사》 내지 《ᄉᆞ》의 음에 해당한 것으로 된다. 향가에서 沙자가 적지 않게 나오는 중 접속 위치로 추정되는 것이 두 군데나 있다.

入良沙 寢矣 見昆 (처용가)
毛多 居叱沙 哭屋尸以 憂音 (죽지랑가)

15 세기 문헌에서는 《사》로 나타나고 있다.

涅槃을 닷가사 若樂을 가리 여희리이다
〔월인 석보 二一권 七장〕
이제 엇뎨 ᄒᆞ야사 地獄 잇는 싸해 가리잇고
〔월인 석보 二一권 二一장〕

이 《사》는 한'자로는 乃의 부사에 해당한 뜻이다.

乃는 사 ᄒᆞ는 겨치라
〔월인 석보 서문 一三장〕

두시 언해 중간본에는 《사》가 대부분 《아》로 변하여 버리였다.

밥이 오라아 말솜 소리 그츠니
〔두시 언해 四권 八장〕

엇뎨 ᄒᆞ여야 一萬 사ᄅᆞᆷ을 어더
〔두시 언해 四권 一五장〕

다른 일부의 문헌에서는 《사》로 변한 례도 적지 않다.

엇디 ᄒᆞ여사 부모의 으늘 갑소리잇고
〔부모 은중경(父母 恩重經)〕

현대어에서는 전부 《야》로 되고 있다. 《가야 한다》, 《와야 한다》의 《야》가 바로 그것이다.

是沙. 《이》 아래 沙를 붙인 것.

賊亦 加至四十貫是沙 滿數是去等
〔대명률 직해 一권 四二장〕

爲去沙. 《ᄒᆞ》 아래 去沙를 붙인 것.

加者隱 原數良中 已滿爲去沙 坐罪
〔대명률 직해 一권 四一장〕

爲良沙. 《ᄒᆞ》 아래 良沙를 붙인 것.

委官矣 字細 推明乙 待候爲良沙 一定 決斷齊
〔대명률 직해 一권 九장〕

是去沙. 是沙와 같은 것.

年 十六是去沙 父祖職乙 傳襲管軍令是矣
〔대명률 직해 二권 三장〕

無去沙. 無란 말 아래 去沙를 붙인 것.

門官 守衛官軍等弋只 右身上乙 搜檢爲乎矣 挾帶物色 無去沙 出送齊
〔대명률 직해 一권 四二장〕

爲白良沙. 爲良沙의 높은 계칭.

報都評議使爲 申聞 伏候王旨爲白良沙 推問齊
〔대명률 직해 一권 九장〕

15. 結의 톱자.

爲白良結을 전률통보와 유서필지에서는 《ᄒᆞᆷ아져》라고 읽고, 고금석림에서는 《ᄒᆞᆯ아져》라고 읽었으니 結은 《져》의 음에 해당한 것으로 된다. 항상 良結의 두 글'자가 붙어서 쓰이는바 현대어의 《고져》와 같은 것이다.

爲良結. 유서필지에서 《ᄒᆞᆯ아져》라고 읽었는바 그것은 고금석림에서 爲白良結을 읽은 음과 같다. 다른 례로 미루어서도 《올》은 白에 해당케 되는 것이라, 유서필지에서 잘못 기록하지 않았다면 그 음의 혼동이 생기여 있던 것으로 추정된다

其三寸 池萬同亦 院直以 無子息 其矣 田畓家舍等乙 將無傳係 池山乙
繼後爲良結 力爲白活
〔소수서원 립의〕

是良結. 유서필지에 《이라져》라고 읽었다.

爲白良結. 爲良結의 높은 계칭.

同奴婢等乙 後所生幷以 永永傳係爲白良結 節 上言
〔로산군 부인 전계 문서〕

16. 則의 끝자.

故나 마찬가지로 한'자에서 붙어 온 토다. 이 역시 후대 문헌에서 나타나기 시작하고 乎則의 두 자가 붙어서 쓰인다. 지금 구두어에서 《고로》보다 더 많이 사용된다.

况此某之孝行 無是四者而 泯滅無傳於後世是白乎則
〔유서필지 례문〕

表宅之典 樹風之化 獨未及於寒微之蹤是乎則
〔유서필지 례문〕

17. 只의 끝자.

巴只. 爲巴只에 대해서 전률통보에서는 《ᄒᆞ도록》이라고 읽고, 고금석림에서는 《ᄒᆞ도로기》라고 읽고, 유서필지에서는 《ᄒᆞ두룩》이라고 읽었다. 巴只가 《도록》, 《두룩》 내지 《도로기》에 해당한 것으로 되는 것이다. 그런데 巴의 현행음은 《파》나 옛음은 《바》였다. 그것은 삼국 유사 四권 사복불언(虵福不言)에서 巴를 福 또는 卜과 동일한 음으로 사용한 데서도 알 수 있는 바다. 巴의 음

이 《도로》 등과 관련이 없는 것은 물론이요 그 뜻도 역시 마찬가지다. 巴를 《도로》 등의 음으로 읽는다는 것은 확실히 한 개의 수수께끼다. 그러나 다른 책에서 모두 《가시아》로 읽은 更良을 어록변증에서만은 《다시》라고 읽었으며, 또 다른 책에서 모두 《다모기》, 《다무기》 등으로 읽은 並只를 어록변증에서만은 《아을우지》라고 읽었다. 그것은 구두어에서 《가시아》나 《다모기》와 같은 말이 소멸됨에 따라서 일부에서는 새로운 말의 《다시》나 《아을우지》와 같은 음으로 읽기 시작한 것이라고 보아야 한다. 즉 리두음에도 복잡한 력사적 변천이 없지 않다. 그 글'자가 가지는 음이나 뜻으로서만 구성되여 있는 것은 아니다. 그 뿐 아니라 여래가의 法界 毛叱所只至去良와 공덕가의 佛伊 衆生 毛叱所只의 所只는 巴只와 같은 토로 해석되는바, 所의 뜻인 《바》가 바로 巴의 음과 일치한다. 이로 미루어서는 巴只의 巴가 본래 所의 뜻을 표시하던 것으로서 巴只 곧 所只인 것이다. 후대의 구두어가 변함을 따라서 드디여 《도록》 등의 딴 음으로 읽은 것이 아닌가 한다. 정도사 석탑기에는 爲巴只와 류사한 의미로서 爲等이란 토를 사용하고 있다. 이 爲等으로부터 후대의 《흐도록》이란 말이 유래된 것임은 의심할 여지가 없다.

    限日亦 己過爲巴只 行刑 不冬爲在乙良 各杖六十齊
        〔대명률 직해 二八권 一九장〕
    限日亦 己過爲巴只 決斷 不冬爲在乙良 杖六十齊
        〔대명률 직해 二八권 一八장〕

巴只는 己只와 자형이 비슷한 까닭에 대명물 직해와 같은 책에서는 흔히 두 말을 혼동하고 있다. 그것은 弋只와 戈只를 혼동하는 것과 조금도 다름이 없는 착오다.

良只. 이 良只의 토가 향가에는 아주 많이 나오고 있다.

    吾焉 頓叱 進良只 (법문가)
    身靡只 碎良只 塵伊 去米 (고행가)
    他道 不冬 斜良只 行齊 (고행가)
    大悲叱 水留 潤良只 (중생가)

一切 善陵 頓部叱 迴良只 （회향가）

　이 이외에 良只를 다른 글'자로 대용한 례도 없지 않다.

　　直等隱 心音矣 命叱 使以惡只 （도솔가）
　　功德叱 身乙 對爲白惡只 （여래가）
　　此肹 喰惡支 治良羅 （백성가）
　　一等下叱 放 一等肹 除惡支 （관음가）

　이상의 용례로 미루어 볼 때 良只는 마치 현대어의 《도록》 내지 《게》와 같은 뜻을 가지고 있으며 爲巴只의 巴只와 자못 류사한 뜻으로 된다. 공통되는 只자의 존재를 생각한다면 그것도 그다지 괴이할 것은 없는 일이다. 향가에는 支의 한 자만을 쓴 곳도 있다. 이러한 支의 용례는 良只와 아주 다른 뜻을 표시하는 것이다.

　　兒史年數就音 墮支 行齊 （죽지랑가）
　　郎也 持以支 如賜烏隱 （기파랑가）

　또 후대의 리찰에서는 良只의 뜻도 훨씬 달라지고 있다. 마치 현대어의 《하여서》의 《여서》와 비슷하다.

　　事狀 的是在如中 更良 奏聞 除良只 法孫案謄 施行爲良於爲
　　　　　　　〔백암사 고문서 二호〕
　　一家 物色 數多爲在乙 從計爲良只 科罪齊
　　　　　　　〔대명률 직해 一八권 九장〕

　《향가 급 리두 연구》와 《조선 고가 연구》에서는 향가를 해석함에 있어서 只 내지 支 등의 자는 아무런 뜻이 없는 자라고 설명하였다. 그것은 전연 타당치 못한 설명이다. 또 《조선 고가 연구》에서는 15세기 문헌 가운데 돌연한 《ㄱ》 끝소리가 흔히 출현하는 현상을 발견하고 只나 支를 그러한 《ㄱ》 끝소리에 해당시키였다. 이것은 뜻이 없다고 하던 아까의 설명과 다시 모순되는 견해다.

　　오늘록 後에 이 긴을 넓디 말라
　　　　　　　〔월인 석보 二一권 二一九장〕

호민 매여 아히록 몬져 가
〔두시 언해 一八권 九장〕

 이상 두 인용문에서 보는 바와 같이 《오눌록 後에》는 오늘 이후라는 뜻으로서 《오눌로 後에》와는 꼭 같지 않으며 《아히록 몬져 가》는 아이보다 먼저 간다는 뜻으로서 《아히로 몬져 가》와는 꼭 같지 않다. 여기서 《ㄱ》 끝소리는 결코 단순한 음운 현상이 아니요 한 개의 형태 관계라는 것을 리해하게 될 것이다. 그뿐 아니라 향가 도처에 아무런 뜻이 없는 글'자가 산재해 있다고 보는 해석은 근본적으로 접수될 수 없다. 만일 아무런 뜻도 없다고 단정될 때에는 적어도 그것의 음운적 관계라도 천명하여야 한다. 그런데 巴只를 고금서림에서는 《호노로기》라고 읽었음에 대해서 전률통보에서는 《호도록》, 유서필지에서는 《호두룩》이라고 읽었으며, 또 向入을 고금석림과 유서필지에서는 《앗드러》라고 읽었음에 대해서 어록변증에서는 《알들》로 읽었다. 즉 《도로기》의 《기》는 《ㄱ》의 끝소리로 되고 《앗드러》의 《러》는 《ㄹ》의 끝소리로 되여 한 음절이 탈락되는 대신에, 그 음절의 첫소리가 웃음절의 끝소리로 되고 있다. 그렇다면 《오눌록》,《아히록》 등의 《ㄱ》 끝소리도 결코 돌연한 출현이 아니라 력사적으로 조성된 것임에 틀림이 없다. 그와 함께 아무런 뜻도 없는 것이 아니라 일정한 뜻을 가진 것이 사실이다. 물론 향가의 良只와 후대 리찰의 良只의 뜻이 달라진 것과 마찬가지로 《ㄱ》 끝소리로 변한 그 때와 한 음절로 있을 그 이전의 뜻은 꼭 같을 수 없다. 16세기 이후 이 《ㄱ》 끝소리가 전연 소멸되여 버리고 나타나지 않는바, 거기는 음운과 함께 의미로의 약화가 유력한 원인이 된 것으로 보인다.
 후대의 리찰에서는 《只》를 마치 현대어의 《어떠어떠하기》의 《기》와 같이 쓴 례가 있다. 이 只는 옛날 巴只, 良只 등의 只와는 전연 다른 것이다.

　　廣洞居 孫哥兩班 宗中춤 廣洞 員字 五斗落乙 放賣是白只 矣上典 以五十兩 賣買後
　　　　　　　　　　〔토지 립지(立旨)를 위한 소지〕

本文記段 以他田盡並付 新文記一丈許給是乎只 事未免草率
〔토지 립지를 위합 소지〕

18. 喩의 끝자.

옛날 문헌에서는 不喩의 리두어로 쓰이는 이외 喩자가 쓰이지 않으나, 대명률 직해에서는 不得爲乎喩去等과 같이 喩가 리두토로서 사용되고 있다.

誣告人亦 實則 貧窮爲 路次費用物色果 田宅放賣爲乎 價本乙 生徵 不得爲乎喩去等 唯只 決罪分是齊
〔대명률 직해 二二권 四장〕

대명률 직해에서는 喩를 오직 去等 우에 붙이여 썼을 뿐이나 더 후대로 내려 오면서는 한 개의 독립한 리두 토로 등장시키고 있다.

爲喩. 유서필지에서 《혼지》라고 읽었는바 현대어로는 《한지》에 해당한 것.

是喩. 유서필지에서 《인지》라고 읽었는바 현대어의 뜻 그 대로다.

相見時 所議者 何言 亦有他客是喩
〔경신 역옥 추안 염(梛) 초사〕

是加喩. 현대어로는 《이던지》에 해당한 것.

矣身 釀酒資生而 見忤於何人 有此誣說是加喩
〔관서 신미 장계록(關西 辛未 狀啓錄)〕

爲臥乎喩. 爲喩의 사이에 臥乎를 삽입하여 그 진행태와 높은 계칭으로 만든 것.

問說於何處而 傳說爲臥乎喩
〔경신 역옥 추안 리 호양 초사〕

爲乎乙喩. 유서필지에서 《호울지》라고 읽었는바 현대어에서 쓰는 뜻 그 대로인 것.

臣聞 富平 阿南山 多出火石 或可用此爲乎乙喩 第試之 可知矣
〔란중 잡록(亂中 雜錄)〕

爲有臥乎喩. 爲臥乎喩의 완료태.

當初 作何死罪 諰告求生爲有臥乎喩
〔응천 일록 (凝川 日錄)〕

19. 乎의 끝자.

乎는 오직 어록변증에서 그것도 爲乎에 한해서 《허호》라고 해서 그 글'자의 음 대로 읽은 이외 모두 《오》나 《온》으로 읽고 있다. 또 이 글'자는 오직 규정어 표시의 존칭으로만 알아서 마치 그 전용의 글'자처럼 인정하였다. 그러나 어록변증에서 爲乎를 《허호》로 읽은 바와 같이 乎의 본래의 음은 역시 《호》인 것이 사실이다. 또 본래는 접속 위치로서도 사용되는 것이요 오직 규정 위치에만 전용된 것도 아니다. 물론 후대의 리찰로 내려 오면서 乎가 접속 위치로보다 규정 위치로 더 많이 사용된 것은 사실이다. 거기서 乎의 새김이 그만 《온》으로 고정되는 동시에 나종에는 접속 위치의 乎까지도 흔히 《온》의 음으로 읽게 된 것일 것이다. 대개 乎는 언제나 높은 계칭의 의미를 띠운다. 그런 점에서는 규정 위치의 표시로서 在에 대비됨과 함께 접속 위치로서 良에 대비될 수 있다.

爲去乎. 《호》 아래 去乎를 붙인 것.

冒受闕字 下去爲去乎 向前寶長 色掌乙 並只 黜会
〔백암사 고문서 三호〕

爲臥乎. 《호》 아래 臥乎를 붙인 것.

同 寶長等乙 任意 上下爲臥乎 各村資福定體之意 不合爲白良沙餘良
〔백암사 고문서 三호〕

爲白去乎. 爲去乎보다 더 높은 계칭.

臣與悌男 前後相勾曲折 ㅡㅡ盡達爲白去乎 天日之下 安有一毫欺罔之理乎(이 乎시는 한'자 대로의 뜻)
〔경신 역옥 추안 황신 초사〕

爲白如乎. 爲如乎보다 더 높은 계칭.

矣徒四寸兄 前兩銜 中皓亦 傳往領衆 作法祝上爲白如乎 節 慈恩宗 中德 戒天亦 長城邑內 元屬 資福寺乙 棄置爲遣
〔백암사 고문서 三호〕

是白如乎. 是如乎보다 더 높은 계칭.

牟有秋段 牟京雲 遠族是如 常常言說之際 矣身 知其名是白如乎 嚴刑之下 誣告是白乎旀

〔의금부 등록 구천 초사〕

爲有如乎. 爲如乎의 완료태.

莫重上納 必然 生梗是如 爲有如乎 盖此田畓 因傳敎 移屬本司後 依續典 每負 租一斗 收稅上納

〔경상 감영 관첩(慶尙 監營 關牒)〕

不得爲乎. 《모질》과 爲乎를 련접해서 쓴 것.

石塔 五層乙 成是白乎 願表爲遣 成是 不得爲乎 天禧三年 歲次 壬戌 五月 初七日 身病以 遷世爲去乙(우의 乎는 규정 위치나 다음의 乎는 접속 위치다).

〔정도사 석탑기〕

爲白有如乎. 爲白如乎의 완료태.

以矣身 遂安 聰明屯監 差定爲白有如乎 戊午閏三月 下往屯所 留屯居多

〔경신 역옥 추안 정원주 초사〕

20. 良의 끝자.

유서필지에서 爲良置는 《ᄒᆞ야두》라고 읽고 是良置는 《이라두》라고 읽었다. 결국 良이 《야》와 《라》의 두 음으로 되는 셈이나 及良, 餘良 등의 많은 경우 《아》 내지 《어》의 음을 표시한 것이 사실이다. 여기의 良도 그 본질상으로는 及良, 餘良의 良과 상이한 것이 아니다. 이러한 良의 용법은 이미 향가에서도 많이 볼 수 있는 바다.

他 密只 嫁良 置古 (서동가)
兩手 集刀 花乎 白良 (관음가)
今日 此矣 散花 唱良 (도솔가)
此矣 彼矣 浮良 落尸 葉如 (누이제가)
道 修良 待是古如 (누이제가)
九世 盡良 禮爲白齊 (부처가)

만일 이 良자를 존칭으로 바꾸면 乎로 되는 것이다. 그것은 우선 관음가의 兩手 集刀 花乎의 乎가 그 좋은 례일 것이다.

爲良. 현대어의 《하야》에 해당한 것.

凡 國家律令叱段 參酌事情輕重爲良 定立罪名 頒行天下(頌은 頒의 오자)
〔대명률 직해 三권 一장〕

令是良. 현대어의 《시기어》에 해당한 것.

私物去等 本主乙 呼喚 看審令是良 其內良中 一牛乙良 得物人亦中 給
賞爲遣 一牛乙良 本主還給爲旀
〔대명률 직해 九권 三장〕

이 이외의 다른 말도 접속 위치로서의 良을 붙이여 쓸 수 있다. 우선 及良, 餘良를 위시하여 用良, 除良 등 모두 그러하다.

21. 如의 끝자.

如. 현대어의 《같이》나 마찬가지의 뜻이다. 향가에도 이런 뜻의 如가 나온다.

君如 臣多支 民隱 如 爲內尸等焉 (백성가)
此矣 彼矣 浮良 落尸 葉如 (누이제가)

제 ᄆᆞᅀᆞᆷ 다빙 몯ᄒᆞᄂᆞᆫ 사ᄅᆞᆷ들해 니르리
〔월인 석보 二─권 九六장〕

다ᄉᆞᆫ 求ᄒᆞᄂᆞᆫ 이를 쁠 다빙 일우고
〔월인 석보 二─권 一五〇장〕

요컨대 상기의 如자는 바로 이 《다빙》의 뜻으로 쓰이였을 것이다.

二月ㅅ 보로매 아으 노피 현 燈ㅅ블 다호라
〔악학궤범 동동〕

六月ㅅ 보로매 아으 별해 ᄇᆞ론 빗 다호라
〔악학궤범 동동〕

《다빙》의 《ᄫ》가 《다호》의 《ㅎ》로도 변하였으며,

법다이 밍글기를 됴히 ᄒᆞ얏ᄂᆞ니라
〔로걸대 언해 상권〕

전연 탈락되여 버리기도 하였다. 하여튼 如의 리두음이 《다》로 되는 것은 고대의 그 뜻이 《다빙》였던 데 기인한다. 또 《다》와 함께 간혹 《라》로도 되는 것은 고대의 《ㄷ》와 《ㄹ》 두 음이 항상 통용되고 있기 때문이다. 그런데 리두 토의 如도 맨 처음에는 《다힉》 내지 《다히》 등으로 읽고, 단순히 《다》 또 《라》로만은 읽지 않았던 것 같다. 그것은 爲如乎 是如乎의 如乎가 꼭 《다호》의 음으로 되는 것을 보더라도 알 수 있다. 그 뿐 아니라 통드사(通度寺) 석장생(石長生)의 寺所報尙書戶部 乙丑 五月-日 牒前 制兒如도 《制兒다힉》나 《制兒다히》로 읽어야 한다. 만일 《制兒다》나 《制兒라》로 읽는다면 아래 말과 접속될 수 없다. 如가 법토로서 광범히 사용되면서 드디여 《다》 내지 《라》의 단음절로 줄어든 것이다. 그와 때를 같이 해서 접속 위치로서는 잘 사용치 않게 된 것이다.

爲等如. 고금석림에서 《히트러》라고 읽고 유서필지에서 《흐트러》라고 읽었다. 모두 如를 그 음으로 읽고 있는 것이 분명하다.

이트렛 무리

〔월인 석보 二—권 八八장〕

이트렛 사르면

〔월인 석보 二—권 九ㄴ장〕

《이트렛》은 바로 《이들엣》 즉 《이둥(等)엣》에 해당한 말이다. 等의 《들》과 如의 《여》를 합해서 《트러》로 읽는 것임에 틀림이 없다. 그 뜻도 현대어의 《等 같이》와 마찬가지다. 즉 많은 사물을 렬거한 다음 전체를 총괄하는 데 쓴다.

　　他人矣 犯罪良中 干連得罪爲乎 緣故段 罪人乙 隱藏爲旀 引誘出送爲旀 糧米乙 供給爲旀 虛事以 證保爲旀 遲晩 覺察爲旀 禁約 不冬爲旀 所從使令爲旀 爲等如

〔대명률 직해 一권 三—장〕

22. 亦의 끝자.

격 위치의 亦과 동일한 것임은 물론이나 주격보다 호격으로 보는 편이 더 타당하다. 주장 在亦 두 자를 련접해서 쓰거니와, 有亦, 無亦, 而亦 등도 일정한 조건 아래 모두 접속 위치로 쓸 수 없지 않다.

僧矣段 別敎 無亦 作法爲去乎 在亦
〔백암사 고문서 一호〕
僧矣段 別敎 無亦 焚修祝上爲白臥乎次是在亦
〔백암사 고문서 二호〕

23. 要의 끝자.

항상 爲要의 두 자로서 나타나고 있다. 현대어로는 《하러》 내지 《하려고》와 같은 뜻이다.

其矣 事乙 回避爲要 爲在乙良 其事重則 從重論罪齊
〔대명률 직해 二四권 一장〕

24. 隱의 끝자.

격토와 같이 쓰이고 있는 그 隱이나 마찬가지인 것은 물론이다. 흔히 在와 련접해서 사용되고 있다. 대명률 직해에는 비교적 많이 쓰이여 있으나 기타 문헌에서는 별로 사용된 례가 없다. 더구나 후대의 문헌으로 내려 와서는 거의 그 용례를 볼 수 없다.

爲在隱. 《호》 아래 在隱을 붙인 것.

道路良中 有病爲旀 船路良中 遭風爲旀 逢賊如 爲在 事狀等乙 用良 所在官司 明文 捧上爲在隱 不在此律爲乎事
〔대명률 직해 一권 一九장〕

令是在隱. 《시기》 아래 在隱을 붙인 것.

其矣知 官司亦 知而不禁 令是在隱 罪同齊
〔대명률 직해 二四권 六장〕

不冬爲在隱. 《안들》과 爲在隱을 련접해서 쓴 것.

官員亦 緣故 推旀 接狀 推考 不冬 爲在隱 同罪齊
〔대명률 직해 二二권 二장〕

25. 乙의 끝자.

대격 토의 乙이 그 대로 접속 위치로 쓰이는 것이다. 극히 적은 례외를 제하고는 在 내지 去와 련접해서만 나타나고 있다. 爲去乙을 고금석림과 유서필지에서 《호거늘》, 또 是去乙을 유서필지에서 《이거늘》이라고 해서 乙을 《늘》의 음으로 읽었으나, 是白去乙을 유서필지에서 《이숣거을》이라고 해서 그 글'자의 음대로 읽었다. 在隱의 隱을 《는》으로 읽는 것이 在의 음 《견》과 련접

된 관계라는 것을 생각한다면, 乙을 《늘》로 읽는 것도 在乙로부
터 시작된 것이 아닐가 한다.
　　在乙. 현대어의 《거늘》에 해당한 것.

　　　右寺 旣陳叱爲在 山枝 五結分 八田處所是如 在乙
　　　　　　　　〔백암사 고문서 二호〕

　　去乙. 在乙과 같은 것.

　　　案付 冶匠 金玉同 故本充定濟用監 納冶稅上納爲如乎 事去乙
　　　　　　　　〔소수서원 립의〕

　　有乙. 《이시》란 말에 乙을 붙이여 쓴 것.

　　　徒一年 罪乙 贖罪爲乎 第亦中 總計錢削 十二貫是去 有乙 (削은 亦의 오
　　자인 것 같다).
　　　　　　　　〔대명률 직해 一권 二四장〕

　　오랜 이전의 문헌에서는 在乙도 현대어 《거늘》보다 이 有乙
과 같이 쓰이고 있다.

　　　議出納爲乎 事亦 在乙
　　　　　　　　〔정도사 석탑기〕

　　爲在乙. 《흔》 아래 在乙을 붙인 것.

　　　已杖一百後 四十貫亦 後發爲在乙
　　　　　　　　〔대명률 직해 一권 三○장〕

　　爲去乙. 爲在乙과 같은 것.

　　　向前 寺段 殘爲甚 接人不得是如 爲去乙
　　　　　　　　〔백암사 고문서 二호〕

　　是去乙. 《이》 아래 去乙을 붙인 것.

　　　道內 長城郡土 白嚴寺段 無田民 殘廢 古基山齊 是去乙
　　　　　　　　〔백암사 고문서 二호〕

　　爲乎乙. 爲去乙의 높은 계칭.

　　　人有言 矣身 受由 必性體府屯是如 爲乎乙
　　　　　　　　〔경신 역옥 추안 리 원길 초사〕

　　爲白去乙. 爲去乙의 높은 계칭.

矣父段置 未報國恩而 今年 正月 身死爲白去乙
〔경신 역옥 추안 티 호양 초사〕

是白去乙. 是去乙의 높은 계칭.

　許堅 與鄭元老 以要枢相見事 謀議是白去上
〔경신 역옥 추안 만철 초사〕

爲有去乙. 爲去乙의 완료태.

　矣身 往在甲申年間 方爲韋布時 讀書于高嶺山寺 適音 悌男亦 來爲有去乙
〔경신 역옥 추안 황신 초사〕

爲行去乙. 爲有去乙과 같은 것.

　罪人乙 執捉爲行去乙 中路良中 作黨爲 脅打奪取爲在乙良
〔대명률 직해 一八권 七장〕

爲去在乙. 在는 본래 두 음절의 말이므로 去在는 그 음절을 표시한 것인 듯하다. 즉 구름을 窟雲으로, 《누볼》을 內臥乎로 쓴 례와 같다는 말이다.

　身病以 遷世爲去在乙
〔정도사 석탑기〕

爲良在乙. 爲良 아래 在乙을 붙인 것.

　人矣 依例 受刑爲臥乎 臀腿良中 依法 決打爲良在乙
〔대명률 직해 二八권 一五장〕

爲白良在乙. 爲良在乙의 높은 계칭.

　不偄事乙 回避爲要 緊急事狀乙 加減書寫爲 矇矓申聞爲白良在乙
〔대명률 직해 三권 五장〕

敎是良在乙. 敎是와 在乙을 련접하여 쓴 것.

　導良 起送亦 敎是良在乙
〔소수서원 법의〕

26. 是의 끝자.

　오직 爲在是라는 한 토밖에 없다. 是는 원래 주격 토에서 온 것으로 보인다. 그 뜻은 《어떠어떠한 것들이》다. 즉 현대어의 동동과 갈다.

又 本臟亦 驢是去乙 馬乙 交易爲旀 馬亦 生駒爲旀 羊亦 生兒爲在是
皆爲現在
　　　　　　　　　　　　〔대명률 직해 一권 二五장〕

27. 爲의 끝자.

爲는 본래 한'자로서도 복잡한 의미로 광범하게 쓰이는 자지마는 우리말의 새김이 그만 못지 않게 복잡하고 광범하다. 15 세기 문헌을 중심 삼아서 조사하여 본다면 중요한 새김만도 적어도 네 가지가 있다.

첫째는 《ᄒᆞ》 즉 현대어의 《하다》.

큰 賢ᄒᆞᆫ 사르미 政事ᄒᆞ요미(大賢爲政)
　　　　　　　　　　　〔두시 언해 六권 三五장〕

엇뎨 ᄒᆞ야 西ㅅ녁 지비 王給事ᄂᆞᆫ(何爲西莊王給事)
　　　　　　　　　　　〔두시 언해 七권 三二장〕

둘째는 《ᄃᆞ외》 즉 현대어의 《되다》.

十月이 곧 齏와 粉이 ᄃᆞ욀 期限이니라(十月卽爲齏與粉)
　　　　　　　　　　　〔두시 언해 四권 二四장〕

내 비르수 奴僕이 ᄃᆞ외옛노니(我始爲奴僕)
　　　　　　　　　　　〔두시 언해 五권 二八장〕

세째는 《삼》 즉 현대어의 《삼다》.

녜로 부터 떠곰 患을 삼ᄂᆞ니(自古以爲患)
　　　　　　　　　　　〔두시 언해 四권 一三장〕

ᄀᆞᄋᆞᆯ 믈로 精神을 삼고(秋水爲神)
　　　　　　　　　　　〔두시 언해 八권 二四장〕

네째 爲자의 음 그 대로 읽는 것이니

困窮호ᄆᆞᆯ 爲ᄒᆞ디 아니 ᄒᆞ면(不爲困窮)
　　　　　　　　　　　〔두시 언해 七권 二二장〕

너를 爲ᄒᆞ야 호올로 서르 ᄉᆞ랑ᄒᆞ노라(爲爾獨相憐)
　　　　　　　　　　　〔두시 언해 七권 三二장〕

爲자를 리두 토로 쓰는 데도 그 경우를 따라서 서로 다른 새김을 취하게 되는 것은 말할 것도 없다. 심지어 동일한 토 가운
　　　　　　　　　　　〔대명률 직해 三권 八장〕

데 두 爲자가 포개여 있을 때도 아래우를 각각 다른 새김으로 읽고 있다.

爲只爲. 유서필지에서 《ᄒᆞ기슴》 또는 《ᄒᆞ기암》으로 읽었다. 현대어로는 《하게끔》 즉 《하도록》 내지 《하게》보다 좀 더 강한 뜻이다.

　　從財主願意 斜給爲只爲 啓下爲白乎等用良 成給爲去乎
　　　　　　　　　　[로산군 부임 전게 문서]
　　讒言以 死地良中 陷害爲只爲 非法殺人爲旀
　　　　　　　　　　[대명률 직해 一권 一七장]

爲乎爲. 爲只爲의 높은 계칭.

　　官庫 錢粮乙 他人亦 偸用 借用爲乎爲 庫外 已出爲乎所乙 知想只遺 隱而不告爲旀
　　　　　　　　　　[대명률 직해 七권 八장]

爲白只爲. 전률통보에서는 《ᄒᆞᄉᆞᆸ기암》이라고 읽고, 고금석림에서는 《ᄒᆞᄋᆞᆯ기위》라고 읽었는바, 爲乎爲보다도 높은 계칭의 표시가 드러나는 것.

　　三百兩錢 並本邊 俾無白地見失之地 千萬 望良爲白只爲 行下 向教是事
　　　　　　　　　　[유서필지 례문]

爲良於爲. 어떠어떠하게 지시하거나 명령한다는 뜻으로 쓴다. 어느 정도 《하도록》 내지 《하게》와 상통되는 점도 없지 않다. 후세의 리찰에서는 별로 사용한 례가 없다. 於爲를 어찌 읽었던지도 알지 못한다.

　　法孫案牘 旋行爲良於爲 僧錄司良中 下聖旨教事白
　　　　　　　　　　[백암사 고문서 三호]
　　大將軍 李和英例 田十五結爲等如 各各 賞給爲良於爲 落點 分例教事是白有良亦
　　　　　　　　　　[심 지백(沈之伯) 공신록권]

令是於爲. 《시기》란 말 아래 《於爲》를 붙이여 쓴 것

　　僧矣 元叱乎 造排爲臥乎 長城郡地 白嚴寺 下安令是於爲 落點教等乙仍于 下安令是白遣
　　　　　　　　　　[백암사 고문서 三호]

令是白於爲. 令是於爲의 높은 계칭.

淨兜寺良中 安置令是白於爲 議出納爲乎 事亦 在乙
〔정도사 석탑기〕

爲良乙爲. 《어떠어떠한 일을 해서》의 뜻이다.
爲良의 爲는 물론이요 아래의 爲도 《ㅎ》라고 읽었을 것으로 보인다.

右良 事意乙用良 共議案 爻周爲良乙爲 下宜旨敎事是去有等以
〔백암사 고문서 一호〕

이상의 각종 토들 이외 법 위치로 볼 齊, 如, 去 등도 그 대로 접속 위치로 사용하고 있다. 사실상 齊, 如, 可 등이 법 위치냐 접속 위치냐는 그 전체 문맥으로서만 구별하기 가능할 뿐이다.

他人乙 家內隱藏不告爲齊 他戶有賦役爲在乙 冒弄合戶爲在乙良 家長乙 杖一百 無賦役爲在乙 冒弄合戶爲在乙良 亦杖八十齊
〔대명률 직해 四권 二장〕

상가 인용문에서 亦杖八十齊의 齊는 법 위치지마는 不告爲齊의 齊는 접속 위치다. 즉 他人乙 家內隱藏不告한다고 하자. 그런 경우 이런 때는 杖一百 저런 때는 杖八十이란 의미다.

六十九歲以下 人亦 徒役年限內良中 七十 到來爲齊 初亦 徒役時 無病爲有如可 限內良中 癈疾爲在乙良 並只 老癈例以 贖罪爲乎矣
〔대명률 직해 一권 二三장〕

상기 인용문에서도 到來爲齊의 齊는 접속 위치요 법 위치는 아니다. 그 뜻은 우의 인용문과 같다.

常赦良中 所不原是如 稱下 不多是遣
〔대명률 직해 一권 一八장〕

元老言內 領相於未結婚前 以至妻哥 差爲將官是如 其宗室門中 將欲呈狀 此事有害於領相 故使矣身勸止而已
〔경신 역옥 추안 염(樆) 공사〕

이 是如가 물론 법 위치로도 되는 것이지마는 여기서는 접속 위치로 보아야 글이 통한다.

所犯事 發露爲去 開知爲遣
〔대명률 직해 三권 八장〕

矣身 離病不得爲乙可 先於 遺書成給爲去
〔정해군 유서〕

이 去와 可도 역시 是如와 마찬가지로 원래 법 위치로도 되는 것이지마는 여기서는 접속 위치로 보아야 글이 통한다.

제 4절 규정 위치

만일 신라 향가에서 형용사나 동사가 규정어로 쓰인 경우를 찾아 본다면 거기는 벌써 현대어에서와 같이 《ㄴ》 및 《ㄹ》의 끝소리가 나타나고 있다.

《ㄴ》의 끝 소리
去隱 春 (죽지랑가)
狂尸恨 阿孩 (백성가)
露曉邪隱 月羅理 (기파랑가)
早隱 風未 (누이제가)
去奴隱 處 (누이제가)
遊烏隱 城 (혜성가)

《ㄹ》의 끝소리
宿尸 夜音 (죽지랑가)
慕理尸 心未 (죽지랑가)
愛賜尸 母史 (백성가)
浮良 落尸葉如 (누이제가)
道尸掃尸 星利 (혜성가)

이상으로써 현대 조선어에서 규정어를 표시하는 《ㄴ》, 《ㄹ》등은 이미 신라 시대로부터 구성되여 있는 것을 알 수 있다.

그런데 신라 향가에서는 극히 적은 례외나마 그러한 끝소리를 동반함이 없이 규정어로 된 형용사 또는 동사도 발견한다.

東京 明期 月良 (처용가)
物叱 好支 栢史 (잣나무가)

비단 신라 향가만이 아니요 현대어에서도 간혹 이러한 규정어가 사용될 수 있다.

　　귀밝이 술=귀가 밝아지는 술
　　두 말들이 독=두 말이 드는 독

　이러한 규정어의 용법은 어디서 대체 유래하는가? 또《ㄴ》,《ㄹ》등을 붙이여서 규정어로 되는 례와는 어떠한 관련을 가지는가?

　그것을 해명키 위해서 규정 위치를 연구함이 필요한바, 규정 위치로 거의 전용된다고 인정되는 토가 두 자가 있다. 하나는 在요, 다른 하나는 乎다.

1. 在.

이 글'자에 리두음은 다음과 같다.

　　在亦 겨여　（유서필지）
　　爲在 ᄒ겨　（유서필지）
　　是在果 이겨과　（유서필지）
　　是在如中 이겨다히　（유서필지, 고금석림）
　　爲白在果 ᄒᆞᆸ겨과　（유서필지）
　　爲白在如中 ᄒᆞᆸ겨다히　（유서필지
　　　　　　　　ᄒᆞ올겨싸에　고금석림）
　　是白在如中 이ᄉᆞᆸ겨다히　（고금석림）
　　是白在亦中 이ᄉᆞᆸ겨이여　（유서필지）
　　爲白在而亦 ᄒ잇겨마리여　（유서필지）
　　爲有在而亦 ᄒ잇겨마리여　（전률통보, 고금석림）
　　爲臥乎在亦 ᄒ누온겨이여　（유서필지）
　　爲白有在果 ᄒᆞᆸ빗져과　（유서필지）
　　　　　　　ᄒ올잇겨과　（고금석림）
　　敎是臥乎在亦 이산누온겨이여　（유서필지）
　　爲乎乙喩在果 ᄒ올지겨과　（전률통보）
　　白侤是白臥乎在亦 쏠다이올누온겨이여　（고금석림）

　이상과 같이 어느 경우에나《겨》의 음으로 일관하고 있다. 또 그 뿐이 아니라 고려사 八二권 병지(兵志)에는《처음으로 서겨

(西京)의 在城을 쌓았다고 하고, 그 아래 《在》는 우리말로 畎(견)이라고 주를 달았다. 여기서 우리말이라는 것은 리두음을 가리킴에 지나지 않는 것이니, 오랜 이전으로부터 在의 리두음이 《견》이였던 것이 사실이다. 초기 리두에서 벌써 나타나기 시작한다. 즉무진사 종 가운데는 세 번이나 되풀이 해 쓰이고 있다.

願助在 衆師僧 村宅方
一切 檀越并 成在 願旨者
成在 節 雀乃秋長幢主

그런데 오직 한 가지 향가 전체를 롱해서 이런 在字가 한 군데도 발견되지 않는 것이나 이미 《ㄴ》 끝소리가 사용되였다는것을 잊어서는 안된다. 시가는 일반이 사용하는 구두어를 쫓았을 것인바 구두어에서는 벌써 《견》의 음이 그 대로 나지 않았던 것으로 보인다.

죽다가 살언 百姓이
〔룡비 어천가 二五〕
大機大用이언 神通과 三昧와
〔법어략독 四五〕
녯버디언 孫宰ㅣ
〔두시 언해 一편 一三장〕
쉬니언 머리 셴 내
〔두시 언해 二권 五四장〕
재미언 보롯다호라
〔악학궤범 동동〕
胤子ㅣ언 朱ㅣ 啓明ᄒᆞ니라
〔서전 언해 요전(堯典)〕
赫赫한 師ㅣ언 尹이여
〔대학 언해 구장〕
舅ㅣ언 犯이 글오딕
〔대학 언해 구장〕

현대어에서 규정어를 표시하는 《ㄴ》 끝소리는 본래 《언》이 였으며, 그 《언》은 곧 在의 리두음인 《견》에서 유래함이 명백하다.

다나전 오란 不可說 不可說 劫에
　　　　　　　〔월인 석보 二一권 二七장〕
귀는 니건 돌 브터 머구라
　　　　　　　〔두시 언해 三권 五四장〕
내 어므 죽건디 오늘 사으리 디나니
　　　　　　　〔월인 석보 二一권 二七장〕
粮食 긋건디 사으리오
　　　　　　　〔월인 석보 二一권 一〇六장〕
軍을 조차 돈니건디 열힌 나므니
　　　　　　　〔월시 언해 五권 二九장〕

아까 《언》으로 나타난 그 토를 한 걸음 더 추궁해 들어 간다면 결국에는 《건》의 정체까지 찾아 볼 수 있다. 본래 현대어에서 《있다》는 말의 존칭을 표시키 위해서는 《계시다》란 말을 쓰고 있다. 그것은 15 세기에도 역시 마찬가지였다.

가샴 겨샤매 오늘 다르리잇가
　　　　　　　〔룡비 어천가 二六〕
오히려 무추미 겨시거시니와
　　　　　　　〔월인 석보 二一권 一四六장〕

대개 《겨시》가 존칭을 표시케 된 것은 후대의 분화요, 애초에는 《이시》 즉 《있다》란 말과 동일한 말이였을 것이다. 在의 《견》은 다른 말이 아니라 바로 이 《겨시》로부터 나왔다는 것이다. 그러나 거기에는 두가지의 의문이 있다. 즉 《견》의 《ㄴ》 끝소리가 어디서 나왔느냐 하는 것과 《견》이 오직 규정어를 표시하는 것만도 아니라는 것이다. 《겨시》로부터는 《ㄴ》 끝소리가 나올 근거가 없을 뿐만 아니라, 술어의 일부를 구성할 경우에도 《견》으로 읽고 있어서 그 《ㄴ》 끝소리가 반드시 규정어의 표시에 한하는 것도 아니다. 爲臥乎在亦 敎是臥乎在亦의 在가 술어의 일부로 볼 것임에 틀림이 없건마는 규정어를 표시할 때나 마찬가지로 역시 《견》으로 읽고 있다. 요컨대 在의 원음이 결코 《견》도 아니며 또 在가 애초부터 규정어의 표시로만 쓰인 것도 아니다. 그것은 다음과 같은 세 가지의 점으로써 명확히 론증된다.

첫째로 리두 토에서 在는 흔히 去로 대용되고 있으니, 在乃가 去乃, 在等이 去等, 在乙이 去乙의 류다. 在乃, 在等, 在乙의 在가 규정어를 표시하는 것이 아님은 물론이요 그 음도 去와 동일하였던 것을 알 수 있는 것이다.

둘째로 15 세기 문헌 중 례컨대 룡비 어천가 三八의 《東이 니거시든》, 동 六七의 《나거사 즈므니이다》의 《거》가 또한 在로부터 유래되는 것만은 의심이 없다. 이런 거는 在의 옛음이 반드시 《견》이 아님을 증명하는 동시에, 在가 꼭 술어로만 쓰이는 것도 아님을 증명해 주고 있다.

세째로 서남 방언의 일부에서는 지금 《가거라오》, 《오거라오》 등과 같은 법로를 쓰는바 이 《거》가 곧 《거시》임은 물론이다. 리두 토의 在가 규정어의 표시로 거의 공인되다 싶이 한 것도 후대의 일이어니와 《ㄴ》 끝소리를 붙이여 《견》의 음으로 읽는 것도 더 후대의 일인 것이다.

在. 是在와 같은 경우에 쓰이는 것.

父矣 兄弟在 伯叔父果 伯叔妻在 母果 父矣 同生妹在 姑果 吾矣 兄果 長妹果 母矣 父母果 夫果等乙

〔대명률 직해 一권 四장〕

爲在. 《호》아래 《견》을 붙인 것.

書院 常養儒生 役只婢子以 定屬爲在 居昌來 物故强盜 白丁 末叱金妻 白丁妻 銀金身乙

〔소수서원 립의〕

是在. 《이》아래 《견》을 붙인 것.

泰川縣 在囚是在 咸召史 捉致寧邊 査所 發問取招爲有如乎

〔관서 신미 장계록〕

無在. 《업》아래 《견》을 붙인 것.

凡 同姓是遣 服制 無在 親矣妻乙 交嫁爲在乙良 各杖一百遣

〔대명률 직해 六권 六장〕

令是在. 《시기》아래 《견》을 붙인 것.

初亦 言約時 相見令是在 無殘疾 姉妹親男等矣 當身乙 用良 成儇令是遣

〔대명률 직해 大권 二장〕

使内在. 《브리》 아래 《견》을 붙인 것.

爾時爲良沙 起捉. 一同 強盜使内在 人等乙良 不分首從 論罪爲乎事
〔대명률 직해 一八권 一八장〕

不喩在. 《아닌지》 아래 《견》을 붙인 것.

一家内 死罪 不喩在 三人乙 殺害爲旀
〔대명률 직해 一권 五장〕

爲有在. 爲在의 완료태.

王室良中 已前 親厚. 累年 別蒙恩德爲有在 人
〔대명률 직해 一권 六장〕

不冬爲在. 不冬과 爲在를 련접해서 쓴 것.

又 赴役爲 限日 已滿爲去乙 放送 不冬爲在 官員乙良
〔대명률 직해 四권 六장〕

不得爲在. 不得과 爲在를 련접해서 쓴 것.

牛馬亦 放出. 次知 不得爲在 人乙良 減二等爲 損傷物乙 生徵 給主㜵
〔대명률 직해 一六권 五장〕

進叱有在. 현대어로는 《어며어며한 데로 나갈 수 있는》의 뜻.

門蔭承襲良中 進叱有在 子孫果亦
〔대명률 직해 一권 一一장〕

2. 乎.

이 글'자의 리두읍은 다음과 같다.

爲乎 호온 (전물통보, 고금석림, 유서필지)
　　　허호 (어록변증)
爲去乎 호거온 (유서필지)
是去乎 이거온 (유서필지)
爲如乎 호다온 (고금석림)
是如乎 이다온 (유서필지)
爲乎矣 호오되 (유서필지)
　　　호오더 (고금석림)

是乎矣 이오되 (유서필지)
爲臥乎 ᄒᆞ누온 (유서필지)
有乎事 이시온일 (유서필지)
爲乎所 ᄒᆞ온바 (고금석림, 유서필지)
是乎味 이온맛 (전률통보, 유서필지)
是乎喩 이온지 (유서필지)
爲白乎旀 ᄒᆞᅀᆞ오며 (유서필지)
　　　　ᄒᆞ올보며 (고금석림)
是白乎旀 이ᅀᆞ오며 (전률통보, 유서필지)
爲白乎矣 ᄒᆞᅀᆞ오되 (전률통보, 유서필지)
　　　　ᄒᆞ올보되 (고금석림)
是白乎乃 이ᅀᆞ오나 (유서필지)
爲白如乎 ᄒᆞᅀᆞ다온 (전률통보, 유서필지)
是白如乎 이ᅀᆞ다온 (전률통보)
爲有如乎 ᄒᆞ잇ᄃᆞ온 (고금석림)
　　　　ᄒᆞ잇ᄯᅥ온 (유서필지)
爲臥乎所 ᄒᆞ누온바 (전률통보, 고금석림)
爲白乎所 ᄒᆞᅀᆞ온바 (유서필지)
　　　　ᄒᆞ올본바 (고금석림)
是白乎所 이ᅀᆞ온바 (전률통보)
是乎等以 이온들로 (유서필지)
爲乎乙喩 ᄒᆞ올지 (유서필지)
爲白乎喩 ᄒᆞᅀᆞ온지 (유서필지)
爲白臥乎事 ᄒᆞᅀᆞ누온일 (전률통보, 유서필지)
　　　　　ᄒᆞ오누온일 (고금석림)
是白臥乎所 이ᅀᆞ누온바 (유서필지)
爲白有如乎 ᄒᆞᅀᆞ빗다온 (전률통보, 유서필지)
爲白乎等以 ᄒᆞᅀᆞ온들로 (전률통보)
是白乎等以 이ᅀᆞ온들로 (유서필지)
爲白乎乙喩 ᄒᆞ올볼지 (고금석림)
使內白如乎 바리올다온 (전률통보, 유서필지)
是去是乎等以 이거이온들로 (유서필지)
是乎等乙用良 이온들쓰아 (유서필지)

岐等如使內如乎 가로리브리다온 (유서필지)
　　　　　　　가로려브리다온 (유서필지)
白有臥乎等用良 숣잇누온들뼈아 (전물통보)
爲白有臥乎等用良 ᄒᆞ숣잇누온들뼈아 (전물통보)

이상과 같이 절대 다수가 《온》이요 乃, 矣, 旀 등의 우에서만 《오》요, 오직 爲乎의 乎를 어록변증에서 그 음 대로 《호》라고 읽고 있다. 또 그 뿐 아니라 근세까지 乎의 새김도 《온》이라고 읽어 왔다. 여기서 乎의 원래의 새김이 《온》이요, 《오》 내지 《호》는 후대의 변음으로 알기 쉽다. 그러나 乎의 원래의 새김이 《온》이라는 데는 의문되는 바 적지 않다. 그 중의 주요한 몇 가지만 들어 보이겠다.

첫째, 향가에서 乎에다가 《ㄴ》 끝소리의 음을 표시할 경우에는 반드시 隱, 仁 등을 붙이고 있으며, 《ㄹ》 끝소리의 음을 표시할 경우에는 꼭 그와 마찬가지로 尸 등을 붙이고 있다.

《ㄴ》 끝 소리의 예

巴寶白乎隱花良 (도솔가)
改衣賜乎隱冬矣也 (잣나무가)
但非乎隱焉破戒主 (도적가)
慕呂白乎隱佛體前衣 (부처가)
拜內乎隱身萬隱 (부처가)
邀里白乎隱法界滿賜隱佛體 (부처가)
造將來臥乎隱惡寸隱 (참회가)
惡寸習落臥乎隱三業 (참회가)
懺爲如乎仁惡寸業置 (회향가)
向乎仁所留善陵道也 (종결가)

《ㄹ》 끝소리의 예

慕理尸心未行乎尸道尸 (죽지랑가)
雪是毛冬乎尸花判也 (기파랑가)

둘째, 대명률 가운데 사용되어 있는 乎자로는 현대어로서 《ㄴ》 끝소리에 해당할 것과 함께 《ㄹ》 끝소리에 해당할 것도 있다.

《ㄴ》 끝소리에 해당한 례

己損爲乎 財物果 已費爲乎 人功等乙良 損失爲乎 物價 及 費用爲乎 人糞 功錢等乙 計數爲

〔대명률 직해 二九권 一장〕

凡 京外 各處良中 國用卜定爲乎 織造段疋 軍器等良中 數准上納 不得爲在乙良

〔대명률 직해 二九권 三장〕

小功已上 親果 父祖妾等乙 犯奸爲旀 和奸爲行臥乎 事

〔대명률 직해 一권 六장〕

右 功勞乙 大常旗良中 書上爲有臥乎人

〔대명률 직해 一권 七장〕

《ㄹ》 끝소리에 해당한 례

本色 還徵 不得爲乎 物色乙 偸取爲是果

〔대명률 직해 一권 二八장〕

凡 沒官爲乎 人口 財物乙良 謀反 謀叛 及 奸黨等亦 于犯十惡爲在乙良 依例備書 沒官遣 其外 有犯乙 律良中 載錄爲在乙良 妻子 財物等乙 沒官 不多爲乎矣

〔대명률 직해 七권 一三장〕

仰官亦 所屬官乙 非理以 侵逼爲去等 侵逼事狀乙 開坐爲 直亦 申聞爲乎 事

〔대명률 직해 一권 九장〕

後夫 知而娶者 同罪. 不知者 不論罪. 其女乙 還付前夫 各家居住令是乎 事

〔대명률 직해 六권 三장〕

세째, 만일 乎를 처음부터 《온》의 음으로 읽었다면 그 아래 乙을 붙이여 爲乎乙喩, 爲白乎乙喩로 써 놓고 《올》로 읽을 수는 없다. 그로 보아서도 乎의 음에는 본래 《ㄴ》 끝소리가 없었다가 후대에 이르러 추가된 것이라고 보아야 한다. 乎가 오직 규정어의 표시로만 되지 않고 접속 위치로도 쓴다는 것은 이미 설명한 바와 같다. 마치 在가 술어를 구성하는 데서보다 규정어의 표

서로서 더 유표하게 쓰이면서 《ㄴ》끝소리가 붙은 듯이 乎도 결속 위치로보다 규정어의 표시로서 더 유표하게 쓰이면서 《ㄴ》끝소리가 붙은 것임에 벗어 나지 않는다.

爲乎. 《호》 아래 乎를 붙인 것.

功臣田民乙良 嫡子都給爲乎 後 矣身 生病

〔정해군 유서〕

是乎. 《이》 아래 乎를 붙인 것.

矣上典 以五十兩 賣買是乎 後

〔토지 텁지에 대한 소지〕

無乎. 《없》다는 말 아래 乎를 붙인 것.

母子亦 相絶爲乎 道理 無乎 事

〔대명률 직해 一권 一五장〕

爲白乎. 爲乎보다 높은 계칭의 표시가 더 강한 것.

絞罪 斬罪乙良 一定 正言 不冬. 伏候上決爲白乎 事

〔대명률 직해 一권 八장〕

爲臥乎. 《호》 아래 臥乎를 붙인 것. 즉 높은 계칭과 진행태가 겸한 것.

其餘 冊子 實無所在之地是如 爲臥乎 所

〔지평현(砥平縣) 첩보〕

白良乎. 白良 즉 《술붕》 아래 乎를 붙인 것.

父 礎. 父矣 父 通德郎 唯獻. 母 金氏. 母矣 父 郡守 正立 白良乎 父母以 胎生於京中

〔경신 역옥 주안 조 정참 초사〕

令是乎. 《시기》 아래 乎를 붙인 것.

其女乙 還付前夫. 各家居住令是乎事

〔대명률 직해 六권 三장〕

令是臥乎. 《시기》 아래 臥乎를 붙인 것. 즉 높은 계칭과 진행태를 겸한 것.

所任官亦 錢糧催徵 及 推問 公事果 次知造作令是臥乎 功課乙 監督等 事乙

〔대명률 직해 二八권 一五장〕

使內臥乎. 《브리》 아래 臥乎를 붙인 것. 즉 높은 계칭과 진행태를 겸한 것.

官役使內臥乎 田地乙 無故 陳荒令是旀
〔대명률 직해 五권 六장〕

敎是臥乎. 敎是 아래 臥乎를 붙인 것. 즉 존칭, 높은 계칭, 그리고 진행태를 겸한 것.

王旨以 決斷敎是臥乎 定律 不得爲乎 罪囚隱 不敢比引是去有乙
〔대명률 직해 二八권 一六장〕

不得爲乎. 《모질》과 爲乎를 련접해서 쓴 것 (용례는 웃 항을 참조).

不冬爲乎. 《안둘》과 爲乎를 련접해서 쓴 것.

其中 故失數爻乙良 并以 准除 不冬爲乎 事
〔대명률 직해 一六권 一장〕

爲有臥乎. 爲乎의 완료 진행태.

右功勞乙 大常旗良中 書上爲有臥乎 人
〔대명률 직해 一권 七장〕

爲行臥乎. 爲有臥乎과 같은 것.

他夫乙 改嫁爲行臥乎 事
〔대명률 직해 一권 六장〕

進叱有臥乎. 進叱有는 현대어로 나갈 수 있다는 뜻인바 그 아래 臥乎를 붙인 것.

凡 近待官員亦 上前 朝見 進叱有臥乎官員人等乙 雜頃下乙 用良 朝見 不得爲只爲 遮當爲在乙良
〔대명률 직해 一二권 三장〕

3. 行.

대명률 직해에서 爲行이란 토가 꼭 한 군데 나온다. 그것이 현대어로는 《어떠어떠한》이라는 규정어에 해당되고 있다.

寃枉事 無去乙 曖昧辨明爲行 人乙良 杖一百 徒三年
〔대명률 직해 二八권 一二장〕

4. 爲音可.

현대어로는 《합직하다》의 뜻이다. 대명률 직해에서 많이 규정어 토로 쓰이고 있다.

圓備爲音可 事乙 圓備 不得爲㫆 改正爲音可 事乙 改正 不多爲在乙良 答四十·

〔대명률 직해 三권 九장〕

方法良中 互相隱匿爲音可 人亦 自告爲㫆

〔대명률 직해 一권 二七장〕

凡 各納者亦 依例納官貢物 及 官司良中 上納爲音可 雜物色等乙 隱匿 斜用爲㫆

〔대명률 직해 七권 三장〕

대명률 직해를 중심 삼아서 리찰 문헌을 살피여 보면 규정 위치는 대개 이상의 넷을 들 수 있다. 그 중에서 대표적으로 쓰이고 있으며 또 보통으로 알려져 있는 것이 在과 乎의 둘이다. 그러나 실상 리찰에서 어떠한 말이 규정어로 되는 경우에는 반드시 그 표시의 토를 요구하는 것도 아니다. 두 마디의 말이 련접될 때 그 문맥에 따라서 아래 말이 웃말의 술어로도 되고 웃말이 아래 말의 규정어로도 되는 것이다.

1. 단순히 爲자만을 가지고 술어와 규정어의 두 편으로 통용한다.

술어로 쓰인 례

公山新房 依止 修善僧 覺由 本貫 壽城郡乙 禮願成畢爲等 勸善爲 食佰 貳石幷以 准受令是遣在如中

〔정도사 석탑기〕

所犯 事狀果 應議之狀乙 開座爲 都當 一處良中 議擬爲 議定後良中沙 申聞爲 上決乙 望白齊

〔대명률 직해 一권 八장〕

규정어로 쓰인 례

寺代內 應爲 處 追于 立是白乎味了在乎等用良

〔정도사 석탑기〕

母矣 三寸少爲 母 及 五寸 少爲 母
〔대명률 직해 六권 五장〕

2, 법 위치로 볼 如를 그 대로 규정어로 사용하고 있다.
曾只 在逃爲有如 人乙良 必于 限日亦 未滿爲良置 不許 放免齊
〔대명률 직해 一권 一九장〕
隨去爲行如 家口亦 自願 還鄕爲在乙良 許聽放還爲㫆
〔대명률 직해 一권 一九장〕

3, 격 위치나 접속 위치와 같은 것도 그 대로 규정어로 쓴 례가 있다.
報緊急軍事以 鎭邊防禦所了 事果
〔대명률 직해 一七권 五장〕
他人矣 犯罪乙 囚于 干連 得罪爲乎 緣故段 犯罪人乙 遲晚覺察爲 禁約 不冬爲㫆 干連爲去乃 聽從使令爲去乃 事
〔대명률 직해 一권 一八장〕

4, 존칭의 敎나 敎是 등도 그 대로 격 위치로 되며 또 그 대로 규정 위치로 되는 등 아무런 구별이 없다.

이상을 총합해 본다면 在나 乎의 《ㄴ》 끝소리가 후대의 발생인 것은 더 말할 것도 없거니와 술어와 규정어가 각각 전용의 토를 가진다는 그 자체도 후대의 발생인 것이다. 그렇기 때문에 在나 乎가 오직 규정 위치로만 쓰인 것이 아니라 접속 위치 내지 법 위치에도 가담되여 쓰이고 있다. 《ㄴ》의 끝소리는 결코 在나 乎에 고유했던 것이 아니요, 나중 딴 데로부터 들어 온 것이다. 후대에 이르러 그 두 글'자가 주장 규정 위치로 사용되게 되자 드디여 그 음의 일부로까지 고정되기에 이르렀다.

제 5절 보조 토

접속 위치, 규정 위치, 또는 법 위치 등에는 그 위치를 차지하는 기본적 토 이외에 첨가되여 들어 오는 다른 부분이 존재한다는 것을 일견에 곧 깨달을 수 있다. 그것은 是良余, 爲良結의 良이라든지, 爲去乃, 是去等以의 去라든지, 爲白遣, 是白置의 白이라든지, 爲有如可, 爲有昆의 有라든지 그런 종류를 가리키는 말이다. 그런데 그런 중에도 두 가지가 서로 구별되고 있다. 하나는 그 자체의 문법적 의미를 적으나 많으나 가지고 있음에 비해서 다른 하나는 아무런 의미도 가지고 있지 않은 것이다. 즉 白이나 有와 같은 것은 전자에 해당한 례요, 去나 良과 같은 것은 후자에 해당한 례다. 去가 본래 在의 뜻임을 미루어 보아서도 그런 자 역시 처음에는 자체의 뜻을 가지고 있었던 것이나, 후대로 내려 오면서 드디여 그 의미를 상실하고 위치 토에 붙어 버리고 만 것 같다.

여기서 보조 토라고 하는 데는 아직까지 자체의 의미를 유지하고 있는 종류만을 포괄한다. 보조 토가 다시 태, 상, 존칭, 계칭의 네 가지로 구별되고 있다.

1. 태

태에는 시칭이 존재치 않는다. 오직 태만이 존재할 뿐이다.

완료태.

한 동작이 완료되였음을 보이는 태다. 有자로서 표시되고 있다.

　　　　(如可와 有如可의 비교)
他人乙 改娶爲乎爲 生謀爲如可 未成婚者 杖七十 巳成婚爲在乙良 杖八十齊
　　　　　　　　　〔대명률 직해 六권 二장〕
他人矣 枉法良中 贓物果 不枉法良中 贓物等乙 受贈爲有如可 悔過爲本主亦中 還給爲在乙良
　　　　　　　　　〔대명률 직해 一권 二九장〕

　　　　(遣와 有遣의 비교)
軍官亦 私罪乙 犯爲去等 當答爲在乙良 過名施行爲旀 贖罪爲遣 杖罪乙良 罷見職 降等叙用齊
　　　　　　　　　〔대명률 직해 一권 一一장〕
所犯罪乙 決斷 不冬爲有遣 財産 必于 沒官爲在乃 犯罪人亦 配流 不冬爲在乙良 猶亦 未入官是齊
　　　　　　　　　〔대명률 직해 一권 二五장〕

(去乃와 有去乃의 비교)
凡矣 同偸 犯罪爲遣 事發爲去乃 或各犯罪爲遣 事發爲去乙．
〔대명률직해 一권 三一장〕
墳墓亦 先亦 頹落爲有去乃 未殯未葬前良中 棺槨乙 偸取爲在乙良 杖九十 徒二年半
〔대명률직해 一八권 一五장〕

(如와 有如의 비교)
各居爲如 親屬乙 戶內 隱藏不報爲旀 一戶是乎樣以 冒弄合戶付籍爲在乙良
〔대명률직해 四권 二장〕
招引爲有如 他人乙良 凡人鬪傷例乙 論爲 答二十齊
〔대명률직해 一권 三三장〕

(去等과 有去等의 비교)
杖六十是去等 降職一等 七十是去等 降職二等 八十是去等 降職三等 九十是去等 降職四等 並只 罷見任爲乎矣
〔대명률직해 一권 一〇장〕
凡 祖父母 父母亦 犯死罪爲 獄中囚禁爲有去等 子孫等弋只 嫁娶爲在乙良 杖八十爲遣
〔대명률직해 六권 五장〕

(如乎와 有如乎의 비교)
其矣 捧上 上下爲如乎 錢糧亦 並只 准數上下畢盡爲遣 有餘不足爲所 無去沙 解由文字乙 成給爲齊
〔대명률직해 七권 九장〕
隱漏爲有如乎 入口 財物乙良 並只 入官遣 初亦 數爻 落報爲在乙 坐罪爲乎矣
〔대명률직해 七권 一三장〕

(去乙과 有去乙의 비교)
二度乙 犯竊盜後 一度亦 先發爲去乙 偸取贓物乙 計一十貫是乎等用良 決杖七十爲有去乙 一度後發爲去乙 贓物乙 計爲乎矣 四十貫 合決杖一百是去乙 已決 七十杖 導良 餘三十杖乙 充數爲 決斷爲乎 合計一百杖是齊
〔대명률직해 一권 三〇장〕

이 완료태의 有는 리두음으로 《잇》이다. 그것이 《있다》는 말에서 나온 것과 함께, 현대 조선어의 과거 시칭인 《았》이 다시 여기서 나온 것은 의심할 바 없다.

우리 몬져 닐러 뎡ᄒ야시니
　　　　　　　　〔로걸대 언해 상권 六〇〕

다 니저시니
　　　　　　　　〔로걸대 언해 상권 五四〕

글월에 明白히 써시되
　　　　　　　　〔로걸대 언해 하권 一一〕

이믜 졔 양져졔 모롱이 가시면
　　　　　　　　〔로걸대 언해 하권 一〕

현대어의 과거 시칭인 《았》이 16 세기 구두어에서는 마치 오늘의 서북 방언과 같이 《아시》, 《어시》로 되고 있다. 이것은 《있다》의 옛말인 《이시》로부터 《았》이 나온 것을 더 한층 확증하여 주는 바다. 그런데 대명률 직해에서는 有자 대신에 行자도 쓴 례가 있다. 그 완료태로의 의미는 조금도 다름이 없다.

(有如可와 行如可의 비교)
並只 逃亡爲有如可 當流罪人亦 當死罪人乙 能捉爲旅 當徒罪人乙 能捉因于 現告爲旅
　　　　　　　　〔대명률 직해 一권 三一장〕

凡 强盜乙 同謀爲行如可 臨時 不行爲良置
　　　　　　　　〔대명률 직해 一八권 一七장〕

(有如와 行如의 비교)
曾只 在逃爲有如 人乙良 必于 行路限日亦 未滿爲良置 不許放免齊 在逃人亦 身故爲去等 隨去爲行如 家口亦 自願還鄕爲在乙良 許聽放還爲旅 遷徙付處人等矣 家口置 如前 放還齊
　　　　　　　　〔대명률 직해 一권 一九장〕

(有去等과 行去等의 비교)
其矣 犯罪親屬乙 官司亦 推捉爲有去等 其事乙 通消息 漏泄爲 得罪親屬

乙 隱廲逃避令是在乙良

〔대명률 직해 一권 三八장〕

邊境城邑等 處良中 賊人亦 出入爲行去等 臨機領兵 捕捉爲在隱 不在此限齊

〔대명률 직해 一四권 六장〕

(有去乙과 行去乙의 비교)

凡 一人亦 犯罪爲有去乙 理合減等爲乎 事段 爲從者是去等 減爲乎 事

〔대명률 직해 一권 一三장〕

凡 雜人亦 倉庫中以 出入爲行去乙 看直人等亦 搜檢 不多爲在乙良 笞二十齊

〔대명률 직해 七권 八장〕

이 行자는 有자와 뜻으로나, 음으로나 전연 다름에도 불구하고 유서필지에서 爲行如可를 爲有如可와 같이 《하엿다가》로 읽고 있다. 그것은 有자의 뜻이나 음을 빌어 온 것이지 行자 그 자체의 것은 아니다.

나못 그레 녀고(行木抄)

〔두시 언해 二권 一二장〕

길 녀미 어려우믄(行路難)

〔두시 언해 二○권 一一장〕

15세기 문헌에서 行은 《녀》로 번역되고 있으니 고금석림에서 爲行如可를 《하녀다가》로 읽은 것이 타당하다.

斯陀숨은 한번 녈어 오다 혼 뜨디니

〔월인 석보 二권 一九장〕

츠져재 녈어신고요 어긔야 즌 더를 드더욜세라

〔악학궤범 정읍사〕

상기와 같이 《녀》는 본래 《녈》이 변한 것이며

미초차 니거늘

〔월인 석보 七권 三장〕

아래 가신 八채女도 니거시니

〔월인 석보 八권 九三장〕

또 상기와 같이 《녀》는 《니》로도 변해 쓰인 것이다. 그런데

이미 규정 위치에서 설명한 바와 같이 爲行人은 현대어의 《한 사
람》이란 말에 그대로 해당되고 있다. 이런 례가 더 이상 발견되
지는 않으나마 결코 우연한 일치라고는 생각할 수 없다.

吉慶엣 새 느니며
　　　　　　　　　〔월인 석보 二권 三三장〕
如來와 좀꽤 다 나니거시늘
　　　　　　　　　〔월인 석보 七권 九장〕
天子ㅣ 天女 드리고 노니더니
　　　　　　　　　〔월인 석보 七권 一一장〕
상녜 더부러 ᄒᆞ니실쩌
　　　　　　　　　〔월인 석보 七권 一一장〕
시르므로 사니다가
　　　　　　　　　〔월인 석보 八권 一一〇장〕
더욱 우니ᄂᆞ니
　　　　　　　　　〔월인 석보 八권 一一〇장〕
東西로 ᄠᅳ니거든
　　　　　　　　　〔월인 석보 二一권 二三장〕
心外에 부텨를 얻녀 쇽졀업시 돋니다가
　　　　　　　　　〔목우자수심결(牧牛子修心訣) 一二쪽〕
간대쪽쪽 안니다가
　　　　　　　　　〔정 철의 사미인곡〕

일찌기 行의 뜻을 가진 《니》란 말은 많은 말과 련접되여서
마치 일정한 토의 역할을 하는 것으로 보인다. 현대어에서 《았》
에는 다른 또 하나의 과거 시칭인 《ㄴ》가 바로 《니》에서 유래된
것임에 틀림이 없다. 그렇다면 맨 처음 有의 《이시》와 行의 《니》
가 다 같은 완료태로 쓰이다가 서로 다른 체계의 과거 시칭으로
발달되여 온 것이 아니겠는가? 후대에 이르러 리찰의 완료태는
行보다 有로 더 많이 사용되게 됨에 따라서 유서필지와 같은 책
은 爲行如可를 爲有如可의 음으로까지 읽은 것이 아니겠는가?
行의 리두음이 혼란되였다는 사실은 무엇보다 전물등보에서 《ᄒᆞ
려다가》로 읽은 데서 아주 명백해진다. 비록 《려》가 《녀》와 혼동
되기는 쉽다고 하더라도 전연 다른 의미의 말로 되여 버리고 마

는 것이다.

그런데 이 완료태의 《니》가 다시 《ㄴ》로 되여서 한 편으로는 《ㄹ》와 함께 시칭의 한 체계를 이루고, 다른 한 편으로는 在 및 乎 둥과 결합되여서 규정어 전용의 토를 이루었다. 일반적 규정어는 《ㄹ》 끝소리보다 《ㄴ》 끝소리에 해당하기 때문에 在 및 乎의 리두음은 드디여 《ㄴ》 끝소리를 붙이여 읽게 되고, 그래도 《ㄴ》 끝소리로만은 일관될 수 없기 때문에 乎는 때로 《ㄹ》 소리에도 사용하였다. 그러나 그러한 방법으로서는 시칭의 완전한 구별을 의미하지는 못한다. 여기서 일부 그 완전한 구별에 대한 대책이 나타나고 있다.

  他人亦 現告爲乙去 知想只遣 現告爲旀
    〔대명률 직해 一권 二八장〕
  臣聞 富平 阿南山 多出火石 或可用此爲乎乙喩 第試之 可知矣
    〔란중 잡록(亂中 雜錄)〕

여기의 乙은 《ㄹ》 끝소리를 명백히 하기 위해서 삽입된 것이요,

  是隱去向入   〔유서필지〕

  爲隱喩   〔진물등보〕

여기의 隱은 《ㄴ》 끝소리를 명백히 하기 위해서 삽입된 것이다. 爲隱은 다시 㝢의 표음자를 만들어서 쓰기도 한다. 그것은 了의 뜻이 《마치다》로 완료태의 《ㄴ》과 뜻이 통하기 때문이다. 그런데 隱의 구결자도 卩으로서 了의 자형과 비슷하다. 그런 것도 역시 관계가 없지 않을 것이다.

  진행태(進行態)

한 동작이 방금 계속되여 진행되고 있음을 보이는 태다. 臥 자로서 표시되고 있다.

  (乎와 臥乎의 비교)

  他人矣犯罪乙 因于 干連得罪爲乎 緣故叚
    〔대명률 직해 一권 一八장〕

當時 推考爲臥乎 公事亦 凡矣 軍官員良中 干連事果 接狀 推考爲臥乎
軍官矣 不公不法等乙 須只 精密亦 實封以 申聞遣
〔대명률 직해 一권 九장〕

(乎事과 臥乎事의 비교)

知不得爲 誤殺傷人爲旀 失火爲旀 官物乙 誤錯亦 損毁閪失爲乎 事
〔대명률 직해 一권 一七장〕

法外用刑 謂如 用火燒烙爲旀 用鐵烙火爲旀 或 冬月良中 冷水乙 罪人
矣 身體良中 流注爲臥乎 事
〔대명률 직해 二八권 一○장〕

(乎所와 臥乎所의 비교)

田地庫員結員乙 或多或小 互相改易 以高作下爲旀 原定數爻 漏落齊. 軍
粮 准受爲乎所 憑據 雜役 回避齊. 同意 逢受爲在 人等 并以 罪同爲矣
〔대명률 직해 五권 一장〕

自矣 子息乙 他戶良中 强置 冒稱遺棄小兒爲臥乎所 毁亂風俗爲臥乎事
是良尒 不在此限齊
〔대명률 직해 四권 四장〕

(乎等과 臥乎等의 비교)

凡 有人亦 本管 官司良中 現告爲乎等用良 差使 捉來 推問爲去乙
〔대명률 직해 一권 一二장〕

敎令不從爲臥乎等用良 依法決罪爲去乙
〔대명률 직해 二○권 一一장〕

(乎樣과 臥乎樣의 비교)

凡 見任官員亦 政體不能爲 所乙 用良 有功爲乎樣以 立碑爲旀 立祠堂
爲在乙良 杖一百齊. 差人爲 善政爲臥乎樣以 申報令是在乙良 杖八十遣
差使人乙良置 各減一等 決罪爲乎事
〔대명률 직해 一二권 五장〕

이 진행태의 臥乎는 전률통보, 고금석림, 유서필지 등에서
모두 《누온》으로 읽었다. 현대어의 현재 시칭 《는》이 여기 나온
것으로 추정된다.

社稷乙 危以爲只爲 作謀爲行臥乎 事
〔대명률직해 一권 四장〕

右 功勞乙 大常旗良中 書上爲有臥乎 人
〔대명률직해 一권 七장〕

이 진행태의 臥乎는 다시 완료태의 有 및 行과 복합해서 사용된 례가 있다. 현대어에서 두 체계의 시칭이 《았는》, 《겠는》 등과 같은 복합을 이루는 것도 이미 오래 전부터 시작된 것이다.

그런데 진행태의 臥乎는 內로도 대용되고 있다. 爲白內等, 爲內旀의 內가 바로 그런 것이다.

君如 臣多支 民隱如 爲內尸等焉 (배성가)
心未 際叱肹 逐內良齊 (기파랑가)
二尸 掌音 毛乎 支內良 (관음가)
祈以支 白屋尸 置內乎多 (관음가)
一等沙隱 賜以 古只內乎叱等邪 (관음가)
吾隱 去內如 辭叱都 (누이제가)
毛如 云遣 去內尼叱古 (누이제가)
拜內乎隱 身萬隱 (부처가)
不冬 萎玉內乎留叱等耶 (중생가)

이와 같이 향가에서도 이 진행태의 內자가 많이 나타나고 있다.

去奴 隱處 毛各乎丁 (누이제가)

이와 같이 향가에서는 內자를 奴자로 고쳐 쓴 례도 있다. 그러나 臥乎는 높은 계칭임에 비해서 內, 奴 등은 그렇지 않다. 후대의 리찰에서는 오직 높은 계칭에 한해서만 진행태가 활발히 사용되였을 뿐이다

2. 상(相)

리찰에서 상으로 특별한 다른 표시가 있는 것은 아니다. 오직 令是, 使內 등의 말을 가지고 사역상(使役相)의 의미로 쓸 뿐이다.

令是. 《시기》는 15세기 문헌에서 그대로 한 동사로 사용되여 있

目連이 시기샤 警戒ᄒ라 ᄒ야시ᄂᆞᆯ
〔월인 석보 七권 四七장〕

부톄 和尙 시기샤 警戒ᄒ라 ᄒ야시ᄂᆞᆯ
〔월인 석보 七권 四七장〕

15 세기는 말할 것도 없고 현대어에서도 아직까지 한 개의 동사로서 뚜렷하게 쓰이는 것이다. 그러나 리찰에서는 거의 상을 표시하는 전용의 토처럼 되여 있다.

女亦 有殘疾爲去乙 姉妹乙 用良 冒弄相見令是遣
〔대명률 직해 六권 二장〕

凡 官司亦 差人爲 錢粮乙 生徵令是㫆 公事乙 負定令是去乙 拒逆不順爲㫆 差使乙 犯打爲在乙良
〔대명률 직해 二〇권 七장〕

九十以上 七歲以下 人乙 敎誘犯罪令是在乙良 敎誘之人乙 當爲 推罪齊
〔대명률 직해 一권 二二장〕

嫡長子孫 有緣故爲去等 嫡次子孫乙 傳襲令是齊, 嫡次子孫 無去等 妾妻長子孫乙用良 傳襲令是齊
〔대명률 직해 二권 二장〕

여기 相見令是, 生徵令是, 負定令是, 犯罪令是, 傳襲令是 등의 令是는 相見, 生徵, 負定, 犯罪; 傳襲을 사역상으로 만드는 이외 아무런 다른 의미가 없다. 현대어에서도 한'자 어휘에서만은 리찰과 하둥의 다른 집이 없다. 《연구(硏究)시기다》, 《단련(鍛鍊)시기다》, 《고무(鼓舞)시기다》 등의 《시기》는 역시 《연구》, 《단련》, 《고무》를 사역상으로 만드는 데 지나지 않는다.

정도사 석탑기와 통도사 석장생에서도 令是가 쓰이여 있다. 令是의 이와 같은 용법은 상당히 오랜 이전부터 있은 것이다.

食佰貳石并以 准受令是遣在如中. 米伍拾肆石乙 准受令是遣在如中. 排立令是白內乎矣
〔이상 정도사 석탑기〕

改立令是於爲了等以立
〔이상 통도사 석장생〕

그런데 현대어에는 《기》, 《리》, 《히》, 《이》 등을 붙이여
동사의 상으로 표시된 일련의 말들이 존재한다. 그 《기》와 《히》는
그와 련접되는 동사의 끝소리에 따라서 거의 정칙적으로 구별되
고 있다.

ㄱ	막히다	적히다	속히다
ㄴ	안기다	신기다	
ㄷ	뻗히다	돌히다	묻히다
ㄹ	날리다	걸리다	놀리다
ㅁ	감기다	담기다	
ㅂ	잡히다	집히다	줍히다
ㅅ	씻기다	빗기다	솟기다
ㅈ	꽂히다	낮히다	멎히다
ㅎ	놓이다	닿이다	쌓이다

만일 그 우에 오는 동사가 개음절인 때에는 《이》나 《이우》를
붙인다.

자	재,	재우
뜨	띄,	띄우
서	세,	세우
보	뵈,	뵈우

약간의 동사는 《기》, 《히》 등을 붙이지 않고 한 개의 다른
말에 의해서 그 의미를 보충해 쓰는 례도 있다.

《가다》, 《오다》는 《보내다》로

《하다》는 《시기다》로

그런데 이렇게 복잡하나 정제한 어미가 과연 어디서 발생된
것인가? 《기》, 《히》, 《리》, 《이》, 《이우》 등의 음운적 변화는
대체 무엇에 기인하는 것인가? 고개를 돌이키여 리두 토의 令是
를 다시 한 번 살피여 볼 필요가 있다. 令是의 시기가 한 편으로
는 독립한 동사로서 오늘까지 계속 사용되면서 다른 한 편으로는
복잡한 음운 변화와 함께 드디여 단순한 상의 표시로 추상화된 것

이라고도 생각할 수 없지 않다. 그것은, 첫째 《시기》의 《ㅅ》나 《ㄱ》는 고대어로부터 현대어에 이르는 동안 모두 탈락된 례가 많은 음이요, 둘째 《시기》는 현대어에서 《시키》라고 하는 동시에 또 15세기의 《두르혀》, 《치혀》 등과도 련게가 있음으로써 그 《ㄱ》 음이 본래 《ㅎ》로 추정되기 때문이다. 두 자음이 함께 탈락된 데서 《이》나 《이우》로 되고 《ㄹ》 끝소리가 측음화되는 데서 그 아래에 한해서 《이》가 다시 《리》로 기사된 것이어니와, 그 나머지는 끝소리에 따라서 《ㅎ》 자신이 《ㄱ》로 변하거나 그 끝소리의 단순한 기음화로 되거나 하는 것이다.

使內. 《브리》도 15세기 문헌에서 그대로 한 개의 동사로 사용되여 있다.

셴 하나빌 하늘히 브리시니
〔룡비 어천가 一九〕
世尊이 文殊를 어마념끠 브리샤 請ㅎ야시늘
〔월인 석보 二一권 六장〕

현대어에서도 《마소를 부리다》, 《집을 부리다》 등의 의미로부터 《꼴을 부리다》, 《호기를 부리다》 등 다양한 의미로 쓰이는 것이다. 하기는 리찰에서도 使內는 숍분보다도 더 현저히 한 개의 동사로 나타나는 경우가 드물지 않다.

他衙門 吏員以 使內如可 受粮司吏良中 發充人亦 犯罪爲在乙良
〔대명률 직해 一권 一四장〕
外方 遷徙付處 及 從便人等矣 家口置 此樣以 使內齊
〔대명률 직해 一권 一七장〕

때로는 현대어의 《부리다》보다도 《보내다》에 해당하게 되고 있다.

一道乙良 都節制使 一道乙良 都評議使爲等如 使內遣
〔대명률 직해 一四권 三장〕

백암사 고문서 一호에는 雨漏分置 使內 不冬 間閣等亦 並只 頹落爲라고 하였다. 이 使內는 파괴되는 가옥에 대한 대책으로서의 행동을 가리키는 것이다.

그러나 적지 않은 경우에 使內도 한 개의 상을 표시하는 토로 되여 가고 있는 것을 발견할 수 있다.

　　他道 大小軍官員亦 文字相通 軍馬起送 助戰令是乎 事叱段 王旨 行下
無亦 越境使內乎所 不喩齊；
　　　　　　〔대명률 직해 一四권 二장〕
　　先犯 徒罪年限 未滿爲在 人乙 幷以四年分 徒役使內乎 事
　　　　　　〔대명률 직해 一권 二一장〕

여기 越境使內, 徒役使內 등의 使內도 令是와 다를 것은 조금도 없다. 단지 令是가 언제나 사역상의 동사로 되는 것과는 달리 使內는 그 행동의 단순한 강조로도 된다.

　　大醫亦 官藥乙 逢受 軍士良中 進使內如可 親進 不多 無用 醫員乙 財物許給 代送令是在乙良 各杖八十
　　　　　　〔대명률 직해 一四권 五장〕

그와 함께 令是의 《시기》는 현재에 이르기까지 구두어에서 적지 않은 작용을 일으키고 있음에 비해서 使內의 《브리》는 전연 그렇지 못하다.

　　3. 존칭(尊稱).
리찰의 존칭은 전부 敎자로 표시된다.

　　敎 이션(고금석림)
　　敎事 이샨일(전률통보, 고금석림, 유서필지)
　　敎矣 이시되(전률통보), 이사되(고금석림), 이스되(유서필지)
　　敎是 이시(전률통보, 고금석림, 어록변증, 유서필지)

이상에서 敎事는 敎와 事, 敎矣는 敎와 矣가 련접한 것이요, 결국 단순한 존칭으로 남는 것은 오직 敎와 敎是의 둘 뿐이다. 만약 리두음으로서만 볼 때 敎의 《이션》은 규정어 전용, 敎是의 《이시》는 술어 전용인 것으로 보이나 물론 그런 것은 아니다. 이미 규정 위치에서 언급한 바와 같이 어느 편이나 규정어로도 쓰이고 술어로도 쓰인다.

　　敎是의 례 :

其 見任 京官乙 上敎以 諸處 差送敎是㫆 又 外任良中 移差敎是去等
〔대명률 직해 二권 一장〕

凡 百官良中 內賜敎是臥乎 衣服等乙 使者亦 親姿 不多爲遣
〔대명률 직해 一二권 三장〕

凡 陪奉行幸敎是 處良中 近侍宿衛隨駕官軍外 其餘 軍民隱 並只 回避 爲乎矣
〔대명률 직해 一三권 七장〕

凡 行幸敎是 時 行宮外 營門果 之次 營門良中 趣便以 直入爲在乙良 杖一百齊
〔대명률 직해 一三권 八장〕

敎의 례:

一本乙良 都節制使弋只 轉達都評議使 申聞 上鑒 選用敎矣
〔대명률 직해 二권 一장〕

所犯 罪名乙 臨時 酌量 寬赦敎 罪人乙良 特別 放赦爲乎 事
〔대명률 직해 一권 一八장〕

이상과 같이 敎是나 敎나 다 같이 술어와 규정어의 량쪽으로 통용되고 있다. 그 둘의 구별이 거기 있지 않은 것은 더 다시 의심할 여지가 없다.

그런데 15세기 문헌에는 존칭으로서 현대어와 같은 《시》이외 또 《샤》가 하나 더 사용되는 것이다. 그것은, 첫째 《아,어》의 토 우에 존칭을 붙이는 대신으로, 둘째 동사나 형용사를 명사로 만드는 《ㅁ》 우에 존칭을 붙일 때 모두 《샤》를 사용하기 때문이다.

첫째 경우의 례:

東海 六龍이 ᄂᆞᄅᆞ샤
〔룡비 어천가 一〕

손소 神靈을 셤기샤
〔월인 석보 二一권 二一三장〕

둘째 경우의 례:

가샴 겨샤매 오늘 다ᄅᆞ리잇가
〔룡비 어천가 二六〕

上記 심기샤ᄆᆞᆯ 得ᄒᆞ리이다
〔월인 석보 二一권 一三三장〕

이와 같이 대체로 《샤》는 일정한 경우에 한해서 《시》를 대용하는 것이나, 때로는 동일한 경우에 함께 사용되면서 어감을 달리한 듯한 점도 없지 않다. 즉 《시》로써 일반적인 존칭을 의미하였다면 《샤》로써 그보다 더 극진한 존칭을 의미한 것으로 추정된다.

다시 說法ᄒ신디
〔월인 석보 二一권 二장〕

世尊이 너기샤디
〔월인 석보 二一권 四장〕

無量阿僧祇劫에 父母 孝養ᄒ시닷다
〔월인 석보 二一권 二〇八장〕

甚히 奇特ᄒ샷다
〔월인 석보 七권 一四장〕

聖明ᄒ신 朝룰 집스올 줄 업도다
〔두시 언해 二권 一〇장〕

人間앤 주산 金이 잇도다
〔두시 언해 五권 一八장〕

儀仗을 ᄌᆞ조 옮기더시니라
〔두시 언해 六권 五二장〕

님그미 親히 ᄒ샤니라
〔두시 언해 四권 二一장〕

　15세기 문헌으로 볼 때 《시》가 사용되는 광범한 범위에 《샤》가 어더나 대용되지 못하고, 또 《샤》가 사용되는 일정한 경우도 《시》를 잘 대용하지는 않았다. 《샤》는 존칭의 한 개 변종에 지나지 못하는 것으로서 《시》와 대립되는 또 한 종류의 존칭으로는 될 수 없다. 그러나 봉건 사회의 언어 생활에서 가장 예민하게 반영될 수 있는 것이 존칭이다.
　여기서 상기와 같은 약간의 어감적 차이를 나타내기 위해서 敎是와 敎를 구별한 것이다. 敎는 《샤》에 해당하고 敎是는 《시》에 해당한다. 그 둘의 용례도 대체로 이러한 추정과 어그러지지 **않는다.**

그런데 왜 존칭을 《이시》,《이션》으로 읽는가? 또 어떻게 《敎》자를 《이시》 내지 《이션》으로 읽을 수 있는가? 본래 존칭의 《시》는 《있다》는 옛 말의 《이시》에서 나왔고, 《이시》는 또 《계시다》는 옛 말의 《겨시》와 같다. 존칭은 《겨시》로부터 《이시》로 변하고, 《이시》로부터 다시 《시》로 변한 것이니, 敎是는 가장 오랜 음의 기사요, 그 리두음의 《이시》는 그 다음 음의 전승인 것이다.

뎌 부러 無量無邊聲聞弟子를 두겨시니

〔월인 석보 七권 六九장〕

千萬億 모물 化ᄒᆞ야 두겨신 功德과

〔월인 석보 二一권 一五六장〕

《겨시》의 이러한 용법은 그것이 존칭으로 발달되여 온 경로를 그대로 보여 주는 것임에 틀림이 없다.

道內 長城郡土 白嚴寺段 無田民殘廢古基山齊是去乙　先師 覺眞國師敎是 重剏是遣

〔백암사 고문서 一호〕

全羅道 長城地 白嚴寺乙 祖上 文貞公敎是 三寸叔父 王師 復同願 私財以 營剏

〔백암사 고문서 三호〕

敎是의 이러한 용법은 그 본래의 음이 《겨시》였음을 더 한층 확증하여 주는 바다. 현대어에서 주격 토의 존칭으로 《께서》를 쓰는바, 그것이 바로 敎是요, 또 그것이 바로 《겨시》란 말이다. 맨 처음 한 개의 동사였던만큼 능히 《솝》 즉 오늘의 《옵》과 《오》 등을 붙이여 《께옵서》나 《께오서》와 같은 토도 만들기에 이른 것이다. 이 《께서》를 혹 여격의 존칭 《께》와 관련시키여 볼는지 모르나 전연 유래가 서로 다르다.

龍이 그낼 이쇼리라 王ㅅ그엔 가리라

〔월인 석보 七권 二六장〕

宮闕엔 여러 帝ㅅ거긔 ᄉᆞᄆᆞ차 가리로소니

〔두시 언해 九권 四一장〕

여격의 존칭은 《ㅅ그에》 또 《ㅅ거긔》서 나온 것이요 《겨시》에서 나온 것이 아니다. 《겨시》가 주격의 존칭으로 된 것은 그 대상의 직접 지적을 피함으로써 경의를 표시하는 습관에 기인하거니와, 여격의 존칭에 《서》를 가해서는 그런 근거가 보이지 않는다.

그러나 무진사 종의 无盡寺鍾成 敎受 內 成과 一切衆生 苦離 樂得 敎受 成在 節의 敎는 존칭으로 보아서는 안된다. 거기서는 敎자의 뜻 그 대로 해석할 것이다. 또 잣나무가의 汝 於多支 行齊 敎因隱의 敎도 존칭으로 볼 수는 없다. 그것은 敎자의 다른 새김을 찾아야 할 것이다. 꽃흘가의 執音乎手 母牛 放敎遣의 敎자가 존칭이라고 해석되는 가운데서 가장 오랜 것으로 된다. 이 한 군데를 제하고 향가에서도 더는 쓰이여 있지 않다.

4 계칭(階稱)

리찰의 계칭으로서는 우선 먼저 白자로 표시되는 것을 들어야 한다.

白齊	숣져 (유서필지)
	살제 (유서필지)
爲白昆	호숣곤 (유서필지)
	호올곤 (고금석림)
爲白如可	호숣다가 (유서필지)
	호올싸가 (고금석림)
爲白在果	호숣견과 (전률통보, 유서필지)
	호올견과 (고금석림)
是白良置	이숣아두 (유서필지)
	이살라두 (고금석림)
爲白乎矣	호숣오되 (전률통보, 유서필지)
	호올보되 (고금석림)
爲白乎旀	호숣오며 (유서필지)
	호올보며 (고금석림)
爲白乎所	호숣온바 (유서필지)
	호올본바 (고금석림)
爲白良結	호숣아져 (유서필지)
	호올아쟈 (고금석림)

爲白去乎	ᄒᆞᆲ거은 (유서필지)
	ᄒᆞ올거은 (고금석림)
爲白有在果	ᄒᆞᆲ빗견과 (유서필지)
	ᄒᆞ올잇견과 (고금석림)
爲白沙餘良	ᄒᆞᆲ스나마 (유서필지)
	ᄒᆞ올산남아 (고금석림)
爲白在如中	ᄒᆞᆲ견다희 (유서필지)
	ᄒᆞ올견다희 (고금석림)
爲白臥乎事	ᄒᆞᆲ누온일 (전률통보, 유서필지)
	ᄒᆞ오누온일 (고금석림)

이상 계칭의 표시로 쓰인 白자 중에서도 두 음이 서로 차이 나는 것만을 뽑아서 보인 것이다. 유서필지는 《ᄉᆞᆲ》으로 주장을 삼은 데 대해서 고금석림은 《ᄋᆞᆲ》 내지 《올》로 주장을 삼고 있다. 단지 유서필지와 고금석림에서 다 각각 다른 마디에서나마 똑 같이 《살》로 읽은 곳이 한 곳이요, 또 고금석림에서 끝소리까지 다 떼 버리고 《오》로 읽은 곳이 한 곳이다. 《겨시》, 《시기》 등과 함께 이 《ᄉᆞᆲ》도 복잡한 음운 변화 과정을 보여 주는 중의 하나다. 유서필지와 고금석림의 그 음으로만 모아서도 《ᄉᆞᆲ》, 《살》, 《ᄋᆞᆲ》 《올》, 《오》의 과정을 거쳐 온 것이다.

功德을 漢人도 ᄉᆞᆲ거니
〔룡비 어천가 七二〕

本來ㅅ ᄆᆞᅀᆞᄆᆞ로 恭敬ᄒᆞ야 ᄉᆞᆲ고
〔월인 석보 二一권 一六八장〕

15 세기 문헌의 《ᄉᆞᆲ》은 근세어의 《사뢰다》, 《아뢰다》 등에 해당한다. 즉 《ᄉᆞᆲ》이 바로 白자의 뜻으로 되고 있다. 그러나 그것도 계칭으로 쓰이는 데서는 또한 복잡한 음운 변화를 면치 못하는 것이다. 白의 리두음보다도 더 오히려 복잡한 변화다.

威武를 너기 아ᅀᆞ바
〔룡비 어천가 五九〕

親朝를 請ᄒᆞᅀᆞᆸ니
〔룡비 어천가 七一〕

아슨보터 나사 가니
〔룡비 어천가 五一〕

白에 해당한 이 토는 《사뱡》, 《ᄉᆞᄫᆞᆼ》, 《ᄉᆞ보》 등과 같은 변화를 보여 주고 있다.

臥龍이 돕ᄉᆞᄫᆞ니
〔룡비 어천가 二九〕

興望이 몯ᄌᆞᄫᆞ시나
〔룡비 어천가 一一〕

듣줍고 놀라니
〔룡비 어천가 五九〕

至今에 보ᅀᆞᆸᄂᆞ니
〔룡비 어천가 五〕

우아래의 결합되는 음에 의해서 《ᄉᆞᄫᆞ》는 다시 《ᄉᆞᄫᆞ》, 《ᄌᆞᄫᆞ》, 《좁》, 《ᅀᆞᆸ》 등의 변종들을 가지고 있다.

廷爭ᄒᆞ야 造化를 잡ᄉᆞ오니
〔두시 언해 二권 十장〕

丈夫는 나라해 모몰 밧ᄌᆞ오물 盟誓호디니
〔두시 언해 五권 二七장〕

ᄉᆞ이에 紫宸殿에 가 뵈ᅀᆞ오라
〔두시 언해 一권 二장〕

ᄢᅴ혀 난 材質이 아니론 고돌 붓그리ᅀᆞ오라
〔두시 언해 三권 七장〕

두시 언해에서는 아래의 《ᄫ》가 탈락되여 《ᄉᆞ오》, 《ᄌᆞ오》로도 나타나는 동시에 우의 《ᄉ》, 《ᄌ》도 마저 탈락되여 《ᄋᆞ오》로도 나타난다.

더ᄉᆞ의 쳥이오나 어려울가 ᄒᆞᄂᆞ이다
〔사쩍 남정기〕

구혼ᄒᆞ노라 젼ᄒᆞ오면 반ᄃᆞ시 허락 ᄒᆞ리이다
〔사쩍 남정기〕

17 세기 문헌에 이르러서는 오직 《오》의 한 모음만이 남게

되는 례도 있다. 그래서 15 세기의 이 로는 《ᄉᆞᆲ》, 《ᄉᆞᆸ》, 《ᄉᆞᆸ》로 일종의 변화만을 보일 뿐이 아니라,《ᄉᆞᆸ, ᄌᆞᆸ》, 《소오, ᄌᆞ오》, 《ᄋᆞ오》, 《오》의 력사적 발달을 보여 주는 것이다. 白의 리두음이 책을 따라 또 우아래로 결합되는 다른 토에 따라 여러 가지로 달라진 것도 결국 구두어의 이러한 복잡한 관계가 일부분 반영된 것임에 지나지 않는 것이다.

물론 어느 문헌에서나 계칭으로서의 白자와 한 개 동사로서의 白자가 항상 뒤섞이여 쓰이고 있다. 白자를 일괄해서 그 어느 편으로나 치우쳐 볼 수는 없다. 그러나 례컨대 향가 가운데서

巴寶白乎隱 花良 汝隱 (도솔가)
慕呂白乎隱 佛體前衣 (부처가)

이러한 白은 계칭임이 분명하고, 또 례컨대 정도사 석탑기 가운데서

五層 石塔乙 成是白乎 願 表爲遣 成是 不得爲乎
石築 十尺方良中 排立令是白內乎矣

이러한 白도 계칭임이 분명하다. 白을 계칭으로 사용한 것은 벌써 향가 시대로부터의 일이다.

그런데 도대체 白의 뜻을 가진 《ᄉᆞᆸ》가 어떻게 계칭으로 변하게 되였을가? 아니 무슨 근거로서 리찰의 白을 계칭으로서 부르는가? 대개 옛날 조선에는 극진한 경의를 표시하여야 할 그런 사람 앞에서 감히 자기를 대화의 대상으로 설정하지 못하는 법이다. 그런 사람과의 대화는 직접 대화를 취하는 것이 아니라 간접 대화로 진행하여야 한다. 직접 대화란 가령 《비가 나리오》라든지, 《말이 가오》라든지 등 보통의 대화다. 간접 대화란 가령 《비가 나린다고 아뢰오》, 《말이 간다고 아뢰오》와 같이 전달 형식의 독특한 대화다. 만일 이 독특한 형식의 간접 대화를 한 개의 가정적인 사실로 아는 사람이 있다면 그것은 옛조선의 민속을 모르는 사람이다. 바로 리조 말기까지도 소위 임금에게 대해서 그 아래의 신하들은 이러한 대화를 진행하고 있은 것이다. 《아뢰다》는

본래 《사뢰다》의 《ㅅ》음이 탈락한 것이요, 《사뢰다》는 곧 《솗》과 같은 말이다. 결국 《솗》의 옛형태인 《ㅅㅸ》가 간접 대화의 형식인 것 같이 리찰의 白도 간접 대화의 형식이다.

고대어에서 《ㅅㅸ》를 사용하는 것은 높은 계칭을 표시했고 그렇지 않은 것은 보통의 계칭을 표시하였다. 이에 따라 리찰의 白도 계칭으로 될 수밖에 없다.

그러나 白을 흔히 白乎로도 쓰는바 이제는 이 乎에 대한 것을 설명하여야 하겠다.

바리 알풀씨
　　　　　　　〔월인 석보 八권 九二장〕

허튀 알하
　　　　　　　〔월인 석보 八권 一〇〇장〕

슬픈 쁘늘 몯 이기샤
　　　　　　　〔월인 석보 八권 一〇〇장〕

내 슬히 우러
　　　　　　　〔월인 석보 八권 五九장〕

닗는 저플씨라
　　　　　　　〔월인 석보 서문〕

저허호미 맛당호니라
　　　　　　　〔두시 언해 二권 三五장〕

그 대숩 ᄉᆞᅀᅵ에
　　　　　　　〔월인 석보 八권 九九장〕

대수히 이쇼디
　　　　　　　〔월인 석보 八권 九九장〕

혀 ᄲᅡᅘᅧ 갈며
　　　　　　　〔월인 석보 二一권 四四장〕

센 머리 쏘바 내야
　　　　　　　〔청구영언, 김 삼현의 시조〕

이바 이웃드라 山水求景 가쟈스라
　　　　　　　〔정 국인의 상춘가〕

어화 베일시고 락락쟝송 베일시고
　　　　　　　〔청구영언, 정 철의 시조〕

太子ㅅ 뜯 다빙 호리이다
　　　　　　　〔월인 석보 二一권 二一六장〕

님 다히 (괴별울) 모르니
                    〔청구영언, 정철의 시조〕

고볼니 몯 보아 술읏 우니다니
                    〔월인 석보 八권 一〇二장〕

린아를 수풀 속에 꼬이 눕히고
                    〔사씨 남정기〕

조선어에서는 일찌기 《ㅍ, ㅂ, ㅸ》 등의 음이 《ㅸ》음으로 바뀌어지고 있는 현상을 보는바, 그것은 《ㅸ》음이 《ㅍ, ㅂ, ㅸ》 등과 혼동되기 쉬웠다는 관계를 의미한다. 白乎의 乎는 바로 《ᄉᆞᄫᆞ》의 《ᄫᆞ》를 기사한 것이다. 즉 《ᄉᆞᄫᅡ》, 《ᄉᆞᄫᆞ》, 《ᄉᆞᄫᅳ》의 변화 형태 중 《ᄉᆞᄫᅡ》, 《ᄉᆞᄫᆞ》를 白의 한 자로써 표시함에 대해서 白乎의 두 자로써 《ᄉᆞᄫᆞ》를 표시한 것이다. 그러면 왜 《ᄉᆞᄫᆞ》의 한 형태만을 특별히 구별해 내였는가? 《ᄉᆞᄫᆞ》가 《ᄉᆞᄫᅡ》, 《ᄉᆞᄫᆞ》보다 다른 점이 무엇인가?

兄이 모딜오도 不宿怨焉이실씨
                    〔룡비 어천가 一〇三〕

믈 몬자히 건너시니이다
                    〔룡비 어천가 三四〕

내 方便으로 더로리라
                    〔월인 석보 二一권 二一六장〕

아ᅀᆞ믈 모도다
                    〔월인 석보 二一권 一九五장〕

福 어두미 無量無邊ᄒᆞ리이다
                    〔월인 석보 二一권 一三장〕

有ㅣ라 無ㅣ라 아로몰 말며
                    〔법어 二장〕

ᄒᆞ다가 ᄆᆞᅀᆞᆷ 뿌미 각각ᄒᆞ면
                    〔법어 략록 五장〕

다보조로 입흘 밍ᄀᆞ로니 (蓬爲戶)
                    〔두시 언해 三권 三六장〕

호메 사로미 어렵도다
                    〔두시 언해 三권 四六장〕

어떠한 동사 내지 형용사의 모음이 《오》로 바뀔 때는 대화의 대상자에 대한 경의의 표시를 의미하는 것이다. 거기 따라서 《솗》도 다른 모든 동사 내지 형용사나 마찬가지로 그 모음을 《오》로 바꾸어 경의의 표시로 삼을 수 있는 것은 물론이다.

六師ㅣ 즉재 솗보디
〔월인 석보 二一권 一九五장〕

《솗》이라는 동사가 이렇게 변화한다면 간접 대화로 되는 《ᅀᆞᆸ》도 역시 《ᅀᆞ오》로 될 수 있다. 그는 곧 《아ᅀᆞᆸ디》의 《ᅀᆞᆸ》와 같은 례인바 일종 이중의 계칭을 구성하는 셈이다. 향가 및 리찰 문헌에는 반드시 白의 한 자를 쓴 것과 白乎의 두 자를 쓴 것이 구별되여 있다. 그 구별은 바로 상기와 같이 간접 대화 이외 모음 변화에 의한 또 하나의 계칭이 있기 때문이다. 비단 白乎만이 있는 것이 아니다. 리두 토에는 如乎, 臥乎, 爲乎, 有乎, 無乎, 是乎 등이 사용되고 있다.

如乎. 《다빙》가 《다히》로 되는 것 같이 《다ᄫ》는 《다호》로 된다. 동동에서 《二月ㅅ 보로매 아으 노피 현 등ㅅ블다호라》, 《六月ㅅ 보로매 아으 별해 ᄇᆞ룐 빗 다호라》, 《十月애 아으져미연 ᄇᆞ롯다호라》 등의 《다호》가 바로 그런 례다.

臥乎. 월인 석보 一권 一七장에는 《바ᄅᆞ래 누븐 이른》이라고 해서 《누ᄫ》의 모음을 《오》 대신에 《우》로 바꾸고 있다. 그것은 모음 조화를 위한 것이다. 본래 리두 토에서는 모음 조화에 의해서 글'자를 달리한 례는 없다. 그것은 乙, 以 등의 격 위치로 보아서도 잘 알 수 있는 일이다.

爲乎. 爲의 《ᄒᆞ》는 그 모음을 바꾸면 《호》로 된다. 사실로 17 세기 문헌에는 《ᄒᆞ》를 《호》로 바꾸어 쓴 례가 많다.

어린 百姓이 니르고져 홇 배 이셔(愚民有所欲言)
〔훈민 정음 언해 二장〕

내 호오아 서의여 호라(獨蕭條)
〔두시 언해 四권 一四장〕

그런데 《ᅘ》는 이와 류사한 성질로서 또 다른 하나의 형태를 보이고 있다. 즉 모음을 《오》로 바꾸는 대신에 그 아래 《요》를 붙이는 것이다.

ᄒᆞ욜 바를 아디 몯ᄒᆞ더니
〔월인 석보 서문 一〇장〕

稷契이면 힘 ᄒᆞ요미 쉬우리어니
〔두시 언해 六권 五〇장〕

爲乎는 《호》의 기사가 아니요 《ᄒᆞ요》의 기사인 것이다. 리두 음도 역시 그 편으로 가깝게 읽고 있다.

有乎. 훈민 정음 언해 二장에서 《有는 이실씨라》라고 하였다. 이 《이시》란 말에 乎를 붙인 것을 의심스럽게 생각할 수도 있다. 그러나 《ᅘ》 음으로 변하는 것은 오직 《ㅍ, ㅂ, ㅸ》에 한하는 것도 아니다. 《ㅿ》도 《ᅘ》 음으로 변한 례가 없지 않다.

製는 지을씨라
〔훈민 정음 언해 一장〕

十二八이라 일훔 지ᄒᆞ니라
〔월인 석보 二권 二一장〕

《이시》의 《ㅅ》가 《ㅿ》와 통한다면 有乎를 의심스럽게 생각할 것이 없다. 또 《ㅿ》의 례를 끌지 않더라도 《ㅅ》와 《ᅘ》의 두 음이 통할 수 있는 것은 더 말할 것이 없다.

버그니 五百이 이쇼디
〔월인 석보 二一권 二七장〕

[甫] 이쇼믈 누에 보롸
〔두시 언해 一권 二八장〕

실상 《ᅘ》가 《ㅅ》로 변한 것이 아니요 《이시》 아래 《오》가 붙은 것으로 된다. 마치 《ᄒᆞ요》의 형태와 같다.

無乎. 훈민 정음 언해 一四장에 《無는 업슬씨라》 하였고, 월인 석보 서문 二장에는 《업수미 업거니라》고 하였다. 無乎는 곧 《업수》에 해당한 기사로 되는 것이다.

是乎. 그런데 모음 변화에 의한 계칭과는 달리 간접 대화의

《수병》도 나중에는 오직 《오》의 한 개 모음으로 변해 버린다는 것을 기억해야 된다. 그것도 훨씬 후대에 이르러서 비로소 그렇게 되는 것이 아니요, 이미 15세기 문헌에서부터 그 두 가지가 서로 혼선되고 있다는 사실을 함께 주의하여야 한다. 《ᄒᆞ》가 《호》로도 되고 《ᄒᆞ요》로도 되는 것이 별다른 관계가 아니다. 《호》는 모음 변화에 의한 계칭임에 대해서 《ᄒᆞ요》는 간접 대화에 의한 계칭이다. 15세기 일부의 말들은 벌써 모음 변화에 의한 계칭이 정지되는 반면에 간접 대화에 의한 계칭으로 넘어 갔다. 그 중에도 《ㅗ》, 《ㅜ》 및 《ㅣ》 계통의 모음이 특히 그러하였다.

民望을 일우오리라
〔룡비 어천가 一〇八〕

여희욤 道를 求코져 호딘댄
〔월인 석보 서문 一五〕

三十棒을 마더 됴토다
〔법어 략록 三〇장〕

불 두드류믈 비호이ᄂᆞ다
〔두시 언해 四권 ──장〕

그러므로 15세기와 같은 언어를 전제하는 아래서 有의 《이시》란 말은 모음 변화가 가능치 못하고 오직 《오》의 첨가가 가능할 뿐이다. 거기 따라서 白乎, 如乎, 臥乎 등의 乎가 모음 변화를 표시한 것임에 대해서 有乎의 乎는 《오》의 첨가를 표시한 것으로 보아야 한다. 물론 乎는 《오》보다 첫소리를 더 가지고 있으나 그런 것은 문제될 것이 아니다. 《수병》가 단번에 《오》로 변한 것이 아닌 이상 반드시 《호》의 한 단계나 또는 그러한 한 변종을 가졌던 시기가 있었을 것임에 틀림이 없다.

是乎의 乎는 두 번 물을 것 없이 《수병》가 줄어서 《오》로 된 그것이다. 白乎, 如乎, 臥乎 등의 乎와는 아주 다르다.

향가에는 白乎, 如乎, 臥乎 이외에도 乎자가 다른 많은 글자와 련접되여 나타나고 있다. 그 중의 內乎는 臥乎에 해당한 것이라는 것을 알 수 있다. 그러나 作乎, 行乎, 逢乎 등은 과연 모음 변화와 간접 대화의 그 어느 편이라는 것을 구별하기 곤난하다. 오직 지금에 있어서 고대어의 천명된 한도내에서 가장 타당한 편을 좇고 있을 뿐이다. 그러나 향가에는 是乎가 전연 쓰이지 않았다. 아직 그 때까지는 《수"》가 그렇게 변모되지 않았던 것인가 한다.

그러나 17 세기 이후에 이르러 모음 변화에 의한 계칭은 전연 소멸되고 오직 간접 대화에 의한 계칭이 남아 있었다. 거기 따라 일찌기 모음 변화를 표시하던 如乎, 白乎, 臥乎 등의 乎까지도 드디여 간접 대화의 乎로 그릇 인정되기에 이르렀다. 그래서 15 세기 문헌에서 그 두 가지가 서로 혼선되는 이상으로 리찰 문헌에서 혼선됨을 면치 못한 것이다. 白乎, 白, 乎 등의 일정한 관계를 리해하지 못하고 오직 무원칙한 혼용으로만 리해하였을 뿐이다.

제 6절 류사 토

본래는 토가 아니나 토와 련접해서 자주 나타나는 바람에, 또는 리찰 문장의 특수성에 의해서 많이 쓰이는 바람에 마치 토처럼 보이는 일부의 한'자들이 있다. 그런 한'자를 본격적인 토와 구별키 위해서 지금 류사 토라고 부르는 바다. 그러나 그런 한'자의 약간은 례컨대 式, 分, 故, 則과 같은 자들은 리찰은 물론이요 구두어에까지 들어 와서 한 개의 토로 되여 버리였다. 류사 토란 그 이름도 오직 리두 토의 일반적 사용 형태에 국한해서 생각하는 것이 필요하다.

同. 상대자가 이미 알고 있거나 상문에서 이미 지적한 사물을 표시하는 말이다. 어록변중에서는 《오언》이라고 읽고 유서필지에서는 《오히》라고 읽었다.

入聲은 點 더우믄 호가지로되 쌘ᄅ니라(入聲加點同而促急)
〔훈민 정음 언해 —四장〕
먼 싸히 혼가지로 여러 ᄢᅳᆯ 陰氣로다(曠絕同層陰)
〔두시 언해 --五권 三장〕

15세기 문헌에서 同을 흔히 《혼가지》로 번역하였으나 《혼가지》가 《오언》 내지 《오히》로 될 수 없다. 如자의 뜻과 같이 해석한다고 하더라도 《ᄀᆞᆮ》 내지 《다빗》 등과는 거리가 멀다. 그런데 右良에 대해서 전률통보에서 《임의여》라고 읽고 유서필지에서 《님의아》라고 읽고 있다. 여기서 현대어 《이미》가 나온 동시에 이 말은 右味라는 리두어와 다시 관련되는 것임에 틀림이 없다. 또 右味는 어록변증에서 《올우미》라고 읽었다. 《미》는 味자의 음이겠지마는 《올우》가 미상하다. 훈몽자회에서 右를 《올혼》이라고 새기였고 현대어에서도 우편을 《오른편》이라고 말한다. 味를 음으로 읽는 것과는 달리 右를 뜻으로 읽은 것이라고 보인다. 그렇다면 同을 《오언》 내지 《오히》라고 하는 뽐은 《올혼》 내지 《올히》의 자음들이 탈락한 것이다. 즉 우기(右記)와 같은 의미다.

一息程途是在 同 白嚴寺乙沙 資福寺良中 求望
〔백암사 고문서 三호〕

同 奴婢等乙 後所生並以 永永 傳係爲白良結
〔토산군 부인 젼게 문서〕

等, 去等과 等以의 접속 위치로 사용되는 이외에도 또 마치 '한' 자처럼 단 한 자로서 사용되고 있다. 명사류의 복수만을 표시할 때는 矣徒等과 같이 《둥》으로 읽고, 그 아래 用良을 붙일 때는 等以와 같이 《들》로 읽는다. 현대어의 복수를 표시하는 《들》은 바로 이 等의 리두 음과 통하고 있다. 그 뿐만이 아니라 《학생이 밥들을 먹느냐》, 《함흥들 가느냐》 《업는 가거라들》과 같은 용법도 리찰 문헌에서의 복잡한 等의 용법을 련상케 한다.

寺代內 應爲 處 追于 立是白乎 味了在乎等用良 同日 三寶內庭中乙 定爲在乎事是等以
〔정도사 석탑기〕

依所報 施行 向事 回送是乎等用良 郡日守 池玉孫乙 院直以 起送爲去乎
〔소수서원 립의〕

入. 《어떠어떠한데 소용되는》의 뜻이다. 현대어에서도 용량을 표시할 때는 《열 말 들이 두명》, 《한 되 들이 병》과 같은 말을 쓰고 있다.

大祀入 神御之物乙 棄毀爲㢱
〔대명률 직해 ――권 二장〕

織造入 物色乙 依例 定日良中 題給 不多爲在乙良
〔대명률 직해 二九권 三장〕

爲. 어떠한 말을 동사, 형용사로 사용할 때 반드시 그 아래 붙이여 쓴다. 현대어에서 동사 및 형용사로 되는 한'자 어휘에다가 《하다》를 붙이는 것과 같다. 爲只爲, 爲良於爲 등의 접속 위치에는 두 爲자가 있는바 우의 자는 역시 상기의 의미로 쓰인 것이다. 爲巴只, 爲等如 등의 爲자가 전체 마찬가지다.

子孫傳持 鎭長居住爲乎事
〔숙신 옹주 가옥 문서〕

前者 嫡妾子等乙 文記 成給爲乎矣
〔정해군 유서〕

여기의 爲乎 및 爲乎矣의 爲는 居住, 成給을 동사로 쓰기 위한 것밖에 더 다른 의미는 없다.

必于 知情 不多爲良置
〔대명률 직해 一八권 ――장〕

如法 不得爲在乙良
〔대명률 직해 二九권 二장〕

여기의 爲良置 및 爲在乙良의 爲는 知情과 如法을 부인하는 不多, 不得 등의 부사를 붙이여 쓰기 위한 것밖에 더 다른 의미는 없다. 그런데 동사, 형용사로 사용할 때 爲자를 붙이는 것은 오랜 이전의 용법이나, 부인 부사를 붙이기 위한 용법은 그보다 후대의 발생으로 추정된다. 먼저 용법은 균여 향가에서부터 벌써 사용되기 시작함에 비하여, 나중 용법은 균여 향가에서도 아직 찾아 볼 수 없다.

九世 盡良 禮爲白齊 (부처가)

功德叱身乙 對爲白惡只 (여래가)
佛佛周 物叱 供爲白制 (공양가)
佛影 不冬 應爲賜下呂 (누리가)
衆生 安爲飛等 (중생가)
懺爲如乎仁 惡寸 業置 (회향가)
禮爲白孫 佛體刀 (회향가)

균여 향가에서 동사, 형용사로 쓰이는 말 아래 爲자를 붙인 례가 대개 이상과 같다. 그 중 부인 부사와 함께 사용된 佛影 不冬 應爲賜下呂에는 부인 부사가 직접 부인되는 그 말 우로 올라 가 있다.

是. 어떠한 명사류를 술어나 규정이토 사용할 때 반드시 붙 이며 쓴다. 현대어에서 《영웅이요》, 《영웅이다》, 《영웅인》 등의 《이》와 같다.

關內 貌如 先可 資福良中 移接是遣 〔백암사 고문서 三호〕
只三人會話而已 別無他意是白乎旀 〔경신 역옥 추안 엽(楝) 초사〕

여기의 移接, 別無他意가 한 개의 명사로서 쓰이고 있는 셈 이다. 是遣와 是白乎旀의 是를 爲로 바꾸어 놓으면 그 대로 동사 로 되여 버리는 것이다.

향가에서는 오직 처용가 중 吾下是如馬於隱의 是如를 是자 의 이런 용법으로 볼 것이나, 그것도 吾下가 한'자 어휘와는 다 름에 따라 꼭 적당한 례는 아니다. 풍기 자적탑비의 大山是在以 와 성도사 석탑기의 宋良鄕矣 結審是乎 導行乙用良, 定爲在乎事 是等以 등의 是자가 이런 용법의 가장 오랜 례로 되지마는, 상기 두 문헌에서도 그렇게 많이 나오지는 않는다. 백암사 고문서에 이르러서야 비로소 是자가 거의 爲자와 대등하게 쓰이고 있다. 이것이 바로 是자의 이러한 용법의 발달 과정을 반영하는 것이 나 아닐가 한다.

그런데 是자는 어디서 유래하는 것인가? 첫째 리두 토에서 주격 토로 亦과 함께 ·是가 사용되고 있으며, 둘째 한'자로서의 是 는 지시 대명사의 《이》란 뜻이요 그 리두음도 결국 그 뜻을 취한 것이며, 세째 有의 뜻인 《이시》가 《시》로 되여 존칭의 표시로 쓰인다면 그 같은 《이시》가 《시》로 되여 술어로 되는 명사류 아래 붙을 수도 없지 않다. 그 세 가지 중의 어느 편인가? 이 是자가 글'자로서 통용되는 자도 없고 리두음으로서 또 아무런 변종도 없기 때문에 리찰에서만은 이 문제를 결정 짓기 곤난한 것이 사실이다. 그러나 여기 대해서 한 개의 흥미 있는 현상을 지적해 둘 필요가 있다. 그것은 자적탑비나 정도사 석탑기에는 주격 토의 亦이나 是와 《있다》는 뜻의 在가 련접해서 술어를 이룬 례가 많다는 사실이다.

成造爲臥乎亦在之白賜
大山是在以

(이상 자적탑비)

議出納爲乎事亦在乙
陪到爲賜乎事亦在等以
邀是白內呢乎亦在㢱
右如隨願爲在乎事亦在

(이상 정도사 석탑기)

이렇게 주격 토와 《있다》는 뜻의 말이 련접해서 술어를 이룬 례가 많이 나타나는 것을 결코 우연한 현상으로만 보아 버릴 것이 아니다. 또 일반적으로 생각하더라도 이것은 지극히 당연한 현상임에 틀림이 없는 것이다. 그러나 첫째 그 둘의 련접으로부터 일어 나는 음운적 변화도 있거니와, 둘째 주격을 이루는 명사와 수격 토의 관계, 세째 《있다》는 말과 술어로 되는 토의 관계 등도 변화가 없지 않았다. 여기서 주격 토도 아니요 《있다》는 말도 아닌 중간 형태의 《이》가 발생되였으며, 그래서 마치 어떠한 말을 동사 및 형용사로 사용할 때 爲자를 붙이여 쓰듯이, 명사를 술어 내지 규정어로 쓸 때는 是자를 붙이여 쓰고 있다.

事. 한'자 뜻 그대로다. 단지 중간에 쓰일 때는 단순한 사실을 가리키는 데 대해서 맨 끝으로 쓰일 때는 그 사건의 일정한 내용이나 내지 당연히 행동해야 할 방향을 요구하는 의미로 된다.

중간에 쓰인 례:

須只 造作爲乎 事果 須只 破壞爲乎 事乙 預備分別 不冬爲有如可
〔대명률 직해 二九권 二장〕

맨 끝에 쓰인 례:
執政大臣亦 知情爲在隱 罪同齊 不知者 不坐罪爲乎事
〔대명률 직해 二권 九장〕
他人矣 犯罪乙 因于 干連得罪爲乎 緣故段 罪人乙 遲晩覺察爲 禁約 不
冬爲㫆 干連爲在乃 聽從使令爲去乃事
〔대명률 직해 一권 一八장〕

이 事의 리두음은 어느 책에서나 어느 경우에나 모두 《일》로 일치한다. 《일》이란 말은 15세기 문헌에서도 오늘과 같다.

이를 니버서 決斷ᄒᆞ물(臨事斷)
〔두시 언해 三권 六六장〕
이리 비릇 一定ᄒᆞᄂᆞ니(事始定)
〔두시 언해 一九권 四六장〕

所. 이 역시 한'자 뜻 그대로다. 단지 중간에 쓰일 때는 어떠한 사물을 가리키고, 끝으로 붙을 때에는 현대어의 《한 바》, 《하는 바》 등과 같이 일종의 접속 위치처럼 된다.

啓受使內乎所 有事是乙等
〔배암사 고문서 二호〕
四處 加抄定爲臥乎所 移文乙仍于 每一基條 靑魚 五百冬音式 詳定
〔소수서원 립의〕

이 所의 리두음은 전부 《바》다. 15세기 문헌에서 《바》는 리찰에서의 所와 같은 뜻으로 쓰이고 있는 것이 사실이다.

니ᄅᆞ고져 홇 배 이셔도(有所欲言)
〔훈민 정음 언해 二장〕
ᄒᆞ마 次第 혀여 ᄆᆡᇰᄀᆞ론 바를 브터(旣據所次)
〔석보상절 서문 五장〕

味. 전률통보에서는 敎味白齊를 《이산맛ᄉᆞᆲ제》라고 읽었고, 고금석림에서는 敎味白如를 《이산맛살따》로 읽었고, 유서필지에서는 爲乎味를 《ᄒᆞ온맛》이라고 읽었다. 味를 어느 책에서나 《맛》으로 읽고 있는 것이 현대어에서와 마찬가지다. 그런데 향가 급 리두 연구 348 폐지에서는 경기도 광주(廣州)의 長旨里를 《긴마루》, 충청북도의 晚旨洞을 《만마루》, 충청남도의 文旨里를 《문마루》, 전라도 순천(順天)의 禾旨里를 《슴말》이라고 하는 등의 례를 끌어서 味의 《맛》과 旨의 《마루》 내지 《말》의 음이 류사함을 론증한 다음 味 곧 旨의 뜻이라고 해석하였다. 근세까지 旨의 새김을 직접 《맛》이라고 하였은즉 味와 旨는 류사음이라기보다도 일찌기 동일음의 말이며, 또 旨의 뜻인 《말》이 바로 언어라는 말이니, 味 곧 旨의 뜻인 동시에 한 걸음 더 나가서 언어라는 《말》의 뜻인 것이다.

　　　作法祝上是在 味 出納爲臥乎 事是去等 右事 須貼
　　　　　　　〔백암사 고문서 一호〕

　　　村伏公案良中 法孫傳繼 施行爲遣 由報爲在 味 出納爲臥乎 事 右事須貼
　　　　　　　〔백암사 고문서 二호〕

　條. 가닥으로 꼬은 바'줄을 리두어로서 條所라고 쓴다. 條는 곧 《가닥》이요 가닥은 곧 현대어 《까닭》이다.

　　　他人乙 侵害爲乎等 用良 家長分 論罪爲乎 所 不喩是乎 條
　　　　　　　〔대명률 직해 一권 三二장〕
　　　在獄成罪例以 論罪遣 須只 親問爲乎 所 不喩是乎 條
　　　　　　　〔대명률 직해 一권 三七장〕

　次. 《어떠어떠한 차례》라는 뜻으로부터 《어떠어떠한 때》라는 뜻으로까지 쓰이게 되였다. 지금 현대어에서도 상당히 광범하게 사용되고 있다.

　　　女矣身亦 無后寡婦以 身後諸事 無依據 日夜 哀泣爲有如乎 次
　　　　　　　〔로산군 부인 전계 문서〕
　　　安潁男 嫡妾 俱無子 苦待收養之兒次
　　　　　　　〔안 영달 양자 문건〕

　第. 유서필지 중 爲白弟亦中란 토가 있는바 그 弟자가 바로 대명률 직해를 위시한 기타의 문헌에서 사용하고 있는 第자와 같은 의미일 것이다. 爲白弟亦中의 음은 《ᄒᆞᅀᆞᆸ제여히》라고 하였으니 弟 내지 第를 현대음 그 대로 읽고 있는 셈이다. 그런데 第에는 두 가지의 의미가 있다. 그 의미에 따라 현대어로 해당되는 말도 다 각각 다르다.

첫째는 第의 본뜻인 순서의 의미니 첫째 둘째의 《재》에 해당한 말로 된다. 第의 음이 《재》와 비슷한 것으로 보면 《재》가 본래 第에서 유래하는 것으로도 생각할 수 있다.

둘차힌 拘那舍牟尼佛이시고
〔월인 석보 一권 五一장〕

현대어의 《재》가 15세기 문헌에는 흔히 《차히》로 나오며

淨飯王 우흐로 온뉘 짜히 鼓摩王이러시니
〔월인 석보 二권 二장〕

혹은 《짜히》로도 나온다. 그 어느 편이나 그 당시 弟 및 第의 음인 《뎨》와는 다소 다르지 않은 것이 아니로되 물론 그렇다고 해도 《재》가 第에서 유래되였다는 추측은 여전히 가능하다.

盈孕婦人亦 犯罪爲去等 打傷推問 合當爲在乙良   如前 保人准受爲有如可 産後 百日第 待候爲良沙 推問爲齊
〔대명률 직해 二一권 一八장〕

必于 覆奏行下爲 理合決斷爲在乙良置 三日第亦中沙 行刑齊
〔대명률 직해 二一권 一九장〕

둘째로 《어떠어떠할 제》라는 《제》에 해당한 의미로 된다. 15세기 문헌에는 그와 같은 말로써 《쩨》가 쓰이여 있다.

너비 니롤뗸
〔월인 석보 二一권 四七장〕

《뗴》는 곧 弟 및 第의 음이다. 이 《뗴》란 말이 第에서 유래되는 것은 의심할 수 없다.

三千里良中 流配爲乎 第亦中 依例 一日 五十里以 合計爲乎 六十日 程途是去乙
〔대명률 직해 一권 一九장〕

大抵 杖六十 徒一年罪乙 贖罪爲乎 第亦中 總計錢削 十二貫是去乙

(削은 亦의 오자다)

〔대명률 직해 —권 二四장〕

內. 어떠한 서류에 서술된 내용을 인용할 때 쓴다. 즉 그 서류 안에 이러이러한 사연이 적히여 있었다고 하는 의미일 것이다.

今月 初九日辰時 到付都觀察黜陟使關內 今月初七日 到付 議政府舍人關內 去八月二十六日 呈 文貞公李嵒 孫子 前叅贊議政府事 崔有慶, 鐵城君 李原, 安城君 李叔蕃 等狀內

〔백암사 고문서 三호〕

즉 관찰사가 보낸 공문에서는 사인사의 공문을 인용했기 때문에 舍人司關內를 전제하고, 사인사의 공문에서는 최유경 등의 등상(等狀)을 인용했기 때문에 等狀內를 전제하였는데, 이 공문은 다시 관찰사의 공문을 인용했기 때문에 都觀察黜陟使關內를 전제한 것이다. 옛날 서류에는 이렇게 한 계단을 경유할 때마다 內자가 붙어서 상기 인용문에서 보는 바와 같이 23 개의 內자를 포개 쓰는 례도 드물지 않다.

內자는 이상과 같이 쓰는 이외 또 보통 《안에》라는 의미로도 사용한다. 현대어에서 《10일내》, 《군내》라는 《내》와 같다.

文武百官亦 宣喚無亦 無緣故 儀仗內 突入爲在乙良 杖一百齊
〔대명률 직해 —三권 七장〕

外. 현대어에서와 같다. 《이외》에 해당하다.

凡 陪奉行幸敎是 處良中 近侍宿衛 隨駕 官軍外 其餘 軍民隱 並只 回避爲乎矣
〔대명률 직해 —三권 七장〕

제 7절 대용 토

류사 토가 완전한 한 개의 토가 아닌 것 같이 대용 토도 완전한 한 개의 토가 아니다. 이 점에 있어서 이 두 가지는 동일한 성질로 되고 있다. 그러나 첫째 류사 토는 한 자 한 자의 한' 자를 토처럼 사용하는 것임에 대해서 대용 토는 리두어를 토처럼 사용하는 것이요, 둘째 류사 토는 한갓 리찰에서 다른 토와 함께 취급하고 있는 것임에 대해서 대용 토는 구두어에서 토로 되여 가는 말이 다시 리두 토에 반영돠고 있는 것이다. 이상의 차이는 리찰을 리해하기 위해서 결코 적은 차이라고 볼 수 없다. 여기서 류사 토와 대용 토를 구별해서 따로 서술하는 바다. 전자는 종당 토와 다른 것임에 따라 류사 토라고 이름 지은 반면에, 후자는 토에 대용되는 것이 사실이므로 대용 토라고 이름 지은 것이다.

貌如. 부사인 리두어를 그대로 토처럼 쓴다. 마치 현대어의 《같이》와 같다.

向前 白巖寺入接爲臥乎 住持乙良 關內貌如 先可 資福寺良中 移接是遣
〔백암사 고문서 三호〕

官式貌如 鼠了發面 計除爲齊
〔대명률 직해 七권 四장〕

己只. 이 역시 부사인 리두어를 토처럼 쓰는 것이다. 현대어의 《까지》와 같다.

石乙良 第二年 春節已只 了兮 開遣
〔정도사 석탑기〕

限日 已過已只 未到爲在乙良
〔대명률 직해 一권 一八장〕

그런데 대명률 직해에서는 己只를 명사 아래 붙이여 격 위치처럼 쓰는데 그치지 않고 爲자 아래 붙이여 마치 접속 위치처럼 쓰고 있다. 그렇다면 그것은 접속 위치의 爲巴只와 조금도 구별되지 않는 것이다.

行路日數 已過爲己只 未到爲在乙良 不在赦限
〔대명률 직해 一권 一八장〕

年至四十爲己只 無子息爲去等沙
〔대명률 직해 六권 三장〕

그래서 己只와 巴只를 마치 동일한 토처럼 혼동하게 되나 그것은 타당치 않다. 이미 巴只에서 설명한 바와 같이 巴只는 향가의 所只에 해당한 토요, 또 이미 리두어에서 설명한 바와 같이 己只는 15세기의 《그지》에 해당한 말이다. 己只가 토로 대용돠여 巴只와 같은 의미를 가진다고 하더라도 己只를 곧 巴只와 혼동할 수는 없다. 대명률 직해에서 弋只와 戈只를 잘못 혼동한 례로 미루어서 己只와 巴只도 잘못 혼동할 수 있었을 것이다. 弋只와 戈只는 뜻이 전연 다름에 비하여 己只와 巴只는 뜻조차 아주 비슷하다. 己只를 巴只와 혼동한 것은 오히려 괴이하게 생각할 것도 없는 것이다.

除良. 동사인 리두어로서 토처럼 쓰인다. 현대어로는 《말고》 내지 《빼고》 등에 해당한 의미다.

其餘 所犯 笞罪果 徵祿罪果 贖罪果 遲錯過名等罪乙良 申聞除良 直決齊
〔대명률 직해 一권 九장〕

各官員亦 推問 明白爲去等 須只 啓課除良 依律處斷後良中沙 辭緣具錄 報都評議使 大內申聞爲白乎事
〔대명률 직해 一권 三八장〕

耳亦. 본래는 부사인 리두어였을 것이나 거의 로와 구별되지 않는다. 현대어의 《따름》이란 말에 해당한 의미다.

竊盜事發後 私鑄銅錢爲乎所乙 自告爲良在等 私鑄罪乙良 免爲遣 竊盜罪耳亦 科斷齊
〔대명률 직해 一권 三六장〕

故失 不冬爲良置 打傷爲乎等用良 價本亦 二十貫耳亦 直爲在如中
〔대명률 직해 一六권 四장〕

15 내지 16 세기 문헌에는 《ᄯᆞ녀》 또는 《ᄯᆞ니》란 토가 나온다. 그가 곧 耳亦에 해당한 것이다.

ᄒᆞ물며 ᄒᆞᆫ 獄이어니ᄯᆞ녀
〔월인 석보 二一권 八一장〕

ᄒᆞ물며 門戶애 드로미ᄯᆞ니잇가
〔월인 석보 二一권 二二장〕

그와 함께 《ᄯᆞ룸》이란 말도 쓰이여 있다. 현대어에는 오직 《따름》이란 말만 전승되여 오고 《ᄯᆞ녀》란 토는 소멸되여 버린 것이다.

便安킈 ᄒᆞ고져 홇 ᄯᆞᄅᆞ미니라
〔훈민 정음 언해 三장〕

並以. 이 역시 본래는 부사인 리두어다. 현대어로는 《과 함께》에 해당한 의미다.

日日以 合夫 參佰肆拾捌並以
〔정도사 석탑기〕

故宰臣 許錦 戶代 熟石并以. 交易爲㫆
〔숙신 옹주 가옥 문서〕

無亦. 현대어로는 《없이》에 해당한다.

犯私塩罪乙 推考次良中 推問無亦 在前 盜牛事 及 他人乙 欺岡 財物 奪取事等乙 現告爲在乙良
〔대명률 직해 一권 二七장〕

公狀無亦 關津良中 過越爲㫆
〔대명률 직해 一권 三三장〕

至亦. 현대어로는 《이르기까지》에 해당하다.

凡 期親 及 祖父母是如 稱云爲乎矣 高祖, 曾祖至亦 一般 稱云爲齊
〔대명률 직해 一권 四二장〕

又 其矣 田宅至亦 放賣爲去等
〔대명률 직해 二二권 四장〕

15세기 문헌에는 《니르리》란 말이 마치 토처럼 쓰이고 있고,

말 빈흐는 효근 아히 니르리 姓과 일후믈 아ᄂᆞ다
〔두시 언해 五권 四〇장〕

집마다 숦옷 근 니르리 다토미 샌르도다
〔두시 언해 三권 五장〕

또는 《니르리》와 꼭 같이 《至히》를 쓴 례도 있다.

一日로 七日 至히
〔월인 석보 二一권 一六二장〕

이 《至히》가 바로 至亦에 해당한 말일 것이다.

茂火. 이 역시 원래는 부사다. 대용 토로 쓰일 때는 현대어의 《더불어》와 같다.

凡矣 蒙古色目人等弋只 中國人茂火 兩相情願以 交嫁令是遣
〔대명률 직해 六권 八장〕

제 8절 ①복합 토

이미 서술한 바의 각종 토들은 다시 각양 각색으로 복합되여 쓰이고 있다. 이로 인해서 리두 토의 내용은 더 일층 복잡화함을 면치 못하는 것이다. 단지 후대로 내려 오면서는 토의 복합을 비교적 많이 사용하지 않았으며 더욱이 새로운 복합을 거의 사용하지 않았다. 옛날의 리찰 문헌에 비해서 후대의 것이 훨씬 리해하기 쉬운 것은 바로 그런 까닭이다. 그러나 리두 토의 복합을 자세히 살피여 보면 거기도 일정한 한계가 존재한 것을 알 수 있다. 결코 아무런 토와 토를 임의로 복합시키여 쓰는 것은 아니다.

1. 격 위치의 복합

대격 토의 복합

격 위치 중에서 본질적 사용이 가장 많은 것이 대격이다. 다른 토와 복합되는 것은 물론이요 부사, 동사 등과 복합되는 것도 있다.

乙良. 전률통보와 유서필지에서는 《을안》이라고 읽고, 어록변증에서는 《을쇼이》라고 읽었다. 良은 良이나 마찬가지로 《라》에 해당한 로인바, 주격 토로서는 段으로 나타났음에 대해서 대격 토와 복합해서는 良으로 나타난 것이다.

犬羊의 侵犯으란 헤아리디 마롤디니라
　　　　　〔두시 언해 五권 一九장〕
德으란 곰배에 받줍고 福으란 림배에 받줍고
　　　　　〔악학궤범 정음사〕

단지 15 세기 문헌에는 주격이나 대격에 똑 같이 《으란》을 쓰고 있다. 그 점이 다소 의심스러운 것은 사실이다.

羽翼으란 商山 늘그닐 사랑ᄒᆞ고
　　　　　〔두시 언해 五권 七장〕
뫼 비ᄎᆞ란 새의 즐기ᄂᆞᆫ ᄠᅳᆮ을 보노라
　　　　　〔두시 언해 七권 一장〕

여기서 乙良과 《으란》이 다른 토로 의심되나 리찰 문헌에서 나오는 乙良은 거지반 《으란》에 해당하고 있다. 주격의 矣段 및 叱段이 대격의 乙良과 꼭 같이 《으란》으로 된 것은 딴 관계에 기인한다고 볼 수밖에 없다.

　　長城邑內　元屬資福寺乙良 棄置爲遣
　　　　　　　〔백암사 고문서　三호〕

　　婢彔德, 奴四同, 婢鶴非, 奴石金, 奴莫同等 五口乙良 墓直定體爲於
　　　　　　　〔로산군 부인 전게 문서〕

乙良置. 乙良에 다시 置를 붙인 것이다. 현대어로는 《까지도》에 해당한 의미다.

　　市裏良中 交易鈔乙良置 各各 私記乙 書寫爲乎矣
　　　　　　　〔대명률 직해 七권 一장〕

乙沙. 유서필지에서 《을ᄉ》라고 읽었다. 현대어로는 《로써》에 해당한 의미다.

　　重囚乙沙 輕囚在處良中　起送爲於　多囚乙沙　小囚在處良中　起送爲在乙良
　　　　　　　〔대명률 직해 二八권 八장〕

乙仍于. 대격 토 아래 仍于란 말을 련접시킨 것이다. 현대어로는 《을 말미암아》나 《로 인하여》에 해당한 의미다.

　　移文乙仍于 每一基條 靑魚 五百冬音式 辨定
　　　　　　　〔소수서원 립의〕

乙因于. 乙仍于와 같다.

　　公事乙因于 犯罪爲乎矣
　　　　　　　〔대명률 직해 一권 三五장〕

乙依良. 대격 토 아래 依良란 말을 련접시킨 것이다. 현대어로는 《에 의하여》에 해당한 의미다.

　　流罪良中 重犯爲在乙良 留住法例乙依良 三流乙 並只 決杖一百爲遣 配所良中 當役四年令是齊
　　　　　　　〔대명률 직해 一권 二一장〕

乙導良. 대격 토 아래 導良란 말을 련접시킨 것이다. 현대어로는 《에 따라》에 해당한 의미다.

前罪乙 導良 後罪良中 幷計 論齊
〔대명률 직해 一권 二九장〕

乙用良. 대격 토 아래 用良이란 말을 련접시킨 것이다. 현대어로는 《로써》에 해당한 의미다.

前矣 到付 使關內乙用良 池山乙 書院直以 起送爲有如乎
〔소수서원 립의〕

乙茂火. 대격 토 아래 茂火란 말을 련접시킨 것이다. 현대어로는 《로 더불어》에 해당한 의미다.

中國人亦 回回人茂火 不願嫁娶者乙良 許聽爲乎矣
〔대명률 직해 六권 九장〕

乙當爲. 대격 토 아래 當爲란 말을 련접시킨 것이다. 현대어로는 《을 당하여》에 해당하다.

所犯人乙 當爲 減少爲在 價本乙 生徵爲 本主還給齊
〔대명률 직해 一六권 五장〕

조격 토의 복합.

조격 토에는 복합되는 것이 그다지 많지 못하다. 또 우로 복합된 것보다 아래로 복합된 것이 많다.

• 以沙. 조격 토 아래 沙를 붙인 것이다. 현대어로는 《로서야》에 해당한 의미다.

申聞爲 王旨行下以沙 軍馬乙 抄送捕捉爲乎矣
〔대명률 직해 一四권 二장〕

樣以. 樣이란 한'자 어휘 아래 조격 토를 붙인 것이다. 현대어로는 《인듯이》에 해당한 의미다.

私普丁 人乙 軍民官司良中 付爲 帖字成給 差使樣以 出入爲在乙良
〔대명률 직해 一五권 二장〕

絃以. 《시울》이란 말 아래 조격 토를 붙인 것이다. 현대어로는 《까닭에》에 해당한 의미다.

非時 趣便以 開閉者乙良 絞死齊 旨是絃以 開閉者乙良 勿論罪爲乎事
〔대명률 직해 一三권 八장〕

위격 토의 복합.

위격 위치에는 良中과 亦中 등의 구별이 있다. 거기 따라서 복합되는 것도 꼭 동일하지 않다.

良中了. 위격 토와 조격 토를 복합해 쓴 것이다. 현대어의 《에로》와 같다.

都評議使司 司憲府 六曹良中了 實封乙 中間邀奪爲在乙良
〔대명률 직해 一七권 三장〕

良中置. 위격 토 아래 置를 붙인 것이다. 현대어의 《에도》와 같다.

他人亦 被害後良中置 現告 不多爲在乙良 杖一百爲乎事
〔대명률 직해 一九권 一〇장〕

良中沙. 위격 토 아래 沙를 붙인 것이다. 현대어의 《에야》와 같다.

所犯 罪狀果 應議之狀乙 開座爲 都當 一處良中 議擬爲 議定後良中沙 申聞爲 上決乙 望白齊
〔대명률 직해 一권 八장〕

良中乙良. 위격 토 아래 乙良을 붙인 것이다. 현대어로는 《에란》과 같다.

凡 有事時良中乙良 財物 捧上不多爲遣 事過之後良中 財物受贈爲在乙良
〔대명률 직해 二三권 三장〕

良中導良. 위격 토 아래 導良이란 말을 련접시킨 것이다. 현대어의 《에다가》에 해당한 의미다.

前矣 已決罪數乙 通計 後罪良中導良 充數 決罪齊
〔대명률 직해 一권 二六장〕

亦中乙良. 良中乙良과 같다.

遠在爲在 妻子息亦中乙良 不在告說 罪名之限爲乎事
〔대명률 직해 二八권 一六장〕

第良中. 第란 말 아래 위격 토를 붙인 것이다. 현대어로는 《어떠어떠한 데》나 《몇몇 재》에 해당한 의미다.

　　九年第良中 一度乙 所犯輕重數爻 通考爲良沙 黜陟爲乎事
　　　　　　　　　〔대명률 직해 一권 一○장〕

第亦中. 第良中와 같다.

　　各同爲一減段 絞 斬 二死罪乙 犯爲在乙 減一等爲乎第亦中　並只 並流 三千里是齊
　　　　　　　　　〔대명률 직해 一권 四一장〕

동격 토의 복합.

본래 동격 토는 어떤 격과 복합하는 성질을 가지고 있다. 그것은 격 위치를 설명할 때 이미 언급한 바다.

2. 접속 위치의 복합

일반복합.

어떠한 토나 말이 복합되여 접속 위치처럼 사용되는 데는 亦, 置, 在, 去, 如의 다섯 자를 가장 많이 등장시킨다. 이 다섯 자를 중심한 복합은 각각 따로 서술하기로 하고, 그 나머지의 복합을 먼저 이 항목에서 설명하려는 것이다.

在乙良. 대격 토 乙 아래 良을 붙인 것 같이 접속 토 在乙 아래 良을 붙인 것이다. 현대어에서와 마찬가지의 의미다.

　　受贓以 犯罪爲在乙良 贓物亦 現在爲去等 官物乙良 還官爲㫆 私物乙良 給主
　　　　　　　　　〔대명률 직해 一권 二五장〕

在乙良置. 대격 토 乙 아래 良置를 붙인 것 같이 在乙 아래 良置를 붙인 것이다. 현대어의 《어떠어떠한 것도》, 《어떠어떠하더라도》 등에 해당한 의미다.

　　人吏等 公私罪乙 有犯爲在乙良置 并以 以上 一例以 擬議 決斷爲乎事
　　　　　　　　　〔대명률 직해 一권 一六장〕

복 합 토   255

在乙沙. 대격 토 乙 아래 沙를 붙인 것 같이 접속. 토 在乙 아래 沙를 붙인 것이다. 현대어의 《어떠어떠하여야》에 해당한 의미다.

須只 毆乙仍于 傷爲在乙沙 論爲遣
〔대명률 직해 二〇권 四장〕

在乙良用良. 대격 토 乙 아래 用良을 붙인 것 같이 접속 토 在乙 아래 用良을 붙인 것이다. 현대어의 《어떠어떠한 것으로써》에 해당한 의미다.

唯只 現捉爲在乙用良 坐罪爲乎矣
〔대명률 직해 二六권 一장〕

遣沙. 접속 토 遣 아래 沙를 붙인 것이다. 현대어의 《어떠어떠하고야》에 해당한 의미다.

無夫女遣沙 蒙赦免罪爲在乙良 離異不多爲乎事
〔대명률 직해 六권 七장〕

去等沙. 접속 토 去等 아래 沙를 붙인 것이다. 현대어의 《어떠어떠하거든야》에 해당한 의미다.

年至四十爲己只 無子息爲去等沙 聽許娶妾爲乎矣(已只는 巴只의 오자일 것)
〔대명률 직해 六권 三장〕

喩乃. 접속 토의 喩와 乃를 련접시킨 것이다. 전물통보에서는 《뎌나》로 읽고 고금석림에서는 《씨뎌나》로 읽었다.

合於死爲在 十惡罪囚果 强盜乙良 必于無時決斷爲乎 喩乃 禁刑日良中 決斷爲在乙良 答四十爲乎事
〔대명률 직해 二八권 一九장〕

喩去等. 접속 토의 喩와 去等을 련접시킨 것이다. 현대어의 《어떠어떠한터이거든》에 해당한 의미다.

誣告人亦 實則貧窮爲 路次費用物色果 田宅 放賣爲乎 價本乙 生徵不得爲乎喩去等 唯只 決罪分是齊
〔대명률 직해 二二권 五장〕

沙餘良.. 접속토 沙 아래 餘良이란 말을 련접시킨 것이다. 전
률통보에서는 《이사남아》로 읽고 고금석림에서는 《이산나마》로
읽었다. 현대어로는 《어떠어떠한 데다가》에 해당한 의미다.

> 書院良中 儒生居接事乙 以爲成規 今不可廢是沙餘良 養育人材 實是 國
> 家重事叱分不喩 書院之設 雖扵此道 顯見爲良置 中原郡縣段 在在有之
> 爲沙餘良 全羅道 泰仁縣良中 設立 情願儒生養育之事 載扵輿地勝覽爲
> 去等
> 〔소수서원 립원〕

白沙餘良. 沙餘良의 높은 계칭. 爲白沙餘良에 대해서 유서필
지에서 《ᄒᆞᆲ스나마》, 고금석림에서 《ᄒᆞᆯ산남아》로 읽었으며,
是白沙餘良에 대해서 유서필지에서 《이ᇙᆺ나마》로 읽었다.

> 各村資福定體之意 不合爲白沙餘良 矣徒 祖上願意 無違爲等以 各各 悶
> 望爲去乎
> 〔백암사 고문서 三호〕

沙餘音良. 沙餘良와 같다. 유서필지에서 是沙餘音良를 《이사
나마》로 읽고 있다.

亦과의 복합.

이 亦자는 호격 토에서 왔다고 보인다. 15세기 문헌에도 호
격 토가 다양한 의미로 사용되고 있다.

> 王이 象兵 馬兵 車兵 步兵 네가짓 兵馬ᄅᆞᆯ 얻고져 ᄒᆞ샤 一千이여 一萬
> 이여 無數히 얻고져 ᄒᆞ샤도
> 〔월인 석보 一권 二七장〕
> 돈거셔 ᄡᅳᆫ거셔 다 ᄒᆞᆫ가지 여르미 ᄆᆡᆺ잣도다
> 〔두시 언해 一권 四장〕

여기의 《一千이여 一萬이여》나 《돈거서 쁘거셔(돈것여 쁜것
여)》의 《여》는 단순한 호격 토가 아니요 접속 토《던지》의 뜻을
가지고 있다.

> 형아 네 성이여
> 〔로걸대 언해 상 七장〕

여기의 《성이여》의 《여》도 호격 토라고 보기보다는 차라리

의문의 법토처럼 쓰이여 있는 것이 사실이다. 호격.로의 이러한 용법으로부터 그것이 딴 말과 련접해서 한 개의 복합 토를 이룰 근거를 가지게 된다. 단지 실지에 있어 亦과의 복합이 그렇게 많지는 못하다.

亦有而亦. 현대어로는 《라고는 하지 마는》에 해당한 의미다.

必于 年少妾生是亦有而亦 今如 矣身 年 將叱 七十 一任爲乎不喩
〔숙신 웅주 가옥 문서〕

亦爲. 현대어로는 《라고 해서》에 해당한 의미다.

上書 及 申聞事良中 免赦是如 當言爲乎庫良中 言十石亦爲 有害於 事爲在乙良
〔대명률 직해 三권 三장〕

如와의 복합.

如는 직설의 법토다. 그 아래 다시 딴 말이나 토를 련접해서 복합 토를 이루고 있다.

如中. 是白如中를 유서필지에서 《이숣다히》라고 읽고, 是在如中를 전률통보와 유서필지에서 《이견다히》로 읽은 것을 미루어서 如中이 《다히》에 해당함을 알 수 있다. 흔히 如中를 良中, 亦中와 같은 위격 토로 알고 있으나 그것은 잘못이다. 그것은, 첫째 是자를 얹어서 是如中로 쓰는 것이 다르고, 둘째 또 그 뜻도 다르다. 如中는 단순한 위격 토에 끄치지 않는다. 마치 현대어의 《데서》, 《데서는》 뜻을 가진다.

出征軍馬 過行爲在 所在官司是如中 行粮 草料等乙 字細 重記 施行爲㫆
〔대명률 직해 七권 七장〕

無名狀乙 見者是如中 即時 燒毀齊
〔대명률 직해 二二권 一장〕

如在乙. 如 아래 在乙을 붙인 것이다. 현대어의 《라 하거늘》에 해당한 의미다.

右寺 旣 殘亡爲在 山枝 五結分 八田處所是如在乙
〔백암사 고문서 二호〕

如爲. 현대어로는 《라고 해서》에 해당한 의미다.

時或 他人矣 屍體乙 姿作親屬矣 屍體是如爲 犯人乙 誣告爲在乙良 絞罪乙 抵坐爲遣

〔대명률직해 二二권 五장〕

置와의 복합.

복합 토에 쓰이는 置는 격 위치가 아니요 접속 위치다. 그것은 置 우에 爲를 련접해서 쓰는 것으로서도 알 수 있다.

置有亦. 현대어로는 《어떠어떻다고 하는 지라》에 해당한 의미다.

王旨內 事意乙用良 使內向事爲等如 出納是白置有亦 王旨內貌如 功勞可尙是白教等用良 更良 各臣職名單字 申聞

〔심지백(沈.之伯) 공신록권〕

置有而亦. 현대어로는 《어떠어떻게 한다고도 하지 마는》에 해당한 의미다.

奴婢亦 家長乙 罵詈爲在乙良 凡人例以 論罪爲置有而亦 本國法良中 奴婢亦 本主乙 罵詈爲乎所 凡人例以 論爲乎不喩良余 家長 絞罪良中 減二等爲乎事

〔대명률직해〕

置有良余. 현대어로는 《어떠어떻다고도 한즉》에 해당한 의미다.

其餘 二年, 二年 徒役年限 贖錢亦 不等爲置有良余 各年月日乙 筭計贖罪爲乎事

〔대명률직해 一권 二四장〕

去와의 복합.

去는 의문의 법토다. 그 아래 딴 말이나 토를 련접해서 복합토를 이루고 있다.

去有乙. 현대어로는 《어떠어떠한 것인데》에 해당한 의미다.

遺棄小兒叱段 親生父母亦 難便 棄置小兒是去有乙 時亦中 父母俱存 民財富足爲在 人等亦 貪利爲要 自矣 子息乙 他戶良中 强稱 冒稱遺棄小兒爲臥乎所 毀亂風俗爲臥乎 事是良余

〔대명률직해 四권 五장〕

去有亦. 현대어로는 《어떠어떠한 것임으로》에 해당한 의미다.

軍吏段 牌內入屬 受料軍人亦 識字以 軍吏良中 選充爲在　人是去有亦
右人等亦 犯罪爲去等 罪同軍人齊
〔대명률 직해 一권 一三장〕

<u>去有而亦</u>. 현대어로는 《어떠어떠한 것이지마는》에 해당한 의미다.

族長亦 族下矣 所錯事乙 訴告爲乎等用良 閱實爲乎亦中 族下亦 犯罪
的然爲去有而亦 族長矣 訴告以 現露爲乎等用良 期親 大功 及　女壻矣
罪乙良 自首例以 免罪齊
〔대명률 직해 二二권 一〇장〕

<u>去有良尒</u>. 현대어로는 《어떠어떠한 것인즉》에 해당한 의미다.

徒一年 贖錢亦 八貫四百文是去有良尒 每一朔 徒役贖錢亦　七百文是去
有等以
〔대명률 직해 一권 二四장〕

<u>去有等以</u>. 현대어로는 《어떠어떠하기 때문에》에 해당한 의미다.

前中郞將 崔原 仁奇等 十八員乙良 原從功臣良中 幷以 稱爲良如敎　右
如敎事是去有等以 王旨內 事意乙　用良　使內向事爲等如　出納是白
置有亦
〔심지백 공신록권〕

<u>去有在等以</u>. 대체로 去有等以와 같은 의미다.

先師 重剏道場乙 一任爲白乎所不喩 修營 作法祝上爲白良結　望白去乎
事是去有在等以 右良 事意乙用良 共議案交周乙　爲良乙爲
〔백암사 고문서 一호〕

<u>去向入</u>. 현대어로는 《어떠어떠할가 해서》에 해당한 의미다.

難苦爲去向入 回避爲要 因而在逃爲在乙 各從重論罪齊
〔대명률 직해 三권 五장〕

　在과의 복합.
　일찌기 이 在자는 많은 토를 조성하였다. 그것은 在乙, 在隱, 在等 등으로써 알 수 있다. 이 복합도 결국 그런 것과 근본적으로 다른 성질의 것은 아니다. 단지 在乙, 在隱, 在等의 乙, 隱, 等

이 독자적 접속 토로서 사용되는 것임에 비해서 이 복합에 속하는 것은 종종의 복잡한 구성을 이루는 것이 같지 않을 뿐이다.

在如中. 현대어로는 《어떠어떠한 데》에 해당한 의미로 된다.

減價段 三十貫 直爲在 馬牛乙 打殺爲乎等用良 故失後 減價爲 價本亦 一十貫是在如中 二十貫亦 減少爲齊
〔대명률 직해 一六권 五장〕

在而亦. 현대어로는 《건 마는》에 해당한 의미다.

本來 理合重罪是在而亦 犯罪時良中 知不得爲在乙良 凡人例乙 依准論 爲乎矣
〔대명률 직해 一권 三九장〕

乎와의 복합.

乎는 去의 다음으로 복합 토를 많이 조성하고 있다. 그 중에 부인 부사와 복합되여 쓰이는 것이 하나의 특징으로 된다.

乎亦中. 乎 아래 위격 토 亦中를 붙인 것이다. 현대어의 《어떠어떠한 더에》에 해당한 의미다.

同宗之人乙用良 收養作子 長養爲乎 亦中 收養父母亦 佗子息 無去乙 捨去者乙良 杖一百遣 還付收養父母爲乎矣
〔대명률 직해 四권 四장〕

乎而亦. 乎 아래 而亦란 말을 련접한 것이다. 현대어로는 《지 마는》에 해당한 의미다.

僧矣段 別敎無亦 作法祝上爲去乎而亦 道內 長城郡土 白嚴寺段 無田民 殘廢古基山齊是去乙 先師 覺眞國師 重刱是遣(中略) 雨漏分置 使內不多 間閣等亦 並只 頹落爲 絃如 問望是白去乎在等以
〔백암사 고문서 一호〕

乎在等以. 乎 아래 在等以를 붙인 것이다. 현대어로는 《때문에》에 해당한 의미다.

雨漏分置 使內不多 間閣等亦 並只 頹落爲 絃如 問望是白去乎在等以 先師重刱道塲乙 一任爲白乎所不喩 修營 作法祝上爲白良結 望白去乎事是去有在等以
〔백암사 고문서 一호〕

乎追于. 乎 아래 追于란 말을 련접한 것이다. 현대어로는 《어며어며하게 되자》에 해당한 의미다.

凡 州府郡縣良中 信牌乙 造作在置爲有如可 公事催促時是去等 地里遠近乙用良 定體給送 事畢爲乎追于 前件信牌乙 還納爲乎矣
〔대명률 직해 三권 一一장〕

乎不喩. 乎를 붙이여 쓴 그 말을 부인하는 의미다. 현대어로는 《어며어며한 것 아니》에 해당하다.

本國法良中 奴婢亦 本主乙 罵詈爲乎所 凡人例以 論爲乎不喩良尒 罵家長 絞罪良中 減二等爲乎事
〔대명률 직해 二一권 三장〕

중개 복합.

事, 所 등의 류사 토나 不喩, 不冬, 不得 등의 말을 사이에 두고 그 아래 우로 여러 토들이 복합되는 일이 적지 않다. 그런 복합 형태를 딴 복합과 구별하기 위해서 중개 복합이라고 부르고 있는 것이다.

白去乎(事)是去有在等以

修營 作法祝上爲白良結 望白去乎事是去有在等以
〔백암사 고문서 一호〕

白臥乎(事)是去有等以

僧矣身乙 時亦中 火香爲臥乎 緣由並以 施行敎味 白臥乎事是去有等以
〔백암사 고문서 二호〕

爲臥乎(事)是去有乙

凡文案乙 小事是去等 五日 中事是去等 十日 大事是去等 二十日內良中 已畢爲乎矣 此外未畢爲在乙 是爲稽程是如爲臥乎事是去有乙
〔대명률 직해 一권 三五장〕

爲臥乎(事)是良尒

自矣 子息乙 他戶良中 棄置, 冒稱遺棄小兒爲臥乎所 毀亂風俗爲臥乎事是良尒
〔대명률 직해 四권 四장〕

爲臥乎(所)乙用良

出外事務乙 體察爲臥乎所乙用良 欺冒官司 惑亂人民爲在乙
〔대명률 직해 二四권 五장〕

爲臥乎(所)乙仍于

凡 妻妾亦 夫矣 祖父母 父母乙 毆打罵詈爲臥乎所乙仍于 夫亦 妻乙 擅
殺爲在乙良

〔대명률 직해 一九권 七장〕

爲乎(不喩)是去有等以

凡 各司 及 州縣長官 及 出使人員亦 所在去處良中 有犯罪爲去等 在下
所屬官亦 推問爲乎不喩是去等

〔대명률 직해 二八권 一五장〕

爲乎(所不喩)是去等

時急事 不喩是旀 枉道以 騎持故失爲乎所不喩是去等

〔대명률 직해 一七권 五장〕

進使內(不冬)爲在乙良

發行期日亦 已定爲有去乙 延留進使內不冬爲在乙良

〔대명률 직해 一四권 五장〕

使內(不得)爲乎矣

各立所 軍官員乙 改差向事 及 軍官員 犯罪爲去等 決斷向事乙良 並只
申聞使內遣 趣便以 使內不得爲乎矣

〔대명률 직해 一四권 二장〕

제 4 장 문장 구성의 몇 가지 원칙

제 1 절 단어의 순서

초기 리두의 가장 중요한 특징이 한문의 어순을 뒤바꾸어 놓
았다는 점과 그 뒤바꾸어 놓은 어순이 바로 현대어와 일치한다는
점은 일찌기 론증한 바와 같다.

거기서 고대어와 한문의 어순이 불일치하였음과 함께 고대어
와 현대어의 어순이 일치함을 확인할 수 있다. 그러나 고대어와
현대어 간에는 어순이 완전히 일치하는가? 꼭 다 그런 것은 아
니다. 대체 한문과 리두의 어순이 어떻게 틀리는가? 그 점을 밝

힘으로써 고대어와 현대어간의 어순이 어떻게 같고 다른 것도 더 일층 명확히 할 수 있는 것이다.

1 주어(主語)는 술어 우에 놓이고 술어는 주어 아래 놓인다. 이것은 리두와 한문이 전연 일치되고 있는 어순이다.

其知人欲告 及逃叛而自首者 減罪二等坐之 其逃叛者 雖不自首 能還歸本所者 減罪二等

〔대명률 직해 一권 二八장〕

상기 인용문에서 우선 人欲告의 한 마디를 떼 내여 보면 人이 주어요 欲告가 술어다. 그렇기 때문에 리찰로의 번역도 他人亦 現告爲乙去라고 하였다. 또 그 다음의 逃叛而自首者는 우리말로 풀어서 번역한다면 《죄인이 도망하거나 반역 하였다가 자수하거든》과 같이 되여 逃, 叛, 및 自首 등이 죄인이란 주어에 달린 술어로 되는 것이다. 그렇기 때문에 리찰로의 번역도 罪人亦 逃囚爲旀 叛逆爲有如可 現告爲在乙良이라고 하였다. 또 그 다음의 其逃叛者 雖不自首로 말하면 逃叛者가 주어요 自首가 술어다. 그렇기 때문에 리찰로의 번역도 逃囚 背叛 罪人亦 必于 現告 不冬爲良置라고 하였다. 번역 문장의 사정을 따라 원문에 없던 주격이 들어 가기도 하고 있던 주격이 빠지기도 할 수 있으나, 어순이 서로 틀리는 것은 결코 아니다. 상기 인용문 전편의 번역은 다음과 같다.

他人亦 現告爲乙去 知想只遣 現告爲旀 罪人亦 逃囚爲旀 叛逆爲有如可 現告爲在乙良 減二等 與罪齊 逃囚 背叛 罪人亦 必于 現告 不冬爲良置 本處良中 還歸爲在乙良 減罪二等齊

〔대명률 직해 一권 二八장〕

2 규정어는 피규정어 우에 놓이고 피규정어는 규정어 아래 놓인다. 이것도 리두와 한문이 전연 일치되고 있는 어순이다.

凡 娶同宗無服之親 及無服親之妻者 各杖一百 若娶緦麻親之妻 及舅甥妻 各杖六十 徒一年

〔대명률 직해 六권 六장〕

상기 인용문에서 우선 娶同宗無服之親의 한 마디를 떼 내여 본다면, 娶同宗無服이 규정어요 親이 피규정어다. 그렇기 때문에 리찰로의 번역도 同姓是遣 服制 無在 親果라고 하였다. 그 다음의 無服親之妻도 그와 마찬가지로 無服親이 규정어요 妻가 피규정어다. 그렇기 때문에 리찰의 번역도 服制 無在 親矣라고 하였다. 또 그 다음의 緦麻親은 만일 우리말로 풀어서 번역할 때는 《시마 복제가 있는 친족》으로 될 것이라, 규정어와 피규정어의 관계가 뚜렷하게 된다. 그렇기 때문에 리찰로의 번역에서 有緦麻服制爲在親族이라고 하였다. 번역 문장이 원문 꼭 그 대로 규정어 피규정어를 벌리여 놓은 것은 아니라고 하더라도, 어순상 일치하는 것은 더 말할 것도 없다. 상기 인용문 전편의 번역은 다음과 같다.

凡 同姓是遣 服制 無在 親果 服制 無在 親矣 妻乙 交嫁爲在乙良 各杖一百遣 有緦麻服制爲在 親族妻果 母矣 甥矣 妻果 妹子矣 妻果乙 交嫁爲在乙良 杖六十 徒一年

〔대명률 직해 六권 六장〕

3. 한문에서는 정상적으로 서술할 때 보어가 술어 아래 놓이고 술어가 보어 우에 놓이나, 리두에서는 그와 반대로 보어가 술어 우에 놓이고 술어가 보어 아래 놓인다. 이것이 리두와 한문 간의 어순상 가장 큰 차이를 이루는 것이다.

能斬將 奪旗 摧鋒萬里 或率衆來歸 寧濟一時 或開拓疆宇 有大勳勞 銘功太常者

〔대명률 직해 一권 七장〕

상기 인용문의 奪, 摧, 率, 寧濟, 開拓, 銘은 술어요, 將, 旗, 鋒, 衆, 一時, 疆宇, 功은 직접 보어요, 萬里, 太常은 간접 보어다. 한문에서는 직접 보어나 간접 보어보다 술어가 우로 올라 가 있으나, 리찰로의 번역에서는 전체 그 반대로 되고 있다.

彼將乙 能斬爲旀 彼軍矣 旋旗乙 能奪爲旀 萬里 軍鋒乙 摧折爲旀 他國 軍衆乙 率領 來降. 一國人民乙 安寧令是旀 邊塞疆境乙 開闢 有大功勞爲去等 右功勞乙 太常旗良中 書上爲有臥乎 人

〔대명률 직해 一권 七장〕

4. 상황어에는 그 말 전체에 관련되는 것과 어떠한 형용사 내지 동사 한 마디에 관련되는 것의 구별이 있는바, 나중 부류의 상황어는 반드시 그 관련되는 형용사 내지 동사 우에 놓이고, 먼저 부류의 상황어는 그 말의 첫머리 또는 중간 등에 놓인다. 여기서도 대체로 리두와 한문이 일치하는 동시에 리두와 현대어도 일치한다고 말할 수 없지 않다.

凡 同倘亦 犯罪爲在乙良 初亦 起揭爲在乙 爲首遣 從者乙良 減一等齊 同居人亦 同謀犯罪爲良在等 唯只 家長乙 坐罪爲乎矣 家長亦 八十以上 果 及篤疾成病人是去等 同犯罪人內良中 犯斤 家長乙 坐罪齊 婦人尊長 亦 必于 爲首爲良置 同犯男人乙 坐罪爲乎事

〔대명률 직해 一권 二二장〕

상기 인용문에서 凡, 初亦, 唯只, 必于 등이 모두 부사다. 그런 부사들의 어순은 한문 내지 현대어와 조금도 틀릴 것이 없다.

矣身 前者 嫡妾子等乙 文記 成給爲乎矣 姿量所由以 妾子違給分叱不喩 矣身 丙寅年分 特蒙上恩 靖國功臣 參等 叅錄 功臣受賜 田民乙 妾子分 給爲有如可

〔정해군 유서〕

翌日 同院 起送爲有如可 更良 詳問爲乎矣 同 萬洞亦 無子息爲乎所不喩 有子息爲去等

〔소수서원 립의〕

상기 두 인용문 중의 不喩는 부인하는 그 말 우에 가서 붙지 않고 그 아래 와서 붙고 있다. 이것은 확실히 한문의 어순과는 반대다.

고줄 노호라 호논디 아니라
〔월인 석보 七권 五四장〕

나는 齋米를 求호야 온디 아니라
〔월인 석보 八권 六九장〕

그런데 15세기 문헌에서 《아니》는 오직 부인되는 그 말 우에 붙어서만 쓰인 것이 아니요, 그 아래 붙어서도 쓰이였다. 不

喩가 바로 《아니》에 해당한 말이라면 不喩의 어순이 두 가지로 되는 것도 하등 괴이할 것이 없는 일이다.

　　　右住持 若雲亦 無田丁 供衆難便 領衆不得 兩漏分置 使內不冬 間閣等 亦 並只 頹落爲 絃如 問望是白去乎在等以
　　　　　　　〔백암사 고문서 一호〕

상기 인용문의 不得과 不冬은 어떻게 쓰인 것인가? 그 역시 먼저의 不喩와 같은 용법이 아닌가?

　　　凡 物乙 買賣爲乎矣 買者 賣者 和同不冬 市裏凡事乙 擅權爲 專取其利 爲旀
　　　　　　　〔대명률 직해 一〇권 二장〕

　　　凡 臨民官員亦 百姓存恤不冬 非法以 公事行移爲臥乎等因于
　　　　　　　〔대명률 직해 一四권 七장〕

不得과 不冬의 이러한 어순은 비단 리두와 한문간의 차이만을 이루는 것이 아니다. 리두와 현대어간의 차이까지 이루고 있는 것이다. 그런데 향가에도 不喩가 두 군데나 쓰이여 있다. 모두 부인되는 말우에 붙었다.

　　　吾肹 不喩 慚肹伊賜等　（꽃흘가）
　　　吾衣 身 不喩仁 人音 有叱下呂　（공덕가）

단지 향가에서 安支를 마치 不喩와 같이 쓴 곳이 또 두 군데가 있다. 그 중의 하나는 어떻게 볼 것이냐가 문제 되지마는 다른 하나는 부인되는 말 아래 붙은 것이 명확하다.

　　　白雲音 逐于 浮去隱 安支下　（기파랑가）

　　　安支 尙宅 都乎隱以多　（도적가）

이로 보아 《아니》가 부인하는 그 말 아래로 가서 붙는 것도 퍽 오래된 용법이라는 것을 알 수 있다. 그와 함께 구두어의 그러한 용법이 리찰에 반영된 것이라는 것도 알 수 있다.

향가에서 不冬이 나타난 것은 전부 다섯 군데다. 네 군데는 확실히 부인하는 그 말 우에 가서 붙었고 한 군데는 그 아래 와서 붙은 것으로 된다.

秋察 不冬 爾屋支 墮米　（잣나무가）
不冬 喜好尸 置乎理叱過　（공덕가）
佛影 不冬 應爲賜下里　（누리가）
他道 不冬 斜良只 行齊　（고행가）
不冬 萎玉內乎留叱等耶　（중생가）

不冬 喜好尸, 不冬 應爲, 不冬 斜良只, 不冬 萎玉은 모두 아래 오는 말을 부인하는 상황어다. 현대어의 《안(아니)기뻐하다》, 《안(아니) 응하다》, 《안(아니) 빗나가다》, 《안(아니) 이울다》 등의 《안》 혹은 《아니》에 그 대로 해당케 된다. 그러나 맨 처음의 秋察 不冬 爾屋支는 不冬 爾屋支로 떼서는 秋察이란 말과 련접시킬 수 없다. 秋察 不冬로 떼고, 爾屋支는 따로 보아야 할 것이다. 고대어에서는 不喩만 부인하는 그 말 아래 붙이여 쓴 것 아니다. 不冬도 不喩나 마찬가지로 그렇게 썼던 것이다.

5. 모든 규정어가 피규정어의 우에 놓이는 데 따라 한문에서 之자로 나타나는 규정어도 피규정어의 우에 놓이는 것은 물론이다. 만일 之자를 우리말의 격토에 해당한 자로 본다면 그 중 之자에 한해서 리두와 한문의 어순은 일치되고 있는 셈이다.

其毆姉妹夫 妻之兄弟 及妻毆夫之姉妹夫者 以凡鬪論　（원문）
姉妹矣 夫果 妻矣 娚乙 毆打爲旀妻亦 夫矣 姉妹矣 夫乙 毆打爲在乙良 凡鬪例以 論齊　（역문）
〔대명률직해 二〇권 一五장〕

여기서 한문의 妻之兄弟가 妻矣 娚으로, 또 夫之姉妹夫가 夫矣 姉妹矣夫로 번역되였다. 오직 한문의 之자를 리두 토의 矣로 바꿔 놓은 데 지나지 않는다. 그러나 於, 與, 以 등의 자는 그렇지 않다. 한문에서는 명사 우에 가서 놓이는 데 대하여 리두에서는 그 아래 와서 놓이고 있다.

又 加罪 止於杖一百. 流三千里 不得加至於死 本條加入死者 依本條.
凡 加等罪段 杖一百 流三千里 爲限是乎等用良 至死罪良中 加至爲乎 所不喩是齊 本條加入死者乙良 依本條齊
〔대명률직해 一권 四二장〕

其中國人 不願與回回. 欽察 爲婚姻者 聽從.
中國人亦 回回人茂火 不願嫁娶者乙良 聽從爲乎矣
〔대명률 직해 六권 八장〕

若應給衣糧 而官吏剋減者 以監守自盜論
官司以 支給合當爲在 衣糧乙 官吏等亦 趣便以 減給爲在乙良 監守自盜
以 論爲乎事
〔대명률 직해 四권 九장〕

이 이외 우리말의 토에 해당한 한'자로서 而, 則 등과 也, 矣 등의 두 부류가 있다. 也, 矣 등은 법토에 해당하고 而, 則 등은 접속 토에 해당한다고 볼 것이다. 그런데 법토는 말할 것도 없거니와 접속 토까지도 어순상 다른 것은 없다. 단지 한문에서는 而, 則 등을 아래 말에 붙이여 읽고, 리두에서는 접속 토를 웃말에 붙이여 쓰는 것이 다르나, 그것이 어순의 차이로는 되지 않는다.

제 2절 성어 및 성구의 구성

리두의 그 어떠한 형태를 물론하고 그것이 한'자로 기사되는 만큼 많고 적고는 딴 문제요 한'자로 구성된 성어 내지 성구를 어느 정도 받아 들이지 않을 수는 없다. 전체를 한문 그대로 읽는 구절이야 본래 거론할 것이 없고 모든 어휘를 번역해 읽는 향찰에서도 그런 성어 내지 성구가 적지 않게 나타나고 있다.

千手觀音. 慈悲 (관음가)
功德 (오라가)
西方. 無量壽佛 願往生 四十八大願 (달하가)
散花. 彌勒座主 (도솔가)
彌陀刹 (누이제가)
三花. 彗星 (혜성가)

그런데 균여 향가에서는 신라 향가보다도 더 많이 나온다. 비단 나오는 례가 수량상으로만 많은 것이 아니요 이따금 한 구절 전체를 그 대로 한시체의 형식으로 쓴 례까지 있다.

身語意業无厭疲 (부처가)
衆生界盡我懺盡 (참회가)
念念相續无間斷 (중생가)

　　이것은 균여 향가가 신라 향가보다 년대가 낮은 데도 원인이 있겠지마는 그 주제가 특수한 데도 원인이 있을 것이다. 불교 관계의 특수한 말들은 불교의 보급과 함께 이미 성어나 성구로 되여 우리 구두어 속에 들어 왔을 것으로도 보이거니와, 또 그러한 특수한 말을 일일이 우리말로 번역한다는 것도 어려웠을 것으로 보인다. 단지 이렇게 한'자로 구성된 성어 내지 성구가 기타의 다른 부문과 어떻게 구별되는 것인가 하면 그 중의 가장 중요한 표식으로 될 것이 곧 어순이다. 즉 기타의 다른 부분은 리두식 어순으로 되여 있지마는 그런 성어 내지 성구는 한문식 어순으로 되여 있다는 말이다. 물론 향찰에서는 이런 표식 이외에도 그 글'자 자체의 성격, 더구나 딴 말과 련접된 상태 등으로 미루어 그것이 한'자로 구성된 성어 및 성구냐 또는 그런 것이 아니냐를 판단하기 가능하다. 散花만이 그런 성어요 功德 西方 願往生은 아니라든지, 身語意業无疲厭과 念念相續无間斷만이 그런 성구요 衆生界盡我懺盡은 아니라든지 그렇게 론단하지는 못한다. 그러나 리찰 문헌은 그와 사정이 자못 다르다. 어순이 그것을 구별하는 거의 유일의 표식이라고 보아도 좋다. 왜 그런고 하면 리찰의 어휘란 것은 본래 한문에서 쓰는 그 대로인 것이다. 개개의 어휘 그 자체나 그 어휘들이 련접된 상태만 가지고는 새삼스럽게 그것을 한'자로 구성된 성어 및 성구라거니 또는 아니라거니 의논할 근거로 될 수 없기 때문이다.

　　그런데 지금 정도사 석탑기에는 대략 아래 같은 례들이 발견된다.

　　遷世爲去在乙 修善僧 勸善爲 議出納爲乎事 行千三百步 到阿干山金直田筒亦中 隨願僧侶等

　　또 백암사 고문서 1호에서는 대략 아래와 같은 례들이 발견된다.

作法祝上爲白去乎 無田民殘廢古基 交易納寺 緣化供衆作法爲白如乎 無田丁 供衆難便 領衆不得 下山禁止向事 不動入院 完護衆作法祝上是在㫆

우선 정도사 석탑기에서 遷世, 修善, 勸善, 隨願 등은 그 당시 한'자 성어로 사용되였을 수 있으나 議出納은 실지의 사용이 의심스럽다. 議出納은 그래도 모르지마는 行一千三百步 到阿干山金直田筒亦中라는 성어 내지 성구가 사용되지 않았을 것은 명백하다. 백암사 고문서 一호에서도 作法祝上, 供衆作法, 無田民, 無田丁, 領衆, 下山 등은 성어 및 성구로써 사용되였을지 모르지마는, 完護衆, 不動入院 등은 그렇지 못하였으리라고 생각된다. 이런 것은 일반이 이미 사용하는 성어나 성구가 아니라 이 문헌에 한해서 성어나 성구로 취급되고 있음에 지나지 못하는 것이다.

그렇기 때문에 리찰 문헌에서는 한'자로 구성된 성어 내지 성구를 두 가지의 종류로 구별하여 보는 것이 필요하다. 하나는 일반적으로 사용되는 것이요, 다른 하나는 문법적으로 구성되는 것이다.

　　於法良中 互相 隱慝爲良音可 人亦 自告爲㫆 互相 自告爲在 人乙良 犯罪人亦 自告例以 論爲 免罪齊
　　　　　　　〔대명률 직해 一권 二七장〕

여기의 犯罪, 免罪 등은 그 당시부터 벌써 한'자 성어로서 널리 사용되였을 수 있다.

　　馬亦 生駒爲㫆 羊亦 生兒爲在是 皆爲現在
　　　　　　　〔대명률 직해 一권 二五장〕

여기의 生兒, 生駒 등은 그 당시에도 일반적으로 사용되지 않았던 것임에 틀림이 없다. 그러면 무엇으로써 그 두 종류를 구별해 낼 것이냐? 한'자 어휘의 력사적 발달과 결부해서 개개의 경우를 판정하는 수밖에 없다. 그러나 이러한 작업은 그 방면의 전문가에 대해서도 비교적 용이치 않은 것이 아닌가? 그러므로 리찰 문헌의 리해를 위해서는 한'자로 구성된 성어 내지 성구의 그러한 두 종류가 있다는 것을 기억해 둘 것 이외, 개개의 성어 내지 성구를 분석 판정할 것까지 요구할 필요는 조금도 없다.

단지 후대로 내려 오면서 리찰 문헌에는 문법적 성어 및 성구가 점점 증가되여 온 것이 사실이다. 나중에는 거의 그러한 성어 및 성구에다가 리두 토를 붙이여 놓은 것과 같은 느낌을 주게 한다.

　　備邊司爲相考事 卽接內需司所報則 以爲 司屬永嬪房移來出稅田畓 在於慶尙道金海郡乙仍于 土稅條每負租一斗式 依續典捧結矣 卽接下去屯監所告內 今年段 屯民輩不有法典 敢生奸計 誣呈巡營 專事拒納 孤單屯監 萬無收拾之路 莫重上納必然生㪽是如爲有如乎
　　　　　　　　〔경상 감영 관자〕

상기와 같이 긴 인용문은 전체 한문식 어순으로 되고 있다. 즉 문법적으로는 한'자 성어 내지 한'자 성구의 련속으로 볼 수 밖에 없다.

본래 구결은 한문 그 대로 놓고 거기다가 리두 토만 붙이는 형태인 것이다. 후대의 리찰이 한'자 성어 내지 한'자 성구의 련속으로 변해 간다는 것은 곧 구결로의 접근을 의미하는 것이라고도 볼 수 없지 않다.

제 3절 토의 생략

초기 리두 이후 향찰, 리찰, 구결의 세 형태를 통해서 유일한 공통적 요소는 리두 토라고 말하였다. 이러한 리두 토를 리두의 가장 중요한 요소로 치는 것은 물론 당연한 일이다. 그러나 그렇다고 해서 구두어에서 토가 요구되는 모든 경우에 리찰에서는 반드시 리두 토를 필요로 하느냐 하면 실상 그렇지는 않다. 우선 한문식 순서로서 등장되는 한'자 성어와 한'자 성구의 내부에서는 리두 토가 삽입될 수 없을 뿐만이 아니라, 그 이외에도 리두 토는 생략되는 일이 드물지 않다.

1, 격위치의 생략

주격 토의 亦이 생략된 례: (이하 □포로써 생략된 자리를 표시한다)
　　凡 前犯罪狀 亦 已發爲去乙 又犯罪爲在乙良
　　　　　　〔대명률 직해 一권 二○장〕

先亦 徒三年罪乙 犯爲 立役一年亦 已過後良中 更良 徒三年罪乙 再犯
爲在 人乙良
〔대명률 직해 一권 二一장〕

取者 與者亦 不和爲 强亦 生事 侵逼乞請爲在 贓物乙良
〔대명률 직해 一권 二四장〕

凡 祖父母 父母亦 年 八十以是旅
〔대명률 직해 一二권 八장〕

대격 토의 乙이 생략된 례:

甲亦 犯罪爲 乙以 代告爲去等 親踈乙 勿論 自告以 同齊
〔대명률 직해 二권 二七장〕

所在 官司弋只 告狀乙 捧上 閱實 明文乙 成給爲乎矣
〔대명률 직해 二권 五장〕

官物乙 主掌爲有如可 文案乙 閪失爲 錢糧數目乙 錯亂爲在乙良
〔대명률 직해 三권 三장〕

壯丁人口乙 付籍 不多爲旅 年歲 身材乙 加減爲旅 虛稱老弱疾病爲 賦
役乙 回避令是在乙良
〔대명률 직해 四권 二장〕

생격 토의 矣가 생략된 례:

他 異姓人矣 子乙 收養作子爲 敗亂宗族者 杖六十齊
〔대명률 직해 四권 四장〕

在逃爲在 他人矣 子女等乙 許接爲 奴婢是爲 放賣爲在乙良 （是爲는 是
如爲의 오자일 것이다）
〔대명률 직해 四권 五장〕

여격 토의 良中 또는 亦中가 생략된 례:

凡 犯罪亦 未發前良中 自告爲在乙良
〔대명률 직해 一권 二六장〕

竊盜 事發後良中 私鑄銅錢爲如乎所乙 自告爲良在等
〔대명률 직해 一권 二六장〕

조격 토의 以가 생략된 례:

他矣 罪乙 或輕或重令是在乙良 故失例以 論
〔대명률 직해 一권 三九장〕

妻亦 妾乙 毆打爲在乙良 夫毆妻罪以 同齊

2. 토 위치의 생략

토 위치는 오직 齊의 한 자가 쓰이여 있다고 하지마는 그 자도 생략되는 경우가 많다. 글이 련속되여 나올 때도 생략되는 례가 드물지 않지마는, 특히 글이 전부 끝난 때는 생략되지 않은 것이 오히려 례외의 사실에 속하고 있다.

事, 條 등으로 끝나고 만 경우:

同官中良中 一人亦 詳審改正爲良在如中 並只 無罪爲乎事
〔대명률 직해 一권 三五장〕

在獄成囚例以 論罪遣 須只 親問爲乎所 不喩是乎條
〔대명률 직해 一권 三七장〕

한'자 성구로 끝나고 만 경우:

杖罪以上乙良 須只 論功定議爲 伏候上決 決斷爲遣 領軍衙門 首領官 犯罪乙良 不在此限
〔대명률 직해 一권 一〇장〕

脅勒爲旀 欺罔爲旀 强亦 買賣爲 利錢剩餘爲旀 取斂求請之類
〔대명률 직해 一권 二五장〕

被告之事乙 推問次良中 他罪乙 現告爲在乙良 亦如之
〔대명률 직해 一권 二七장〕

凡 族下亦 同姓及異姓 緦麻兄果 姊果乙 犯打爲在乙良 杖一百 小功是去等 杖六十 徒一年 大功是去等 杖七十 徒一年半 尊屬是去等 各加一等
〔대명률 직해 二〇장 一二권〕

그냥 보통 말로 끝나고 만 경우:

初亦 偸取爲旀 或取或受爲乎 正臟金銀乙 已用爲在乙良 並只 本色還徵
〔대명률 직해 一권 二六장〕

罪人矣 蒙赦減等例及贖罪例以 依准 施行
〔대명률 직해 一권 三二장〕

人乙 傷害爲旀 犯奸爲在乙良 免罪不得爲 常法以 論
〔대명률 직해 一권 三一장〕

弟子第隱 兄弟之子以 同
〔대명률 직해 一권 四四장〕

3. 접속 위치의 생략

접속 위치는 아무런 것이나 다 생략될 수 있는 것이 아니요, 두 가지의 경우에 한해서만 그 생략이 가능하다. 즉 하나는 遣, 旀 등의 토가 해당한 경우요, 또 하나는 良의 토가 해당한 경우다. 그런데 생략되는 경우는 이렇게 제한되여 있다고 하지마는 이상의 토들이 가장 자주 쓰이는 토들이다. 그렇기 때문에 리찰 문헌에서 접속 위치의 생략된 례는 비교적 많이 발견하게 되는 것이다.

爲良의 良을 생략한 경우:

婦人 犯罪爲㫆 決杖良中 當爲在乙良
〔대명률 직해 一권 二〇장〕

取者 與者 不和爲㫆 侵逼 乞請爲在 贓物乙良 並只 給還本主齊
〔대명률 직해 一권 二四장〕

爲白良의 良을 생략한 경우:

凡入八議爲在 人亦 犯罪爲在乙良 實封以 申聞爲白㫆 伏候上旨爲白遣
〔대명률 직해 一권 八장〕

犯罪人亦 自告爲旀 宥旨蒙赦爲旀 別蒙上恩爲白㫆 減罪 贖罪爲在 人等乙
〔대명률 직해 一권 三二장〕

及良의 良을 생략한 경우:

各各 已定限日內 及㫆 赴任爲乎矣 無緣故 過限 赴任 不冬爲在乙良
〔대명률 직해 二권 六장〕

凡 軍行征伐乙 臨當爲 依例 供給爲乎 軍器 糧食 草料等乙 日 及㫆 准備 不多爲在乙良
〔대명률 직해 一四권 四장〕

不冬 아래 爲遣, 爲良 등의 토가 생략된 경우:

卽時 付色曆錬 不多 遲晩爲在乙良
〔대명률 직해 二권 七장〕

權勢乙 疑畏 不多 所行不法之事乙 明白亦 上前良中 執法陳訴爲在乙良
〔대명률 직해 二권 八장〕

不喩 아래 是遣의 토가 생략된 경우:

成體爲在 物色 不喩 片片是去等 勿論罪遣
〔대명률 직해 一四권 九장〕

토 의 생 략   275

他人 頭乙 打傷後 頭瘡乙 因風得病爲乎所 不喩 他病乙 因爲 身故爲在
如中
〔대명률직해 二〇권 四장〕

보통 말 아래 爲遣, 爲良 둥의 토가 생략된 경우:

婦人亦 必于 夫家得罪 被黜爲良置
〔대명률직해 一권 一五장〕

官物乙良 還官 私物乙良 還主齊
〔대명률직해 一권 二五장〕

4, 규정 위치의 생략

다른 위치 토와 달라서 규정 위치의 생략은 거의 없다. 오직 문법적으로만 따진다면 다음의 경우를 그 생략으로 인정할 수도 없지 않을 뿐이다.

出征不冬 時良中 向前勢家門良中 窺候立回爲在乙良
〔대명률직해 一四권 一一장〕

犯罪不冬 寵職果 冗官乙 剷除果 濫設衙門乙 革罷果 右如 因事罷任降
等爲良置
〔대명률직해 一권 一四장〕

여기의 不冬은 爲遣의 토가 생략된 것으로 볼 수 있지마는, 爲在의 토가 생략된 것으로 볼 수도 있다. 어의의 분명한 폭으로서는 오히려 나중 번의 해석이 더 적당한 것으로 된다.

犯罪 律當處死人乙 大臣小官等亦 巧言以 冒笑諫奏 免死爲
〔대명률직해 二권 八장〕

凡 宮殿良中 出入人等乙 門籍良中 名字已除爲去乙 仍留不出爲在 人
〔대명률직해 一三권 五장〕

만약 仍留不出爲在 人의 례로 미루어서는 律當處死人은 律當處死爲在 人으로 出入人은 出入爲在 人으로 되여야 할 것이다. 한 개의 한'자 성어로도 볼 수 없는 것은 아니지마는, 또 한편으로 규정 위치의 생략으로도 설명할 수 있다.

5, 대용 토의 생략

至亦과 같은 리두어를 토로 쓸 때 亦을 생략하고 至로만 쓴 일도 있다. 이런 것도 토의 생략의 또 하나인 례로 될 것이다.

一人以 三人至亦 落報爲去等
〔대명률 직해 二권 七장〕

제 4절 특수한 구법

봉건 시대 관청에서 사용하는 서류에는 그 성질에 따라 각각 일정한 규격들을 가지고 있었다. 이러한 각종 서류의 규격이 다시 리찰 문장의 특수한 구법으로써 발달되기에 이르렀다. 이제 그러한 구를 대략 세 가지로 분류해 보려 한다. 즉 전제구(前提句), 삽입구(揷入句), 종결구(終結句) 등이다.

1, 전제구

일반 인민들로부터 관청에 향해서 제출되는 서류에는 맨 먼저 右謹陳의 석 자를 전제한다. 그 다음 소지면 所志矣段, 원정이면 原情情由事段 등이라고 쓴다.

右謹陳 所志矣段 矣身 隨行某任者 今爲幾十年而 今則 犬馬之齒己滿七旬是如乎……
〔유서필지 례문〕

右謹陳 原情情由事段 矣身與某人山訟事 不必架疊是乎於………
〔유서필지 례문〕

만일 관리들이 소위 임금에게 향해서 내는 서류라면 다소 글자를 바꾸어야 한다. 즉 右謹陳 대신에 右謹啓를, 또 所志矣段이나 原情情由事段 대신에 臣矣段과 같은 문구를 쓰는 것이다.

右謹啓 臣矣段 臣矣身父 在於某道 某邑地是白如乎
〔전율통보 례문〕

인민들 간의 계약서 및 증서에는 右明文 또는 右成文의 석 자가 전제되여야 한다. 단 이 석 자만이 전제된 례는 아주 적고 그 아래 많이 事段이 붙고 혹 段만도 붙고 또 혹 事叱段, 爲臥乎事段과 같이 길게 붙기도 한다.

右明文 爲要用所致 自己買得 燭洞伏在 糧字垈後田 一日耕 五員庫……
〔윤 병사(尹 兵使) 토지 문서〕

右明文段 矣身 以要用所致 內倉員伏在 稽字用 一日耕 六卜五束庶果

〔윤 보성(尹 寶城) 토지 문서〕

成文事叱段 女矣身亦 無后寡婦以 身後諸事無依據 日夜 哀泣爲有如乎次

〔도산군 부인 전계 문서〕

右明文爲臥乎事段 矣身 要用所致乙仍于 張自元處 買得田 鄭致完田 導良 粟毀田 三日牛耕庫乙

〔신 상규(申 尙奎) 토지 문서〕

明文이나 成文의 두 자를 더 자세히 해석해서 쓸 수도 있다.

遺書成給爲臥乎事叱段 矣身 前者 嫡妾子等乙 文記 成給爲乎矣

〔정해군 유서〕

어떠한 관청이나 관리가 내는 공식 서류에는 爲자와 事자 사이 그 내용에 관한 총괄적 제목을 삽입한다. 가령 참고를 위한 일이라면 爲相考事, 보고를 위한 일이라면 爲牒報事라는 등과 같다.

備邊司爲相考事 卽接內需司所報則 以爲 司屬寧嬪房移來 出稅田畓 在於慶尙道金海郡乙仍于……

〔비변사(備邊司) 관자〕

砥平縣監爲牒呈事 關文內乙用良 本縣居 尹生員家所在日記 沒數督封上送次……

〔지평 현감(砥平 縣監) 첩정〕

죄인의 취조서를 위시해서 기타 인민의 진술한 내용을 기록하는 서류는 白等과 推考敎是臥乎在나 推問敎是臥乎在亦 사이에 먼저 그 물은 요점을 기록한 다음, 비로소 죄인이나 기타 사람의 진술한 내용을 적어 놓는다. 推考나 推問 우에는 또 詳實直告亦, 從實現告亦, ──直招亦 등의 문구를 얹으며, 임금의 직접 명령으로 그 문초 내지 질문이 행해지는 때는 다시 傳敎의 두 자를 붙이여서 얹는다.

白等 鄭俠承服招內 金悌男謂鄭俠曰 黃愼段 水火中救我者是如 爲有去等 與悌男親切事狀 從實直告亦 傳敎推考敎是臥乎在亦 矣身雖極無狀 常時所期待不爲痛劣……

〔광해 일기 황신 초사〕

白等 矣身與許堅 鄭元老及 柟等 相會謀議之事 己盡於上變書中是在果 謀議節次及 四張書札 某某人是喻 一一直招亦 傳敎推考敎是臥乎 在亦 四張書札段 矣身與鄭元老 己爲書達於上變書中是白乎旀 謀謀之事段 矣身只聽鄭元老之言是白乎旀

〔경신 역옥 추안 만철 초사〕

2, 삽입구

어떠한 서류 중에서 인물에 대한 것을 기록할 때 그의 생년월일, 본관(本貫) 또는 그의 부모 등을 설명하게 될 때다. 그런 때는 그 인물의 이름과 그 이름 아래 붙을 격토를 벌리고 그 중간에 써 넣는 것이다. 우선 정도사 석탑기 중 公山新房 依止 修善僧 覺由 本貫壽城郡乙과 善州士 集堨院主人 貞元伯士 本貫 義全郡乙이 바로 그런 례다. 그것은 公山新房 依止 修善僧 覺由乙과 善州士 集堨院主人 貞元伯士라고 할 문구인 데다가 本貫壽城郡과 本貫義 全郡 등을 삽입한 데 지나지 못하는 것이다.

其矣 班奴婢 梅介 四所生 士禮 年 己巳生及 同婢 一所生 奴 永金 年庚寅生 二口乙

〔사례영금(士禮永金) 노비 문서〕

矣身 名福釗 年三十一歲身果 矣身妻 福蟾 年二十八歲身乙

〔복쇠복섬(福釗福蟾) 노비 문서〕

이상의 두 고문서에서 年己巳生과 年庚寅生이나 年三十一歲身과 年二十八歲身은 모두 삽입구다. 이런 삽입구를 빼고 士禮 永金 二口身乙이나 矣身名福釗果 矣身妻 福蟾乙이라고 보아야 구두어의 문법과 일치하게 될 것이다.

본래 이러한 구법은 리찰에서 특수하게 발달해 온 것이다. 구두어의 문법으로 따지여서는 리해되기 어렵다. 그런데 꼭 어떠한 사람의 본관이나 생년월 등에 한해서만 이러한 삽입구의 형식으로 쓴다는 것은 아니다. 극히 드문 례로는 보통의 문구를 이렇게 삽입한 문헌도 없지 않다.

全羅道 長城郡地 白巖寺乙 祖上 文貞公敎是 三寸叔父復同願 私財以

營爲

〔백암사 고문서 三호〕

이것은 祖上 文貞公敎是 私財以 營爲이라고 해야 할 글에 三寸叔父復同願의 한 마디를 삽입하고 있는 것이다.

    矣身 前者 嫡妾子等乙 文記 成給爲乎矣 妥量所由以 妾子違給分叱不喻 矣身 丙寅年分 特蒙上恩 靖國功臣參等叅錄 功臣受賜田民乙 妾子分給爲有如可

〔정해군 유서〕

이것은 妾子違給分叱不喻 功臣受賜田民乙 妾子分給爲有如可 라고 해야 할 글에 矣身 丙寅年分 特蒙上恩 靖國功臣參等叅錄의 여러 마디를 삽입한 것이다.

3, 종결구

일반 인민으로부터 관청에 제출하는 서류는, 만일 사정을 진술한 것이라면 是白置, 또 만일 희망을 표현한 것이라면 望良爲白只爲으로 총괄한다. 그 다음 그 내용에 따라서 行下, 施行 또는 斜給 등과 같은 말에다가 敎事, 敎是事, 向敎事 등과 같은 말을 련접해서 그 아래 붙이여 쓴다.

    矣身 初一日 上京 無興相知是白等以 出宿城佛堂 實無城內止接是白置 相考 施行敎事

〔의금부 등록 구천 초사〕

    矣身 子息 患痘疫 症勢方重乙仍于 不得趂期上來 差遲二日 別無他意 是白置 相考分揀 施行敎事

〔경신 역옥 추안 리원길 초사〕

    使矣身 得係先隴之地 千萬 望良爲 白只爲 行下向敎事

〔유서필지 례문〕

    限十日 給由之地 千萬 望良爲白只爲 行下向敎事

〔유서필지 례문〕

    矣徒等以 證筆隨叅 署名的實是白置 文記 相考 依例 斜給敎事

〔사례영금 노비 문서 三호〕

    文記 相考敎是後 依例 斜給爲白只爲 行下敎是事

〔사례영금 노비 문서 四호〕

상급 관청에서 하급 관청에 대해서나 관청에서 인민에 대해서 명령과 지시를 내리는 서류에는 宜當向事, 宜當事, 向事 등의 문구로 끝을 막고 있다.

  本屯 被灾 亦爲詳察處之 宜當向事
          〔비변사(備邊司) 판자〕
  此 牌字導良 成文許與 宜當事
         〔사례영금 노비 문서 一호〕
  關內 事意乙 用良 郡南 資福寺乙 今月十日 及良 移接向事
         〔백암사 고문서 三호〕

개인적 계약서에는 或有雜談是去等, 如有雜談爲去等 등과 같은 말을 쓴 다음 持此文記 告官下正事, 持此文記 告官下正者 또는 此文記乙 用良 辨正向事 등등의 말을 붙인다.

  本文記段 他田幷付乙仍于 許與不得爲去乎 後次 或有雜談爲去等 此文記乙 用良 辨正向事
         〔권처균(權處均) 토지 문서〕
  後次 子孫族類良中 如有雜談是去等 持此文 告官辨正事
         〔사례영금 노비 문서 二호〕

관리들이 임금에게 제출하는 서류에는 詮次謹啓로, 또 서리가 관리들에게 통지나 보고하는 서류에는 詮次告課로 끝을 막는 례도 있다.

  下去 相見爲白良結 望良白去乎 詮次謹啓
         〔전물등보 례문〕
  案前敎是 明日 入直之意 緣由詮次告課爲臥乎事
         〔유서필지 례문〕

죄인들의 취조서에는 此外更無所達 右良로 끝을 막은 례도 있다.

  有罪無罪 只待聖明洞燭而己 此外更無所達 右良
         〔광해 일기 황신 초사〕

아무런 특수한 구법을 쓰지 않고 보통의 문구로써 종결되는 일이 많다. 종결구는 전제구보다 비교적 자유스러웠던 것으로 보인다.

  其後 矣身 又見台瑞於鎬家𠫆 台瑞又言體府之設 必有益扵定策之時是如

爲白有置 逆謀同參的只乎事
〔정신 역옥 추안 조 정창 초사〕
尹生員家僮段 依關文捉囚 緣由并以 牒報爲臥乎事
〔지평 현감 첩정〕

제 5절 시자식(是字式) 문장과 위자식(爲字式) 문장

15세기 문헌을 살피여 볼 것 같으면 문장을 구성하는 데 있어 두 가지의 구별이 존재한다. 즉 그 술어를 동사나 형용사로 구성하느냐, 명사류로 구성하느냐 하는 구별이다. 가령 룡비 어천가 四〇에서 《凱歌로 도라오시니》, 동서 四九에서 《獨眼이 노ᄆᆞ시니》 등은 전자의 례요, 동서 四에서 《岐山 올ᄆᆞ샴도 하ᄂᆞᆯ 뜨디시니》는 후자의 례다. 그 술어가 한'자 어휘로 될 때에는 동서 一장에서 《일마다 天福이시니》가 후자의 례로 되고, 《古聖이 同符ᄒᆞ시니》가 전자의 례로 될 것이다. 그런데 이러한 관계는 비단 술어에만 있는 것은 아니다. 규정어에도 있다.

녯 버디언 孫宰ㅣ
〔두시 언해 二권 五五장〕

그ᄐᆡ 버서 낫ᄂᆞᆫ 솔옷 든 ᄂᆞᄆᆞᆺ훈
〔두시 언해 三권 一二장〕

《그ᄐᆡ 버서 낫ᄂᆞᆫ》과 《솔옷 든》 등은 동사가 규정어로 된 것임에 대해서 《녯 버디언》은 명사가 규정어로 된 것이다.

虛無自然ᄒᆞᆫ 道理ᄂᆞᆫ
〔월인 석보 二권 七장〕

大器大用이언 神通과
〔법어 략록 四五장〕

《虛無自然》은 《혼》을 붙이여 규정어로 만든 데 대해서 《大器大用》은 《이언》을 붙이여 규정어로 만든 것이다.

규정어의 경우도 술어와 하등 다를 것이 없다. 오직 규정어로 되기 위해서 필요한 《언》, 《ㄴ》 등을 더 붙이는 그 뿐이다.

요컨대 한'자 어휘의 명사류를 술어 내지 규정어로 쓰자면 그 아래 《이》를 붙이고 형용사나 동사를 쓸어 내지 규정어로 쓰자면 그 아래 《흔》를 붙이였다. 이것은 아주 오랜 이전으로부터 조선어의 한 특징을 이루고 있었던 점이라고 보아야 한다. 왜 그러냐 하면 리찰 문장에서도 15세기의 그와 같은 특징을 꼭 그 대로 반영시키고 있는 것이니, 리찰의 是자가 바로 《이》에 해당하고 爲자가 바로 《흔》에 해당한다. 비록 리찰이 전체 한'자로 기사되여 있다고 하지마는, 그 한'자들을 형용사나 동사로 읽을 것이냐 또는 명사류로 읽을 것이냐 하는 것은 일목 료연한 바다.

백암사 고문서 一호를 분석해 보면 그 중의 是자식 문장은 다음과 같다.

無田民殘廢古基山齊是去乙. 先師覺眞國師重斅是遣. 差備敎事是去乙. 悶望是白去乎在等以. 望白去乎事是去有在等以. 宣旨敎事是去有等以. (出納爲乎)事是去等. (出納爲臥乎)事是去等.

또 그 중의 爲자식 문장은 다음과 같다.

作法祝上爲白去乎在亦 交易納寺爲遣 供衆作法爲白如乎. 並只頹落爲. 一任爲白乎所. 作法祝上爲白良結. 爻周爲良乙爲. 爻周爲遣. 出納爲乎. 一亦禁止爲遣. 出納爲臥乎.

이렇게 是자와 爲자가 거의 상동하게 나타나고 있으나 실상 그런 것은 아니다. 爲자식 문장이 是자식 문장보다는 훨씬 많이 나타나는 것이다. 그 리유의 첫째로는 是자와 爲자가 함께 붙지 않은 것은 많은 경우 爲자식 문장에 포괄시키여야 한다. 례컨대 백암사 고문서 一호에서도 右良事意乙用良 宣旨內事意乙用良의 用良와 같은 것이다. 또 둘째의 리유로는 是자가 붙은 중에도 爲자식 문장에 속해야 할 부분이 있다. 례컨대 동 고문서에서도 安邀敎是㢱의 敎是와 같은 것이다. 백암사 고문서 二호에 憑是審是㢱의 한 마디가 있는바 현대어로 憑是는 《비기》, 審是 《살피》에 해당한 말이다. 敎是도 그 대로 한 마디의 말을 이루는 것이라 是자식 문장을 이루는 是와 같이 보아서는 되지 않는다.

그런데 《권처균(權處均) 토지 문서》에서는 或有雜談爲去等으로 썼는 데 대해서 《사례영금(士禮永金) 노비 문서》에서는 如有雜談是去等으로 썼다. 즉 或有雜談과 如有雜談은 或과 如의 부사가 다른 이외 동일한 말임에 불구하고 是자식과 爲자식을 서로 달리하고 있다. 물론 우리 말을 리찰로 정확히 기사하는 데서는 우리말 그 대로 是자식과 爲자식의 두 문장이 나타나게 될 것이다. 동일한 말을 是자로도 썼다가 또 爲자로도 썼다가 하는 일은 있을 수 없는 것이다. 그러나 리찰에는 많은 한'자 성어와 한'자 성구가 사용되고 있으며, 더구나 그 한'자 성어와 한'자 성구의 대부분은 이미 우리 말로 되여 버린 그런 종류도 아니다. 爲자를 붙이거나 是자를 붙이거나 그 의미에서는 하등 변동을 일으키는 것이 아니요, 오직 한 개의 형식적인 문제로 돌아 가는 것이다.

遷官段 他官良中 移差是去乃 出使是去乃 隣官良中 權知是齊 去任段 遞還是去乃 在喪是去乃 致仕等類是乎事
〔대명률 직해 一권 一六장〕

他人矣 犯罪乙因于 干連得罪爲乎 緣故段 犯人罪乙 遲晚覺察爲 禁約不多爲旅 干連爲去乃 聽從使令爲去乃 事
〔대명률 직해 一권 一八장〕

전자는 전체가 是자식 문장으로 된 반대로 후자는 전체로 爲자식 문장으로 되고 있다. 거기 따라 移差是去乃, 出使是去乃, 遞還是去乃, 在喪是去乃의 移差, 出使, 遞還, 在喪은 명사인 반대로 干連爲去乃, 聽從使令爲去乃의 干連과 聽從使令은 동사로 쓰인 것이다. 그러나 그것이 곧 그 당시 우리말에서 干連과 聽從使令이 동사로만 쓰이고, 移差, 出使, 遞還, 在喪 등이 명사로만 쓰인 것을 의미하는 것은 결코 아니다. 상기의 한'자 성어를 그 대로 써서 먼저의 인용문을 爲자식으로, 또 나중의 인용문을 是자식으로 바꾸는 일도 가능할 수 있는 일이다.

戊午遭彈時則 只與堅相見而歸是白如乎 及聞鄭元老性來積家之言 矣身以爲此是不良之人 大臣何爲容接乎 雖發諸口而 心甚慨然爲白臥乎所
〔경신 역옥 추안 리 태서 초사〕

이 인용문에서 是白如乎를 爲白如乎로 바꾸거나 爲白臥乎所를 是

白臥乎所로 바꾸거나 전연 마찬가지의 의미다. 이런 경우에 이르러는 이미 말한 바와 같이 是자식과 爲자식의 구별도 형식적인 문제에 불과한 것이 사실이다.

그런데 是자와 爲자를 애초부터 표시치 않은 례도 많다. 그가 바로 리찰에서 是자식과 爲자식이 형식화됨에 따라 나타나는 현상인 것임에 틀림이 없다.

關內 城門亦 依例 封鎖是去乙 誤錯亦 不鎖爲在乙良 杖一百遣 遠處充軍齊

〔대명률 직해 一三권 八장〕

이 인용문의 杖一百遣 遠處充軍齊에는 是도 爲도 써 있지 않다. 대명률 직해 중에는 이런 례를 자주 발견할 수 있다.

제 6절 간접 대화법

제 3자에 관한 것을 자기의 말로 보고하거나 소개하는 것이 아니라, 제 3자의 립장에 서서 그의 말로 표현할 수도 있다. 간접 대화법이 맨 처음 발생된 토대는 바로 이런 관계에 기인할 것이다. 그런데 제 1인칭이나 제 2인칭에 련관된 말도 제 3자의 립장으로 돌리여 말할 수 있으며, 조선어에서는 바로 그러한 대화법이 많이 리용되고 있다. 이 대화법을 간접 대화법이라고 부르는 것은 순연히 이 까닭에 지나지 않는 것이다. 상기 두 가지의 대화법이 서로 반대되는 현상이지마는 실지에는 동일한 형태로 나타난다. 오직 그와 관련되는 인칭에 따라서 제 1인칭이나 제 2인칭일 때는 후자의 경우로 되고 제 3인칭일 때는 전자의 경우로 된다. 또 그러한 대화법을 구성하는 형태도 비교적 간단하다. 법토를 접속 토로 고칠 뿐이다.

리찰의 간접 대화법도 그보다 더 다른 것은 없다. 오직 호격토의 亦도 법토의 如, 去와 함께 간접 대화를 이루고 있다.

亦을 사용한 간접 대화

凡 道士 女冠亦 稱云者 僧人果 尼僧以 同齊

〔대명률 직해 一권 四四장〕
千石是如 當言爲乎 庫良中 十石亦 爲 有害於事 爲在乙良
〔대명률 직해 三권 三장〕

如를 사용한 간접 대화

凡 期親及 祖父母是如 稱云爲乎矣 高祖 曾祖 至亦 一般稱云爲齊 稱孫乙良 曾孫 玄孫至亦 並只 孫是如 稱云齊
〔대명률 직해 一권 四二장〕
上書及 申聞事良中 免赦是如 當言爲乎 庫良中 不言免赦爲旀
〔대명률 직해 三권 三장〕

去를 사용한 간접 대화

他人亦 現告爲乙去 知想只遣 物主處 還給爲在乙良
〔대명률 직해 一권 二九장〕
官員, 書吏, 令史等亦 其矣 所犯事 發露爲去 聞知爲遣 逞錯事乙 回避爲要 文案 改補爲良在等
〔대명률 직해 三권 八장〕

그런데 간접 대화법을 이루는 데는 두 가지의 경우가 있다. 하나는 亦, 如, 去 등의 토만을 쓰는 것이요 다른 하나는 그 아래 다시 딴 토를 복합하여 쓰는 것이다.

鄭元老 崔晚等 以爲 上年有十月雷而 諺稱四十月相同云云故 或慮四月間 有騷屑之患是如爲白有置 鄭元老等尙在 可如慮實是白乎旀 聞元老之言 後 果以四月間國家有事是如 光漢處處說道的實是白乎旀 鄭元老謂矣身 曰 體府復設 似非爲外寇 必有其意是如爲白去乙 矣身果以此言 說道於 柳晅處爲白有旀
〔경신 역옥 추안 리원길 초사〕

상기 인용문 중에서 간접 대화로 된 것이 전부 세 마디가 있으니, 첫째 有騷屑之患是如爲白有置, 둘째 果以四月間國家有事是如, 세째 必有其意是如爲白去乙이다. 거기서 둘째 번은 如의 토만이 쓰이여 있을 뿐이나, 첫째 번에는 如가 爲白有置, 세째 번에는 如가 爲白去乙의 토와 다시 복합되여 있는 것이다.

如가 다른 토와 복합되여 있는 경우는 일견에 간접 대화임을 알 수 있으나, 如만이 단독으로 쓰인 경우는 그 문맥에 의해서만 비로소 판정될 수 있다. 우선 果以四月間國家有事是如도 處處說道的實是白乎㫆라는 말이 련속되지 않았다면 곧 간접 대화라고 판정할 기준이 없다. 물론 리찰에서 如, 去 등은 본격적 법토로 등장하지 못하고 오직 간접 대화에서만 사용되고 있다. 거기 따라서 그것이 법토냐 또는 그것이 간접 대화의 접속 토냐 그런 것은 혼동되지 않을 것이 사실이다. 그러나 如는 또 규정 위치로도 사용되고 있다. 규정 위치와 간접 대화의 두 경우를 오직 문맥에 의해서만 구별하는 수밖에 없다.

在逃人亦 身故爲去等 隨去爲行如 家口亦 自願還鄕爲在乙良
〔대명률 직해 一권 一九장〕

家長矣 已死屍體乙用良 他人亦 殺死爲如 冒哭爲在乙良
〔대명률 직해 一九권 八장〕

상기 인용문에서 隨去爲行如는 家口라는 아래' 말에 붙은 규정어요 殺死爲如는 간접 대화다. 그 구별은 문맥을 떠나서 아무런 기준도 발견할 수 없는 것이다. 단지 규정어로 쓰일 경우에는 아래' 말이 반드시 명사류인 것을 조건으로 삼으나 간접 대화로 쓰일 경우에는 그런 조건을 필요로 삼지 않는다. 거기 따라서 如자 아래 형용사 또는 동사가 왔다면 그것이 간접 대화라는 것은 더 물을 것도 없다.

제 5장 리두음

제 1절 리두음의 전승 내용

많은 리두자와 리두어, 리두 토에 사용되는 한'자를 현행의 한'자음과 같이 읽지 않는다. 그러한 음을 현행의 한'자음에 대해서 리두음이라고 부르는 것이다. 리두자, 리두어, 리두 토 등의 구성을 밝히려고 한다면 이 리두음은 아주 중요한 자료다.

비단 리두에서만이 아니라 조선어의 력사적 발달을 연구하기 위해서도 그만 못지 않게 중요한 가치를 가지는 것이다. 그러나 첫째로 유감스러운 점은 18세기에 이르기까지 리두에 관한 저서가 나오지 않았고, 따라서 리두음을 기록해 놓은 서적이 없다. 약간의 리두자가 그 이전의 문헌에서 이미 나타나고 있으나, 그것은 전체의 분량에 비교해서 전연 문제되지 않는다. 그 뿐 아니라 둘째의 유감스러운 점은 18~19 두 세기에 걸치여 리두에 관한 서적이 전률통보, 고금석림, 어록변증, 유서필지 등 네 종류가 나왔는바 그것이 모두 서울 사람에 의한 서적 뿐이다. 서울 이외의 각 지방에서는 물론, 다 각각 자기 방언과 함께 독특한 리두음도 없지 않을 것이언마는 지금 그것을 알 수 없는 것이다.

물론 한'자에는 오직 구개음화된 음 이외 지방적 차이를 발견하지 못한다. 리두음도 한'자로써 나타나는 것임에 따라 지방적 차이가 없었다고 추측하기 쉽다. 그러나 동일한 년대 내지 크게 격절되지 않은 년년의 저서요, 더구나 동일한 서울 사람들의 저서인 전률통보, 고금석림, 어록변증, 유서필지 등에서 왕청나게 상위되는 리두음을 보게 되는 례가 드물지 않다. 유서필지에는 동일한 리두어나 리두 토에 대해서 두 가지의 서로 다른 리두음을 기록한 례까지 있다. 이것은 곧 18~19 세기 서울 안에서도 리두음은 여러 가지로 갈리여 있었다는 것을 증명하는 것이다. 이로 미루어서 각 지방에서도 당연히 자기 방언과 함께 서울과 서로 다른 리두음들을 사용하였을 수 있는 것이다.

본래 조선의 한'자가 어떻게 능히 전국을 통해서 동일음을 이루고 있었느냐 하면, 거기에는 과거 제도와 결부되여 강한 규범이 존재했던 까닭이다. 리두어나 리두 토가 아무리 동일한 한'자로서 기사된다고 하더라도 거기까지 그런 강한 규범이 미치지는 못했을 것은 사실이다. 더구나 리두에 대해서 아무런 저서도 없었다. 18 세기까지 오직 입에서 입으로 계승되여 왔을 뿐이였다. 전률통보, 고금석림, 유서필지, 어록변증의 리두음이 서로 틀리는 것은 오히려 당연한 현상이다. 그 당시 이 몇 서적이 기록한 이외에도 또 다른 리두음이 없었을 것도 보장하지 못한다.

그런데 네 서적을 비교하여 보면 전률통보와 유서필지가 많이 서로 일치한 반면에 고금석림과 어록변증에서 이따금 전연 판이한 음을 보이고 있다. 그것은 그 저자들의 계승한 내용이 다르기보다도 그 저서들의 성격이 다른 데 기인하는 것이 아닐가 한다. 전률통보나 유서필지는 모두 실용적 견지에서 저작된 것이지마는 고금석림과 어록변증은 한갓 학자로서의 수집 혹은 연구를 위한 것이다. 리두음에 있어서도 전자의 두 서적은 되도록 규범적인 음을 주장하였을 것임에 대해서, 후자의 두 서적은 이미 낡았거나 아직 새롭거나 도리여 신기한 편에 주의를 더 돌리였던 것이다.

그러므로 유서필지에서는 白을 《숣》으로 읽어서 爲白昆은 《ᄒᆞ숣곤》, 爲白乎旀는 《ᄒᆞ숣오며》, 爲白如可를 《ᄒᆞ숣다가》라고 하였는데, 고금석림에서는 白을 《올》로 읽어서 爲白昆을 《ᄒᆞ올곤》, 爲白乎旀를 《ᄒᆞ올보며》, 爲白如可를 《ᄒᆞ올싸가》라고 하였다. 유서필지가 고금석림보다 후대의 저작임에 불구하고 고금석림의 《올》이란 음이 유서필지의 《숣》보다 오히려 후대적 음으로 된다. 그것은 19 세기에도 《숣》이 아직 《올》보다 규범적 음임에 따라서 유서필지에서는 더 규범적 음을 취한 것이요, 《올》의 음이 18 세기에도 사용되고 있음에 따라 고금석림에서는 새로이 사용되는 음을 취한 것이다.

또 白活을 전률통보에서 《발궐》, 고금석림과 유서필지에서 《발괄》이라고 읽었는데 어록변증에서만 《숣화》라고 읽었다. 白의 뜻이 《숣》이요 活의 음이 《활》이니 《술볼》를 白乎로 쓴 것 같이 《숣봐》를 白活로 쓴 것이다. 爻周를 고금석림에서는 《쇼쥬》라고 했는데 어록변증에서는 《엣더려》라고 읽었다. 爻는 격자를 친다는 뜻이요 周는 동그라미를 친다는 뜻이니 《엣더려》란 말이 바로 그 뜻을 표시하는 옛말이다. 저작 년대로서는 전률통보나 고금석림보다 낮은 어록변증에서 도리여 가장 오래 된 리두음을 보존하고 있다. 그것은 여러 가지의 리두음이 함께 쓰이는 가운데서 그 저자의 취미상 가장 오래 된 것을 채택한 것임에 틀림이 없다.

그런데 일찌기 설명한 바와 같이 리두자, 리두어, 리두 토 등을 기록한 분량의 대부분이 이 토 저 토의 합용되는 례로써 충당 되여 있다. 설사 유서필지가 어록변증의 약 삼배 되는 분량이라고 한대도 그것은 한갖 토의 합용을 더 상세히 렬거한 데 지나지 않는다. 그런데 토의 합용되는 례도 리두음의 결합 변화가 종종 달라지는 현상을 살피기 위해서는 결코 의미 없는 것이 아니다. 유서필지의 많은 분량이 어록변증의 적은 분량보다는 우선 량적으로 가치 있다는 점을 승인하여야 할 것이다.

그러나 그 어느 서적에서도 일정한 기준 아래 토의 합용을 렬거한 것이 아니요, 오직 임의의 취사 선택을 행한 데 지나지 않는다. 분량이 가장 많다는 유서필지에도 토의 합용되는 례가 빠진 것이 많으니 그 나머지의 책은 더 말할 것도 없다. 그렇기 때문에 근세에 간행된 서적들에서는 리조 말기까지 입으로 전승해 온 리두음과 또 딴 토에 의해서 추정된 리두음으로써 그것을 보충하고 있다. 입으로 전승해 온 리두음은 상당히 가치 있는 것이나 누구에 의해 제공된 유래가 밝히여 있지 않을 뿐 아니라, 추정으로 기입한 리두음과 전연 구별되지 않아서 어느 것이 어느 것임을 구별해 내기 어렵다. 그런데 추정으로 기입된 리두음에는 결합 변화의 차이를 그 대로 반영한 것이 아니다. 거기 따라 전부가 다 꼭 정확한 추정이라고는 보장하지 못한다.

하여튼 리두음은 옛문헌을 중심삼을 수밖에 없다. 전확치 못한 자료를 리용하기는 곤난한 일이다.

제 2절 리두음에 반영된 구두어의 변천

리두음이 구두어와 밀접히 관련되여 있다는 것은 새삼스럽게 다시 설명할 필요가 없는 일이다. 거기 따라 구두어의 력대적 변천이 리두음 그 가운데도 반영되여 있을 것은 물론이다. 리두음이 여러 가지로 달라진 리유를 오직 이로써만 설명할 수는 없으나마, 그 대부분의 원인을 여기서 찾으려는 것은 결코 헛된 노력이 아니다. 본래 리두 그 자체가 고대어의 형태를 반영하고 있는 바어니와, 다시 또 리두음으로부터 어음적 내지 어휘적 변천의 자취들을 발견할 수도 있는 것이다.

1. 어음적 변천

우선 네 가지 문헌의 리두음을 서로 비교해 본다면 거기는 모음의 차이가 가장 많이 나타나고 있다. 이것은 어음 변화 중의 일어 나기 가장 쉬운 것이 모음 변화임에 기인되는 평범한 현상이지마는, 그 가운데서도 조선어 어음 발달의 력사적 과정을 엿볼 수 없지 않다. 우선 《ㆍ》음이 무슨 음에 의해서 대응되고 있는가 하는 것도 그런 례의 하나다. 또 《ㅡ》, 《ㅣ》의 두 모음이 서로 바뀌여 나오는 것이라든지, 보통모음이 전부모음으로 변해지는 것이라든지 모두 흥미 있는 바다.

　　教矣. 이스되 (유), 이사되 (교), 이시되 (전).
　　白等. 술든, 술동 (어), 솜등 (교), 솜든 (전), 살등 (유).
　　捧上. 밧즈 (전), 밧자 (유, 어).
　　上下. 츳하 (어), 츳아 (유), 차하 (교).
　　始叱. 비릇 (전), 비룰 (교), 비라, 비롯 (유).
　　物物. ㅈㅈ (전), 갓갓 (교, 어, 유).
　　適音. 마츰 (전, 교), 마참 (유).
　　帖子. 체즈 (유), 뎨즈 (교), 체자 (어).
　　良中沙. 아희스 (유), 아희사 (전, 교).
　　爲只爲. 흐기암 (유), 흐기슴 (유).
　　新反. 시로히 (교, 어), 시로이 (유), 새로이 (전).
　　先可. 아즉 (유), 아덕 (전), 아직 (교, 어).
　　唯只. 아즉 (유), 아직 (전, 교, 어).
　　仍于. 즈즐우 (어), 지즈로 (유), 지즈무 (교).
　　惠伊. 져즈리 (유), 저즈려 (어), 져지리 (전).
　　題音. 져김 (전), 졔김 (유).
　　白齊. 솜져 (유), 술졔 (유).
　　爲齊. 흐져 (교), 흐졔 (유).

敎事. 이산일 (유), 인산일 (젼, 고, 어).
白活. 발괄 (고, 유), 발궐 (젼), 술화 (어).
擬只. 사기, 시기 (유), 시비거기 (고), 비기 (어), 비김 (젼).
及良. 미쳐 (젼, 유), 밋쳐 (고), 미처 (어).
件記. 볼긔(유), 벌기 (어), 불긔 (고).
況旀. 허믈며 (어), 흐믈며 (젼, 유).
並只. 다모기 (고), 다무기 (유), 다목기 (젼).
別乎. 별오 (고), 별옴 (젼), 별롱 (어), 벼름 (유).
始此. 비록 (어), 비로 (젼).
絃如. 시오려 (유), 시우려 (젼, 어), 시우여려 (고).
初如. 쵸혀 (유), 쵸여 (고).
爲白良沙. 흐올야스 (고), 흐솝아스 (젼, 유).
最只. 안직기 (젼), 아직기 (어), 안즈기 (유).
易亦. 인으려 (젼), 이눅혀 (고), 이닉혀 (어, 유).
良中. 아에 (고), 아의 (어), 아희 (젼, 유).
導良. 드듸아 (고), 드듸여 (젼, 어), 드더여 (유).
爲乎矣. 흐오되 (유), 흐오더 (고).

그 다음 자음 변화에는 끝소리보다 첫소리가 많고, 기타의 다른 첫소리보다 《ㄷ》 음의 《ㅈ》 음으로 바뀐 것이 많다. 이것은 때마침 17 세기 이후 서울 방언에서 앞자음의 구개음화가 전면적으로 진행된 현상을 반영하여 주는 것이다.

侤音. 다딤 (젼, 고), 다짐 (어, 유).
茂火. 더부러 (어), 더불어 (젼), 지붓너 (유).
卜定. 더정 (젼), 지뎡 (고), 지정 (유).
不得. 모딜 (젼), 모질 (유).
先可. 아딕 (젼), 아즉 (유), 아직 (고, 어).
他矣. 뎌의 (고), 져의 (어), 저의 (젼).
帖子. 톄즈 (고), 쳬자 (어), 쳬즈 (유).
節. 디위 (젼, 고), 지위 (유).
段置. 단두 (젼, 고), 쏜두 (어).
易亦. 이닉혀 (어, 유), 이눅혀 (고), 인으려 (젼).
役只. 겨기 (젼, 유), 겨지 (어), 직기 (고).

耳亦. 쓴녀 (유), 쓴여 (어), 쓴려 (고).
進只. 낫드러 (젼, 유), 낫드지 (유).
始此. 비록 (어), 비롯 (젼).
始叱. 비를 (고), 비라, 비릇 (유), 비로 (젼).
白等. 숣든 (젼), 솗든, 솗동 (어), 숣등 (고), 살등 (유).

또 그 다음 자음이 탈락된 데는 白의 뜻인 《숣》으로부터 《ㅅ》와 《ㅂ》의 두 음과 어중에 한하여 《ㅎ》음의 례가 가장 많다. 이것도 17 세기 이후 조선어 어음 발달의 한 특징적 사실을 반영하는 것이다.

白齊. 숣제 (유), 솗제 (유).
白等. 숣등 (고), 숣든 (젼), 솗든, 솗등 (어), 살등 (유).
爲白昆. ᄒᆞ숣곤 (유), ᄒᆞ올곤 (고).
爲白乎旅. ᄒᆞ숣오며 (유), ᄒᆞ올보며 (고).
爲白乎矣. ᄒᆞ숣오되 (젼, 유), ᄒᆞ올보되 (고).
爲白如可. ᄒᆞ숣다가 (유), ᄒᆞ올ᄶᅡ가 (고).
爲白在果. ᄒᆞ숣견과 (젼, 유), ᄒᆞ올젼과 (고).
爲白良沙. ᄒᆞ숣아ᄉᆞ (젼, 유), ᄒᆞ올야시 (고).
是白良置. 이숣아두 (유), 이살라두 (고).
爲只爲. ᄒᆞ기솜 (유), ᄒᆞ기암 (유).
岐如. 가르혀 (유), 가릐여 (젼), 가르여 (고), 갈여 (어).
良中. 아희 (젼, 유), 아에 (고), 아의 (어).
上下. 차하 (고), 추하 (어), 초아 (유).
新反. 시로히 (어), 시로이 (유), 새로이 (젼).
專亦. 젼혀 (젼, 고, 어), 젼여 (유).
初如. 쵸혀 (유), 쵸여 (고).
爲乎. 허호 (어), ᄒᆞ온 (젼, 고, 유).
同. 오희 (유), 오언 (어).
右良. 넘의아 (유), 임의여 (젼).
別乎. 벼름 (유), 별음 (젼), 별롱 (어), 별오 (고).
作文. 질문 (젼, 고, 유), 지어 (어).

이상 세 가지 변화는 오직 근대의 어음 변화를 반영하는 데 지나지 못한다. 거기서 아주 오랜 이전의 어음 현상을 찾아 보기는 어렵다. 그러나 음절이 단축된 례는 그런 변화와 근본적으로 달리 보아야 한다. 이것은 고대로부터 근대에 이르는 동안 조선어의 기본적인 경향의 하나인 것이다.

尤于. 더우여 (어), 더욱 (교, 유), 더옥 (전).
歧如. 가르혀 (유), 가픠여 (전), 가르여 (교), 갈여 (어).
喩乃. 져디나 (교), 디나 (전).
乙良. 을쵸이 (어), 을안 (전, 유).
擬只. 시비기기 (교), 사기, 시기 (유), 비기 (어), 비김 (전).
向事. 아안일 (전, 교), 안일 (유), 아안 (어).
向入. 앗드려 (교, 유), 안이 (교), 알들 (어).
絃如. 시우여리 (교), 시우려 (전, 어), 시오려 (유).
無亦. 업스로견이여 (유), 어오어여 (유).
爲巴只. 호도로기 (교), 호도록 (전), 호두룩 (유).
無不冬. 업스론안들 (유), 어오돈일 (유).

2. 어휘적 변천

리두음으로부터 많은 고대어를 찾아 볼 수 있다. 그 중의 약간은 15 세기 문헌에서도 벌써 나타나지 않는 말도 없지 않다.

件記. 불긔 (교).
侤音. 다딤 (전, 교).
戈只. 과글리 (전, 유).
衿記. 깃긔 (어).
的只. 마기 (전, 교, 유).
題音. 져김 (전).
流音. 흘림 (유).
流伊. 흘리 (전).
白活. 숣화 (어).
並囚. 갋슈 (유).
捧上. 밧자 (어, 유).
卜役. 딘역 (유, 전).
卜數. 짐슈 (어).

卜定. 디정 (계).
使易. 스려여 (계).
上下. 차하 (고).
易亦. 아닉혀 (어, 유).
役只. 격기 (젼, 유).
作文. 질문 (젼, 유, 고).
節. 디위 (젼, 고).
粗也. 아야라 (젼, 고, 어, 유).
尺文. 주문 (어, 유).
爻周. 엇더려 (어).

옛말이 새로운 말과 교체되는 과정을 보이는 례도 있다.

更良. 가시아 (젼, 고, 유), 다지 (어).
別乎. 별오 (고), 벼름 (유).
並只. 다모기 (고), 다목기 (젼), 다무기 (유), 아울우지 (어).
便亦. 스의혀 (유), 문득 (어).

고유 어휘가 한'자 어휘로 교체되는 과정을 보이는 례도 있다.

白活. 슐화 (어), 발괄 (고, 유), 발괄 (젼).
爻周. 엇더려 (어), 쇼규 (고).
其徒等. 져드닉 (고, 유), 져등이 (젼).
爲白只爲. 호숣기암 (젼), 호올기위 (고).

구두어는 발달해 오는 과정에서 어의 변동을 보는 경우가 드물지 않다. 지금 리두음에서 발견되는 례도 두어 마디나 된다.

先引를 전률통보에서는 《아딕》, 고금석림과 어록변증에서는 《아직》, 유서필지에서는 《아즉》이라고 읽었다. 《아직》이란 말에 先자의 뜻을 쓴 것으로 그 본래 《먼저》라는 의미로 쓰이던 말임을 알 수 있다.

또 他矣를 고금석림에서는 《뎌의》, 어록변증에서는 《져의》, 전률통보에서는 《저의》라고 읽었는데 유서필지에서는 《남의》라고 읽었다. 오늘의 남이라는 말이 본대는 《저의》와 같은 의미로 쓰인 것을 알 수 있다(전은 전률통보, 고는 고금석림, 어는 어록변증, 유는 유서필지).

제 3편   리찰 문헌 역해

제 1장   10세기 이전의 문헌

제 1절 평양 성돌

　1766년 평양으로부터 글'자를 새긴 돌이 하나 나오고, 1829년 평양 외성 부근에서 그런 돌이 하나 더 나왔다. 이 두 돌은 19세기 조선의 유수한 금석 학자(金石 學者) 김 정희(金 正喜)에 의해서 고구려 시대 성을 쌓을 때 새긴 것으로 판명되고, 다시 그의 소개로 말미암아 중국 사람 류 연정(劉 燕庭)의 저서인 해동 금석원(海東 金石苑)에 수록되였다. 그런데 1913년 평양 경제리(鏡齊里)에서 글'자를 새긴 돌이 또 다시 나왔다. 그 글의 내용도 전번의 두 돌과 비슷하다.

　이와 같이 고구려 시대 글'자를 새긴 돌이 전후 세 개가 발견되였다. 지금 여기서는 그 발견된 순서에 의해서 번호를 붙이기로 한다.

　김 정희는 삼국 사기 고구려 본기 중 평양성을 쌓았다는 기록에 비추어, 그것이 곧 장수왕(長壽王) 시대의 유물이리라고 단언하고 있다. 장수왕 시대란 것이 413년으로부터 492년까지 거의 한 세기를 의미한다. 그런데 세 개의 성돌에는 다 각각 년월일이 명기되여 있으니, 1호, 2호는 기축(己丑)이요 3호는 병술(丙戌)이다. 만일 참말로 꼭 장수왕 시대라고 한다면 1호와 2호는 449년, 3호는 다시 그보다 3년 전인 446년일 것이다. 단지 평양성을 쌓았다는 삼국 사기의 기록만을 근거로 삼아서 그 년대를 추정하기는 십히 어렵다. 그것은, 첫째 한 지명이 반드시 한 지방에 한하는 것도 아니요, 둘째 한 성을 꼭 한 번만 쌓고 말 것도 아니기 때문이다.

요컨대 고구려 시대의 유물임에는 틀림이 없다. 아주 늦게 잡아도 7 세기 이전의 유물이다.

1, 제 1 호 돌

(원 문)

己丑年五月廿一日自此以下向東十一里物省小兄俳百頭□節矣

(□표는 결자)

(역 문)

기축년 5월 21일 이로부터(自此) 아래로(以下) 동쪽을 향해서(向東) 11리는 물성(物省) 소형(小兄) 패백두□(俳百頭□)가 전축자다(節矣).

(주 석)

物省. 삼국 사기 직관지(職官志)를 보면 신라에는 집사성(執事省), 내성(內省) 등의 관청이 있고, 궁예(弓裔)의 관제 중에는 물장성(物藏省)이 있다. 이 物省도 고구려 시대의 관청이였던 것으로 추정된다. 금석 총람(金石 總覽)에는 自此以下를 自此下라고 하는 동시에 物省도 物苟라고 하였다. 그것은 현대의 어떤 사람이 이 돌을 보관하고 있다고 함에 따라서 그것에 의거한 것이다. 그러나 19 세기에 김 정희가 벌써 이 돌을 다시 찾을 수 없다고 말하고 있다. 최근까지 보관되여 온다는 그것은 미덥지 못한 물건이다.

小兄. 삼국 사기 직관지에서 고구려 관직이 열 두 등급 있는 중의 하나로 기록하고 있다. 이 돌이 고구려 시대의 유물이라는 확증도 주장으로 이것을 증거 삼는 것이다.

俳百頭□. 우선 결자된 글'자가 우로 頭자와 련해서 구를 이루느냐, 또는 아래로 節자와 련해서 구를 이루느냐가 문제되지 않을 수 없다. 또 그와 함께 節과 련해서는 어떤 뜻으로 해석되고 頭와 련해서는 어떤 뜻으로 해석되느냐를 고려하여야 할 것이다. 그러나 3호에는 인명의 文達 아래 바로 節자가 붙고 있다. 그로 미루어 俳로부터 결자된 글'자까지의 녀 자를 인명으로 보는 편이 타당하다.

節矣. 節은 제조자의 뜻이나 여기의 제조는 곧 건축을 의미한다. 구두어에서 건축과 다른 물건의 제조를 함께 《짓다》라고 함에 따라서 《지위》의 節로 건축자도 표시될 수 있다.

집 지싀를 처섬 ᄒᆞ니
〔월인 석보 一권 四四장〕

집도 제여곰 짓더니
〔월인 석보 一권 四五장〕

矣는 한문 문체로서 꼭 적당하게 쓰인 글'자가 아니다. 차라리 구두어 법토에 대응된 것이라고 보아야 한다.

2, 제 2 호 碑

〔원 문〕

己丑年五月廿八日始役西向十一里小兄相夫若牟利造作

〔역 문〕

기축년 5월 28일 처음으로 역사하기 시작했고(始役) 서쪽을 향해서(西向) 11里는 소형(小兄) 상부약모리(相夫若牟利)가 건축하였다.

(주 석)

始役. 뜻을 명확케 하기 위해서 《처음으로 역사를 시작하다》로 번역하여 마치 한문식 어순으로 보이나, 본래는 《처음으로 역사하다》로 번역해도 무방한 것으로 리두식 어순과 틀리는 것이 아니다.

西向. 1호의 向東은 한문식 어순임에 비해서 이 西向은 리두식 어순과 일치한다.

相夫若牟利. 3호의 인명은 두 자요 1호의 인명은 결자된 글'자까지 넣어도 녀 자다. 이 다섯 자를 한 사람의 이름으로 볼 것이냐 두 사람의 이름으로 볼 것이냐 의심스럽다. 그러나 그 우에 나오는 관직명의 小兄도 하나일 뿐 아니라 두 사람의 이름으로 볼 다른 근거는 발견치 못한다. 본래 다섯 자의 한 이름이 서투르다는 데서 그런 의심이 일어 난 것이나, 고구려 말로 지은 이름을 한'자로 음역할 때 그것도 있을 수 있는 일이다.

造作. 節에 해당한 말을 여기서는 동사로 표현한 것이다. 造作의 이 두 자는 節이 《직위》라는 리두어로 쓰이고 있다는 것을 간접적으로 증거 드는 바다.

3. 제 3 호 를
(원 문)
丙戌十二月中漢城下後部小兄文達節自此西北行涉之(□는 내는 모호한 글'자)

(역 문)
병술, 12월에(十二月中) 한성(漢城) 하후부(下後部) 소형(小兄) 문달(文達)이 라는 건축자가(節) 여기서부터(自此) 서북쪽으로(西北) 개척하였다.

(주 석)
十二月中. 향가에서 죽지랑가 중의 巷中와 누리가 중의 世呂中 등 中은 《가운데》라는 의미보다도 거의 良中, 亦中와 같은 위격 토로 되고 있다. 十二月中의 이 中도 《가운데》라고 새길 것이 아니요, 역시 良中 내지 亦中의 의미로 해석해야 할 것 아닐가 한다.

漢城. 중국의 력사 책인 수서(隋書) 중의 고려전에서(여기의 고려는 고구려를 이름이다) 고구려에는 평양성 즉 장안성(長安城) 이외 또 국내성(國內城)과 한성(漢城)이 있어서 세 서울로 일컫고 있다고 하였다. 룡비 어천가 九 주에서 대동강은 일명 왕성강(王城江)이라고 하였으니, 王은 곧 《한》으로서 대동강이 본래 한성강이요, 평양에 있는 산 중에 대성산(大城山)이 있으니, 大는 곧 《한》으로서 대성산도 본래 한성산이다. 이렇게 본다면 현재의 평양은 고구려 시대 세 서울의 하나인 한성(漢城)으로 볼 수 있다. 현재의 서울을 한성이라고 한 것과 함께 일찌기 한성으로 부르던 한성산과 한성강 사이의 도시를 평양으로 부른 것 등은 지명의 력사적 이동에 의해서 일어 나는 현상이다.

__下後部__. 그 역시 중국의 력사 책인 후한서(後漢書) 중의 고구려전 주에서 고구려의 다섯 부(部)를 렬거했는바, 절로부(絕奴部)는 북부(北部)로서 일명 후부(後部)라고 하였다. 리조 시대의 오위 제도(五衛 制度)를 보더라도 좌우와 전후로써 동서 남북에 해당시키고 있는 것이다. 그런데 여기는 後部 우에 다시 下자를 얹어 놓았다. 이것은 한성 내의 행정 구역을 먼저 상하로 나누고 그 다음 다시 5부로 세분한 데 기인하는 것이 아닐가 한다.

__行涉之__. 이미 설명한 바와 같이 行은 15~16 세기도 《녈》,《녜》, 《녀》, 《니》 등 여러 가지의 말로 번역되였다. 물론 동일한 한 마디의 말이 여러 가지의 음운적 변화를 보인 데 지나지 않는다. 그러나 《녈》이란 이 말이 꼭 《行》의 뜻에 해당하게만 쓰이는가 하면 그런 것은 아니다. 《전진하다》 내지 《개척하다》와 같이 해석되여야 할 경우도 없지 않다. 월인 석보 二권 一九장에는 《斯陀含은 호번 녀러 오다 혼 뜨더니 호번 주거 하놀해 갯다가 쏘 人間애 누리오면 阿羅漢이 드외느니라》라고 하였다. 여기의 《녀러》란 말도 보통 쓰이는 行의 뜻과는 같이 해석할 수 없다. 또 리 황(李 滉)의 도산 십이 곡(陶山 十二曲)에는 《고인은 못 뵈와도 녀던 길 알픽 잇네. 녀던 길 알픽 잇거던 아니 녀고 엇멀고》라고 하였다. 여기의 《녀》는 《전진하다》, 《개척하다》 등의 뜻으로 해석하는 편이 타당하다.

行涉之의 行涉도 바로 그런 뜻일 것이다. 造作의 두 자로서 《짓다》란 한 뜻을 표시하듯이, 行涉의 두 자로써 《개척》의 한 뜻을 표시한 것으로 해석된다. 之는 1호의 矣과 마찬가지다. 한'자의 의미라기보다 한갓 법토에 대응한 것으로 볼 것이다 (이 원문은 금석 총람과 잡고를 함께 참고해서 적었다).

제 2절 신라 시대의 금석 문'자

1, 감산사(甘山寺) 돌부처

경주(慶州) 감산사(甘山寺)에는 두 개의 돌부처가 있는바, 그 등 뒤에는 모두 글을 새기여 놓았다. 그 글 첫 머리에 명기한 년월일에 의해서 719년 즉 신라 성덕왕(聖德王) 17년에 된 것임을 알 수 있다. 그런데 그 글은 순수한 한문과 리두를 뒤섞어 썼다. 그 중에서 리두의 부분만을 뽑아서 보이기로 한다.

제 1 호 원문

凸考仁章一吉飡年卌七古人成之東海欣支邊散也後代追愛人者此善助在哉金志全重阿飡敬生已前此善業造歲□十九庚申年四月卄二日長逝爲□之 (□표는 결자)

제 1 호 역문

돌아 간 아버지(凸考) 인장(仁章) 일길찬(一吉飡)이 나히 (年) 마흔 일곱에 옛사람을 이루었다(古人成之). 동해 혼지 가에(欣支邊) 힐었다(散也). 후대(後代)의 추모하는 사람은(追愛人者) 이에(此) 좋은 도움(善助)이 있거라(在哉). 김지전(金志全) 중아찬(重阿飡)이 삼가(敬) 살아서(生) 이전에(以前) 이(此) 좋은 일을(善業) 만들었다(造). 나히 □十九에 경신년 4월 22일로 세상을 떠나서 위하여 □□한다.

제 2 호 원문

凸妣官肖里夫人年六十六古人成之東海欣支邊散之

제 2 호 역문

돌아 간 어머니 관초리(官肖里) 부인이(夫人) 나히 예순여섯에 옛사람을 이루었다(古人成之). 동해 혼지 가에(欣支邊) 힐었다(散之).

(주 석)

仁章. 凸考로 일컬어지고 있는 사람의 이름.

一吉飡. 삼국 사기 직관지(職官志)에 의하면 신라 벼슬 열 일곱 등급 중에서 일곱째 되는 벼슬.

古人成之. 옛사람을 이루다는 것은 곧 죽었다는 말이다. 之는 법토에 대응하는 것이다.

欣支邊. 欣支를 잡고(雜攷)에서는 지명으로 추정하였으니 그것이 아주 근리하다. 해변의 지명 아래 다시 《가》란 말을 붙이였으나, 그것은 현대어에서도 흔히 볼 수 있는 습관이다.

散也. 《헐었다》고 말하는 것은 뼈를 헐었다는 말이요, 뼈를 헐었다는 것은 시체를 불에 살은 후 나머지의 뼈를 물에 헐었단 말이다. 신라에서는 불교와 함께 화장법(火葬法)을 수입하였고, 이 돌부처를 만든 김씨의 집안은 불교의 독신자임에 틀림이 없으니, 부모의 시체를 모두 화장한 것일 것이다. 삼국 유사 三권 남월산(南月山)이란 제목 아래 이 글이 실리였는바, 한 군데서는 古人成之 이하 뜻은 알 수 없고, 오직 예전 글을 그대로 전하는 것뿐이라고 주를 달았고, 다음 한 군데서는 東海攸反은 아마 법민(法敏)을 동해에 장사지낸 일인가보다고 주를 달았다. 법민은 바로 삼국 사기 신라 본기 제 7에서 자기가 죽은 뒤 화장을 허리고 유언을 해서, 동해 어구 큰 돌 우에다가 장사를 지냈다는 문무왕(文武王)의 이름이니, 삼국 유사 저자의 추정은 그럴듯 하다. 그런데 다만 이 글은 멀리 법민의 화장을 이야기하고 있는 것이 아니요, 바로 그 본인들의 화장을 이야기하는 것이다. 삼국 유사가 기록한 데는 오자가 적지 않아서 欣支를 攸反으로 잘못 쓰고 있다.

追愛人者. 追愛는 追慕와 같은 말이다. 追愛人은 곧 죽은 사람의 자손을 이르는 것이요, 거기다가 者자를 붙인 것은 《으란》과 같은 토에 대응된 것이다.

善助. 죽은 부모로부터의 도움을 가리키는 말이다.

在哉. 哉는 명령 내지 감탄의 법토에 대응된 것이다.

重阿湌. 삼국 사기 직관지에 의하면 신라 벼슬에는 一吉湌 우에 阿湌이 있는데, 阿湌은 重阿湌으로부터 四重阿湌까지 있다고 한다. 이와 같이 같은 벼슬을 다시 포개여 한다는 것은 신라의 복록한 관직 제도다.

歲□十九. 아까는 나이란 말로 年자를 쓰고, 여기서는 다시 歲자를 썼다. 두 글'자를 동의자로 보아서 혼용한 것이다.

官肖里. ᄯᅩ妣라고 일컬어지는 사람의 이름.

散之. 1호에서 也자로 쓴 것을 여기서는 之자로 바꾸고 있다. 이것도 구두어의 법토에 해당시키기 위해서 그런 종류의 어느 자나 만찬가지였던 것을 보여 주는 바다(이 원문은 금석 총람에 의거한다).

2, 상원사(上院寺) 쇠종

이 종은 오대산(五臺山) 상원사에 있다. 725년 신라로는 성덕왕(聖德王) 24년에 된 것이다.

(원 문)

開元十三年乙丑正月八日鍾成記之都合鍮三千三百餘兩重普衆都唯乃孝□□歲道直衆僧忠七冲安貞應旦越有休大舍宅夫人休道里德香舍上安舍照南毛匠仕□大舍 (□표는 결자된 글자)

(역 문)

개원(開元) 13년 을축 정월 8일에 종을 이루고(鍾成) 기록한다(記之). 도합(都合) 놋쇠(鍮)는 3천 3백 여 량중(餘兩重)이다. 많은 중의(普衆) 도유나로는(都唯乃) 효□이요(孝□), □세는(□歲) 도직(道直)이요, 여러 중으로는(衆僧) 충칠(忠七), 충안(冲安), 정응(貞應)이요, 원조자로는(旦越) 유휴(有休) 대사(大舍) 댁(宅) 부인(夫人) 휴도리(休道里)와 덕향(德香) 사상과(舍上) 안사와(安舍) 조남이요(照南), □쟁이로는(毛匠) 사□(仕□) 대사다(大舍).

(주 석)

□歲. 고달사(高達寺) 혜진탑비(惠眞塔碑) 등을 보면 거기는 典歲, 直歲와 같은 직책이 있다. 이 □은 역시 典이나 直의 결자리라고 추정된다.

旦越. 檀越과 같다. 아래 참조.

大舍. 신라 관직의 열 두 번째 되는 등급이다. 大는 韓으로도 쓰고 있다.

舍上. 삼국 사기 궁예전(弓裔傳)에 舍上이란 말이 있는데 그가 곧 部長을 이름이라고 주를 달아 놓았다. 일정한 인수의 부대를 통솔하는 책임자다.

毛匠. 毛는 혹 毛자가 아닌가 하고 또 毛가 혹 鐵의 음을 표시하는 것이 아닐가고 생각한다. 왜 그런고 하면 삼국 사기 지리지(地理志) 제 四에서 鐵圓郡을 毛乙冬非라고 해서 鐵을 毛乙에 해당시킨 례가 있기 때문이다. 보리사(菩提寺) 현기탑비(玄機塔碑)에는 鐵匠令의 성명을 새기고 각연사(覺淵寺) 통일탑비(通一塔碑)에는 鐵匠의 성명을 새기였다. 이 종은 쇠로 주조한 것임에 따라서 반드시 鐵匠의 수고가 있을 것만은 의심이 없는 일이다(이 원문은 금석 총람에 의거한다).

3. 무진사 쇠종

이 종은 현재 일본 대마도에 있다. 이 종에 기록된 천보(天寶) 4년은 745년, 신라로는 경덕왕(景德王) 4년에 해당하다.

(원 문)

天寶四載乙酉思仁大角干爲賜夫只山村旡盡寺鍾成敎受內成記時願助在衆師僧村宅方一切檀越幷成在願旨者一切衆生苦離樂得敎受成在節雀乃秋長幢主

(역 문)

천보 사년(四載) 을유에 사인(思仁) 대각간(大角干) 되샤(爲賜) 부지산촌(夫只山村) 무진사(旡盡寺)의 종을 이루라는 (鍾成) 지시를(敎) 받은(受) 안에서(內) 이루고(成) 기록한다(記). 이 때(時) 자진 원조한(願助在) 여러 중과(衆師僧) 동리 댁내의(村宅方) 모든(一切) 원조자가(檀越) 이문(成在) 념원이란(願旨者) 모든 중생이(衆生) 수고로움을 며나고(苦離) 즐거움을 얻는(樂得) 것이다. 지시 받고(敎受) 이문(成在) 주조자는 작내추장동주(雀乃秋長幢主)다.

(주 석)

大角干. 삼국 사기 직관지에서 신라의 첫째 가는 벼슬인 伊伐飡 아래 혹은 角干이라고 하고, 혹은 角粲이라고 하고, 혹은 舒發翰이라고 하고, 혹은 舒弗邯이라고 한다고 하였다. 또 삼국 사기 신라 본기 제 一 지마니사금(祗寧尼斯今)에서 角干을 酒多 라고도 쓰고 있다. 월인 석보 二一권 七四장에 《角은 쓰리라》고 하였으니 角이 伊伐飡의 伐, 舒發翰의 發, 舒弗邯의 弗에 해당한 음이다. 계림류사(鷄林類事)에서 술을 酥孛이라고 하였으니 角이

學의 음에 해당한다.

七重은 닐굽 허리요
〔월인 석보 七편 六三장〕
내집 우희 세 븘 뛰를 거더 브리ᄂ느다(卷我茅屋三重茅)
〔두시 언해 六권 四二장〕

角의 음은 곧 《불》이란 말을 표시하고 있는 것이니 重阿湌의 重과 마찬가지다. 角干과, 舒發翰, 舒弗翰 등을 동일한 말로 설명하고 있으나, 角干은 重干임에 대해서 舒發翰이나 舒弗邯은 三重干으로 된다. 고려 시대까지도 三重大匡이란 직품이 남아 있었다. 그가 곧 신라 시대 三重干의 남은 자취라고 볼 것이다.

爲賜. 爲는 《하다》로만 새기여지는 것이 아니요, 《두외》 즉 《되다》 또는 《삼다》 등의 여러 가지로 새겨진다. 여기서도 《하다》로 새기기보다 《되다》로 새겨야 한다. 혹은 爲賜를 敎是와 같이 보려고 하나 그래서는 아래우의 문맥이 잘 통치 않는다. 더구나 다른 데도 그렇게 쓰인 례가 없으니까 그것은 근거 없는 억측에 불과한다.

敎受內. 여기의 敎도 마치 존칭의 표시로 리해하려는 사람들이 있으나 그 역시 착오다. 전후의 문맥으로 미루어 한'자 뜻 그대로 《지시》와 같이 새길 수밖에 없다. 內는 일정한 범위 안의 행동을 의미한다. 內의 그러한 용례는 후대 리찰에서도 볼 수 있다.

成記. 이 두 글'자를 한데 붙이여 읽을 것이 아니요, 成하다, 記하다로 떼여 읽을 것이다.

願助在. 여기의 在는 아래 成在의 在와 함께 규정 위치의 표시로 보인다.

衆師僧. 훈몽자회에서 師, 傅를 모두 《스승》이라고 읽었는데, 근세까지 중들은 선생이란 의미의 말을 《스님》이라고 불러 왔다. 《스님》은 곧 師님이요 스승은 곧 師僧이니 일찌기 불교가 왕성하던 고려 시대에 구성된 한'자 어휘다. 여기서는 중들을 존칭해 불러서 師僧이라고 하였다. 衆은 다수를 표시하기 위해서 얹은 말이다.

村宅方. 산간에 있는 절에서 보통 사람이 사는 부락을 가리키자니까 村이요, 그 중에도 특히 인가를 물자니까 村宅이다. 方은 我方, 彼方과 같이 《편짝》의 뜻을 보이는 것일 것이다.

檀越. 불교에서 부처나 중을 위해서 물질적으로 원조해 주는 사람들을 가리키는 말이다. 혹은 우리 말의 《단골》이 이 한'자 어휘로부터 나왔다고 보는 사람도 있다.

唯乃. 불교에서 무슨 사업을 진행할 때 그 책임자를 부르는 말이다.

雀乃秋長幢主. 유나(唯乃)로 된 사람의 이름 아래 그의 벼슬 이름을 붙이여 쓴 것이다. 단지 長자가 인명에 붙어야 할 것인지 벼슬 이름에 붙어야 할 것인지 그것이 똑똑치 못하다 (이 원문은 금석 총람에 의거한다).

4. 갈항사(葛項寺) 돌탑

이 탑은 경상도 개령(開寧) 땅에 있다. 758년 신라로는 경덕왕 17년에 된 것이다.

(원 문)

二塔天寶十七年戊戌中立在之姆姉妹三人業以成在之姆者零妙
寺言寂法師在旅姉者照文皇太后君妳在旅妹者敬信大王妳在也

(역 문)

두 탑을 천보(天寶) 17년 무술에 (戊戌中) 세우시다 (立在之). 오라버니 (姆), 손위 누이 (姉), 손아래 누이 (妹) 세 사람의 사업으로 (三人業以) 이루시다 (成在之). 오라버니란 (姆者) 령묘사 (零妙寺) 언적법사시며 (言寂法師在旅) 손위 누이란 (姉者) 조문황태후님 내시며 (照文皇太后君妳在旅) 손아래 누이란 경신대왕 내시라 (敬信大王妳在也).

戊戌中. 여기 中자는 글'자 대로 새길 것이 아니요 위격 토로 새길 것이다. 그것은 以가 이미 조격 토로 쓰이고 있는 것으로 미루어서 中도 위격 토로 쓰이였을 수 있기 때문이다.

立在之. 立은 《세우다》의 뜻이요, 之는 법토에 대응되는 글'자다. 그 중간의 在자가 무엇인가 하면 그것은 현대어로 존칭 《시》

에 해당한다. 본래 리두 로에서는 존칭이 敎 내지 敎是로 표시되니 그것이 바로 《겨시》란 말로부터 유래된 것이요. 《겨시》와 《이시》는 같은 말이니 현대어의 존칭인 《시》는 결국 《이시》가 준 말이다. 敎是의 리두음을 《이시》, 敎의 리두음을 《이션》으로 읽는 데서 그 관계를 명확히 할 수 있는바, 이 在는 바로 敎是와 같은 존칭의 표시다. 在의 리두음은 《견》이나 《ㄴ》은 규정 위치에서 더 들어 간 것이다. 在만의 음은 《겨》니 즉 《겨시》의 음이 준 것이다.

娚姊妹. 순수한 한'자 성어로는 姊妹가 있고 리두자와 한'자의 혼합된 성어로는 娚妹가 있다. 지금 이것은 두 성어를 합치어 새로운 말을 만든 것이다.

業以. 以자의 어순이 명백히 리두식이다. 그로 보아 조격 로라는 것은 의심할 여지가 없다.

娚者. 以가 조격, 中이 위격으로 쓰이고 있는 조건을 고려해서 여기의 者도 어떠한 일정한 토에 대응되는 글'자임이 명백하다. 대체로 《는》이나 《란》과 같은 의미의 토이였을 것으로 추정한다.

零妙寺. 절 이름.

言寂法師. 중의 칭호.

在旀. 在는 물론 立在之의 在와 같은 존칭이요 旀는 리두 로의 《며》다. 旀가 彌자의 략자인 弥의 변형이라는 것은 이미 설명한 바어니와, 그 변형도 벌써 8세기에 행해졌다는 것을 알 수 있다.

君. 훈몽자회에는 君이나 主나 모두 《임금》이라고 읽었는데, 主는 리두자로서 존칭의 《님》에 쓰이고 있다. 만일 主를 《님》의 뜻으로 쓴다면 君도 그와 같은 뜻으로 쓰지 못하였을 것이 없다.

妳. 嬭의 속자니 嬭는 그 음이 《내》다. 단지 이 《내》자가 언적법사라는 중의 이름 아래는 쓰이지 않고 황태후 및 대왕 아래 쓰여 있다는 점에 대해서 특히 주의를 요한다.

各各 어마님쎄 뫼숩고 누이님내 더브러
　　　　　　　　　　〔월인 석보 二권 大장〕
너느 夫人냇 아돌 내히
　　　　　　　〔월인 석보 二권 大장〕

이와 같이 15세기 문헌에는 《내》가 복수의 의미로 쓰여 있다. 그것이 바로 리두어에서 矣徒를 《의 네》라고 하는 《네》와 마찬가지의 말이다.

재 넘어 막덕의 어마네 막덕이 자랑 마라
　　　　〔청구영언〕

그런데 여기의 《막덕의 어미네》란 《네》는 《내》 내지 《네》와 같은 말임에 불구하고 복수의 표시로는 볼 수 없다. 근세에 특히 녀자의 칭호로서 혹은 지명을 붙이여 함흥네, 원산네 혹은 남편의 성을 붙이여 김 서방네, 박 서방네 또 혹은 이름 아래 붙이여 뺑덕이네 등과 같이 《네》란 말을 쓰고 있다. 물론 이런 용례가 그다지 존경의 뜻을 표시하는 것은 아니다. 황태후나 대왕 등에는 합당하다고 볼 수 없는 말이다. 그러나 고대어의 극존칭인 《마누라》 또는 《마마》 등이 근세에 와서는 존칭으로 쓰이지 않았으며 어느 정도 그 반대로 쓰이였다. 이런 례로 미루어서는 妳의 《내》가 곧 《막덕의 어미네》라는 《네》와 같은 말이라고 추정하는 것도 무리가 아니다.

敬信大王. 妹는 녀자임에 틀림이 없다. 그렇다면 敬信大王도 녀자라야 된다. 그러나 그로 말미암아 신라사에서 또 하나의 녀왕을 발견하려고 노력할 것은 없다. 조선의 오랜 민속으로서 사위를 女라고 써 왔음에 따라서 누이란 말 아래 매부의 이름도 썼을 수 있다. 신라 본기 제 10에는 원성왕의 이름을 敬信이라고 하였고, 그의 어머니를 소문 태후(昭文太后)라고 추봉(追封)하였다고 한다. 신라 왕실의 혼인 제도로는 어머니의 형제, 즉 이모를 안해로 삼을 수도 있다. 그러나 경덕왕에서 원성왕까지 두 사람의 왕과 약 20여년의 년수가 가로 막히여 있다. 무조건 경신대왕 곧 원성왕이라는 결론을 내릴 수는 없다.

在也. 也는 역시 법토에 대응되는 글'자다. 立在之, 成在之에는 之자를 쓰다가 여기서 특히 也자를 쓴 것으로 미루어서는 그 두 글'자에도 어떠한 차이를 인정했던 것이 아닌가 한다(이 원문은 금석 총람에 의거한다).

5. 중초사지 석당간

이 돌기둥은 경기도 시흥(始興) 땅에 있다. 827년 신라로는 흥덕왕(興德王) 2년에 된 것이다.

(원 문)

寶曆二年歲次丙午八月朔六辛丑日中初寺東方僧岳一石分二得同月廿八日二徒作初奄九月一日此處至丁未二月卅日了成之節州統皇龍寺恒昌和上上坐眞行法師貞坐義說法師上坐年嵩法師史師二妙凡法師則永法師典都唯乃二昌樂法師法智法師徒上二智生法師眞方法師徒上秀南法師(貞坐는 上坐의 오자로 추정된다).

(역 문)

보력(寶曆) 2년 해수로 병오 8월 여섯째 번 되는 신축일 날 중초사(中初寺) 동쪽(東方) 승악(僧岳)에서 한 돌을 쪼개서(一石分) 둘로 내였고(二得) 동월 28일 두 패로 만들어서(二徒作) 처음(初奄) 9월 1일 이 곳에 이르렀고(此處至) 정미 2월 30일 끝마치었다(了成之). 제조자는(節) 주통(州統)인 황룡사(皇龍寺)의 항창화상이요(恒昌和上) 상좌의 진행법사(眞行法師)와 상좌의 의설법사(義說法師)와 상좌의 년숭법사(年嵩法師)요 사사(史師)가 둘이니 묘범법사(妙凡法師)와 칙영법사(則永法師)요 전도유내(典都唯乃)가 둘이니 창락법사(昌樂法師)와 법지법사(法智法師)요 도상이 둘이니 지상법사(智生法師)와 진방법사(眞方法師)요 도상에(徒上) 수남법사라(秀南法師).

(주 석)

六辛丑日. 八月朔은 8월 초하루요 六辛丑日은 여섯 번째 되는 신축일이다. 여섯 번째란 말은 1년을 통계해서 치는 것이라고 보아야 할 것이다. 그러나 신축일이 한 번 돌아 오는데는 60일이 걸리여 여섯 번째는 3백일에 이르는바 8월 초하루까지는 전부 큰 달로 쳐서도 2백일 남짓밖에 되지 않는다. 설사 그 중간에 윤달이 끼였다손 잡더라도 3백일이 차기를 바랄 수는 없다. 그렇다면 八月朔辛丑六日로 초하루의 간지(干支)를 표하고 다시 그 날'자를 표시한 것이 아닌가? 박통사 언해 하권 四二장에 二月朔 丙午 十二日 丁卯라고 쓴 것 같이 후대에는 그런 용법이 있으나 신라에서도 그랬는지 모르며, 또 신라에서 그런 용법을 썼다고 하더라도 八月朔辛丑六日을 八月朔六辛丑日이라고 쓰지는 못할 것이다. 또 그렇다면 八月朔 아래서는 간지를 기입하지 않고 六日 아래만 간지를 기입한 것이 아닌가? 간지도 기입치 않을 것을 공연히 朔자만 덧붙여 놓을 필요도 없거니와, 六日辛丑을 六辛丑日로 쓴다는 것도 우습다. 여기는 딴 용례가 있거나 《六》자가 오자거나 둘 중의 하나다. 그 어느 편으로 확정한 판정을 내릴 수 없는만큼 六辛丑日을 그 대로 《여섯 번째 되는 신축일》이라고 새기여 둔다.

僧岳. 산 이름.

二徒作. 편을 나눈다는 뜻.

初奄. 현대어로 《처음》에 해당한 리두어다. 15세기 문헌에는 《처엄》으로 나오고 있다.

了成之. 了는 끝나다는 뜻이요 成은 이루다는 뜻이나, 합해서는 마치다는 뜻으로 된다. 물론 了成 두 자로 반드시 《마치다》란 말을 기사하였다고 보는 것은 아니니, 了의 뜻인 부사와 成의 뜻인 동사를 각각 표시한 것으로도 해석할 수 있다.

州統. 삼국 사기 직관지에는 신라 시대 중의 벼슬로서 國統이 한 사람, 州統이 아홉 사람, 郡統이 열 여덟 사람이 있었다고 한다. 州統은 신라의 지방 행정 구역인 九州에 각 한 사람씩 두었던 중 관계 사무의 책임자였던 것이다.

和上. 和尙과 같으니 중을 일컫는 말.

上坐. 련지사(蓮池寺) 쇠종을 위시해서 다른 곳에서도 대개 그 중 주요해 보이는 중의 이름 아래 上坐가 나오고 있다. 근세까지 중의 제자를 《상좌》 내지 《상제》라고 부르던 말이 여기서 유래되는 것임에 틀림이 없다.

典. 련지사 쇠종에는 成典이 있고 보리사(菩提寺) 현기탑비 (玄機塔碑)와 고달사(高達寺) 혜진탑비(惠眞塔碑) 등에는 三剛典이 있다. 그 어느 典이나 신라의 관청 이름으로 쓰이여 있는 漆

典 毛典 등의 典과 마찬가지의 의미일 것이다.

徒上. 삼국 유사 二권 경문 대왕(景文 大王)에는 화랑의 조직에 徒上이란 직책이 있었음을 전해 주고 있다. 일정한 인수로 다시 부대를 나누어 각 한 부대를 통솔하던 직책일 것이다. 지금 여기서도 두 편(二徒)을 나누었으니까 각 한 편의 군중을 통솔하는 사람으로서 두 사람의 徒上을 내었던 것이다. 맨 끝으로 따로 기입한 또 하나의 徒上은 후보자로서 또 혹은 전연 딴 편의 일로서 등장되였던 도상으로 추측된다(이 원문은 금석 총람에 의거한다).

6. 련지사(蓮池寺) 쇠종

이 종은 진주(晉州) 련지사에 있다. 833년, 신라로는 흥덕왕 7년에 된 것이다.

(원　문)

太和七年三月日菁州蓮池寺鍾成內節傳合入金七百十三廷古金四百九十八廷加入百十廷成典和上惠明法師□□法師上坐則忠法師都乃法昧法師鄕村主三長及□米雀□□作報舍寶淸軍師龍□軍師史六三忠舍知行道舍知成博士安海□大舍□□大舍節州□皇龍寺覺明和上(□표는 결자된 글'자)

(역　문)

태화(太和) 7년 3월 일에 청주(菁州) 련지사(蓮池寺) 종을 이룬(成) 안에서(內) 주조자가(節) 전하기를 함해서 들어 간 쇠가(合入金) 7백 열 세 명이(廷)인데 옛쇠가(古金) 사백 아흔 여덟 명이요 더 들어 간 쇠가 백 열 명이라. 성전(成典)에는 화상(和上) 혜명법사와(惠明法師) □□법사요(□□法師) 상좌에는 (上坐) 칙충법사(則忠法師)요 도나에는(都乃) 법매법사요(法昧法師) 향촌주로는(鄕村主) 삼장급□미작□□작보사(三長及□米雀□□作報舍), 보청군사(寶淸軍師), 룡□군사(龍□軍師), 사가(史) 여섯이니(六) 삼충사지(三忠舍知), 행도사지(行道舍知), 성박(成博), 사안(士安), 해□대사(海□大舍), □□대사요(□□大舍), 주조자는 주□(州□)인 황룡사의(皇龍寺) 각명화상이다(覺明和尙).

(주　석)

菁州. 경상도 진주의 옛 이름.

合入金. 필연 옛쇠와 《더들어 간》쇠를 합해서 말한 것일 것이나, 그 두 가지를 합해도 5백 여덟 덩이밖에 더는 안되여서 《합해서 들어 간》 7백 열 세 덩이의 수량과 일치하지 않는다. 혹 합입금(合入金), 고금(古金), 가입금(加入金)을 쇠의 각 한 종류로 치고, 그 세 가지의 수량의 총계가 여기서 사용된 쇠의 전수량이 아닐가고도 생각해 보았으나, 합입금, 가입금이란 말이 쇠의 어떠한 종류를 표시한다고 볼 수는 없다. 그래서 아직 글'자 대로 번역하여 둔다. 옛쇠와 《더 들어 간》쇠의 5백 여덟 덩이 이외의 때 여덟 덩이는 그 당시 출처를 명기할 필요를 느끼지 않았던 것이지도 모른다.

成內. 갈항사 돌탑의 敎受內의 內와 같이 해석할 것이다. 즉 어떠어떠한 범위에서 진행된 사실을 보이는 말이다.

成典. 이 종을 주조키 위해서 설치한 부서일 것이다.

都乃. 都唯乃에서 唯자를 생략한 말일 것이다.

鄕村主. 이것은 鄕村主라는 한 마디의 말로 볼 수도 있고, 鄕主, 村主의 두 말이 합성된 것으로 볼 수도 있다. 삼국 사기 색복지(色服志)에는 眞村主, 次村主라는 직위가 나오고, 또 지리지(地理志) 제 四에는 삼국 시대의 지명으로서 무수한 鄕자가 나타난다. 이로 미루어서는 鄕主, 村主의 두 말을 합성한 것이라고 보는 편이 타당하다. 그 아래의 11자는 鄕主, 村主들의 이름일 것이다. 그러나 군데군데 결자가 나서 몇 사람의 성명인지 따져 보기가 더욱 곤난하다. 오직 三長及의 及자도 인명으로 보아야지 글'자의 뜻 대로 해석할 수는 없지 않을가 한다.

軍師. 삼국 유사 二권 경문 대왕에는 화랑의 무리 중 範敎師가 있다고 했는데, 삼국 사기 신라 본기 제十一에는 範敎師를 흥륜사(興輪寺)의 중으로 일컫고 있다. 만일 軍이란 한'자가 곧 군대를 가리키는 것은 아니라고 한다면, 적어도 일정한 집단에 소속되였거나 어떠한 로무에 종사하는 사람을 가리킴에 벗어 나지 않는다. 그러한 데도 화랑의 무리와 같이 師를 두었을 수 있다. 여기의 軍師가 바로 그러한 것이 아닐가 한다.

史六. 삼국 사기 직관지에는 각 관청의 하급 관리로서 史란 것이 있다. 여기서도 가장 아래서 일하던 사람을 가리키는 것일 것이다.. 그런데 史六은 史가 여섯 사람이란 말이니, 그 아래의 인명이 물론 그 여섯 사람에 해당되여야 한다. 마침 成博士의 석자가 한 개의 성어처럼 보이기는 하지마는, 그것은 실상 成博士 安의 두 사람으로 해석하는 것이 타당하다.

舍知. 신라 벼슬의 열 세째 번 되는 등급이니, 바로 大舍의 아래요. 그래서 小舍라고도 하던 것.

州□. □은 아마 統의 결자일 것(이 원문은 금석 총람에 의거한다).

7. 임신(壬申) 맹서돌

임신이라는 해수가 있으나 어느 임신인 것은 아지 못한다. 경주(慶州) 부근에서 발견된 것이다.

(원 문)

壬申六月十六日二人幷誓記天前誓今自三年以後忠道執持過失
无誓若此事失天大罪得誓若國大安大亂世可盜行誓之又別先辛
未年七月廿二日大誓
　　詩尙書禮傳倫得誓三年

(역 문)

임신 6월 16일 두 사람이(二人) 함께(幷) 맹서하고(誓) 기록한다(記). 하늘 앞에(天前) 맹서한다(誓). 이제부터(今自) 3년 이후(三年以後) 충성의 도리를(忠道) 붙잡아서(執持) 과실이 없도록(過失无) 맹서한다(誓). 만약에(若) 이렇게 않는다면(此事失) 하늘에(天) 큰 죄를 얻으리라고(大罪得) 맹서한다(誓). 만약에(若) 나라가 크게 편안하거나(國大安) 크게 어지럽거나(大亂) 세상을 (世) 편안할 수 있도록(世可盜) 행하자고 맹서한다. 또(又) 따로(別) 먼저(先) 신미년 7월 22일에 크게 맹서하여섰다(大誓). 시(詩), 상서(尙書), 례전(禮傳)을 륜득(倫得)하도록 맹서한다. 3년이다.

(주 석)

若國大安大亂. 나라가 편안하거나 어지럽거나를 물론하고 어떠 어떻게 행하자는 말이요, 또 만약에 나라가 어렵거든 어떠어떻게 행하자는 의미다. 두 가지의 의미를 한데 표현하자니까 《만약에》란 말과 그 아래 오는 다른 말의 련속이 퍽 섬섬글게 됨을 면치 못한다. 그러나 후대 리찰에서도 이러한 표현은 드물지 않다. 만일 명확히 번역하려 할 때에는 두 구로 쪼개여야 할 것이다.

禮傳. 詩는 시경(詩經), 尙書는 서경(書經)을 가리키는 것이라면, 禮傳은 례경(禮經)을 가리킴에 틀림이 없다. 단지 례경에 한해서 傳자를 붙인 것은 의심스러우나, 詩를 詩傳, 書를 書傳이라는 의미에 禮傳이란 말을 못 쓸 것은 없다.

倫得. 이 倫자를 음으로 읽을 것인지 뜻으로 읽을 것인지. 미상하다. 또 뜻으로 읽는다면 그 뜻이 어떠하였는지도 미상하다. 물론 중국 고전 문헌을 렬거한 것으로 보면 거기 대한 학습을 맹서한 것이리라고 추정된다. 또 아래의 3년은 그 학습을 맹서한 기한이 아닐가 한다(이 원문은 사료집진(史料集眞)에 의거한다).

제 2장 10 세기에서 14 세기까지의 문헌

제 1절 고려 시대의 금석 문'자

1, 청선원(淸禪院) 자적탑비(慈寂塔碑)

이 비는 경상도 풍기(豊基) 경내에 있다. 939년 고려 태조 22년에 될 것이다. 이 비의 특징은 도평성(都評省)의 공문을 그대로 새긴 데 있다. 초기 리두가 아니오 아주 완전히 리찰이다. 이보다 후대에 나오는 비나 종도 초기 리두임에 불구하고, 오직 이 비만이 리찰로 되였다는 것은 도평성의 공문을 내용으로 삼은 데 있다고 보아야 한다. 즉 그 당시 공문에는 리찰을 통용하고 있었지마는 금석 문'자에는 관례에 좇아서 초기 리두를 번치 않았다는 사실이 이로써 밝아지고 있다. 하여튼 939년은 신라가 아주 망한지 겨우 4년 후밖에 되지 않는다. 리찰이 고려에서 완성된 것이 아니요, 이미 신라에서 완성되였다는 사실도 또한 이로써 밝아진다. 단지 리두 토가 정도사 석탑기와 훨씬 틀리고 또 군데군데 결자가 나오고 있다. 이로 인하여 그 전문의 번역은 심히 곤난함을 면치 못한다.

(원　문)

都評省帖　洪俊和尙衆徒右法師師矣啓以僧矣段赤牙射鷲山中新處□元閒爲成造爲臥乎亦在之白賜且以入京爲使臥金達舍進置右寺原問內乎矣大山是在以別地主無亦在彌衆矣白賜臥乎白如加知谷寺谷中入成造爲賜臥亦之白□□節中

敎旨然乎戶□矣地□知事者國家大福田處爲成造爲使賜爲

天福四年歲次己亥八月一日　省史住光　五年辛丑八月廿一日□國家□山院名貴十四列郡縣契乙用成造令賜之（□표는 결자된 글'자）

(역　문)

도평성은(都評省) 홍준화상의(洪俊和尙) 문하인(衆) 도우법사에게(徒右法師) 공문을 보낸다(帖). 법사의(師矣) 여쭈운 말씀대로(啓以)――이 중으로 말하면(僧矣段＝僧이쏜) 적아사추산에(赤牙射鷲山中＝赤牙射鷲山아히) 새곳(新處) ××(□元) 듯고서(閒爲＝閒ᄒ여) 새로 건축(成造)하는 이(爲內臥乎亦＝ᄒ누온여) 있다고(在之＝견다) 아뢰와(白賜＝ᄉᆞ아샤) 또(且.) 서울 들어 와서(入京爲＝入京ᄒ여) 심부름하는(使臥＝브리누온) 김달함으로(以…金達舍) 상기 절(右寺) ×××(原問內) 갔다 두(進置) 오뒤(乎矣) 큰 산임으로(大山是在以＝大山이견으로) 다른(別) 지주(地主) 없이(無亦＝어오어여) 있으며(在彌) 여러 사람의(衆矣) 아뢰는 말씀이라고(白賜臥乎亦＝ᄉᆞ사누온여) 아뢰다가(白如加＝ᄉᆞ다가) 지곡사 골적이에(知谷寺谷中＝知谷寺谷 아히) 들어가(入) 새로 건축한다고(成造爲賜臥亦＝成造ᄒ샤누온여) 아뢰(白＝ᄉᆞ) ××(□□) 미치여(及) 아뢴 때에(白節中＝ᄉᆞ온 더위아히).

임금의 분부가(敎旨) 그러한(然乎=그러온) ××××(戶
□矣地□) 일은 아는 자는(知事者) 국가의(國家) 큰 복전인(大
福田) 곳을(處) 위해(爲) 새로 건축하라 하심(成造爲使賜爲=
成造하여 브리샤숌).
천복(天福) 4년 해수로 기해 8월 1일 성의(省) 사로 있는
(史) 주광(住光).
5년 신축 8월 21일 ×××××××(□國家□山院名貴)
十四 렬군현계로써(列郡縣契乙用=列郡縣契을삐) 새로 건축(成
造) 시기시다(令賜之=시키샤다)(×표는 해석할 수 없는 마디).

(주 석)
師矣啓以. 그 아래의 적아사추산(亦牙射鷲山)으로부터 지곡
사(知谷寺)의 마디까지 죽 師矣啓를 인용한 내용이다.
在之. 在는 《있다》의 뜻. 之는 법토에 대응되는 말.
且以. 여기의 以자는 한문식 어순으로 쓰인 것으로서 金達舍
이란 인명에 붙는 것이다.
進置. 이 말도 역시 한문식 어순으로 쓰인 것으로서 아래의
乎矣와 맞붙게 되는 것이다.
在彌. 在는 역시 《있다》의 뜻. 彌는 旅의 본 글'자.
爲賜臥亦之. 臥亦의 바로 아래 법토에 대응되는 之가 붙은
것이 이상스러우나 15~16 세기에도 이와 류사한 용례가 없지 않
다. 우선 로절대 언해 상권 三三장에는 《이 물들 다 물 머겨다》,
박통사 하권 二二장에는 《先生이 또 더거다》와 같은 례다.
一四 이것은 많은 군현계를 서로 구별하던 어떠한 번호가 아
니였을가 한다.

이 비문의 대의는 결국 흥준 화상의 제자들이 새로 절을 건
축할 것을 청원한 데 대하여 허가를 통지한 것이다. 맨 끝으로
다시 《五년》 이하의 30자를 첨가하여 다시 어떠한 방법으로써 새
절이 건축되였음을 간단히 서술하고 있다(이 원문은 리두 집성(吏讀 集
成)에 의거한다).

2. 서원(西院) 쇠종

이 종은 본래 전라도 령암(靈岩)에 있던 것이나 최근까지 일본 광도(廣島) 조련사(照蓮寺)에 있었다고 한다. 962년, 즉 고려 광종(光宗) 14년에 된 것이다.

(원 문)

伐昭大王當縣聰規沙干峻豊四年癸亥九月十八日古彌縣西院鑄鍾記徒人名疏同院主人領玄和尙信嚴長老曉玄上坐欣宜□□言□大百十一羅州□□百十一

(역 문)

(나라로는) 벌소대왕이요(伐昭大王) 당현으로는(當縣) 총규사한인(聰規沙干) 준풍(峻豊) 4년 계해(癸亥) 9월 18일 고민현(古彌縣) 서원에서(西院) 주종하고(鑄鍾) 기록한다(記). 관계자의(徒人) 명단이다(名疏). 동원(同院) 주인(主人) 령현화상(領玄和尙). 신엄장로(信嚴長老), 효현상좌(曉玄上坐), 흔의(欣宜), ××××(□□言□大) 백 열 하나요 라주(羅州) □□ 백 열 하나다.

(주 석)

伐昭大王. 물론 《나라로는》이란 말이 없으나 아래 총규사한 우에 당현(當縣)이란 말이 전제되여 있는데 미루어서 그런 말이 있는 것과 같은 의미라고 보아야 한다. 고려 광종은 이름이 昭요 자(字)가 日華임에 따라서 아유가이(鮎貝) 는 伐昭가 곧 《비치》란 말이요 그 당시 광종을 《비치왕》으로 말한 것이 아닌가 추측하였는바, 그 추측은 아주 근리하다고 생각된다 광종은 물론 그가 죽은 뒤의 묘호(廟號)라고 하지마는 그역시 光이다. 또 伐昭는 《비치》의 의음역으로 되는 것이라, 이것도 우연한 일치로 돌리기에는 너무나 공교스럽다.

沙干. 신라 벼슬의 여덟째 되는 등급의 **沙飡**과 같다.

古彌縣. 여지승람(輿地勝覽)에는 전라도 령암(靈岩), 고적 (古跡) 아래 昆湄縣이 있고, 본래는 백제의 古彌縣이였다고 설명하고 있다.

鑄鍾記. 이 석 자는 한 마디의 합성어로도 볼 수 있고, 또 鑄鍾과 記의 두 마디로도 볼 수 있다. 본래의 한문식으로 따져서 볼 것 같으면, 먼저 해석이 더 일반적일 것이다. 그러나 鑄鍾記를 한 마디의 말로 해석할 때는 어떠한 글의 제목이라고 볼 수밖에 없으나, 그 제목에 해당한 글을 찾지 못한다. 관계자의 명단을 鑄鍾記의 내용으로 볼는지 모르지마는, 거기는 또 徒人名疏라는 딴 제목이 뚜렷이 나타나고 있다. 초기 리두의 관례 대로 읽어야 한다. 즉 《주종한다》, 《기록한다》의 두 마디다.

羅州. 이것은 바로 이웃 골의 이름이다. 이로 미루어 그 아 레우의 수'자는 각지의 원조자 수를 표시한 것으로 보인다. 그러나 라주 바로 아래도 결자가 나고 또 그 우에도 결자가 났다. 그것을 단정키는 곤난하다(이 원문은 잡고에 의거한다).

3, 개심사(開心寺) 돌탑

이 탑은 경상도 례천(醴泉)에 있다. 1010년, 즉 고려 현종(顯宗) 원년(元年)이다.

(원 문)

上元甲子四十七統和二十七年庚戌年二月一日正骨開心寺到石 析三月三日光軍衙六隊車十八牛一千以十間入矣僧俗娘合一萬 人了入彌助香徒上杜神順廉長司正順行典福宣金由工達孝順位 剛香德貞岳等三十六人椎香徒上社京成仙郎光咊金咊 阿志大舍香式 金哀位奉楊寸能廉隊正等四十人邦祐其豆昕京位剛偘平矣典次衣等五十人

(역 문)

상원갑자로(上元甲子) 마흔 일곱 번째 되는 통화(統和) 27년 경술년 2월 1일에(一日) 정골이(正骨) 개심사에(開心寺)

이르렀다(到). 돌을(石) 쪼겠다(析), 3월 3일에(三日) 광군사(光軍司) 여섯 부대와(六隊) 수레(車) 열 여덟과 소 일천으로(一千以) 열 간을(十間) 드리되(入矣) 중(僧), 속인(俗), 녀인(娘) 합해서(合) 일만 사람이 맞추었다(了入=다 드리었다). 미조향도(彌助香徒)로는 상사의(上社) 신덕(神德), 렴장(廉長), 사정의(司正) 순항(順行), 전(典)의 복선(福宣), 금유(金由), 공달(工達), 효순(孝順), 위강(位剛), 향덕(香德), 정암(貞喦) 등 설혼 여섯 사람이요(卅六人) 뢰향도(椎香徒)로는 상사의 경성(京成), 선랑의(仙郎) 광협 금협(光呋金呋), 아지(阿志) 대사(大舍), 향식(香式), 금애(金哀), 위봉(位奉), 양촌(楊寸), 능렴(能廉) 대정(隊正) 등 마흔 사람이요 방우(邦祐), 기두(其豆), 흔경(昕京), 위강(位剛), 간평(偘平), 의전의(矣典), 차의(次衣) 등 원 사람이다.

(주 석)

上元. 60년이 한 갑자인데 일부의 술수가(術數家)들이 다시 한 갑자가 60 번 도는 것을 한 원(元)이라고 한다. 원은 상, 중, 하의 삼원(三元)으로 나누니, 즉 일 백 팔십 갑자로서 순환한다는 것이다.

光軍司. 司는 무슨 글'자인지 알 수가 없다. 아유가이 는 司자로 추정하고 있다. 고려에서 맨 처음 光軍司를 두었다가 光軍都監으로 고치였는데 현종 2년에 이르러 도로 光軍司의 옛이름을 복구하였다고 한다. 1만의 사람을 동원키 위해서는 물론 광군사와 같은 큰 부대의 힘을 움직이였을 것임에 따라서 司로 추측하는 견해가 아주 타당하다고 보인다.

彌助香徒. 화랑의 무리들의 칭호. 아래의 椎香徒도 마찬가지다. 椎를 《뢰》로 읽은 것은 필시 《鐵椎》의 《椎》라는 의미를 취하였으리라고 생각되기 때문이다.

上社. 선랑 즉 화랑보다도 이름을 먼저 적은 것이 주의를 요한다. 화랑을 도와서 실질적으로 그 조직 전체의 사무를 처리해 가던 직책이였던 것으로 보인다.

仙郞. 화랑을 國仙이라고도 썼다. 仙郞 곧 花郞이다. 그런데 光昨金昨이 마치 두 사람과 같으나 그것을 두 사람의 이름으로 보아서는 되지 않는다. 왜 그런고 한즉 퇴향도의 화랑은 하나요 둘이 있을 수 없기 때문이다.

矣典. 후대의 리두어로는 《우리 상전》이란 뜻이나 여기서는 그런 뜻으로 해석될 수 없다. 矣는 《이》라는 지시 대명사에 해당하고 典은 일반적으로 써 오던 것과 같이 부서를 가리치는 것이니, 矣典은 곧 탑을 만들기 위한 바로 그 부서를 말한 것이다. 이렇게 보면 次衣는 인명이라기보다 한 개의 직책을 의미하는 것이 아닐가 한다. 어떠한 사무의 담당자를 火知라고 하는만큼 그 밑에서 일하는 사람들을 次 내지 次衣로 부를 수도 없지 않다. 더구나 이 글의 문맥도 미조향도는 설혼 여섯 사람, 퇴향도는 마흔 사람, 그리고 그 나머지의 쉰 사람이란 소속이 불명한 것으로 된다. 邦祐 이하 누구 누구 우리 부서에서 복무한 사람 등 쉰 사람이라고 해석해야 전후가 꼭 들어 맞는 것이다(이 원문은 잡고에 의거한다).

4. 통도사(通度寺) 돌장생(石長生)

이 장생은 경상도 량산(梁山)에 하나, 밀양(密陽)에 하나, 합해서 둘이 있으나 밀양 것은 상반부가 떨어져 나갔다. 남아 있는 그 하반부만 가지고라도 량산 것과 내용도 대체로 같고 세운 년대까지 틀리지 않는다는 것을 알 수 있다. 1085년, 고려 선종 2년 을축 12월에 세운 것이다. 밀양 것에도 乙丑十二月의 다섯 자만은 완전히 남아 있다.

(원 문)

通度寺孫仍川國長生一坐段寺所報尙書戶部乙丑五月日牒前判兒如改立令是於爲了等以立 大安元年乙丑十二月記

(역 문)

통도사의(通度寺) 손잉천(孫仍川) 국장생(國長生) 한 자리로 말하면(一坐段=一坐쯘) 절에서(寺) 상서호부에(尙書戶

部) 제출한바(所報) 을축년 5월 일의(日) 보고서에(牒前) (대한) 결정(判兒) 같이 고치여 세우게 하라(改立令是於) 하기 때문에(爲了等以) 세운다(立).

(주 석)

孫仍川. 장생을 세운 그 지방의 이름.

國長生. 長生은 표석(標石)이나 표목을 이르는 것이나, 옛날 동리 앞 대로 변에 세우던 《장승》은 바로 이와 같은 어원의 말이다. 장생에도 중앙 정부에서 관리하는 것이 있었던 모양이니, 그렇기 때문에 國長生이라고 부르는 것이요, 또 그렇기 때문에 중앙 정부의 허가를 얻어서만 고치여 세운 것이다.

尙書戶部. 상서성(尙書省) 관하에 있는 호부(戶部)란 뜻. 호부는 인구, 토지, 재정 등을 책임진 최고 관청.

牒前. 牒은 牒呈과 같은 의미니 하급 관청에서 상급 관청에 향해서 보내는 보고서 및 기타의 공문이다. 前이란 글'자는 바로 그 관계를 표시하는 것으로서 《공문에 대해서》라고 번역하는 것이 좋다.

如. 리두 토로서 如를 《다》, 《러》 등으로 읽으나, 여기서는 《다빗》 내지 《다히》의 음으로 읽었던 것이라고 추정된다. 이 《다빗》는 현대어에서 《꽃답》, 《약답》 등의 《답》, 《가는 듯》, 《오는 듯》 등의 《듯》으로 되고 있는바, 본래는 현대어의 《같이》와 같은 의미로 쓰이던 말이다.

爲了. 了는 어떠한 동사 우에 얹히여 마치 《다》라는 부사처럼도 쓰이고, 또 조격 토 以를 대신해서도 쓰인다. 여기의 글 뜻으로는 乎자가 가장 적당하게 되는만큼 了를 乎의 오자거나 또 혹 乎의 획들이 닳아서 了로 보인 것으로도 의심되고 있다. 그러나 후대의 리두 로에서는 爲了의 두 글'자를 합해서 夢으로 써 놓고 그 음을 《흐》이라고 읽는다. 이 爲了는 바로 夢을 두 글'자로 풀어 쓴 형태임에 지나지 못한다. 단지 이 장생에서 爲了가 나타나는 이외 전연 이런 용례를 보지 못하다가, 후대 리찰에 와서 새삼스러이 夢의 자형이 나타나고 있다. 爲了를 곧 夢의 옛형태라고

제 2절 정도사 석탑기

일제가 조선을 강점한 직후 경상도 약목역(若木驛) 부근에서 철도 공사를 진행하다가 옛절터로부터 고문서를 한 건 발견하였다. 그 고문서는 종이 우에 먹으로 쓴 것인데 놋으로 만든 합속에 담기여 있었다. 이것이 바로 정도사 석탑기다. 청선원 자적탑비 다음으로 가장 오랜 리찰 문헌이요, 백암사 고문서 이전 가장 긴 리찰 문헌이다. 1031년, 즉 고려 현종(顯宗) 22년에 된 것이다. 개심사 돌탑보다는 20년 뒤지만은 통보사 볼장생보다는 반세기나 먼저다.

(원 문)

太平十一年歲次辛未正月四高麗國尙州界知京山府事任若木郡
巽方在淨兜寺五層塔造成形止記
郡百姓光賢亦天禧三年己未十月日
國家覇業長興鴻基永固保遐齡於可久延寶祚於無疆長吏等賴此
妙因憑斯善事災殃不染福壽增長處處同歡人人樂業隣兵電滅上
國益安百穀豊登萬民和泰郡內老小男女百姓等延年益壽致福消
災永保安寧恒居娛樂三界迷魂四生惡業承玆造塔惣得先天之願
以石塔五層乙成是白乎願表爲遣成是不得爲乎天禧二年歲次壬
戌五月初七日身病以遷世爲去在乙同生兄副戶長禀柔亦公山新
房依止修善僧覺由本貫壽城郡乙繼願成畢爲等勸善爲食佰貳石
幷以准受令是遣在如中郡司戶長仁勇校尉李元敏副戶長應律李
成禀柔神彦戶正宏運副戶正成窻官史光策等太平三年癸亥六月
日淨兜寺良中安置令是白於爲議出納爲乎事亦在乙善州士古集
堀院主人貞元伯士本貫義全郡乙白弥寺良中立申古向行千三百
步到阿干山金直田筒亦中同年十一月六日元伯士身寶衆三亦日
日以合夫參佰肆拾捌並以石乙良第二年春節已只了令聞遣成是
不得爲犯由白去等用良又右長亦僧智渙郡禪院依止本貫同郡乙
勸爲太平五年歲次乙丑三月十二日食拾參石太平六年歲次丙寅

十月日米伍拾肆石乙准受令是遣在如中加于物業乙計會爲太平七年歲次丁卯十二月日隨願僧俗等一千餘人乙戶長柳瓊左徒副戶長承律右徒例以分拚爲妳日日以石運已畢爲太平九年己巳□月日右伯士乙仍請爲同年春秋冬念丁今冬石練已畢爲內妳寺之段司倉上導行審是內乎矣七十六是去丙辰年量田使前守倉部卿藝言下典奉休竺士千達等乙卯二月十五日宋良卿矣結審是乎導行乙用良顯德三年丙辰三月日練立作良中代下田長廿七步方廿步北能召田南東渠西葛頸寺田承孔伍百肆拾結得肆拾玖負肆束右如付量有在等以地理延嚨僧八居縣厺陸村乙占定令是乎昧投郡司戶長別將柳瓊攝戶長金甫戶正成久副戶正李希書者承福等太平十年歲次庚午十二月七日牒以寺代內應爲處追于立是白乎昧了在乎等用良同日三寶內庭中乙定爲在乎事是等以月十二日正位剛隊正嵩國式奐一品軍作△△廿一人亦掘取五尺石築十尺方良中排立令是白內乎矣玄風縣北面觀音房主人貞甫長老陪白賜乎舍利一七口乙京山府厺處藏寺主彦承長老亦今月一日陪到爲賜乎事亦在等以本來瑠璃筒一鑰合一重二兩亦中安邀爲白妳右文記幷以又鑰合一重拾貳兩參目良中邀是白內叱乎亦在妳石練時乙順可只而今良中至兮天原寺主大師靑乆金剛寺主大德釋令芳乆寺主重職迬祚禪院主人懷闉道俗寺主賢朗普沙寺主讓賢大乘寺主彦融金莫寺主元慶蓮長寺主智善金安寺主法眞京山府厺等各食一石般若寺得名光猒食參石禪院依止僧連育米壹石副戶長旨禮叔宏戶正成允漢器正雄窓眞渙副兵正元行等乞供納米拾柒石拾斗志興郞麥壹石柴匠信貞上京布卅尺智奉寺主大師是光布十五尺副戶長稟柔米參石拾斗粢五度麻一邊般若寺主光由戶長柳瓊散員積宜碏寺主人幸□等各麻壹邊鑰匠居等達鑰合壹重貳兩副戶長肯禮兵正佐宜戶長柳瓊神彦妙興寺主覺由金剛寺主般若寺主蓮長寺主道俗寺主禪院主人天原寺主碏川寺主貞宏新房主賢采媔倦寺主神憶副戶長承律副正元白智白師行順男等各一度粢仙石寺主二度粢隊正式奐四度粢戶正成允漢幷一度粢繡帳寶廉富女等粢一度官史元道洪漢幷粢一度桑由師得賢幷粢一

度金昕莫你幷粢一度戒仁哀阿召哀內金富多支金助烏幷化一度
普沙寺忠寺幷粢一度德積奴一時粢新達男一時粢三孝男一時粢
京稱長老□述能光金漢多支富助烏含富等粢一度酒二香知白莫
你戶正成允等各餠一合副戶長賢質酒一香餠一合允孝新達幷酒
一香戶長神彦酒二香汁大寺主人賢宗玉滿寺主元京陽岳寺主智
黃等各茶酒荣炙李言男酒一香樂人式長等拾五人茶酒荣炙吉奉
男哀好大娘幷餠一合助烏巴明幷餠一合酒一香量民哀助烏幷餠
一合酒一香能名孝德奐金明烏今巴等幷酒一香用德女等酒參斗
玉滿寺主莫質副正處忠幷酒參香大內義娘布卅尺右如隨願爲在
乎事亦在

　　院主僧惠元 骨迴寺 福光 本貫 善州
　　史二 眞行沙弥 本貫若木郡
　　成密沙弥 本貫善州

(역　문)

　태평(太平) 11년 해수로(歲次) 신미 정월 4일, 고려국(高麗國) 상주계내(尙州界) 지경산부사(知京山府事)의 관할 구역인(任) 약목군(若木郡) 서남방에(異方) 있는(在) 정도사(淨兜寺) 오층탑(五層塔)을 만든(造成) 실항에 관한 기록(形止記).

　군내(郡) 백성인(百姓) 광현이(光賢亦) 천희(天禧) 3년 기미 10월 일에(日) 우리 나라의(國家) 위력이(覇業) 길게 뻗히고(長興), 기초가(鴻基) 길이 굳어져서(永固) 오랠 수 있는 데까지(於可久) 먼 세월을(遐齡) 보전하고(保) 한이 없도록(於無彊) 임금의 수가(寶祚) 더 하며, 관원들은(長吏等)이 훌륭한 원인을(此妙因) 힘입고(賴) 이 좋은 사업으로(斯善事) 말미암아(憑) 재해와 앙화에(災殃) 들지 않고(不染), 복과 수가(福壽) 불어서 곳곳마다(處處) 모두 좋아하고(同歡), 사람사람이(人人) 일하기를 즐기며(樂業), 이웃 나라의 군대는(隣兵) 번개같이 멸망하고(電滅), 상국은(上國) 더욱 편안해서 백 가지 곡식이(百穀) 풍년 들고, 일만 백성이(萬民) 화락 태평하며(和泰), 군내의(郡內) 로소 남녀(老少 男女) 백성들은(百姓等) 오래 살고

(延年), 수하고(益壽) 복을 받고(致福) 재앙이 살아져서(消災) 길이 편안함을 보존하고(永保安寧), 언제나 즐거움으로 지내며 (恒居娛樂), 삼계의(三界) 갈 곳 모르는 넋과(迷魂) 사생(四生) 의 모진 업보가(惡業) 이와 같이(玆) 탑을 만드는(造塔) 덕에 (承) 모조리(惣) 선천의(先天之) 원을(願) 얻자고(得) 함으로 써(以) 五층 석탑을(石塔) 이루는(成是白乎) 념원을(願) 표하 고(表爲遣) 이루지 못 한채(成是不得爲乎) 천희(天禧) 2년 해 수로(歲次) 임술 5월 초 7일에(初七日) 신병으로(身病以) 별세 하거늘(遷世爲去在乙), 동생형인(同生兄) 부호장의(副戶長) 품 유가(稟柔亦) 공산 신방에(公山 新房) 거주하면서(依止) 선행 을 닦는 중(修善僧)으로서, 본적이(本貫) 수성군인(壽城郡) 각 유에게(覺由乙) (그) 념원을 계승해서(繼願) 완성하도록(成畢爲 等) 권선해서(勸善爲) 곡식(食) 백 두 섬을(佰貳石) 한데(幷以) 내맡기고 있는데(准受令是 遣在如中) 군사호장의(郡司戶長) 인 용교위(仁勇校尉) 리 원민(李元敏), 부호장의(副戶長) 응률(應 律), 리성(李成), 신언(神彦), 호정의(戶正) 굉운(宏運), 부호 정의(副戶正) 성×(成窻), 관사의(官史) 광책 등이(光策等) 태평 (太平) 3년 계해 6월 일에(日) 정도사에(淨兜寺良中) 세우게 하 자고(安置令是白於爲) 의논 결정한(議出納爲乎) 일이(事亦) 있 거늘(在乙), 선주 땅(善州土) 집×원(集據院) 주인(主人)으로서 본적이(本貫) 의전군인(義全郡) 정원(貞元) 백사(伯士)에게 말 깁이여(乙白弥). 절에(寺良中) 서서 서남쪽을 향해(申土向) 1천 3백 걸음 걸어서(行一千三百步) 아한산(阿干山) 김직의(金直) 밭둑에(田筒亦中) 이르는 곳에서 동년(同年) 11월 6일 원백사(元 伯士), 신보(身寶), 중삼이(衆三) 날마다(日日以) 도합(合) 인부 (夫) 348과 함께(幷以) 돌을랑(石乙良) 이듬 해(第二年) 봄철까 지(春節己只) 마치라고(了兮) (하는 말) 듣고(聞遣) 이루지 못 한(成是不得爲) 사유를(犯由)고하는지라(白去乎等用良), 또(又) 우장이(右長亦) 본군(郡) 선원에(禪院) 거주하는(依止) 본적이 (本貫) 본군인(同郡) 중(僧) 지환을(智渙) 권해서(勸爲) 태평 (太平) 5년 해수로(歲次) 을축 3월 12일 곡식 열 석 섬(十三

石), 태평(太平) 6년 해수로(歲次) 병인 10월 일(日) 쌀 쉰 너 섬을(五十四石乙) 내 맡기고 있는데(准受令是遣在如中) 더우기 (加于) 물력을(物業) 집합해서(計會爲) 태평(太平) 7년 해수로 (歲次) 정묘 12월 일(日) 자원해 나서는(隨願) 승속들(僧俗等) 1천 여인을(一千餘人乙) 호장의(戶長) 류경은(柳瓊) 좌편 패 (左徒), 부호장의(副戶長) 승률은(承律) 우편 패와(右徒) 같이 (例以) 패를 나누었음이여(分拚爲旀). 날마다(日日以) 돌을 운반해서(石運) 다 끝내서(己畢爲) 태평(太平) 9년 기사 ×월 일 (□月日) 상기(右) 백사를(伯士) 그 대로 청해다가(仍請爲) 동년(同年) 봄, 가을, 겨울을(春秋冬) 지나(念丁) 올 겨울에 (今冬) 돌을 다듬기를(石練) 다 끝냈음이여(己畢爲內旀). 절로 말하면(寺之段) 사창상의(司倉上) 도행을(導行) 살피되(審是內乎矣) 76이(七十六是) 지난 병진 년(去丙辰年) 량전사(量田使) 전(前) 수창부경의(守倉部卿) 예언(藝言), 하전(下典)의 봉휴 (奉休) ×사의(竿士) 천달등이(千達等) 을묘 2월 15일 송량경의(宋良卿矣) 결(結) 살피온(審是乎) 도행을 가지고(導行乙用良) 현덕(顯德) 3년 병진 3월 일에(日) 다듬어 세우고, 토지 대장에는(作良中) 터 아래 밭(代下田) 길이(長) 27 보(步), 넓이 (方) 20보로(步) 북은 능소의 밭(能名田), 남과 동은 도랑(南東渠), 서는 갈경사(葛頸寺) 밭이니(田) 승자 번호(承孔) 540결에서(結) 마흔 아홉 짐(四十九負) 네 뭇을(四束) 차지했고(得) 이 절(同寺) 이 땅의(同土) 남편 경계선의 밭(犯南田) 길이(長) 19 보, 동편이 3보로 세 쪽은 도랑, 서쪽은 문달의(文達) 터니 승자 번호(承孔) 104 결에서(百四結) 아홉 짐(九負) 닷 뭇을(五束) 차지한바 상기와 같이(右如) 토지 대장에 실리여(付量) 있는지라(有在等以) 팔거현(八居縣) 토거촌(土陜村) (사는) 지리(地理) (보는) 중(僧) 연×으로(延曥) 작정케 한(占定令是乎) 말도 (昧投) 군사호장의(郡司戶長) 별장(別將) 류경(柳瓊), 섭호장의 (攝戶長) 김보(金甫), 호정의(戶正) 성구(成久), 부호정의(副戶正) 리희(李希), 서자(書者)의 승복 등이(承福 等) 태평(太平)

10년 해수로 경오 12월 7일의 공문으로써 절터 안(寺代內) 적당한 곳을(應爲處) 찾아(追于) 세우라는 말이(立是白乎味了) 있기 때문에(在乎等用良) 동일(同日) 삼보내정(三寶內庭) 가운데로(中乙) 정한(定爲在乎) 일인지라(事是等以) 동월(月) 12일 정의(正) 위강(位剛), 대정의(隊正) 숭함(嵩函)과 식환(式奐), 일품(一品), 군작×(軍作△△) 스물 한 사람이(廿一人亦) 다섯 자를 파고(掘取五尺) 열 자를 석축한 데다가(石築十尺方良中) 올려 세우게 하되(排立令是白內乎矣) 현풍현(玄風縣) 북면(北面) 관음방(觀音房) 주인의(主人) 정보(貞甫) 장로가(長老) 모시였던(陪白賜乎) 사리(舍利) 열 일곱 개를(一七口乙) 경산부 땅(京山府土) 처장사주의(處藏寺主) 언승(彦承) 장로가(長老) 이달(今月) 1일 모시고 온(陪到爲賜乎) 일이(事亦) 있기에(在等以) 본래는(本來) 류리통(瑠璃筒) 하나와(一) 두 량중되는(重二兩) 놋합(鍮合) 하나에(一……亦中) 모신 것이며(安邀爲白旀), 또(又) 열 두량 서 돈중 되는(重拾貳兩參目) 놋합(鍮合) 하나에(一……良中) 모시게 됨이 있음이여. 돌 다듬을 때로(石鍊時乙) 부터서(順可只) 지금에(而今良中) 이르기까지(至今) 천원사주의(天原寺主) 대사(大師) 청윤(靑允), 금강사주의(金剛寺主) 대덕(大德) 석령(釋令), 방윤사주의(芳允寺主) 중직(重職) 정조(正祚), 선원주인의(禪院主人) 회천(懷闡), 도속사주의(道俗寺主) 현랑(賢朗), 보사사주의(普沙寺主) 양현(讓賢), 대승사주의(大乘寺主) 언융(彦融), 금막사주의(金莫寺主) 원경(元慶), 련장사주의(蓮長寺主) 지선(智善), 금안사주의(金安寺主) 법진(法眞)(등) 경산부(京山府) 땅에(土) (있는) 이들은(等) 각각(各) 곡식 한 섬이요(食壹石); 반야사(般若寺) 득명의(得名) 광유는(光猷) 곡식 석 섬이요(食參石), 선원에서(禪院) 거주하는 중(依止僧) 련육은(連育) 쌀 한 섬이요(米壹石), 부호장의(副戶長) 지례(旨禮), 숙굉(叔宏), 호정의(戶正) 성윤한(成允漢), 기정의(器正) 웅×(雄窓), 진환(眞渙), 부병정의(副兵正) 원행 등은(元行等) 구걸해서 바친 쌀(乞供納米) 열 일곱 섬 열 말이요(拾柒石拾斗),

지흥랑은(志興郞) 보리 한 섬이요(麥壹石), 철쟁이(鐵匠) 신정은(信貞) 상등(上) 경포(京布) 설흔 자요(卅尺), 지봉사주의(智奉寺主) 대사(大師) 시광은(是光) 베(布) 열 대 자요(十五尺), 부호장의(副戶長) 품유는(禀柔) 쌀(米) 석 섬 열 말과(參石拾斗) 재미(粢) 다섯 번과(五度) 삼(麻) 한 갓이요(壹邊), 반야사주의(般若寺主) 광유(光由), 호장의(戶長) 류경(柳瓊), 산원의(散員) 적의(積宜) 청사주인의(礈寺主人) 행×등은(幸□等) 각각(各) 삼(麻) 한 갓이요(壹邊), 놋갖쟁이(鍮匠) 거등달은(居等達) 두 량중 되는 놋합(鍮合) 하나요(一), 부호장의(副戶長) 궁례(肯禮), 병정의(兵正) 좌의(佐宜), 호장의(戶長) 류경(柳瓊), 신언(神彦), 묘홍사주의(妙興寺主) 각유(覺由), 금강사주(金剛寺主), 반야사주(般若寺主), 련장사주(蓮長寺主), 도속사주(道俗寺主), 선원주인(禪院主人), 천원사주(天原寺主), 청천사주의(礈川寺主) 정굉(貞宏), 신방주의(新房主) 현송(賢宋), 면권사주의(娩倦寺主) 신억(神憶), 부호장의(副戶長) 승률(承律), 부정의(副正) 원백(元白), 지백(智白), 사행(師行), 순남 등은(順男) 각(各) 한 번(一度) 재미요(粢), 선석사주는(仙石寺主) 두 번 재미요, 대정의(隊正) 식환은(式奐) 네 번 재미요, 호정의(戶正) 성윤과(成允) 한기는(漢器) 어울러서(幷) 한 번 재미요, 수장(繡帳), 보렴(寶廉), 부녀 등은(富女等) 한 번 재미요, 관사의(官吏) 원도와(元道) 홍한이(洪漢) 어울러서(幷) 재미 한 번이요, 상유사와(桑由師) 득현이(得賢) 어울러서(幷) 재미 한 번이요, 김흔과(金昕) 막돈이(莫侻) 어울러서(幷) 재미 한 번이요, 계인(戒仁), ×아려(裒阿呂), ×내(裒內) 김부다지(金富多支), 김조오가(金助烏) 어울러서 구걸해서 얻어 온 것(化) 한 번이요(一度), 보사사(普沙寺), 충사가(忠寺) 어울러서 재미(粢) 한 번이요(一度), 덕적노는(德積奴) 한 끼 재미요(一時粢), 삼효남은(三孝男) 한 끼 재미요(一時粢), 경칭장로(京稱長老), ×술(□述), 능광(能光), 김한다지(金漢多支), 부조오(富助烏), 합부 등은(含富) 재미 한 번과(粢一度) 술 두 ×요(酒二香) 지일(知日), 막돈(莫侻) 호정의(戶正) 성윤 등은 각(各) 떡한 합이요(餠一合), 부호장의 현질은(賢質) 술 한 ×과(酒一香) 떡 한 합이요(餠一合), 윤효와(允孝) 신달이(新達) 어울려서(幷) 술 한 ×요(酒一香), 호장의 신언은(神彦) 술 두 ×요(酒二香), 집 대사주인의(汁大寺主人) 현종(賢宗), 옥만사주의(玉滿寺主) 원경(元京), 양악사주의(陽岳寺主) 지황 등은(智黃等) 각각(各) 차, 술, 나물, 구이(炙)요, 리언남은(李言男) 술 한 ×요(酒一香), 악인(樂人)의 식장 등(式長 等) 열 다섯 사람은 차, 술, 나물, 구이(炙)요, 길봉남과(吉奉男) ×호대랑(哀奴大娘) 이 어울려서(幷) 떡 한 합이요(餠一合), 조오(助烏) ×명은(巴明) 어울려서 떡 한 합과(餠一合) 술 한 ×요, ×민(昷民) 애조오가(哀助烏) 어울려서 떡 한 합과(餠一合), 술 한 ×요, 능명(能名), 효덕(孝德), 환금(奐金), 명오(明烏), 금× 등이(今巴) 어울려서 술 한×요(酒一香), 용덕녀 등은(用德女 等) 술 서 말이요(酒參斗), 옥만사주의(玉滿寺主) 막질(莫質), 부정(副正)의 처충이(處忠) 어울려서 술 세 ×이요, 왕궁의 의랑은(大內義娘) 베(布) 설흔 자(三十尺). 상기와 같이(右如) 자원해 내 놓은(隨願爲在乎) 일이(事亦) 있다(在).

　　　　원주(院主) 중(僧) 혜원(惠元). 골형사(骨逈寺) 복광(福光) 본적이(本貫) 선주(善州).

　　　　사가(史) 둘이니(二) 진행 사미(眞行 沙弥)는 본적이(本貫) 약목군(若木郡).

　　　　성밀 사미(成密沙弥) 본적이(本貫) 선주(善州).

(×표는 해석치 못하는 마디요 괄호 안의 우리 말은 현대어로의 번역에서 보충을 요하는 마디).

(주　석)

尙州界. 고려 시대에는 각도에 계수관(界首官)이 있어서 도내 각군이 다시 계수관에 분속되였다.

知京山府事任. 지경산부사의 임내(任內)를 가리치는 말이니 임내는 곧 관할 구역내를 의미한다.

巽方. 소옹(邵雍)의 선천괘위도(先天卦位圖)에 의해서 서남방에 해당한다.

形止記. 形止는 形體와 같은 말이다. 현대어에서도 자취조차 없이 소멸된 것을 《형지가 없다》고 말한다. 形止記는 그 어떠한 사물에 관한 실황을 기록한 내용이다. 여기서도 석탑을 만든 실황을 기록한 것임에 따라서 형지기라고 한 것이다.

天禧二年. 천희 3년에 석탑을 세울 념원을 표하였다는 광현(光賢)이 천희 2년에 죽었다는 것도 안될 말이요, 천희 3년이 기미(己未)라고 하고 나서 천희 2년을 임술(壬戌)이라는 것도 안될 말이다. 기미로부터 임술까지는 3년 후라 여기의 2년은 6년의 오자라고 보아야 하고, 또 그렇게 보지 않아서는 전후의 사건이 모순에 떨어지고 만다.

爲去在乙. 爲去와 在乙을 두 토로 볼 것이 아니요. 去在乙을 한 토로 볼 것이다. 在의 두 음절을 표시하기 위해서 去를 얹은 것이라고 보인다.

在如中. 여기의 在는 有와 같이 《있다》로 새길 것이니, 아래의 在乙, 在乎等用良, 在等以, 在𣴎 등의 在도 그렇다. 이 때까지는 아직 在자가 완전히 토로 되여 버리지는 않은 것이다. 그러나 遷世爲去在乙 및 隨願爲在乎事 등의 在는 확실히 후대 리찰에서 보는 在자와 더 다른 것이 없다. 이 때부터 在자의 토로 변하는 과정이 진행되고 있는 것을 알 수 있다.

伯士. 아래는 元伯士 또는 右伯士로 부르고 있다. 옛날 어떤 직종 또는 계층의 사람에 대하여 사용하던 칭호인 것으로 추정한다.

申土向. 十二支를 12방위로 나눈 때 申은 서와 남의 간방(間方)의 하나로 된다. 申土는 서남방, 申土向은 《서남을 향해서》란 뜻으로 해석된다.

田筒. 《두럭》과 《두렁》은 동일한 말임에 따라서 《둥을 쌓다》라는 《둥》과 《논둑》의 《둑》도 본래 같은 말이다. 흠흠신서(欽欽新書)에서 《우리말로 둑을 쌓아서 물을 막는 것을 垌이라고 한다》

고 하였으니, 筒 곧 垌과 같은 뜻으로 쓰인 자다. 그러니까 田筒은 발둑을 의미한다. 筒을 현대어의 《통》으로 해석해서는 말이 될 수 없다.

身寶. 元伯士, 身寶, 衆三을 각 한 사람의 이름으로 보느냐 元伯士의 身寶인 衆三으로 보느냐가 문제된다. 그것은 衆三 아래 等자가 없어서 마치 한 사람의 이름 같이 보이기 때문이다. 그러나 身寶라는 성어가 별로 사용되여 있는 례를 발견하지 못한다. 아직 세 사람의 이름으로 보아 두는 수밖에 없다.

犯由. 事由와 같은 의미일 것이다. 애초에는 법인 심문으로부터 나온 말이 점차 그 이외에까지 널리 사용된 것으로 해석된다.

食. 아래에 쌀을 米, 보리를 麥으로 쓴 것으로 미루어, 食은 곡식에 해당하게 쓴 말이라고 보인다. 다른 금석 문'자에서도 食을 곡식이란 말과 같이 쓴 례가 없지 않다.

念丁. 관음가에서도 西方念丁去賜里遣와 같이 念丁을 쓰고 있다. 두 곳의 용례로 미루어 보아서는 《지나서》, 《거치여》 등의 뜻으로 추정되는 것이다.

司倉上. 司倉은 행정 부서나 직책의 이름이요, 上은 롱도사 돌장생의 前과 같이 그 곳을 가리키는 의미다. 司倉의 글'자로 보아서도 토지, 조세(租稅) 등을 맡았을 것임은 물론이다.

導行. 먼저는 導行審是, 나중에는 結審是乎導行이라고 나오는바, 審是는 백암사 고문서 1호의 憑是審是㢱로 보아서 현대어 《살피》에 해당한다. 대개 導行은 현대어 답사(踏査)와 같은 의미였던 것이니, 한'자의 뜻과도 부합된다. 그러니까 먼저의 導行審是는 전날의 답사한 기록 내지 표적을 살핀다는 것이요, 나중의 結審是乎導行은 전결(田結)을 살피기 위한 답사라는 말이다. 다시 전후를 통해서 말한다면 지난 병진년 량전사(量田使)의 실지 답사는 실상 그 전해인 을묘년 송량경(宋良卿)의 전결 답사를 기본으로 삼았다는 의미다.

七十六是. 이 마디는 이 때까지 혼히 아래 말의 去丙辰年의

去를 떼붙이여 七十六是去 丙辰年으로 읽고 있다. 여기의 是去란 것은 후대 리찰에서 의문법 토를 접속 토로 변해 쓰는 그것과 같이 해석하는 것이겠으나, 아래의 丙辰年이란 말과 련결이 되지 않는다. 그러니까 是만을 주격 토로 보고 去는 丙辰年에 붙이여 버리는 것이 타당하다. 이 七十六이란 수'자는 토지 대장 또는 토지 그 자체에 관한 번호일 것이다.

練立. 답사한 결과를 돌에 새기여 세웠던 것이다. 練은 練石의 의미다.

作良中. 作은 관청 문부니 여기서는 토지 대장을 가리키는 것으로 된다. 이로부터 이하는 토지 대장에 실린 내용을 들어 보이는 것이다.

承孔. 권처균(權處均) 로지 문서에 狐孔畓은 후대의 狐字畓이란 말로 해석된다. 한 번호에 들어 있는 토지를 본래는 孔으로 쓰다가 후대에 와서 字로 변한 것이라고 보인다.

付量. 토지 대장을 일반 관청 문부와 함께 作이라고도 하지마는 다른 作과 구별해서는 量案이라고 한다. 여기의 量은 곧 量案이니 付量은 量案에 올리였다는 의미다.

地理. 경국 대전(經國 大典) 리전(吏典) 관상감(觀象監)이란 관청 아래 天文地理曆數占籌測候刻漏等事를 맡는다고 하였다. 여기의 地理는 지형을 보아서 길흉을 점치는 미신을 가리키는 것이다. 地理延曬도 그런 일을 전문하는 延曬으로 해석하여야 한다. 다시 그 아래의 僧은 延曬의 신분을 밝히는 것이요, 八居縣土陸村은 延曬의 거주지를 밝히는 것이다. 이러한 어순이 확실히 보통의 례로부터 벗어지고 있으나, 이 글 전체를 통하여 비교적 많이 사용되고 있다. 우선 天原寺主 이하 많은 인명을 럴거한 다음 京山府土等이라고 그들의 거주지를 맨 끝에 써 놓은 것도 이와 꼭 같은 례다.

三寶. 불교에 불법(法), 부처(佛), 중(僧)을 三寶라고 일컫는다. 三寶內庭은 三寶를 받드는 집의 뜰을 이름이니, 곧 절 원채의 뜰로 되는 것이다.

舍利. 부처의 뼈다. 불교의 전설로는 석가가 죽어서 화장을 지낸 뒤 오색 구슬이 있어서 《사리》라고 일컫고 탑을 만들어 간수하였다고 한다.

順可只. 順자로 보아서는 《좇아》, 《따라》의 뜻일 것이나, 현대어로는 《부터》에 해당한다.

至今. 후대의 至亦과 마찬가지일 것이다.

重職. 려주(驪州) 고달사(高達寺) 혜진탑비(惠眞塔碑)에는 중의 벼슬에도 三重大師 重大師와 같은 것이 있다. 이 重職은 바로 그런 것을 가리킨 것이 아닐가 한다.

齌. 齊의 반자를 斉로 쓰니 齌는 齋米의 합성자다.

得名. 본격적인 직책이 아니요 명의 만을 띠고 있거나 림시로 맡거나 한 직책을 이르는 것으로 추정된다.

邊. 현대어에서 생선의 반 두름을 《갓》으로 부르는바, 《갓》은 바로 邊이다. 삼도 엮어서 단위를 정한 것인만큼 《갓》이란 말이 통용된 것은 고이치 않다.

香. 어떠한 관계로써 술의 단위에 쓰이여 있는 것인지 아직 밝히지 못 한다.

化. 化緣 또는 募化를 생략한 말이니 구걸해 얻는 것을 의미한다.

大娘. 이 娘자가 만일 女娘의 뜻이라면 우리말로《큰아씨》에 해당한 반대로, 또 만일 爺娘의 뜻이라면 《할머니》에 해당한다. 이것을 명확히 모르니만큼 한'자음 그 대로 써 두는 수밖에 없다.

大內. 경국 대전 병전(兵典) 문개폐(門開閉)란 항목 아래 왕궁 안을 大內라고 일컫고 있다.

義娘. 이것도 수양 어머니의 뜻인지 또는 딴 뜻인지 미상하다. 한'자음 그 대로 읽어 둔다 (이 원문은 리두 집성에 의거한다).

제 3절 백암사 고문서

전라도 장성(長城) 백암사(白岩寺)에서 전해 오는 고문서는 모두 석 장이 있으니, 이제 년대순에 의해서 호수를 매기여 구별한다. 제 1호는 1357년, 즉 고려 공민왕(恭愍王) 6년에 된 것이요, 제 2호는 1378년, 즉 고려 우왕(禑王) 4년에 된 것이요, 제 3호는 1407년, 즉 리조 태종(太宗) 7년에 된 것이다. 제 3호는 실상 14세기의 문헌이 아니요 15세기 초의 문헌이다. 단지 백암사 고문서를 한데 실어 두기 위해서 제 3호까지 여기서 취급하기로 한다. 제 1호와 제 2호로 보아서 리조 시대의 모든 공문서의 일정한 격식이 리조에 와서 새로 창시한 것이 아니요, 본래 고려 시대로부터 전래되고 있음을 잘 알 수 있다. 아니 청선원(淸禪院) 자적탑비(慈寂塔碑)도 벌써 고려로부터 리조까지 전래한 공문서의 격식을 갖추고 있어서 그가 곧 신라 시대에 이미 통용되던 그것임을 잘 알 수 있다.

1. 제 1호

(원 문)

僧錄司貼全羅道按廉使
當司准至正十七年七月十八日右副承宣正議大夫知工部事李岡
次知申省判敎覺眞國師門徒大禪師須彌禪師祖口禪師覺瑚中德
覺皦大選汲深大選戒永等狀內僧矣段別敎無亦作法祝
上爲白去乎在亦道內長城郡土白巖寺段無田民殘廢古基山齊是
去乙先師覺眞國師敎是重瓶是遣大藏印成安邀敎是旀門生以奴
婢幷參口交易納寺爲遣冬夏安居緣化供衆作法爲白如乎時亦中
前年共議敎是禪師若雲乙差備敎事是去乙右住持若雲亦無田丁
供衆難便領衆不得雨漏分置使內不冬間閣等亦並只頹落爲絃如
悶望是白去乎在等以先師重瓶道塲乙一任爲白乎所不喩修營作
法祝
上爲白良結望白去乎事是去有在等以右良事意乙用良共議案乄

周爲良乙爲下
宣旨敎是事是去有等以
宣旨內事意乙用良共議案爻周爲遣今後禪師若雲乙下山禁止向
事出納爲乎事是去等差使員別定向前若雲門生等乙一亦禁止爲
遣覺眞國師門徒等乙不動入院完護衆作法祝
上是在昧出納爲臥乎事是去等 右事須貼
　　　至正十七年七月　日貼

(역　문)

승록사에서(僧錄司) 전라도(全羅道) 안렴사에게(按廉使) 공문을 보낸다(貼).

본관청에서(當司) 의거한 바(准), 지정(至正) 17년 7월 18일 우부승선(右副承宣) 정의대부(正議大夫) 지공부사(知工部事) 리강의(李岡) 담당 처리로서(次知) 임금에게 취품하여(申省) 처결된(處決) 각진국사의(覺眞國師) 제자들인(門徒) 대선사(大禪師) 수미(須彌), 선사(禪師) 조구(祖口), 선사(禪師) 각호(覺瑚), 중덕(中德) 각교(覺曒), 대선(大選) 급심(汲深), 대선(大選) 계영 등의(戒氷 等) 신소장에는(狀內) 이 중으로 말하면(僧矣段) 별일(別敎) 없이(無亦) 불법을 행하여(作法) 임금을 축복(祝上)하고 있거니와, 도내(道內) 장성군(長城郡) 땅에(土) (있는) 백암사로 말하면(白岩寺段) 전민이 없는(無田民) 잔폐한(殘廢) 산간 고옥이거늘(古基山齊是去乙) 돌아 간 저의 스님(先師) 각진국사께서(覺眞國師敎是) 중수한 것이고(重剏是遣), 불경을 박이어(大藏印成) 위해 놓으며(安邀敎是旀) 제자로서(門生以) 노비 모두(奴婢幷) 세 명을(三名) 교역해다가(交易) 절에 드려 놓고 겨울과 여름으로(冬夏) 들어 앉아(安居) 구걸해 온 것으로써(緣化) 중들을 공궤하면서(供衆) 불법을 행하옵던(作法爲白如乎) 때에(時亦中), 지난해(前年) 공의가(共議) 계시어 선사(禪師) 약운을(若雲乙) 임명하신(差備敎) 일이어늘(事是去乙) 상기(右) 주지(住持) 약운이(若雲亦) 전정이 없어(無田丁) 중들을 공궤하기 어렵고(供衆難便) 중들을 롱솔하지 못하매(領衆

不得) 비 새는 것쯤도(雨漏分置) 처리하지(使內) 못하여(不冬) 집들이(間閣等亦) 모두(並只) 퇴락하기 때문에(頹落爲絃如) 민망하온지라(悶望是白去乎在等以). 돌아 간 저의 스님의(先師) 중수한(重剏) 도량을(道場) 방임하올 수(一任爲白乎所) 없는 것이라(不喩). 수축하여서는(修營) 불법을 행해(作法) 임금을 축복하옵고저(祝上爲白良結) 바라옵는다고 한지라(望白去乎事是去有在等以). 상기(右良) 사연에 의해서(事意乙用良) 공의안은(共議案) 취소하라고(爻周爲良乙爲) 임금의 분부가 나린지라(下宣旨敎事是去有等以). 임금의 분부내의(宣旨內) 사연에 의해서(事意乙用良) 공의안은(共議案) 취소하고(爻周爲遣) 금후(今後) 선사(禪師) 약운을(若雲乙) 하산을(下山) 금지하라(禁止向事) 분부를(出納爲乎事是去等) 차사원을(差使員) 따로 정해(別定), 전기(向前) 약운의(若雲) 제자들을(門生等) 일체(一亦) 금지하고(禁止爲遣) 각진국사의(覺眞國師) 제자들을(門徒等乙) 건드리지 말고(不動) 절에 받아 들이여(入院) 중들을 보호코 불법을 행해서 임금을 축복하란 분부를(完護衆作法祝上是在味) 받으온 일이기에(議出納爲臥乎事是去等) 상기의 일로 공문을 보내게 된다(右事須貼).

지정 17년 7월 일 기별

(주 석)

僧錄司. 고려 시대에 존재했던 관청으로서 중과 절에 관한 일을 관할하던 것이다. 리조 초기에 이르러 드디여 없애 버리고 말았다.

按廉使. 그 도의 행정 책임자.

右副承宣. 承宣은 리조 시대의 승지(承旨)와 같으니 右副承宣은 우부승지(右副承旨)에 해당한다. 승정원(承政院)이란 관청에 도승지(都承旨) 이하 여섯 승지가 있어서, 임금의 지시와 명령을 전달하고, 또 임금에게로 오는 각종 서류를 접수하던 것이다.

申省. 임금에게 보고해서 그 처결을 청하는 것을 의미한다.

判敎. 임금의 처결을 의미한다.

國師. 國師를 위시해서 大禪師, 禪師, 大德, 大選 등은 모두 중들이 하던 벼슬 이름이다.

別敎. 別故와 같은 말이다. 중들의 말이요, 또 敎와 故의 음이 근사함에 따라 故자를 敎자로 바꾼 것이라고 생각된다.

無田民. 田民의 民자는 고려 말기의 토지 제도를 엿보는 데 아주 중요한 글'자다. 여기서 田民이라고 하던 것을 다음 글에는 다시 田丁이란 말로 고쳐서 이야기하고 있다. 하여튼 田民의 이 民자를 《백성》이라거나 또는 기타의 딴 말로 번역키 곤난해서 한'자음 그 대로 두었다. 아래의 田丁도 마찬가지다.

山齊. 齊는 齋의 오자가 아닐가 추정한다.

門生以. 이 마디는 제자를 가지고 노비와 바꾸었다는 의미로도 해석될 수 있고 제자로서 노비를 교역해다가 절에 드려 놓았다는 의미로도 해석될 수 있다. 단지 먼저의 의미로 해석해서는 사리에 맞지 않는만큼 나중의 의미로 해석하는 수밖에 없다.

緣化. 불교에서 구걸해서 얻는 것을 化緣이라고 한다. 緣化도 마찬가지의 뜻이다.

共議. 고려 시대에는 많은 일을 일정한 관리들의 회의로써 결정하였으며, 나중에는 그러한 회의 기관으로 도평의사사(都評議使司)를 상설하기에 이르렀다. 이 共議란 그러한 회의에서 결정 채택한 사항을 가리키는 것일 것이다.

差備. 이 한'자 어휘는 실로 여러 가지의 의미로 사용된다. 첫째는 《예비》의 의미로 쓰이니 현대어에서 《차비를 차리다》라고 하는 것이 바로 이런 의미다. 둘째는 《중요치 않은 직책》의 의미로 쓰이니 무당의 굿이나 가면극과 같은 데서 악기로 반주하는 사람들을 《자비》라고 말하는 것도 곧 差備의 음으로서 그곳 그런 의미다. 세째는 어떠한 직책에 충당시키는 것도 차비라고 하는바 여기서는 《임명》과 같은 의미다. 요컨대 이상의 각기 다른 의미도 일맥 상통의 련계를 가지고 있는 것만 사실이다.

道場. 불법을 행하는 곳이라고 해서 道場이라고 부른 것이다. 중들의 전승되는 음으로서 道場의 場을 《량》으로 읽는다.

宣旨. 임금의 지시 또는 명령을 이르는 말.

不動. 경기도 려주(驪州)에 있는 고달사(高達寺) 혜진탑비 (惠眞塔碑)에는 《국내 사원에서 오직 세 군데만은 건드리지 못하는채 남기여 두어서 문하 제자들이 주지를 상속해서 대대로 끊지지 않는다(國內寺院唯有三處 只留不動 門下弟子 相續住持 代代不絶)》라고 하였다. 이로 미루어 고려 시대에는 일부 사원에 한해서 일정한 중의 제자들이 대대로 그 관리를 책임지는 제도가 있었고, 그런 제도를 不動이라고 일컬던 것을 알 수 있다.

2, 제 2 호

(원 문)

監務官貼長城郡司
當司准僧錄司史椿穎丁巳十一月日貼同郡監務兼勸農使將仕郞
尙衣直長宋某丙辰十月日名狀申省當司准僧錄司僧史仁叙九月
日貼憑是審是祂
啓受使內乎所有事是乙等聖住寺住持性照禪師中延所志內乙仍
于判付是乎狀內爲乎矣僧矣段別敎無亦焚修祝
聖爲白臥乎次是在亦至今玖戊申七月分祝
聖觀音尊像願成爲乎祂安邀處所奏請爲乎亦中僧矣元叱乎造排
爲臥乎長城郡地白巖寺下安令是於爲落點敎等乙仍于下安令是
白遣右寺旣殘區爲在山枝五結分八田處所是如在乙一間置無亦
改排爲白乎等以長行祝
聖法席今萬口焚修乙起行爲良於爲敎矣向前狀內全當爲造排爲
白在等以法孫傳繼向事乙所司弋只界官良中出納下問令是乎矣
事狀的是在如中更良奏聞除良只法孫案牘施行爲良於爲僧錄司
良中下聖旨敎事白丙辰三月二十日左承宣右散騎常侍上將軍知
吏部事詹事府事文廸奏
判依奏付僧錄司右如敎事爲是在等以造排緣由乙良仔細亦問備
申省爲乎味是乎用良依貼爲傳出納令是乎矣任內同郡戶長徐純
仁等丙辰十月報狀內爲乎矣法堂三間東俠藏室二間犯寓學寮三
間副舍一間客樓西狹堂二間下隅食堂三間食厨一間法堂南斜廊

五間上房一間廳一間侍奉房一間其餘堂舍等八十一間乙幷只改
排報狀爲置是乎等用良申省爲臥乎事是去等同香火大事斯備矣
投告內甲矣段別敎無亦香火祝
聖爲臥乎在亦向前寺段殘爲甚接人不得是如爲去乙禪師中延奏
請造排敎弟中僧矣身乙寺以主差備敎等用良成造始終次知排置
爲遣火香爲臥乎在亦禪師所志以判下敎由以法孫案贖施行向事
乙長城官以申省爲乎事是在等以僧矣身乙時亦中火香爲臥乎緣
由並以施行敎味白臥乎事是去有等以貼內思乙用良村伏公案良
中法孫傳繼施行爲遣由報爲在味出納爲臥乎事 右事須貼
　　　戊午三月二十三日

(역 문)

　감무관은(監務官) 장성군사에(長城郡司) 공문을 보낸다(貼).
　본관청에서(當司) 의거한 바(准) 승록사의(僧錄司) 사인(史) 춘영의(椿穎) 정사(丁巳) 11월 일 공문에는(貼) 본군(同郡) 감무겸권농사(監務兼勸農使) 장사랑(將仕郞) 상의직장(尙衣直長) 송모의(宋某) 명의로(名狀) 병진(丙辰) 10월 일 취품한 데는(申省) 본관청에서(當司) 의거한 바(准) 승록사의(僧錄司) 승사인(僧史) 인서의(仁叙) 9월 일 공문을(貼) 가져 살피며(遷是審是旀) 지시를 받으온 바(啓受使內乎所) 있는 일로서(有事是乙等), 성주사(聖住寺) 주지인(住持) 성조선사(性照禪師) 중연의(中延) 청원에 의해서(所志內乙仍于) 처결이 내려진(判付是乎) 서류에는(狀內) 이르되(爲乎矣), 이 중으로 말하면(僧矣段) 별일(別敎) 없이(無亦) 향불을 피우고 불도를 닦아서(焚修) 임금을 축복(祝聖) 하옵는 차인데(爲白臥乎在亦), ×××(至今玖) 무신(戊申) 7월 ×(分) 임금을 축복키 위한 관음존상을(祝聖觀音尊像) 이루려 원하오며(願成), 모시어 놓을(安邀) 곳을(處所) 임금께 여쭈어 보매(奏請爲乎亦中) 이 중이(僧矣) 처음으로(元叱乎) 세우는(造排爲臥乎) 장성군 땅(長城郡地) 백암사에(白岩寺) 모시어 놓으라고 해서(下安令是於爲) 락점하신데 의해서(落點乙仍于) 모시어 놓고(下安令是遣), 상기 절은 이미 잔멸한(殘叱爲在) 피갓(山枝) 오결뿐(五結) 팔전처소이다커늘

(八田處所是如在乙), 한 간두(一間置) 남김(遺) 없이(無亦) 고치여 지은지라(改排爲白乎等以). 임금을 축복하는 불교 의식을(祝聖法席) 길이 행할 것이요(長行), 이제 만일 분수를(萬口焚修) 시작하라 하시되(起行爲良於爲敎矣) 전자의 청원서에는(向前報狀內) 전체를 담당해서(全當) 세운다고 한지라(造排爲白在等以). 법손(法孫) 상속에(傳係) 관한 일을(傳係向事乙) 담당 관청으로서(所司弋只) 지방관에게(界官良中) 임금의 분부로(出納) 조사시키되(下問令是矣) 사실이(事狀) 적확한 때는(的是在如中) 다시(更良) 임금에게 여쭙는 절차를(奏聞) 밟지 말고서(除良只) 법손의(法孫) 전례 대로(案牘) 시행하도록(施行爲良於爲) 승록사에(僧錄司良中) 임금의 분부를 내리실 일이압. 병진(丙辰) 3월 20일에 좌승선(左承宣) 우산기상시(右散騎常侍) 상장군(上將軍) 지리부사(知吏部事) 첨사부사(詹事府事) 문적이(文迪) 임금에게 여쭈었더니(奏) 임금의 처결이(判) 그 말 대로(依奏) 승록사에 회부하라 하여(付僧錄司) 상기와 같이(右如) 하신(敎) 일인지라(事爲是在等). 절을 세운(造排) 내용을랑(緣由乙良) 자서히(仔細亦) 조사해서(問備) 보고하란(申省爲乎) 말로써(味了乎用良) 공문에 의하여(依貼) 임금의 분부를 전달하고(傳出納) 조사 시킨즉(下問令是乎矣), 관할 구역 내인(任內) 본군의(同郡) 호장(戶長) 서 순인 등의(徐 純仁 等) 병진 10월 보고에는(報狀內) 이르되(爲乎矣) 법당(法堂) 세 칸, 동녘으로(東俠) 물건 두는 방(藏室) 두 칸, 다음 모퉁이로(犯寓) 공부하는 방(學寮) 세 칸, 부속 방(副舍) 한 칸, 손을 접대하는 루다락(客樓) 서녘으로(西狹) 방(堂) 두 칸, 아래 모퉁이(下隅) 식당(食堂) 세 칸, 부엌(食厨) 한 칸, 법당 남쪽으로 사랑 다섯 칸, 웃방(上房) 한 칸, 마루(廳) 한 칸, 시봉하는 방(侍奉房) 한 칸, 그 나머지의 방마루 등(其餘堂舍等) 여든 다섯 칸을(八十五間乙) 모두(並只) 고치여 세웠다는(改排) 보고인 까닭에(報狀是置是乎等用良) 보고하옵는(申省爲臥乎) 일이니(事是去等) 그 절은 불도를 위하는 일이 이에 완비되였으며(同香火大事斯備矣), (중의) 청원에

는(投告內) 모로 말하면(甲矣段) 별일(別敎) 없이(無亦) 불도를 위해서(香火) 임금을 축복하옵는바(祝聖爲臥乎在亦), 전기(向前) 절로 말하면(寺段) 심히 잔폐하여(殘爲甚) 사람을 거접시킬 수 없다(接人不得) 하거늘(爲去乙), 선사(禪師) 중연이(中延) 고치여 세우기를(改排) 임금께 청하고(奏請) 교제(敎弟) 가운데서 (中) 이 중을(僧矣身乙) 사주로(寺以主) 임명하신 까닭에(差備敎等用良) 전축을(成造) 시종(始終) 담당(次知) 관리하고(排置爲遣) 불도를 위하옵는데(火香爲臥乎在亦), 선사의(禪師) 청원으로(所志以) 임금의 처결이 나린데 따라(判下敎由) 법손의 전례 대로(以法孫案牘). 시행할 것을(施行向事乙) 장성관청으로 (長城官以) 신청하온 일인지라(申省爲乎事是在等以). 이 중으로서(僧矣身乙) 현재(時亦中) 절을 맡아 있는(火香爲臥乎) 연유와(緣由) 함께(並以) (법손 전례를) 시행케 하실 것을(施行敎味) 청한 일인지라(白臥乎事是去有等以). 공문내(貼內) 뜻으로 써 토지 대장에(村伏公案良中) 법손(法孫) 상속을(傳係) 시행하고(施行爲遣) 그 결과를 보고하라고(由報爲在味) 임금의 분부를 전하는 일. 상기의 일로 공문을 보내게 된다(右事須貼).

무오(戊午) 3월 23일

(주 석)

監務. 고려 시대 지방 행정의 책임자중의 한 종류. 즉 장성군의 행정 책임자. 그런데 그 지방의 행정 책임자가 다시 그 군사(郡司) 즉 그 지방 행정 관청에 향하여 공문을 보낸다는 것은 웃으운 이야기다. 더구나 맨 첫머리를 當司准으로 시작한 것은 마치 감무(監務)와 군사(郡司)가 딴 관청으로 되여 있는 것처럼 보여 주고 있다. 아래로 내려 가서 호장(戶長) 서 순인(徐 純仁) 등의 보고도 마치 딴 관청간의 공문이나 마찬가지로 인용하였다. 이것도 그 당시 감무와 군사의 특수한 사무 체계를 설명하는 바다. 리조 시대에 이르러도 각 지방은 향청(鄕廳), 질청(作廳) 등 복잡하게 구성되여 있다. 이러한 복잡한 구성은 고려 시대로부터 전래되는 것임에 틀림이 없다.

名狀. 명의(名義)의 보장(報狀)이란 뜻.

憑是. 두시언해 二권 六九장에는 猛虎憑其威를 번역해서 《모딘 버미 제 피의여우를 비겨시나》라고 하였다. 憑是는 곧 《비기》란 말의 기사니 《의해서》와 같은 의미다.

審是. 정속(正俗) 二장에는 晨省을 번역해서 《새배어든 엇디 히 더내시믈 술펴 알며》라고 하였다. 審은 곧 省과 같은 의미라 審是는 《살피》의 기사다.

啓受. 啓下와 같은 말이다. 임금에게 어떠한 사건을 보고하고 다시 그로부터 그 처결에 대한 지시를 받는 일이다.

判付. 리조 시대의 回啓와 같은 것으로 추정된다. 임금이 어떠한 관계의 서류를 비변사(備邊司)와 같은 데로 내려 보내면 거기 대한 처결책을 토의 결정해서 回啓를 내는 것이 리조의 격식이다. 고려 시대에는 비변사 대신에 도평의사사와 같은 곳에서 그런 일을 행하였을 것이다. 도평의사사에서 그 처결책을 진언하면 다시 거기 따라 임금의 처결이 내리는 까닭에 判付라고 불렀던 것이다.

玖戊申. 玖는 九인데 九戊申은 어떠한 근거에서 계산된 것을 알 수 없다. 거기 따라 우로 至수의 두 자와 아래로 分의 한 자도 그 의미가 미상하다.

元叱乎. 리두어의 始叱을 《비롯》, 《비릇》 등으로 읽는다. 元叱은 바로 始叱과 같은 말이 아니였을가 한다. 두시언해 五권 二八장에는 《내 비르수 奴僕이 드외얫느니》라고 하였다. 元叱乎는 바로 《비르수》와 같은 세 음절의 기사인 것이다. 그런데 석보상절 서문 二장에는 《始논 처어미라》라고 하였다. 《비르수》의 기사인 元叱乎도 현대어로 해석할 때는 《처음에》 내지 《처음으로》 등에 해당한 뜻이다.

落點. 관리를 임명할 때 반드시 세 사람의 후보자를 전형해서 그 명단을 임금에게 보내면 임금은 그 셋 중의 한 사람을 채택하고 그 채택한 표로 그 이름 우에 점을 찍는다. 비단 관리 임명에 만 이러한 락점 제도가 있는 것이 아니요, 이렇게 관음상을 갖다

놓을 처소까지도 몇 개의 후보지를 전형해서 임금의 락점을 청하였던 것으로 보인다.

遣無亦. 遣은 遺의 오자인듯 하다. 잡고(雜攷)에는 遺자로 되였다.

八田處所. 절의 소재지를 가리키는 것인지 또는 잔페한 형상을 설명하는 내용인지 미상하다.

萬口焚修. 잡고(雜攷)에는 萬日로 되여 있다. 日자 안의 한 획이 흐리여져서 口로 잘 못 보았을 수도 없지 않다.

法孫. 중의 재산은 선생으로부터 제자에게 상속되고 있었다. 중의 재산을 상속하는 데 있어 그 권리를 소유한 제자를 法孫이라고 일컫는다.

案牘. 서류의 의미로서 여기서는 전례를 말하는 것이다.

任內. 관할 구역내라는 뜻이다.

東俠. 《녑구리》라는 《녑》이 《녁》으로 되여 《동녘》, 《서녘》, 《물녘》, 《이녘》 등의 말을 조성하였다. 《녑구리》를 한'자로는 脇이라고 씀에 따라서 《동녘》은 東脇, 《서녘》은 西脇 등으로 쓰며, 또 脇을 동음의 俠, 狹으로 대신해서 東俠과 西狹으로 쓴 것이다.

犯寓. 寓는 隅와 같은 뜻으로 쓰인 자다. 仔를 字, 黨을 倘으로 쓴 것과 같다. 리두어의 犯斤 및 犯近은 《버금》의 기사요 《버금》은 현대어로 다음의 뜻이다. 犯寓는 버금 모퉁이란 말이다. 끝다음 모퉁이란 말이다.

斯備矣. 同자 이하 여덟 자는 한'자 성구식이다. 矣는 리두토가 아니다.

投告內. 中延의 천거로 사주(寺主)가 되고 또 여기서 僧矣身으로 자칭하는 중이 제출한 청원서다. 일찌기 中延이 청원서를 제출해서 임금의 처결을 얻은 것과는 전연 별개의 서류다.

甲矣段. 원래는 僧矣段이라고 써야 할 자리다. 그 공문을 인용할 경우 僧을 굳이 밝히지 않고 某矣段으로 말할 수도 있다. 甲矣段이란 것은 다소 우습다. 某의 여러 획이 흐리여 甲으로 잘 못 본 것이거나, 《甲이나 乙이나》의 甲과 같이 애초에 甲을 某의 뜻으로 쓴 것이거나, 두 가지 중의 하나다.

　敎弟. 중의 풍속으로 한 선생의 제자들은 서로 형제라고 일컫는다. 그런 형을 敎兄이라고 함에 대해서 그런 아우를 敎弟라고 한다.

　寺以主. 寺主以와 같다.

　長城官. 장성의 행정 책임자도 가리킬 수 있고, 또 그 행정 관청을 가리킬 수도 있다. 여기서는 어느 편이나 의미가 다 통한다.

　村伏公案. 토지의 소재지를 기록할 때는 반드시 伏在라고 한다. 村伏은 토지 소재를 의미한다. 案은 문건 내지 문부요, 公案은 법적인 문건 내지 문부다. 촌복공안을 합해서는 각처 토지에 대해서 지주, 지목, 지번 등을 명기한 법적 문부다.

　由報. 결정 집행에 대한 보고.

3, 제3호

（원　문）

監務官爲移接事

今月初九日辰到付都時觀察黜陟使關內今月初七日到付議政府舍人司關內去八月二十六日呈文貞公李嵒孫子前僉贊議政府事崔有慶鐵城君李原安城君李叔蕃等狀內矣徒段全羅道長城地白巖寺乙祖上文貞公敎是三寸叔父王師復同願私財以營剏大藏經安邀敎是㫆矣徒父母一同長年寶大藏寶忌日寶幷三百石後矣徒四寸兄 前兩衝中皓亦傳住領衆作法祝

上爲白如乎節慈恩宗中德戒天亦長城邑內元屬資福寺乙良棄置爲遣一息程途是在同白巖寺乙沙資福寺良中求望冒受關字下去爲去乎向前寶長色掌等乙並只黜送同寶長等任意上下爲臥乎各村資福定體之意不合爲白沙餘良矣徒祖上願意無違爲乎等以各各悶望爲去乎右村資福乙良判旨內貌如爲遣同白巖寺乙良還屬山門依舊香火等狀是置有等以向前資福乙良代用磨鍊間先可初亦判下敎同郡資福良中移接向事關是去有等以向前白巖寺入接爲臥乎住持乙良關內貌如先可資福寺良中移接是遣由報向事關

是有旀關內事意乙用良郡南資福寺乙今月十日及良移接向事
右關白巖寺三剛
永樂五年丁亥十一月初九日　監務署

(역 문)

　감무관은(監務官) 옮겨 갈 데 관해서(爲移接事)(지시한다).
이 달(今月) 초(初) 9일 진시에(辰時) 접수된(到付) 도관찰출척사의(都觀察黜陟使) 공문에는(關內) 이 달(今月) 초(初) 7일 접수된(到付) 의정부(議政府) 사인사(舍人司) 공문에는 지난(去) 8월 26일 제출된(呈) 문정공(文貞公) 리 암의(李嵒) 손자인(孫子) 전(前) 참찬의정부사(叅贊議政府事) 최 유경(崔 有慶), 철성군(鐵城君) 리 원(李 原), 안성군(安城君) 리 숙번(李 叔蕃) 등의(等) 청원서에는(狀內) 저희들로 말하면 전라도 장성땅의(長城地) 백암사를(白巖寺乙) 조상(祖上) 문정공께서(文貞公敎是) 삼촌 숙부인(三寸叔父) 왕사와(王師) 함께 자원해서(復同願) 사재로(私財以) 건축하고(營搆) 불경을(大藏經) 모시어 놓았으며(安邀敎是旀), 저희들(矣徒) 부모 일동의(父母一同) 장년보(長年寶), 대장보(大藏寶), 기일보가(忌日寶) 모두(幷以) 3백석(三百石)(된) 후(後) 저희들의(矣徒) 사촌형(四寸兄) 전(前) 량함의(兩銜) 중호가(中皓) 거주하면서(傳住) 불법을 행하여(作法) 임금을 축복하옵던(祝上爲白如乎) 때(節), 자은종의(慈恩宗) 중덕(中德) 계천이(戒天) 장성 읍내의(長城 邑內) 본래부터 소속되여 있는(元屬) 자복사랑(資福寺乙良) 버려 두고(棄置爲遣), 한나절(一息) 길인(程途是在) 동(同) 백암사를(白岩寺乙沙) 자복사로(資福寺良中) 운동해서(求望) 공문을(關字) 렴치 없이 받아 가지고(冒受) 내려 가서(下去爲去乎), 전자의(向前) 보장과(寶長) 색장 등을(色掌) 모두(並只) 내쫓고(黜送) 동(同) 보장 등을(寶長 等) 임의로(任意) 내여(上下爲去乎) 각촌(各村) 자복의(資福) 체례를 정해 놓은(定體之) 뜻과(意) 맞지 않는 데다가(不合爲白沙餘良) 저희들의(矣徒) 조상의(祖上) 발원과도(願意) ××하온지라(無違爲乎等以). 각각(各各) 민망

하오니(悶望爲去乎) 상기 촌의(右村) 자복을랑(資福乙良) 처결
문에 적힌 것과(判旨內) 같이 하고(貌如爲遣) 동(同) 백암사랑
(白岩寺乙良) 도로 그 절에 소속시키여(還屬山門) 옛날 대로(依
舊) 불도를 닦게(香火)(해 달라는) 등장이 있는지라(等狀是置
有等以). 전자의(向前) 자복을(資福) 옮겨 가는 것을랑(移接乙
良) 만데로 정하더라도(代用磨鍊間) 먼저(先可) 처음에(初亦)
임금이 처결하신(判下敎) 애초부터 동군(同郡) 자복으로(資福
良中) 옮겨 갈 일이라는(移接向事) 공문이(關是) 있는지라(有等
以). 전자(向前) 백암사에(白岩寺) 들어 가 있던(入接爲臥乎)
주질랑(住持乙良) 공문에 적힌 것과(關內) 같이(貌如) 먼저(先
可) 자복사로(資福寺良中) 옮거 가고(移接爲遣) 그 결과를 보
고할 것이라는(由報向事) 공문이(關是) 있으매(有玆), 공문 내
의(關內) 사연에 따라(事意乙用良) 고을 남쪽(郡南) 자복사로
(資福寺乙) 이 달(今月) 열흘 이내로 (十日及良) 옮겨 갈 일.
　　상기와 같이(右) 백암사(白岩寺) 삼강에게(三綱) 공문
한다. 영락(永樂) 5년 정해(丁亥) 11월 초(初) 9일 감무서
(監務署)

(주　석)

辰到付都時. 時자가 辰자 아래로 들어 가야 한다. 辰時到付
都觀察黜陟使 關內로 될 것이다를 잘못 벗기어 쓴 것이 아니
라면 辰자와 到자 사이에 동그라미가 있고, 時자 옆에 삐침이
있었다가 고만 흐리여 진 것이라고 추정된다. 옛날 문서에서
글'자가 빠진 것을 깨달을 때는 끝 빠진 글'자를 계속해 쓰
고 들어 갈 자리의 동그라미와 들어 갈 글'자 옆의 삐침으로써
그것을 표시하고 있다.

舍人司. 의정부(議政府) 내에 있는 한 부서.

文貞公. 李嵒이란 사람이 죽은 뒤에 봉건 왕조로부터 받은
칭호. 끝 시호(諡號)라고 일컫는 것.

三寸叔父. 삼촌인 작은 아버지의 뜻. 五寸叔父 七寸叔父와
구별키 위해서 三寸을 특별히 밝힌 것.

長年寶. 고려 시대 일정한 목적을 위해서 일정한 기본 재산을 만들어 놓고, 그 기본 재산으로부터 소작료, 리자 등 수입되는 것을 가지고 그 목적에 사용하는 것을 보(寶)라고 하였다. 오래 살라고 축복하는 비용을 위해서 설치된 보이므로 장년보(**長年寶**)라고 일컫는 것이다.

　　大藏寶. 불경의 인쇄 및 보관 등을 목적한 보.

　　忌日寶. 죽은 날 제사 지내는 비용을 얻기 위한 보.

　　兩街. 중의 벼슬을 가리키는 것은 명백하나 그 어떠한 벼슬을 가리키는 것인지는 미상하다. 글'자 뜻 대로는 두 가지 벼슬 칭호라는 말이다.

　　傳住. **專住**와 같다.

　　慈恩宗. 불교 종파의 하나.

　　資福寺. 각 지방에는 그 지방을 축복키 위해서 일정한 절이 지정되여 있었고, 또 그렇게 지정된 절을 **資福寺**라고 불렀던 모양이다. 그러니까 **長城邑內 元屬 資福寺**라고 말하고, 또 그러니까 **各村資福 定體之意**라고 말하게 되는 것이다.

　　寶長. 寶의 책임자.

　　無違. 無違라고 해서는 이 글의 내용과는 정반대로 돌아 간다. 無자를 有자의 오자거나 **等以**가 **不喩**의 오자로 보아야만 뜻이 통할 수 있다. 단지 그렇게 틀리였다고 추정할 아무런 근거도 발견치 못한다. 원문을 보기 이전 무엇이라고 단정하기 어렵다.

　　代用. 백암사 대신 자복사(**資福寺**)로 지정할 절을 가리키는 말이다.

　　及良. 여기서는 **以內**의 뜻과 같고 그래서 《까지》의 의미로 해석되게 된다.

　　三綱. 지평(砥平)의 보리사(菩提寺) 현기탑비(玄機塔碑)와 녀주(驪州)의 고달사(高達寺) 혜진탑비(惠眞塔碑) 등에는 모두 三綱典이 있는데, 그 아래 **直歲**, **唯乃**와 같은 직책을 맡은 중의 이름이 벌거되였다. 이로 본다면 절에서 중요한 직책을 맡은 중들을 三綱으로 통칭하였던 것이라고 추정된다.

　　　　　　　　　　(이 고문서의 원문은 디무 집성에 의거한다).

제 4절 대명률 직해

14세기 말 중국서는 명조(明朝)의 수립과 함께 새로운 법전(法典)이 편찬되였다. 그것이 바로 대명률(大明律)이다. 그런데 리조가 시작되면서 곧 그 법전을 수입해다가 리찰로 번역하였다. 직해란 말은 그 당시 주해에 대해서 다른 말 내지 다른 문체로의 번역을 의미하던 것이다. 대명률 직해 뒤에는 1395년에 쓴 김 지(金祗)의 발문(跋文)이 붙어 있다. 우리는 그 발문에 의해서 첫째 이 책의 간행 년대가 1395년이라는 것, 둘째 이 책의 역자는 발문의 필자 및 고 사경(高士褧)이요, 그 번역을 교열한 사람은 정 도전(鄭道傳)과 당성(唐誠)이라는 것, 세째 백주(白州)의 행정 책임자 서 찬(徐贊)의 만든 목각자(木刻字)로써 이 책을 맨처음 간행한 것 등을 알게 된다. 지금까지 전해 오는 리찰 문헌중에서는 저서로 된 것도 이 책이 최고요 간행된 것도 이 책이 최고다. 아니 리찰 그 자체의 성질로 보아서 애초부터 이 책보다 먼저는 어떠한 저서에다가 리찰을 사용한 례가 있기 어렵다.

대명률 직해는 전부 30 편으로 나누어 있는바, 그 장수를 롱산해서는 3백 여장에 이른다. 그 중에서 몇 조문만을 뽑아서 번역과 주석을 가하기로 한다.

1, 응의자범죄(應議者犯罪) 률제一(律第一)

(원 문)

凡入八議爲在 人亦 犯罪爲在乙良 實封以 申聞爲白 伏候王旨 爲白遣 趣便以 進來 問當 不冬爲㫆 奉王旨推問爲在 人乙良 所犯罪狀果 應議之狀乙 開座爲 都當一處良中 議擬爲 議定後良中沙 申聞爲 上決乙 望白齊(凡八議犯罪, 實封奏聞取旨, 不許擅自勾問. 若奉旨推問者, 開具所犯及應議之狀, 先奏請議, 議定奏聞, 取自上裁).

議者 謂所犯情狀乙 議論爲 奏本內良中 親族果 故舊果 有功

果 賢良果 才能果 尊貴果 國賓果爲等如 八議良中 應當爲在
人矣 所犯之事乙 實封申聞爲 伏候王旨爲白乎矣 奉王旨推問
爲在 人乙良 初亦 推問 明白招服捧上爲 所犯之罪乙 開座
都評議使,臺省,刑曹等官乙 一同議定後良中沙 申聞爲白乎
旀 死罪乙良 唯只 照律爲乎矣 當死如 申聞爲白遣 絞罪斬罪
乙良 一定正言 不冬 伏候上決爲白乎事(議者, 謂原其本情,
議其犯罪. 於奏本之內, 開寫或親, 或故, 或功, 或賢, 或能,
或勤, 或貴, 或賓, 應議之人, 所犯之事, 實封奏聞取旨. 若
奉旨推問者. 才方推問, 取責明白招服, 開具應得之罪. 先
奏請, 令五軍都督府, 四輔, 諫院, 刑部, 監察御史, 斷事
官集議, 議定奏聞. 至処者, 唯云准犯依律合死, 不敢正言絞
斬, 取自上裁).

十惡乙犯爲在隱 不用此律(其犯十惡者, 不用此律).

(역 문)

무릇(凡) 팔의에 들어 가는(入八議爲在) 사람이(人亦) 범
죄하거늘랑(犯罪爲在乙良) 실봉으로(實封以) 임금께 보고해서
(申聞爲白) 엎드려 임금의 분부를 기다리옵고(伏候王旨爲白遣)
멋 대로(趣便以) 다려다가(進來) 심문하지(問當) 못하며(不冬爲
旀), 임금의 분부를 받아서(奉王旨) 심문하는(推問爲在) 사람을
랑(人乙良) 범한 바 죄상과(所犯罪狀果) 마땅히 논죄될(應議之)
상황을(狀乙) 렬거하고(開座爲) 도당 한 군데서(都當一處良中)
법률 조목에 의해 따져서(議擬爲) 의논이 정해진 후에야(議
定後良中沙) 임금에게 보고해서(申聞爲) 그 처결을(上決乙) 바
랄 것이다(望白齊)(凡入八議ᄒ견 人이 犯罪ᄒ견을랑 實封으로
申聞ᄒ숩 伏候王旨ᄒ숩고 趣便으로 進來 問當 안들하며 奉旨推
問ᄒ견 人을랑 所犯罪狀과 應議之狀을 開座히 都當一處아히
議擬히 議定後아히사 申聞히 上決을 바라숩져).

의논이라고 말하는 것은(議者) 범한 바(所犯) 정상을(情狀
乙) 의논해(議論爲) 보고서에(奏本良中) 친족과(親族果) 고구
와(故舊果) 유공과(有功果) 현량과(賢良果) 재능과(才能果) 존

귀와(尊貴果) 국빈과(國賓果) 등등(爲等如) 팔의에(八議良中) 해당한(應當爲在) 사람의(人矣) 범한 바(所犯之) 일을(事乙) 실봉으로(實封) 임금께 보고해서(申聞爲) 엎드려 임금의 분부를 기다리오되(伏候王旨爲白乎矣), 임금의 분부를 받아서(奉王旨) 심문하는(推問爲在) 사람을랑(人乙良) 처음에(初亦) 신문을 해서(推問) 명백히(明白) 공술을(招服) 받아(捧上爲) 범한 바 죄를(所犯之罪乙) 렬거하고(開坐) 도평의사(都評議使), 대성(臺省), 형조(刑曹) 등의(等) 관청들로서(官乙) 일동이(一同) 의논해 가지고 정한 후에야(議定後良中沙) 임금께 보고하오며(申聞爲白乎㫆), 사형될랑(死罪乙良) 오직(唯只) 법률 조목에 비추어 따지되(照律爲乎矣) 마땅히 사형이다(當死如) 보고하옵고(申聞爲白遣), 교죄(絞罪) 참죄랑(斬罪乙良) 일정하게(一定) 바로 말하지 않고서(正言不冬) 엎드려 임금의 처결을 기다리을 일(伏候上決爲白乎事)(議者 謂所犯情狀을 議論히 奏本內아히 親族과 故舊와 有功과 賢良과 才能과 尊貴와 國賓과 ᄒᆞ르여 八議아히 應當ᄒᆞ견 人의 所犯之事를 實封申聞히 伏候王旨ᄒᆞ오되 奉王旨推問 ᄒᆞ견 人을랑 처음에 推問, 明白 招服 받자히 所犯之罪를 開坐, 都評議使, 臺省, 刑曹等 官을 一同 議定後아히사 申聞ᄒᆞ오며 死罪을랑 아즉 照律ᄒᆞ오되 當死다 申聞ᄒᆞ옵고 絞罪斬罪을랑 一定 正言 안들, 伏候 上決ᄒᆞ옵을 일).

십악을(十惡乙) 범하였으면(犯爲在隱) 이 조문을 적용치 않을 것이다(不用此律)(十惡을 犯ᄒᆞ견은 不用此律).

(주 석)

八議. 법률을 적용할 때 특별한 고려를 요하는 대상자들. 아래에 렬거된 친족, 고구, 유공, 현량, 재능, 존귀, 국빈에 다시 근로(勤勞)를 넣어서 여덟 가지.

實封. 단단히 봉한다는 뜻으로 해석되거나 사실대로 보고한다는 뜻으로 해석되거나 두 가지 중의 하나다. 대명률에서 자주 쓰고 있는 용어의 하나다.

趣便. 현대 중국어의 隨便과 비슷한 말로 되고 있다. 우리말의 《멋 대로》와 뜻이 서로 통하는 것일 것이다.

問當. 訊問과 같은 말로 추정되는 것.

開座. 본래는 開坐로 쓸 것이니 그 내용을 열기한다는 뜻.

都當. 본래는 都堂으로 쓸 것이니 중앙 정부 최고 관리들의 협의 조직을 가리키는 것.

奏本. 임금에게 올리는 글.

都評議使. 고려 시대 중앙 정부의 최고 협의 기관인 도평의사사(都評議使司)의 책임자다. 대명률 직해가 편찬될 때까지는 리조에서도 그 대로 두었었다.

臺省. 臺는 사헌부(司憲府)요 省은 사간원(司諫院). 후대의 臺諫과 같은 말.

十惡. 대명률에서 극악죄로 치는 열 가지. 모반(謀反), 악역(惡逆) 등.

2. 범죄시미로질(犯罪時未老疾) 률제一(律 第一)

(원   문)

六十九歲以下時 犯罪爲遣 七十歲良沙 事發爲旀 無廢疾時 犯罪爲遣 有廢疾後 事發爲去等 老疾收贖例以 贖罪齊 七十九歲以下時 犯死罪爲遣 八十歲時 事發爲旀 廢疾時 犯罪爲遣 篤疾時 事發爲去乙良 申聞待決齊 八十九歲時 犯死罪爲遣 九十歲時 事發爲在乙良 勿論罪爲乎事(六十九以下犯罪, 年七十事發; 或無廢疾時犯罪, 有廢疾後事發, 得依老疾收贖. 或七十九以下犯死罪, 八十事發; 或廢疾時犯罪, 篤疾時事發, 得入上請. 八十九犯死罪, 九十事發, 得入勿論之類)

徒役年限內良中 老疾是去等 如前論之 爲乎事(若在徒役 年限內老疾, 亦如之)

六十九歲以下 人亦 徒役年限內良中 七十到來齊 初亦 徒役時 無病爲有如可 限內良中 廢疾有在乙良並只 老疾例以 贖罪爲乎矣 大抵 一年亦 三百六十日爲限是 乎等用良 徒一年役錢以 准折 贖罪齊 萬一 杖六十徒一年罪乙 犯人亦 已決杖六十爲遣 一年徒役以 五朔乙 已役後 同犯罪人亦 老疾爲去有

亦 大抵 杖六十徒一年罪乙 贖罪爲乎第亦中總計錢削 十二貫
是去有乙 已受杖六十 贖錢 三貫六百文 除遣徒一年贖錢亦 八
貫四百文是去有良亦 每一朔 徒役贖錢亦 七百文是去有等以
已徒役 五朔贖錢 三貫五百文外良中 未役七朔贖錢乙良 四貫
九百文乙 生徵爲乎矣 其餘 二年 二年 徒役年限 贖錢亦 不
等爲置有良亦 各年月乙 筭計 贖罪爲乎事(六十九以下徒役三
年, 役限未滿, 年入七十, 或入徒時無病, 徒役年限內成廢疾,
並聽准老疾收贖. 以徒一年三百六十日爲率, 驗該贖錢數, 折
役收贖. 假如有人犯杖六十徒一年, 已行斷罪. 拘役五箇月之
後, 犯人老疾. 合將杖六十徒一年, 總該贖錢十二貫. 除已受
杖六十, 准錢三貫六百文, 該剩徒一年贖錢八貫四百文. 計筭
每徒一月, 該錢七百文, 已役五箇月准錢三貫五百文外, 有未
役七箇月, 該收贖錢四貫九百文之類. 其餘徒役年限贖錢不
等, 各行照數折筭收贖.)

(역 문)
69세 이하 때(六十九歲以下時) 범죄하고(犯罪爲遣) 70세
뒤에야(七十歲後良沙) 일이 탄로되며(事發爲旀) 병폐되지 않았
을 때(無廢疾時) 범죄하고(犯罪爲遣) 병폐된 후(有廢疾後) 일
이 탄로되거든(事發爲去等) 년로자와 병폐자에게 속전을 받는 례
로써(老疾收贖例以) 속죄시킬 것이다(贖罪爲齊). 79세 이하 때
(七十九歲以下時) 사형죄를 범하고(犯死罪爲遣) 80세 때 일이 탄
로 되며(事發爲旀) 병폐한 때(廢疾時) 죄를 범하고(犯罪爲遣) 병
폐가 더욱 심해진 때(篤疾時) 일이 탄로되거늘랑(事發爲去乙良)
임금께 보고해서(申聞) 처결을 기다릴 것이다(待決齊). 89세 때
사형죄를 범하고(犯死罪爲遣) 90세 때(九十歲時) 일이 탄로되
거늘랑(事發爲在乙良) 론죄치 말 일(勿論罪爲乎事). (69歲以下
時 犯罪ᄒᆞ고 70歲後아히사 事發ᄒᆞ며 無廢疾 犯罪ᄒᆞ고 有廢疾
後 事發ᄒᆞ거든 老疾收贖例로 贖罪져. 79歲以下時 犯死罪ᄒᆞ고 80
歲時 事發ᄒᆞ며 廢疾時 犯罪ᄒᆞ고 篤疾時 事發ᄒᆞ거을랑 申聞待決
져. 89歲時 犯死罪ᄒᆞ고 90歲時 事發爲건을랑 勿論罪ᄒᆞᆯ 事.

도역 년한 안에(徒役年限內良中) 년로자나 병폐자로 되거든(老疾是去等) 전기와 같이 론결하울 일(如前論之爲乎事), (徒役年限內아히 老疾이거든 如前論之ᄒᆞ울 事).

69세 이하의(六十九歲以下) 사람이(人亦) 도역 년한 안에(徒役年限內良中) 70이 되거나(到來齊) 처음에(初亦) 도역할 때는(徒役時) 무병하였다가(無病有如可) 년한 안에(限內良中) 병폐거늘랑(廢疾有在乙良) 모두(並只) 년로자와 병폐자의 례로(老疾例以) 속죄시기오되(贖罪爲乎矣), 대개(大抵) 1년이(一年亦) 360일로 그치는 까닭에(爲限是乎等用良) 도(徒) 1년의 역전으로(役錢以) 따져서(准折) 속죄케 할 것이다(贖罪齊). 만일(萬一) 장(杖) 60, 도(徒) 1년의 죄를(罪乙) 범한 사람이(犯人亦) 이미 장 60을 맞고(已決杖六十爲遣) 도역으로(徒役以) 다섯 달을(五朔乙) 이미 치룬 후(已役後) 동(同) 범죄인이(犯罪人亦) 년로자나 병폐자로 된다고 하자(老疾爲去有亦). 대개(大抵) 장(杖) 60, 도(徒) 1년의 죄를(罪乙) 속죄하울 적에(贖罪爲乎第亦中) 총계(總計) 돈이(錢亦) 12 관이므로(貫是去有乙) 이미 장 60을 맞은(已受杖六十) 데 대해서 속전(贖錢) 3 관(貫) 6백 문을(文) 제하고(除遣) 도(徒) 1년 속전이(贖錢亦) 8관 4백 문인즉(文是去有良尒) 매 한 달(每一朔) 도역(徒役) 속전이(贖錢亦) 7백 문인지라(文是去有等以). 이미 도역을 치룬(已徒役) 다섯 달(五朔) 속전(贖錢) 3 관 5백 문 이외에(外良中) 역을 치루지 않은(未役) 일곱 달(七朔) 속전을랑(贖錢乙良) 4 관 9백 문을 물리되(生徵爲乎矣) 그 나머지(其餘) 2년 3년 도역 년한의(徒役年限) 속전이(贖錢亦) 동일치 않은즉(不等爲置有良尒) 각각(各) 년월을(年月乙) 계산해서(算計) 속죄시킬 일(贖罪爲乎事) (六十九歲以下人이 徒役年限內아히 七十到來져 처음에 徒役時 無病ᄒᆞ엿다가 限內아히 廢疾이시견울랑 다모기 老疾例로 贖錢ᄒᆞ오되 大抵 一年이 三百六十日 爲限이온들 쎠아 徒一年役錢으로 准折 贖罪져. 萬一 杖六十 徒一年 罪를 犯人이 已決杖六十ᄒᆞ고 一年徒役으로 五朔을 已役後 同犯罪人이 老疾ᄒᆞ거이시여 大抵

杖六十 徒一年 罪를 贖罪ᄒᆞ올며아히 總計 錢이 十二貫이거이시늘 已受杖六十 贖錢 三貫六百文 며고 徒一年 贖錢이 八貫四百文이거이시아금 每一朔 贖錢이 七百文이거이신들로 已徒役五朔 贖錢 三貫五百文外아히 未役七朔 贖錢을랑 四貫九百文을 生徵ᄒᆞ오되 其餘二年三年 徒役年限 贖錢이 不等ᄒᆞ두이시아금 各年月을 算計, 贖罪ᄒᆞ올 事.

(주 석)

徒役. 봉건 시대 다섯 가지의 형벌 중 도형(徒刑)이 그 하나다. 죄인의 자유를 구속하면서 고역을 강제하는 형벌로서 1년, 1년반, 2년, 2년반, 3년의 년한이 있다.

贖罪. 돈을 바치고 형벌을 면하는 일.

准折. 거기 비추어 액수를 결정한다는 말.

三百六十日. 음력으로 치기 때문에 1년이 360일밖에 더는 되지 않는다.

杖六十. 杖도 다섯 가지 형벌의 하나니 일정한 규격을 가진 막대기다. 杖六十이란 그런 막대기로 60개를 때린다는 말인데도 1년에는 반드시 장 60을 겸해 가지고 있다.

貫文. 옛날 돈의 단위다. 《한푼》이 文이요 十文이 兩이요 百兩이 貫이다.

錢削. 削은 亦의 오자로 추정된다.

二年二年. 다음의 二는 三의 오자로 추정된다.

3, 천리직역(擅離職役) 률 제 二(律 第二)

(원 문)

凡 官吏亦 擅自離職役爲在乙良 笞四十爲乎矣 難苦爲去向入回避爲要 因而在逃爲在乙良 杖一百 停職不用爲旀 所避事重爲在乙良 各從重論罪齊 次第 當直當宿爲去乙 直宿闕爲在乙良 笞二十齊 主掌倉庫內 雜物果 獄囚等乙 主掌員亦 直宿當次爲去等 闕爲在乙良 各笞四十爲乎事(凡官吏, 無故擅離職役者, 笞四十. 若避難, 因而在逃者, 杖一百, 罷職不叙. 所避事重者, 各從重論, 其在官, 應直不直, 應宿不宿, 各笞二十. 若主守倉庫, 務塲, 獄囚, 雜物之類, 應直不直, 應宿不宿, 各笞四十).

(역 문)

무릇(凡) 관리가(官吏亦) 제 마음 대로(擅自) 관직이나(職) 공역을(役) 떠나거늘랑(離……爲在乙) 태(笞) 40에 처하오되 (爲乎矣) 어렵고 괴로울가(難苦爲去) 여기여(向入) 회피하려고 (回避爲要) 인해서(因而) 도망 하거늘랑(在逃爲在乙良) 장(杖) 1백에 처하고 벼슬을 떼 버리여(停職) 등용치 않으며(不用爲旀), 회피한 바 일이(所避事) 중대하거늘랑(重爲在乙良) 각각(各) 더 중하게(從重) 론죄할 것이다(論罪齊). 순번에 따라(次第) 일직을 맡게 되고(當直) 수직을 맡게 되거늘(當宿爲去乙) 일직이나 수직을 궐하거늘랑(直宿闕爲在乙良) 태(笞) 20에 처할 것이다 (齊). 창고 안의(倉庫內) 각종 물건을(雜物) 맡거나(主掌……果) 옥의 죄수들을(獄囚等乙) 맡은 인원이(主掌員亦) 일직이나 수직의 순번을 당했는데(直宿當次爲去等) 궐하거늘랑(闕爲在乙良) 각각 태(笞) 40에 처하올 일(爲乎事) (凡 官吏이 擅自離職役ᄒ견을랑 笞四十ᄒ오되 難苦홀가 앗드려 回避ᄒ려 因而在逃ᄒ견을랑 杖一百 停職不用ᄒ며 所避事重ᄒ견을랑 各從重論罪져 차례 當直當宿ᄒ거을 直宿闕ᄒ견을랑 笞二十져. 主掌倉庫內雜物과 獄囚等을 主掌員이 直宿當次ᄒ거든 闕ᄒ견을랑 各笞 四十ᄒ올 事).

(주 석)

笞四十. 笞는 杖보다 적은 규격의 막대기다. 笞四十은 笞를 40개 친다는 의미다.

當直. 낮 수직의 당번.

當宿. 밤 수직의 당번.

主掌倉庫. 한문으로는 《倉庫, 務塲, 獄囚, 雜物이 다 각각이 다. 그런 것을 리찰문으로는 務塲을 빼 던져 버리고 倉庫와 雜物을 합해서 倉庫內, 雜物果, 獄囚等乙과 같이 번역하였다. 그런데 獄囚等乙을 받아서 主掌員亦란 말이 있음에 불구하고 倉庫 우에

도 또 主掌의 두 자가 있다. 《주장하는 창고 내》라고 새기기보다
는 《창고 내의 각종 물건을 주장하거나》로 새기는 편이 더 타당
할 듯하다.

4, 사월모도관진(私越冒度關津) 률 제 十五(律第十五)

(원 문)

凡 行狀無亦 防護所及 津渡良中 過越爲在乙良 杖八十齊 若
防護所良中 中門以 出去 不冬爲旀 津渡良中 官渡以 出去 不
冬爲遣 佗處以 渡越爲在乙良 杖九十齊 邊境防護所 過越爲
在乙良 杖一百 徒三年遣 因此 彼境 出去爲在乙良 絞死齊 看
直人亦 知情放送爲在乙良 罪同齊 不能考察爲在乙良 各減三
等 杖一百爲限齊 軍兵是去等 又減一等 論罪爲乎矣 同日 日
守軍人乙 坐罪齊 〇他矣 行狀以 冒名渡越爲在乙良 杖八十
齊 同居家內人亦 互相冒名爲在乙良 罪坐家長齊 把直人亦 知
情者罪同 不知者不坐 〇其行狀 捕亾內 人名隱 付爲遣 牛馬
隱 不付爲在 文字以 牛馬 持是旀 過行人果 佗矣 牛馬付 行
狀以 其矣 牛馬 持是旀 過行爲在乙良 杖六十齊 人 關津以 過
越爲遣 牛馬乙良 他處以 過越爲在乙良 杖七十齊(凡無文引,
私渡關津者, 杖八十. 若關不由門, 津不由渡而越渡者, 杖九
十. 若越度緣邊關塞者, 杖一百, 徒三年. 因而出外境者, 絞.
守把之人, 知而故縱者, 同罪. 失於盤詰者, 各減三等, 罪止
杖一百. 軍兵又減一等, 並罪坐直日者. 若有文引冒名渡關津
者, 杖八十. 家人相冒者, 罪坐家長. 守把之人, 知情者罪同,
不知者不坐 〇其將馬驢, 私度冒度關津者, 杖六十, 越度杖
七十. 私度謂人有引馬驢無引者, 冒度謂馬驢冒佗人引上馬驢
毛色齒歲者, 越度謂人由關津馬驢不由關津而渡者).

(역 문)

무릇(凡) 려행 증명이 없이(行狀無亦) 방호소(防護所) 및
(及) 나루를(津渡良中) 지나거늘랑(過越爲在乙良) 장(杖) 80에
처할 것이다(齊). 만일(若) 방호소에서(防護所良中) 정문으로

(中門以) 나가지(出去) 않으며(不冬爲旅) 나루에서(津渡良中) 공용하는 길로(官渡以) 나가지(出去) 않고(不冬爲遣) 다른 곳으로(佗處以) 넘거나 건느거늘랑(渡越爲在乙良) 장(杖) 90에 처할 것이다(齊). 국경(邊境) 방호소를(防護所) 지나거늘랑(過越爲在乙良) 장(杖) 1백 도(徒) 3년에 처할 것이다(齊). 인해서(因此) 외국으로(彼境) 나가거늘랑(出去爲在乙良) 교사에(絞死) 처할 것이다(齊). 파수 보던 사람이(看直人亦) 내용을 알면서(知情) 놓아 보냈거늘랑(放送爲在乙良) 죄가 같을 것이다(罪同齊). 능히 살피지 못해서 그렇거늘랑(不能考察爲在乙良) 각각(各) 3등을 감해서(減三等) 장(杖) 1백까지 한할 것이다(爲限齊). 군인이거든(軍兵是去等) 또(又) 한 등을 감해서(減一等) 론죄하오되(論罪爲乎矣) 그 날(同日) 당번 파수인(日守) 군인을(軍人乙) 죄를 줄 것이다(坐罪齊). ○남의(佗矣) 려행 증명으로(行狀以) 이름을 협잡해서(冒名) 지나거늘랑(越度爲在乙良) 장(杖) 80에 처할 것이다(齊). 동거하는(同居) 한 집안 사람이(家內人亦) 서로(互相) 이름을 협잡하거늘랑(冒名爲在乙良) 가장을(家長) 죄를 줄 것이다(罪坐……家長齊). 파수 보던 사람이(把直人亦) 내용을 안 자는(知情者) 죄가 마찬가지요(罪同) 알지 못한 자는(不知者) 죄를 주지 않을 것이다(不坐). ○저의(其矣) 려행 증명(行狀) 포망(捕亡) 내에(內) 사람의 이름은(人名隱) 기입하고(付爲遣) 마소는(牛馬隱) 기입치 않은(不付爲在) 내용으로(文字以) 마소 가지고(牛馬持是旅) 지나 가는 사람이거나(過行人果) 남의(佗矣) 마소를 기입한(牛馬付) 려행 증명으로(行狀以) 제(其矣) 마소를 가지고(牛馬持是旅) 지나거늘랑 장(杖) 60에 처할 것이다. 사람은(人) 방호소와 나루로(關津以) 지나고(過越爲遣) 마솔랑(牛馬乙良) 다른 곳으로(佗處以) 지나거늘랑(過越爲在乙良) 장(杖) 70에 처할 것이다(齊). (凡行狀 어오어여 防護所 및 津渡아히 過越ᄒ견을랑 杖 八十져. 若防護所아히 中門으로 出去 안들 ᄒ며 津渡아히 官渡로 出去 안들 ᄒ고. 佗處로 渡越ᄒ견을랑 杖 九十져. 邊境防護所 過越ᄒ견을

랑 杖一百 徒三年고 因此 彼境出去ᄒᆞ견을랑 絞死져. 看直人이 知情放送ᄒᆞ견을랑 罪同져. 不能考察ᄒᆞ견을랑 各減三等 杖一百 爲限져. 軍兵이거든 又減一等 論罪ᄒᆞ오되 同日 日守軍人을 坐罪져. ○他의 行狀으로 冒名越度ᄒᆞ견을랑 杖八十져. 同居家人이 互相 冒名ᄒᆞ견을랑 罪坐家長져. 把直人이 知情者罪同 不知者不坐. ○其行狀捕凶內 人名은 付ᄒᆞ고 牛馬는 不付ᄒᆞ견 文字로 牛馬ᄃᆞ니며 過行人과 佗의 牛馬付 行狀으로 저의 牛馬 ᄃᆞ니며 過行ᄒᆞ견을랑 杖六十져 人 關津으로 過越ᄒᆞ고 牛馬을랑 佗處로 過越ᄒᆞ견을랑 杖七十져).

(주 석)

日守. 그 날 당번되는 수직이나 숙직을 가리키는 말이다.

家長. 그 집의 전체 성원을 법적으로 통솔할 수 있는 사람을 가리키는 말이다.

捕凶. 여기의 行狀捕凶을 行狀과 捕凶이라고 해석한다면 捕凶도 行狀과 같은 종류로 될 것이요, 또 行狀의 捕凶이라고 해석한다면 行狀 가운데의 한 제목으로 될 것이다. 이 인용문보다 앞서도 오직 行狀만이 나오고 또 뒤로도 오직 行狀만이 나오는 것이라, 아무래도 다음 번의 해석을 좇는 것이 타당하리라고 ·생각된다.

持是. 월인 석보 七권 七五장에 《이 經 듣고 바다 ᄃᆞ니는 사ᄅᆞᆷ과》, 또 八권 九장에 《네 부텨 마롤 디니》 등 《디니》라는 말이 쓰이여 있다. 이 持是가 바로 《디니》의 기사인 것이다.

제 3장 15세기 이후의 문헌

제 1절 재산 관계의 고문서

1, 숙신옹주(淑愼翁主) 가옥 문서

이 고문서는 리씨 왕조를 수립한 리 성계 본인의 친필이라고

전한다. 그의 딸인 숙신옹주를 위해서 가옥을 건축한 후 그 소유권을 확증키 위해서 써 준 것이다. 1401년에 썼다. 개인간에 서로 주고 받은 법적인 문서로서는 아직까지 이것이 최고로 되고 있다.

(원 문)

建文三年辛巳玖月拾五日妾生女子㭗致亦中文字成給爲□□丁
事段必于年小妾生是亦有而亦今如矣身年將叱十一任爲乎不喩
東部屬香房洞空哛叱故宰臣許錦戶代熟石幷以交易爲㭗材木乙
良奴子乙用良斫取爲丁身椳二間前後退瓦盖東付舍壹間瓦盖厨
舍壹間瓦盖酒房參間草盖庫房參間前後退草盖樓上庫貳間草盖
內舍廊肆間草盖西房貳間前後退草盖南廳參間前退草盖又樓上
庫參間瓦盖合貳拾肆間等乙交易本文記幷□許與爲去乎在等以
永永居住爲乎矣後次別爲所有去等此文字內事意乙用良告官辨
別子孫傳持鎭長居住爲乎事
太上王

(독 법)

建文三年 辛巳 玖月 拾五日 妾生女子 㭗致여히 文字成給ᄒ
□□□일쏜 비록 年小妾生이여 이시마리여 이제다히 의몸 年將
叱十 一任ᄒ올아닌지 東部屬 香房洞 空哛叱 故宰臣 許錦 戶代
熟石 아우로 交易ᄒ며 材木을랑 奴子를 ᄢᅵ아 斫取造家ᄒ며 몸채
貳間 前後退 瓦盖, 東付舍 壹間 瓦盖, 厨舍 壹間 瓦盖, 酒房 參
間 草盖, 庫房 參間 前後退 草盖, 樓上庫 貳間 草盖, 內舍廊
肆間 草盖, 西房 貳間 前後退 草盖, 南廳 參間 前退 草盖, 又
樓上庫 參間 瓦盖, 合 貳拾肆間等乙 交易 本文記 아우로 許與
ᄒ거온견들로 永永 居住ᄒ오뒤 後次 別ᄒ 바 있거든 此 文字內
事意를 ᄢᅵ아 告官辨別 子孫傳持 鎭長居住ᄒ올 事.
太上王.

(역 문)

건문 3년 신사 9월 15일. 첩의 몸에서 낳은 딸《머치》에게

문서를 만들어 주는 일로 말하면, 비록 나이 어리고 첩의 소생이라 하지마는 지금 같이 내 나이 장차 70인즉 내버려 둘 일이아니라, 동부관내 향방동의 빈터로 말하면 돌아 간 재상《허금》의 집터와 다듬은 돌을 함께 교역했고 재목은 종을 시키여 베여다가 집을 지은 것이다. 몸채 두 간이 전후 퇴니 기와로 잇고, 동쪽으로 붙이여 지은 집 한 간이 기와로 잇고, 부엌 한 간이 기와로 잇고, 술 방 세 간이 영으로 잇고, 광 세 간이 전후 퇴니 영으로 잇고, 루다락으로 된 고간 두 간이 영으로 잇고, 안 사랑 네 간이 영으로 잇고, 서방 두 간이 전후 퇴니 영으로 잇고, 남쪽으로 마루 세 간이 앞만 퇴니 영으로 잇고, 또 루다락으로 된 고간 세 간이 기와로 잇고, 합 24 간 등을 교역해서 이 문서와 아울러 주는 것이라. 길이 길이 거주하되 뒤에 딴 말이 잇거든 이 문서 내의 사연을 가지고 관청에 고소하여 변별할 것이요, 자손이 전해 가며 오래도록 거주하올 일.

태상왕

(주 석)

爲□□丁. 爲자 아래는 臥자요 또 그 아래는 乎자일 것이다. 乎자를 다른 자보다 좀 길게 쓴 까닭에 밑의 반부분을 丁으로 보고 우의 획이 민멸된 까닭에 하나의 딴 자가 있던 것처럼 안 것이다.

叱十. 叱은 七의 오자다. 1401년 리 성계의 나이 70에 가까웠다.

昳叹. 昳는 代의 오자요 叹은 段의 오자다. 백지 종이가 부풀고 많은 획이 흐리여져서 이렇게 잘못 본 것으로 추정된다.

熟石. 다듬은 돌을 가리킨다.

爲丁. 爲齊와 같을 것이다.

身梗. 잡고(雜攷)에서는 선천(宣川)의 亐里鞭島과 眞亐里鞭島가 여지승람(輿地勝覽)에서 亐里梗島와 眞梗島로 기록된 것을 들어서 梗이 鞭과 같음을 고증하고, 또 훈몽자회에서 鞭을 《채》, 寢을 《몸채》라고 한 것을 들어서 身梗이 바로 《몸채》의 기사임을 고증하였다. 잡고의 이 고증은 근리한 것으로 인정된다.

前後退. 退는 현대어의 《퇴마루》라는 퇴에 해당한다. 앞에 있는 퇴마루를 前退, 뒤에 있는 퇴마루를 後退, 앞뒤로 퇴마루가 달린 것을 前後退라고 하고 있다.

庫房. 고방의 《ㅂ》음이 탈락되여 흥부전에는 《고앙》으로 나오고 다시 음절이 단축되여 현대어에는 《광》으로 되였다. 牛勞이 《월》으로 되고 酥牟이 《술》로 된 례와 마찬가지다.

內舍廊. 후대에 이르러 《사랑》은 남자만이 거처하는 딴 채를 이루는 것이나 여기의 舍廊은 그런 사랑이 아니다. 廊을 훈몽자회에서 행랑(行廊)이라고 읽었고, 행랑은 원채와 달리 지은 채니 후대의 사랑이란 말도 결국 거기서 유래된 말이다. 사랑채도 안에 련한 채와 아주 밖으로 나온 채의 구별이 있다. 內舍廊은 꼭 전자를 가리키는 것이다.

西房. 서 거정(徐 居正)의 태평한화(太平閒話)에는 《우리 나라 풍속에 새 사위를 西房이라고 한다》고 하였다. 그것은 새로 장가 들려 온 사위는 딸과 함께 서쪽 방에다가 거처케 하던 습관이 있기 때문이다. 오늘 《리 서방》,《김 서방》 등의 《서방》이 곧 西房이란 한'자 어휘다. 흔히들 書房이라고 쓰지마는 그것은 옛날의 민속을 모르는 데서 나온 착오다.

幷□. 문맥으로 보아 幷以의 以가 민멸된 것임에 틀림이 없다.

太上王. 리 성계의 다섯째 아들 리 방원이 왕위에 오르면서 그의 아버지를 太上王이란 칭호로써 불렀다.

2. 로산군 부인(魯山君 夫人) 전계 문서

로산군(魯山君)은 그 삼촌 세조에게 왕위를 빼앗긴 리조 제6대의 임금이요 후대에 이르러 단종(端宗)이라고 부르던 임금이다. 이 전계 문서는 1518년 그의 부인인 송씨(宋氏)가 재산 전계를 증명키 위해서 쓴 것이다.

(원 문)

正德十三年九月初二日卒海平府院君鄭眉壽妻李氏處成文事此段女矣身亦無后寡婦以身後諸事無依據日夜哀泣爲有如乎次去

丙子年十一月分魯山君敎是乙賜祭爲白有乎矣亦無依附情理可
憐爲乎等用良前矣自矣家翁亦中許與爲有如乎仁昌坊伏家舍墻
內祠堂前退三間各別造成女矣生前設奠爲在果同祠堂祭祀傳守
奉行人乙女矣邊族親以傳係不得事是去等自矣家翁段文宗上典
唯一外孫以魯山君切族是沙餘良自段置女矣身爲暫無違心常時
款護爲臥乎等用良前矣自矣家翁處許與付奴婢內婢實老未一所
生奴每邑同年三十一婢弓叱德三所生奴金山年三十一等乙良女
矣身後幸者以定體爲遣婢彔德奴四同婢鶴非奴石金奴莫同等五
口乙良墓直定體爲㫆同奴婢等乙後所生并以永永傳係爲白良結
節上言從財主願意斜給爲只爲啓下爲白乎等用良成給爲去乎云
云財主魯山君夫人宋氏

　　證四寸娚秉忠奮義靖國功臣嘉善大夫驪興君閔懷昌　筆執四
　　寸娚秉忠奮義靖國功臣嘉善大夫驪城君閔懷發
（　譯　　㫆　）

　　正德十三年 九月 初二日　卒海平府院君　鄭眉壽 妻 李氏處
成文事㫆 女의몸이 無后寡婦로 身後諸事無依據 日夜 哀泣ᄒᆞ엿
다온 次 去丙子年 十一月分 魯山君이시ᄂᆞᆯ 賜祭ᄒᆞᆷ이시오ᄃᆡ 亦
無依附 情理可憐ᄒᆞ온ᄃᆞᆯᄢᅵ아 前의 저의 家翁여ᄒᆡ 許與ᄒᆞ엿다온
仁昌坊 伏 家舍墻內 祠堂 前退 三間 各別造成 女의 生前 設奠
ᄒᆞ견과 同祠堂祭祀 傳守奉行人을 女의 邊 族親으로 傳係 모ᄃᆞᆯ
事이거든 저의 家翁ᄂᆞᆫ 文宗上典 唯一 外孫으로 魯山君 切族이
사나마 져ᄂᆞᆫ두 女 의몸 爲해 暫無違心 常時 款護ᄒᆞ누온ᄃᆞᆯ ᄢᅵ아
前의 저의 家翁處 許與付 奴婢內 婢 實老未 一所生奴 每邑同 年
三十一 婢 弓叱德 三所生奴 金山 年三十一等을랑 女 의몸 後幸
者로 定體ᄒᆞ고 婢 彔德, 奴 四同, 婢 鶴非, 奴 石金, 奴 莫同
等 五口을랑 墓直 定體ᄒᆞ며 同奴婢等을 後所生 아우러 永永 傳
係ᄒᆞᆷ아져 지위 上言, 從財主願意 斜給ᄒᆞ기ᄉᆞᆷ 啓下ᄒᆞ숌온ᄃᆞᆯ
ᄢᅵ아 成給ᄒᆞ거온 云云 財主 魯山君 夫人 宋氏.

　　　證 四寸娚 秉忠奮義靖國功臣嘉善大夫驪興君 閔懷昌 筆執
　　四寸娚 秉忠奮義靖國功臣 嘉善大夫 驪城君 閔懷發

(역 문)

정덕 13년 9월 초 2일 작고한 해평부원군 정미수 안해 리씨한테 문서를 만드는 일로 말하면, 녀인인 이몸이 자식 없는 과부로서 죽은 후 모든 일을 의거할 곳이 없어 밤낮 슬프게 울고 있던 차, 지난 병자 11월께 로산군께로 제사를 내리였아오되 또한 부칠 곳이 없어 정리가 가련하온 까닭에, 전에 제 남편에게 주었던 인창방에 있는 가옥 울안에 사당 전퇴 세 간을 각별히 건축해서 녀인 생전에 제사를 지내려니와, 동 사당의 제사를 전계해 맡아서 받들 사람에 대해서는 녀인 편의 친족에게 전계치 못할 일인바, 제 남편으로 말하면 문종 상전의 유일한 외손으로서 로산군의 가까운 친족일 뿐 아니라, 저로 말해도 녀인 이몸을 위해서 잠시도 섭섭게 함이 없이 언제나 정성껏 보호하는 까닭에, 전에 제 남편에게 준다고 문서를 만든 노비 중에서 녀종 보로미의 첫째 소생인 남종 매읍동 나이 31세, 녀종 활떡의 세째 소생인 남종 김산 나히 31세 등을랑 녀인 이몸의 시중 들 사람으로 정하고, 녀종 록덕, 남종 사동, 녀종 학비, 남종 돌쇠, 남종 막동 등 다섯 명을랑 묘직이로 정하며, 동 노비 등을 후일의 낳는 소생 아울러 전계하고자 이제 임금께 고하였더니, 소유자의 소원대로 허가하게끔 분부가 내린 까닭에 문서를 만들어 준다. 운운. 소유자 로산군 부인 송씨.

증인에 사촌 오라비 병충분의정국공신 가선대부 려흥군 민회창. 증서를 집필한 사람에 사촌 오라비 병충분의정국공신 가선대부 려성군 민회발.

(주 석)

女矣身. 矣身으로 일컫는 사람이 녀자일 경우에는 흔히 그 우에 女자를 얹는다.

敎是乙. 敎는는 존칭을 표시키 위해서 붙인 것이다.

賜祭. 임금의 이름으로 제사를 지내는 것을 賜祭라고 한다.

家翁. 남편이란 뜻이다. 自矣는 이 문서를 받는 리씨를 가리키는 것이요 自矣家翁은 리씨의 남편인 정미수를 가리키는 것이다.

上典. 웃사람이란 말이다. 종에 대해서 그 소유자를 상전이라고 부르는 것도 역시 이 말에서 나온 것인바, 여기서는 임금에 대한 존칭의 《마마》, 《마누라》 등에 대용된 것으로 보인다.

許與付. 付는 문서를 만들어 준 것을 의미한다. 그것은 한 문서에 같이 기록된 것을 幷付라고 말하는 것으로써 알 수 있다.

後幸者. 後幸은 뒤바라지의 뜻이다. 신랑이나 신부를 데리고 가는 그 부형을 《후행간다》고 말하는 것도 바로 그런 뜻이다.

口. 노비를 계산할 때 쓰는 단위다. 현대어에서도 특히 부인들의 말에는 《한 입도 먹기 어렵다》, 《여러 입을 건사해 간다》 등과 같이 인수의 단위로 쓰이는 례를 볼 수 있다.

節. 《때》의 뜻으로부터 다시 《이제》의 뜻으로 쓰인 것이다. 정 도전의 신도가(新都歌)에서 《더위에 잣다온며》라고 한 《더위》도 역시 《이제》의 뜻이다.

3, 정해군(貞海君) 유서

정해군은 16세기 리조 왕실의 친족 중 한 사람이다. 이 유서를 쓴 년대는 1543년에 해당한다.

(원 문)

嘉靖貳拾貳年貳月拾伍日遺書成給爲臥乎事叱段矣身前者嫡妾子等乙文記成給爲乎矣妄量所由以妾子違給分叱不喩矣身丙寅年分特蒙上恩靖國功臣參等叅錄功臣受賜田民乙妾子分給爲有如可於法不當乙仍于同文記不用收藏爲遣其後各家生計時更良分給爲乎矣嫡子世雄乙良己身造瓦家三坐內大家良中立祀堂田民並以衿給爲㫆矣身段嫡子祭位及別給田民以執持功臣田民乙良嫡子都給爲乎後矣身得病妾子世任世均亦上項不用而收藏文記及他文記並以衣籠中偸取拒命不納逃奴推捉稱云因欲逃凶至爲悖逆爲昆矣身離病不得爲乙可先於遺書成給爲去乎萬一世任亦來現爲去等此文貌如告官文記等推尋爲乎矣生謀爲去等大懲其罪爲乎事

父財主自筆秉忠奮義靖國功臣 白

(원　문)

　　嘉靖 貳拾貳年 貳月 拾伍日 遺書成給ᄒᆞ누온 事쓴 의몸 前
者 嫡妾子等을 文記 成給ᄒᆞ오되 妾量所由로 妾子 達給뿐 아닌지
의몸 丙寅年分 特蒙上恩 靖國功臣參等叅錄 功臣受賜田民을 妾
子 分給ᄒᆞ잇다가 於法不當을 지즈루 同文記 不用 收藏ᄒᆞ고 其
後 各家生計時 가시아 分給ᄒᆞ오되 嫡子 世雄을랑 己身造 瓦家
三坐內 大家여히 立祀堂 田民 아우로 깃급ᄒᆞ며 의몸쓴 嫡子祭
位及 別給田民으로 執持 功臣田民을랑 嫡子 都給ᄒᆞ온 後 의몸
得病 妾子 世任 世均이 운목 不用而 收藏文記及 他文記 아우로
衣籠中 偸取 拒命不納 逃奴推捉稱云 因欲逃凶 至爲悖逆ᄒᆞ곤 의몸
離病 모질ᄒᆞᆯ가 先於遺書成給ᄒᆞ거은 萬一 世任이 來現ᄒᆞ거든 此
文갸로혀 告官 文記等 推尋ᄒᆞ오되 生謀ᄒᆞ거든 大徵其罪ᄒᆞᄋᆞᆯ 事
　　　父 財主 自筆 秉忠奮義靖國功臣 白

(역　문)

　　가정 22년 2월 15일 유서를 만들어 주는 일로 말하면 이몸
이 전자에 적자 서자들에게 문서를 만들어 주되, 망령이 난 까
닭으로 서자에게 법에 틀리게 줄 뿐이 아니라, 이몸이 병인년
께 특별히 임금의 은덕을 입어 정국 공신에 3등으로 참례하였
는바, 공신으로 받은 전민을 서자에게 나누어 주었다가 법에
부당함으로 동 문서를 시행치 않아서 거두어 들이고, 그 후 각
집을 배치할 때 다시 나누어 주되 적자 세웅을랑 제가 몸소 건
축한 기와집 세 채 내에서 큰 집에다가 사당을 세워서 전민과
함께 상속하며, 이몸으로 말하면 적자의 제위와 별급으로 받
은 몫의 전민을 가지고 있고, 공신 몫의 전민을랑 적자에게 전
부 준 후 이몸이 병을 앓으매 서자인 세임 세균이 상기 대로
시행치 않고 거두어 들인 문서 및 다른 문서를 함께 옷그릇 속
에서 훔쳐 내여 명령을 거역하고 바치지 않고 도망한 종을 붓
들러 간다고 떠들면서 그 대로 도망하여서 극히 고약하거니,
이몸이 병이 낫지 못할가 먼저 유서를 만들어 준다. 만일 세임
이 나타나거든 이 글 대로 관청에 고소해서 문서를 찾아 오되

딴 짓을 하거든 크게 그 죄를 중치할 일.
　　　아비 재산 소유자 자필이다. 병충분의 개국 공신은 쓴다.

（주 석）

違給. 글'자 대로 새기면 《주는 것을 어기다》로 되나 말이 되지 않는다. 문맥으로 보아서는 《법에 어긋나는 깃급》 즉 위법적 상속이나 분배의 뜻으로 해석되는바, 그 당시 일반적으로 사용되던 성어인 것이다.

年分. 여기의 分은 分叱의 《쁜》과 다르고 현대어로 경(頃)에 해당한다. 지금도 로인들은 흔히 《아무년경》이란 말을 《아무년분》이라고 말하고 있다.

田民. 田마을 들지 않고 民자를 함께 드는 것은 이미 백암사 고문서에서도 본 바와 같다. 번역치 않고 그 대로 둔다.

生計時. 生計라는 한'자 어휘는 개인 생활의 경제적 토대를 가리키는 말이다. 生計時는 분재(分財)한 때를 말하는 것이 아닌가 한다.

己身造. 己는 自己요 身造는 《몸소 만들다》의 뜻이다.

立祀堂. 리두식 어순으로 《세운 사당》이라고도 해석할 수 있고, 한문식 어순으로 《사당을 세우다》로도 해석할 수 있다. 여기서는 우로 大家亦中 및 아래로 田民幷以와 련접해 있어서 문맥상 《큰 집에 사당을 세워서 전민과 함께》라고 한문식 어순을 좇는 편이 더 타당하다.

祭位. 근세에 이르기까지 조상의 무덤을 보호키 위해서 장만한 토지를 위토(位土)라고 하였다. 祭位는 제사 지낼 비용을 보장키 위해서 장만한 토지다.

別給. 보통 례에 의해서 주는 것 이외 따로 특별히 주는 것을 가리키는 말이다. 여기서는 특별히 더 받은 재산을 의미하는 것으로 보인다. 즉 재위와 별급의 부분은 아직 자기가 가지고 처리한다는 말이다. 맨 우의 嫡子는 그 제위나 별급을 소유할 권리의 소재를 밝힌 것이다. (이상 3편의 고문서는 모두 리두 집성에 의거한다. 숙신옹주 가옥 문서는 저자가 일찌기 원본을 가지고 교정한 일이 있기 때문에 기억에 의해서 그 교정을 꽃는다).

제 2절 소수서원 립의

이 소수서원(紹修書院)은 리조 중엽 이후 커다란 폐해를 이루었던 서원의 첫시작이요, 이 립의(立議)는 그 서원에 관한 고문서다. 전부 세 건이 있기 때문에 백암사 고문서의 례에 따라서 번호로써 서로 구별하려 한다. 1호와 3호는 경상도 관찰사(觀察使)의 지시문이요, 2호에는 두 항목이 있는 중, 첫째 항목은 서원직이들의 공술, 둘째 항목은 영천 군수(榮川郡守)의 지시문이다. 립의는 립안(立案)과 같은 법적 결정을 가리키는 것인즉 2호의 첫항목은 립의란 말로 불려질 성질의 서류가 아니나, 이미 그렇게 불려 온 것이라 그 대로 둔다. 1호는 1546년 11월, 2호는 1547년 2월, 3호는 1547년 8월에 된 것이다. 년월에 의해서 필요한 서류를 보관 또는 기록해 두었던 것임에 따라 딴 성질의 서류가 뒤섞일 수 있었을 것이다. 그러한 추정을 유력케 하는 증거로는 2호 첫머리에 가정(嘉靖) 26년 2월 25일이라는 년월일이 명기되여 있음에도 불구하고, 그 첫항목 첫머리에는 다시 정미 4월 초 4일이란 년월일이 또 기록되여 있다. 가정 26년이 바로 정미년이기는 하지만 두 년월일 사이에는 그래도 두 달의 차이가 없지 않다. 요컨대 가정 26년 2월 25일의 년월일은 둘째 항목에 해당한 것이요, 정미 4월 초 4일의 년월일은 첫째 항목에만 해당한 것인데, 둘째 항목에 해당한 년월일을 첫머리로 끌어 올린데 혼란을 일으키는 것이다. 가정을 명기한 것은 관청 문서요 그냥 정미라고만 한 것은 사사 문서인 것이라, 두 항목이 서로 딴 성질의 것은 이로써 더욱 명백하다.

1, 제 1 호
(원 문)

嘉靖二十六年十一月　日白雲書院加造成及讀書儒生常養雜物
分定行移謄錄　一件郡上
　　　　　　　一件院上

一. 使爲居接事 書院良中儒生居接事乙以爲成規今不可廢是沙餘良養育人材實是國家重事叱分不喩書院之設雖於此道創見爲良置中原郡縣段在在有之爲沙餘良全羅道泰仁縣良中設立情願儒生養育之事載於輿地勝覽爲去乙等本道段號爲人材淵藪稱爲
國家鄒魯之地以儒生養育之事乙出於他道之下爲乎不喩是旀他員已曾至誠設立之事乙廢而不行爲在如中合於人議爲乎所知不得事是昆居接應當儒生等乙准十員尙州訓導同議請來居接令是遣先可榮川官了關字輸送米石受來役只措置爲旀他官分定次以儒生等到接幾名是如這這火迫牒報向事 合行云云

(목 벌)

嘉靖二十五年 十一月 日 白雲書院加造成及 讀書儒生 常養雜物 分定 行移 謄錄
一件郡上
一件院上
一. 使爲居接事 書院아히 儒生居接事를 以爲成規 今不可廢이사나마 養育人材 實是 國家重事뿐 아닌지 書院之設 雖於此道 創見ㅎ야두 中原郡縣쓴 在在有之ㅎ사나마 全羅道 泰仁縣아히 設立, 情願儒生養育之事 載於輿地勝覽ㅎ거을든 本道쓴 號爲人材淵藪, 稱爲國家鄒魯之地로 儒生養育之事를 出於他道之下ㅎ온 아닌지이며 他員 已曾至誠設立之事를 廢而不行ㅎ견다히 合於人議ㅎ온바 알모질 事이곤 居接應當 儒生等을 准十員 尙州訓導 同議 請來 居接시기고 먼저 榮川官으로 關字, 輸送米石 受來 격기 措置ㅎ며 他官 分定次로 儒生等 到接 幾名이다 갓갓 火迫牒報 안일 合行云云

(역 문)

가정 25년 11월 일 백운서원을 더 설치할 것 및 글읽는 선비들을 양성하기 위해서 여러 가지 물건을 배정할 것에 관한 통지서 등록
한 건은 군에
한 건은 원에

1, 관찰사는 거접시킬 데 관해서. 서원에 선비를 거접시키는 일을 이미 정규적인 행사로 만들어서 이제는 폐지할 수 없

는데 다가 인재를 양육하는 것이 실상 국가의 중대한 일일 뿐이 아니라, 서원의 설립이 비록 이 도에서는 처음이라고 하여도 중국의 군현으로 말하면 도처에 있는 데다가 전라도 태인현에서 설립해 놓고, 자원해서 선비를 양육한다는 일이 여지승람에 실리여 있는바, 본도로 말하면 인재가 집중된 곳이라고 일러 오고, 우리 나라의 《추》와 《로》라고 떠들어 오는 고장으로서 **선비를 양육하는 일이 다른 도의 아래로 떨어질 것이 못 되며**, 다른 관리가 이미 일찌기 지성으로 설립해 놓은 일을 폐지하고 행치 않는다면 여론에도 맞을지 모르는 일이거니, 거접시키기에 적당한 선비를 10명쯤 상주의 훈도와 같이 의논해서 청해다가 거접시키고, 먼저 영천 원에게 공문을 냈으니 수송해 주는 쌀섬을 받아다가 공궤하도록 마련할 것이며, 다른 고을에도 배정하려 하니 선비들을 거접시킬 것이 몇명이라고 일일히 빨리 **보고를 낼 일**. 이렇게 시행할 것이다. 운운

(주 석)

行移. 각처로 전달되는 공문.

謄錄. 어떠한 문건의 존안, 부본, 등본 등 여러 가지의 뜻을 가지고 있으며, 그런 뜻으로부터 다시 례규(例規)란 말로도 통용되고 있었다.

使. 觀察使의 략어.

鄒魯. 鄒는 맹자(孟子)의 탄생지요 魯는 공자의 탄생지다. 중국의 성어로서 문화가 높은 지방을 의미한다.

他員. 여기의 他員은 바로 소수서원의 설립자를 가리키는 말이다. 그 설립자는 곧 주 세붕(周 世鵬)이다.

訓導. 벼슬 이름이다. 상주 지방에서 근무하는 훈도를 지정키 위해서 상주 훈도라고 말한 것이다.

米石. 섬으로 계산되는 량의 쌀.

他宣. 다른 고을의 뜻이다. 여기서는 서원 소재지 이외의 고을들이다.

2, 제 2 호
(원　문)

嘉靖二十六年二月二十五日

一. 丁未四月初四日書院直安玉孫年六十二林種同年三十九金景良年二十三等白等書院常養儒生役只婢子以定屬爲在居昌來物故强盜白丁末叱金妻白丁女銀金身乙保授爲在果萬一存恤不冬逃匚爲去等矣徒當推敎事

一. 榮川郡守爲起送事　前矣到付使關內乙用良池山乙書院直以起送爲有如乎相考爲乎矣池山亦曰守不喩案付冶匠金玉同故本充定濟用監納冶稅上納爲如乎事去乙其三寸池萬洞亦院直以無子息其矣田畓家舍等乙將無傳係池山繼後爲良結力爲白活導良起送亦敎是良在乙一依行移翌日同院起送爲有如可更良詳問爲乎矣同萬洞亦無子息爲乎所不喩有子息爲去等其己物等乙池山亦中傳給萬無事乙池山亦厭憚本役中間閑遊作計其三寸叔萬洞符同無子息爲乎樣以朦朧白活爲如乎所至爲奸詐爲昆郡日守使內如乎池山同生弟玉孫段置萬洞一般三寸姪子以可繼其役是昆冶稅上納爲在池山乙良冶匠以仍舊使內乎旀上項池玉孫乙良同院直換定爲只爲行下向事牒報書目回送內依所報施行向事回送是乎等用良郡日守池玉孫乙院直以起送爲去乎池山乙良到關卽時還送向事　合行云云

(독　법)

嘉靖二十六年　二月　二十五日

一. 丁未 四月 初四日 書院直 安玉孫 年 六十二, 林種同 年 三十九, 金景良 年 二十三等 솗든 書院常養儒生 격기 婢子以 定屬ᄒᆞ견 居昌來 物故强盜 白丁 끗쇠妻 白丁女 銀金身을 保授ᄒᆞ견과 萬一 存恤 안들 逃匚ᄒᆞ거든 의딘 當推이션 事.

一. 榮川郡守 爲起送事 前의 到付 使 關內를 뻐아 池山을 書院直으로 起送ᄒᆞ잇다온 相考ᄒᆞ오ᄃᆡ 池山이 日守 아닌지 案付 冶匠 金玉同 故本 充定, 濟用監納 冶稅 上納ᄒᆞ다온 事거을 其 三寸 池萬洞이 院直으로 無子息 저의 田畓家舍等을 將無傳係,

池山을 繼後ᄒ야져 力爲발괄, 드듸여 起送여 이시아견을 一依
行移, 翌日 同院起送ᄒ잇다가 가시야 詳問ᄒ오되 同萬洞이 無
子息ᄒ온 바 아닌지 有子息ᄒ거든 其己物等을 池山여히 傳給萬
無事을 池山이 厭憚本役 中間閒遊作計. 其三寸叔 萬洞 符同, 無
子息ᄒ온 양으로 朦朧 발괄ᄒ다온바 至爲奸詐ᄒ곤 郡日守 브리
다온 池山 同生弟 玉孫ᄯᅩ두 萬洞 一般 三寸姪子로 可繼其役이
곤 冶稅 上納ᄒ견 池山을랑 冶匠으로 仍舊 브리오며 운목 池玉
孫을랑 同院直 換定ᄒ기숩 行下안일 牒報 書目回送內 依所報
施行안일 回送이온들 뻐아 郡日守 池玉孫을 院直으로 起送ᄒ거
온 池山을랑 到關卽時 還送안일 合行云云

(역 문)

가정 26년 2월 25일

1, 정미 4월 초 4일. 서원직이 안 옥손 나이 61세, 림 종
동 나이 39세, 김 경랑 나이 23세 등이 여쭙건댄 서원에서 선
비의 일상 식사를 맡은 녀종으로 배속된 거창서 온 죽은 강도
인 백정 끝쇠의 처 계집 백정 은금의 몸을 책임지고 맡거니와
만일 잘 돌보아 주지 않아서 도망하거든 저의들을 죄 주실 일.

1, 영천 군수는 사람을 보낼 데 관해서. 전자에 접수된 관
찰사의 공문에 좇아 지산이를 서원직이로 보내였던바 상고한
즉 지산이가 일수가 아니라 명단에 오른 대장쟁이 김 옥동의
자리에 보충되여 제용감에 바칠 대장간 세금을 바치여 오던 터
어늘, 제 삼촌 지 만동이 서원직이로서 자식이 없어서 제 전답
가옥 등을 장차 상속할 데가 없다고 지산이를 양자하고져 몹시
발괄을 함으로 드듸여 보내라 하시거늘, 공문대로 그 이른날
서원으로 보냈다가 다시 자세히 물어 보건대, 동 만동이 자식
이 없는 것이 아니라 자식이 있으니 제 가산을 지산이에게 상
속시킬리 만무하거늘, 지산이가 본역을 기폐해서 도중에 한가히
놀고 먹을 폐를 내고, 제 삼촌 만동이와 부동해서 자식이 없는
것처럼 꾸며 발괄한바 극히 간사스럽거니, 군 일수로 부리면
지산이의 친 아우 옥손이도 만동의 마찬가지 친조카 자식으로

서 그의 역을 계승할 수 있거니, 대장간 세금을 바치던 지산일랑 대장쟁이로 전과 같이 부리며, 상기의 지 옥손을랑 동 서원직이로 바꾸어 정하게끔 처결해 주실 일이라고 한 보고서의 서목 회송에다가 보고한 대로 시행할 일이라는 회송이 있음으로 군 일수 지 옥손을 서원직이로 보내는 바다. 지산일랑 지시문이 도착되는 즉시로 돌려 보낼 일. 이렇게 시행할 것이다. 운운

(주 섬)

白丁. 한문으로는 《문맹》 내지 《무식자》의 뜻이다. 본래 《무자이(水尺)》로 부르던 사람들이 그 칭호를 좋아하지 않기 때문에 《무자이》 대신으로 이 말을 쓰게 된 것이다. 이렇게 두 말이 교체된 것이 15~16의 두 세기 어간이였다. 여기의 白丁은 벌써 육용 동물을 도살하는 일정한 직종을 가리키는 것으로 보인다.

保授. 어떠한 인물에 대해서 그 행동을 책임지게 하는 일.

日守. 지방 관청에서 심부름하는 천인 계급 중의 하나.

案付. 각종의 공장(工匠)들은 명단을 작성해서 중앙 및 지방의 관계되는 각 관청에 보관한다. 案付는 그 명단에 등록된 것을 이름이다.

故本. 이미 명단에 든 공장은 그가 띤 사고로 인해서 자기의 책임을 수행하지 못할 때 다른 사람으로 하여금 그 자리를 채워넣어야 한다. 故는 事故의 뜻이요 本은 本役의 뜻이니, 즉 명단에 든 공장의 궐이 난 자리를 가리키던 말로 추정된다.

充定. 다른 사람으로 하여금 명단에 든 공장의 궐 난 자리를 채우는 것을 充定이라고 한다. 속대전(續大典) 공전(工典) 공장(工匠)이란 항목에서 가장 긴요한 공장이 궐이 있을 때는 합당한 사람으로써 충정(充定)하라고 쓰고 있다.

牒報. 하급 관청에서 상급 관청에 향해서 공문을 내는 것을 牒呈이라고도 하고 牒報라고도 한다. 關字와 상대되는 말이다.

書目. 상급 관청에 공문을 낼 때 원 공문과는 따로 그 공문의 내용 경개를 간단히 써 보내는 것이 곧 書目이다. 상급 관청에서는 원 공문을 두고 書目에다가 거기 관한 지시를 써서 그 공

문을 낸 관청으로 돌려 주는 것이 전래의 격식으로 되여 있었다.

回送. 書目에다가 쓴 지시문을 돌려 보낸다는 말이다.

到關. 關字의 到着을 이름이다. 이것은 한문식 어순으로도 **關**到라고 써야 하는 것을 흔히 到關으로 뒤집어 썼다.

3, 제 3 호

(원 문).

嘉靖二十六年八月十四日在同郡

一. 使爲捧上事 節到付右水使牒呈內書院居接儒生役只魚基乙天城堡境內石浦陽地邊實將條加德鎭境內石浦陰地邊四第條薺浦境內汝注里三第孤巨口無岩條同浦江口前伐島洒三岩條等四處加抄定爲臥乎所移文乙仍于每一基靑魚五百冬音式詳定前受魚基三處所捉數幷以同院以式爲輸送亦熊川官行下爲有昆郡以置移文檢擧捧上使內向事合行云云

(옥 범)

嘉靖二十六年 八月 十四日 在同郡

一. 使爲밧자事 대위 到付 右水使 牒呈內 書院居接 儒生 격기 魚基를 天城堡 境內 石浦 陽地邊 實將條 加德鎭 境內 石浦 陰地邊 四第條 薺浦 境內 汝注里 三第 孤巨口 無岩條 同浦 江口 前伐島 洒三岩條等 四處 加抄定ㅎ누온바 移文을 지즈루 每一基條 靑魚 五百두룸 式 詳定, 前受魚基 三處 所捉數 아우로 同院으로 式히 輸送혀 熊川官 行下ㅎ잇곤 郡으로두 移文, 檢擧 밧자 브리 안일 合行 云云

(역 문)

가정 26년 8월 14일 동 군에 있어서

1, 관찰사는 물건을 받아 들일 데 관해서. 이제 접수된 우수사의 보고서에는 서원에서 거접하는 선비들에게 공궤할 어장 (漁場)으로 천성보 경내 석포 양지'가 빈장이 가닥, 가덕진 경내 석포 음지'가 네째 가닥, 제포 경내 여주리 세째 고거구 무바위 가닥, 같은 포구의 강여구 앞벌섬 새삼바위 가닥 등 네 곳을 더 배정한바, 공문대로 매 한 가닥에 청어 5백 두룸석 부

담시키여 전자에 받은 어장 세 곳에서 잡는 수효와 함께 동 서
원으로 수송하도록 규정을 삼으라 웅천 원에게 지시하였으니,
군으로두 공문을 내서 검사하고 받아 들이여 쓰게 할 일. 이렇
게 시행할 것이다.

　　(주　석)

　　四第. 본래 몇째라는 《째》는 한'자 第에서 나온 것이다. 第四
의 한문식 어순이 리두식 어순으로 바뀌어서 四第로 된 셈이다.

　　詳定. 자의 대로는 세밀히 작정한다는 뜻이나, 그로부터 다
시 부담시킨다는 뜻으로 굴러서 쓰이였다.

　　式爲. 式을 삼는다는 뜻이니 곧 정규적 행사를 가리키는 것
이다.

　　檢擧. 현대어의 어의와 같이 누구를 붙잡아 간다는 말이 아
니요 무엇을 검사한다는 의미다.

제 3절 보고문 및 지시문

1. 장계(狀啓)

지방 관리가 임금에게 제출하는 보고서 내지 문의서 등을 장
계라고 한다. 다음에 실리는 장계는 1593년 임진 조국 전쟁 당시
함경도에서 인민과 함께 적을 방어하던 정 문부(鄭文孚)의 전적
에 대한 보고서다.

　　(원　문)

正月二十八日南道倭寇與嶺東合勢入向吉州之際自臨溟野至吉
州城底終日接戰無數射殺力戰將士所當軍功磨鍊分等啓聞事是
白在果惟只未能決戰大捷使賊入城致有夜遁終始所斬只有九級
餘皆載屍火燒爲白有去等斬馘九級叱分以論功上報實爲未安乙
仍于所斬人叱分分等除良列書磨鍊臣段伏鑽待罪爲白乎㭆萬一
此賊不分晝夜直向南路爲白在如中端川以南段一路人家全數焚
蕩軍馬露宿是白乎乙去爲白在果蒭糧準備極難次次措置爲白良
沙始爲行軍事是白去等出送境內之賊安坐不追極爲痛憤肝膽如
裂爲白齊本道經年爲盜賊之窟男丁赴戰老弱轉輸將有自斃之患
是白良置軍民皆知不可與賊俱生乙仍于儒生等至亦徵發隅無亦

當初始叱自募赴戰至於立功爲白有去等朝廷事目內自募人等論功有差亦爲白乎等以自募各人乙成冊各其名下論功上送爲白乎旀士及第安原權管姜文佑自初倡義首功叱分不喩累次赴戰極力先登輒有大功爲白有如乎節前年十一月初七日下批建功將軍美錢僉使差送十二月八日又差彰信校尉訓鍊判官降資除授爲白臥乎所未知其由敢此報禀極爲惶恐爲白齊狀啓陪持人段主簿崔配天當初倡義及軍功賞職以再次自願陪持叱分不喩節南寇入來時叱置終日力戰至爲可嘉乙仍于依願再送爲白有臥乎事是良尒詮次以善啓向敎是事萬曆二十一年癸巳二月初三日

(독 법)

正月 二十八日 南道倭寇 與嶺東合勢 入向吉州之際 自臨溟野 至于吉州城底 終日接戰 無數射殺 力戰將士 所當軍功磨鍊分等啓開事이숣견과 아기 未能決戰大捷 使賊入城 致有夜遁 終始所斬 只有九級 餘皆戴屍火燒ㅎ숣잇거든 斬馘九級쑨으로 論功上報 實爲未安을지즈무 所斬人쑨 分等더러 列書磨鍊 臣쓴 伏鑕待罪ㅎ숣오며 萬一 此賊 不分晝夜 直向南路ㅎ숣견다히 端川以南쓴 一路人家 盡數焚蕩 軍馬露宿이숣을가 ㅎ숣견과 蒭粮 準備 極難, 次次 措置ㅎ숣아사 始爲行軍事이숣거든 出送境內之賊 安坐不追 極爲痛憤 肝膽如裂ㅎ숣져 本道 經年爲盜賊之窟 男丁赴戰 老弱轉輸 將有自斃之患이숣아두 軍民皆知不可與賊俱生을지즈무 儒生等니르리 徵發 구석어오어여 當初비릇 自募赴戰 至於立功ㅎ숣잇거든 朝廷事目內 自募人等 論功有差여 ㅎ숣온들로 自募各人等을 成冊, 各其名下 論功上送ㅎ숣오며 士及第 安原權管 姜文佑 自初 倡義首功쑨아닌지 累次赴戰 極力先登 輒有大功ㅎ숣잇다은 지위 前年 十一月 初七日 下批,建功將軍 美錢僉使 差送, 十二月 初八日 又差彰信校尉訓鍊判官 降資除授ㅎ숣잇누온바 未知其由 敢此報禀 極爲惶恐ㅎ숣져 狀啓陪持人쓴 主簿 崔配天 當初 倡義及 軍功 賞職으로 再次 自願陪持쑨 아닌더 더위 南寇 入來時쓴두 終日力戰 至爲可嘉를지즈무 依願再送ㅎ숣잇누온 事이아금 詮次로 善啓 아이신 事.萬曆二十一年 癸巳 二月 初三日.

보고문 및 지시문   375

(역 문)

　정월 28일 남도의 왜적이 평동 것들과 합세해서 길주로 향해서 들어 올 림시, 림명벌로부터 길주성 밑에 이르기까지 종일 접전을 해서 무수히 쏘아 죽이였음으로, 애써 싸운 장수와 병사들은 마땅히 전공을 평정해서 등급을 매기여 임금께 보고할 바어니와, 오직 능히 결전에서 큰 승전을 거두지 못하고, 적으로 하여금 성안으로 들어 가서 밤을 타 도망을 치게 하였으며, 처음으로부터 끝까지 적의 목을 빈 것이 단지 9급이요 나머지는 모두 송장을 쌓아 놓은 다음 불살렀으니, 목빈 것이 9급 뿐으로서 론공하는 보고를 올리기 실로 미안함으로, 적의 목을 빈 사람만 등급은 매기지 않고서 별기히기도 하였습니다. 신으로 말하면 형수 앞에서 죄받을 것을 기다리며 이번의 적이 주야를 쉬지 않고 바로 남쪽으로 향하는 통에, 단천 이남으로 말하면 쭉 내려 가면서 인가 전체가 불타고 없어져서 병사나 말이나 한둔을 해야 될가 보니 량식과 꼴을 준비 극난할 것이라, 차차 마련을 해서야 비로소 행군을 하게 될 이거든, 경내에 있던 적을 내보내면서 가만이 앉어서 추격 치 못하는 것이 극히 통분스러워서 간담이 째지는 것 같습니다. 본도가 해포를 두고 도적의 소굴로 되여서 장정은 싸움터로 나가고, 늙고 약한 사람은 물건 운반에 매달리여 장차 앉아서 망해버릴 럼려가 있건만도, 병사나 백성이나 모두 적과는 함께 살 수 없는 것을 알므로 선비들에 이르기까지 정발할 구석 없이, 애초에 첫고동으로 자신 입대해서 싸움터로 나가서 공을 세우기에 이르렀거든, 중앙의 지시 사항중 자진 입대자에게 론공을 달리하라고 한지라, 자진 입대자들의 명단을 작성하고 각각 그 이름 아래 공을 기록해서 올려 보냅니다. 토급제 안원권관 강문우는 처음부터 의병을 일으킨 공로자의 첫째로 될 뿐이 아니라, 여러 번 싸움터에 나가서 기쓰고 앞장을 서서 매번 큰 공이 있는 이 때, 전년 11월 초 7일에 임금의 결재가 내려 와서 건공 장군 미전첨사를 임명하였더니, 12월 초 8일에 또 창신교위 훈련판

관을 시키여 낮은 직품으로 임명하신 바, 그 까닭을 아지 못하여 이에 감히 여쭈어 보는 터로서 극히 황공스러워 합니다. 이 장계를 가지고 가는 사람으로 말하면 주부 최 배천이니 맨 첨 의병을 일으킨 사람과 군공에 대한 상직을 보고할 때도, 두 번썩 자원해서 장계를 가지고 가겠다고 했을 뿐이 아니라, 이번 남쪽의 적이 들어 왔을 때로 말해도 진종일 힘을 다해서 싸운 것이 대단히 가상함으로 제 소원에 의해서 재차 보내는 일인즉, 그 까닭을 잘 여쭈실 일. 만력 21년 2월 초 2일

(주 석)

九級. 級은 적의 목을 빈 것을 세는 단위. 목 하나가 한 級.

事目. 사건의 멸기를 이르는 말. 즉 중앙 정부로부터의 지시 사항.

自募. 募는 병사의 모집을 가리키는 것이니, 自募란 곧 자진 입대와 같은 뜻이다.

成册. 글'자 그 대로는 책을 만들었다는 말이지마는 여기서 구체적인 뜻으로는 명단 작성을 가리키는 것이다.

士及第. 及第는 과거에 붙었다는 뜻이요, 土는 본 지방이란 뜻이다. 즉 본 지방에 거주하면서 과거에 붙은 사람이다.

權管. 지방 수비의 책임자. 그런 책임자 중의 가장 낮은 급.

建功將軍. 종 삼품(從 三品)의 첫자리.

美錢僉使. 僉使는 僉節制使의 략칭이요 美錢은 지명이다. 美錢鎭 수비 부대의 책임자를 가리키는 것이다.

彰信校尉. 종 오품(從 五品)의 둘째 자리.

訓鍊判官. 訓鍊은 訓鍊院이니 군사 간부의 훈련 양성을 말은 관청이요, 판관은 벼슬 이름이니 종 오품이 하는 벼슬이다.

降資. 建功將軍, 彰信校尉 등을 가자라고 부르는 바, 建功將軍에서 彰信校尉는 여덟 자리가 떨어지고 있다. 資는 가자를 의미하는 말이요 降은 글'자 그 대로 떨어진다는 의미다.

陪持. 장계는 임금에게 가는 서류라 그래서 陪자를 쓴 것이다.

보고문 및 지시문   377

善啓. 장계에는 두 가지의 종류가 있으니, 하나는 임금에게 직접 제출하는 것이요, 다른 하나는 승정원(承政院)을 통해서 간접으로 임금에게 전달을 청하는 것이다. 이 장계가 바로 둘째 종류에 속하기 때문에 임금에게 잘 전달해 달라는 사연의 규격화된 문구로써 끝을 막은 것이다.

2, 첩정(牒呈)

하급 관청에서 상급 관청에 향해서 제출하는 보고서 내지 문의서를 첩정이라고 한다. 이 첩정은 지평 현감(持平 縣監)이 경기 관찰사(京畿 觀察使)나 또는 어떠한 다른 상급 관청에 제출한 것으로 그 년대는 미상하다.

(원 문)

砥平縣監爲牒報事關文內乙用良本縣居尹生員家所在日記沒數督封上送次其家僮發差捉囚則尹生員鋮躬來官門所告內以爲日記所聚昔果有之而己酉年自京下來時未及輸來授置于京中贖奴家矣其後贖奴意外身死日記休紙籠并爲失火是乎所豈有家藏而不出之理是乎旀頃納一卷適爲入來於冊籠中故果已授納則嚴關督納之下亦豈有牢諱之道乎其餘冊子實無所在之事是如爲臥乎所主戶之供辭旣如此是乎則自本官勢無他推出之道是乎矣今到關文內辭意極嚴截是乎等以尹生員家僮段依關文捉囚緣由并以牒報爲臥乎事

(목 별)

砥平縣監 爲牒報事. 關文內를 쓰아 本縣居 尹生員家 所在 日記 沒數督封 上送次 其家僮 發差捉囚則 尹生員鋮 躬來官門 所告內以爲 日記所聚 昔果有之而 己酉年 自京下來時 未及輸來 授置于京中贖奴家矣 其後 贖奴 意外身死 日記休紙籠 并爲失火이온바 豈有家藏而不出之理이오며 頃納一卷 適爲入來於冊籠中故 果已授納則 嚴督之下 亦豈有牢諱之道乎 其餘冊子 實無所在之事이다ᄒᆞ누온바 主戶之供辭 旣如此이온則 自本官 勢無他推出之道이오되 今到關文內 辭意 極爲嚴截이온들로 尹生員家僮은 依關文捉囚 緣由아오로 牒報ᄒᆞ누온 事.

(역 문)

지평 현감은 보고할 데 관해서. 지시문의 내용에 따라 본 현에 거주하는 윤 생원의 집에 있는 일기를 하나도 빼놓지 않고 봉해서 올려 보낼 작정으로, 관차를 내 보내서 그 집의 하인을 잡아다가 가둔즉, 윤 생원 성이 몸소 관청에 와서 고하기를, 일기를 모은 것이 그 전에는 과연 있었으나 기유년에 서울서 내려 올 때 미처 운반해 오지 못하고 서울 있는 속량한 종의 집에 맡기어 두었더니 그 뒤 속량한 종은 의외로 죽고, 일기를 담아 두었던 수지농이 불에 타버린바 어찌 집에 두고 내 놓지 않을 수 있으며, 요전 번에 바친 한 권은 마침 책농 속에 들어서 왔기 때문에 이미 찾아서 바친 것인즉, 엄격한 지시문으로써 바치라는 독촉이 있는데 또 어찌 숨기어만 둘 도리가 있습니까. 그 나머지의 책은 사실로 가지고 있지 않다고 하는바, 호주의 공술이 이미 이러한즉 본관으로서도 형편상 달리 찾아 볼 길이 없으니, 이제 접수한 지시문에는 사연이 극히 엄절한지라, 윤 생원 집의 종으로 말하면 지시문에 의해서 잡아다가 가두어 두고 그 사유를 함께 보고하는 일.

(주 석)

家僮. 사내 종을 가리키는 것이다. 리조 시대의 민속에는 상전의 잘못한 일이 있을 때 그 종을 대신 때리기도 하고 잡아 가두기도 하였다.

發差. 差는 관청의 파견인을 이르는 말이니 發差는 파견인을 보낸다는 의미다.

贖奴. 리조 시대의 노비들은 자기 몸값에 해당한 금액 또는 물건을 내놓거나 기타의 특수한 공로가 있을 때 노비의 신분으로부터 벗어 날 수 있다. 그렇게 하는 것을 免賤 또는 贖良이라고 하니, 贖奴는 贖良된 종으로서 전날 일찌기 노비 관계를 가졌던 사람을 이름이다.

本官. 지평 현감이 자기를 가리키는 말이다.

3. 관자(關字)

관자는 상급 관청에서 하급 관청에 향해서 보내는 지시문이다. 이 관자는 비변사(備邊司)에서 경상도 관찰사에게 보낸 것으로 그 내용에 의해서 18세기말 내지 19세기 초의 문서로 추정된다.

(원　문)

丙午十一月二十五日到付

備邊司爲相考卽接內需司所報則以爲司屬寧嬪房移來出稅田畓在於慶尙道金海乙仍于土稅條每負租一斗式依續典捧納矣卽接下去屯監所告內今年段屯民輩不有法典敢生奸計誣呈巡營專事拒納孤單屯監萬無收拾之路莫重上納必然生梗是如爲有如乎盖此田畓移屬本司後依續典每負租一斗收稅上納而少無科外濫徵之端是去乙屯民輩如是作梗應納之稅欲爲拒納究厥所爲萬萬痛駭從當啓禀嚴處計料是在果爲先論報爲去乎同拒納作人等拿致營門各別重繩後依前收稅及時上納俾補內用之需事發關本道嚴飭該邑亦爲臥乎所一依法典所載收稅而頑拒者各別治罪爲乎矣本屯被災亦爲詳察處之宜當向事

(독　법)

丙午 十一月 二十五日 到付

備邊司 爲相考事 卽接內需司所報則 以爲 司屬 寧嬪房 移來 出稅田畓 在於慶尙道金海郡을지즈루 土稅條 每負 租一斗式 依續典 捧納矣 卽接下去屯監所告內 今年쁜 屯民輩 不有法典 敢生奸計 誣告巡營 專事拒納 孤單屯監 萬無收拾之路 莫重上納 必然生梗이다ㅎ잇다온 盖此田畓 因傳敎 移屬本司後 依續典 每負 租一斗 收稅上納而 少無科外濫徵之端이거늘 屯民輩 如是作梗 應納之稅 欲爲拒納 究厥所爲 萬萬痛駭 從當啓禀嚴處 計料이건과 爲先 論報ㅎ거온 同 拒納作人等 拿致營門 各別重繩後 依前收稅 及時上納 俾補內用之需事 發關本道 嚴飭該邑여 ㅎ잇누온바 一依法典所載 收稅而 頑拒者 各別治罪ㅎ오되 本屯被災 亦爲詳察處之 宜當 안일

(역 문)

병오 11월 25일 접수

비변사는 조사할 일에 관해서. 지금 내수사의 보고를 접수한즉 기록하기를 동 사의 소속으로 된, 녕빈방에서 옮겨 온 새 받는 전답이 경상도 김해군에 있음므로 지세는 매 짐 벼 한 말씩을 속대전에 의해서 받아 드리였습니다. 지금 내려 보낸 둔감으로부터 받은 보고에는 금년으로 말하면, 둔전의 주민들이 법전을 우습게 여기고, 감히 간교한 피를 내어 순영에다가 거짓말로 보고하고 세를 바치기를 거역하니, 혼자 몸의 둔감으로서 수습할 길이 전연히 없으매, 막중한 상납에 반드시 말썽이 날 것이라고 합니다. 대개 이 전답은 임금의 분부에 의해서 본사로 넘어 온 후 속대전에 의해서 매 짐 벼 한 말을 세로 받아서 상납해 온 것으로서, 조금도 법외의 지나친 징수가 없거늘, 둔전 주민들이 이렇게 분란을 일으키여 당연히 바칠 세를 바치지 않으려고 거역하니, 그 소위를 생각하면 만만 괘씸한만큼 종당 임금께 여쭈어서 엄하게 처리하여야 한다고 요량하거니와, 우선 지적해서 보고합니다. 그 세를 바치지 않겠다고 거역하는 작인들을 영문으로 붙잡아다가 특히 중하게 다스린 후, 전과 같이 세를 거두어 제 때에 상납해서 왕궁내 소용에 도움이 되도록 그 도에 지시문을 내리여 그 고을을 엄하게 단속하라고 하였는바, 전체 법전에 적힌 대로 세를 거두고 완강히 거역하는 자는 각별히 치죄하되, 그 둔전에서 재해를 입은 것도 또한 상세히 조사해서 처리하는 것이 마땅할 일.

(주 석)

到付. 문서의 접수나 그 접수에 대한 확인장을 의미하는 말이다. 이 문서를 내는 비변사에서 써 넣었을 것이 아니요 그것을 받은 경상도에서 써 넣었을 것이다. 그러나 단지 공문 첫머리에 접수 일자가 기입되였다는 것은 조금 우습다. 이것은 원문에서 그렇게 된 것이라기보다 옮기여 벗길 때 그렇게 된 것이 아닌가 한다.

內需司. 리조 시대 임금의 개인적 소유로 되여 있는 재산을 관리하던 관청이다.

寧嬪房. 嬪은 왕비의 다음 가는 녀자의 존칭이니 寧嬪房이란 것은 寧嬪이라는 그 개인의 생활을 위해서 왕궁내에 설치되여 있던 림시적 부서다.

續典. 1744년에 편찬된 續大典이라는 법전을 가리키는 것이다.

屯監. 근세에 이르러 큰 면적의 토지를 어떠한 관청 또는 왕궁에서 관리하면서 둔전(屯田)이란 이름으로 부르고 있었다. 좀더 옛시대로 올라 가서는 이 둔전의 형태는 그 이름에 비추어 근세와는 달랐던 것으로 추정된다. 둔감은 둔전의 관리인이다. 내수사에서 파견한 사람이다.

巡營. 각 도의 감사는 순찰사(巡察使)란 이름으로도 부른다. 거기서 감사가 사무 보는 곳을 감영(監營) 또는 순영(巡營)으로 부른다.

生梗. 말썽 또는 분란이 일어 난다는 말.

作梗. 말썽 또는 분란을 일으킨다는 말.

論報. 상급 관청에 향해서 어떠한 개인 및 어떠한 사건에 대한 것을 지적 비판하는 동시에 법적 처단을 요청하는 공문.

營門. 군사 관계의 관청. 감사가 그 도내 군사 관계의 최고 책임자임으로 역시 영문이라고 부르고 있다

4. 감결(甘結)

한문 성어로의 甘結은 어떠한 개인이 행정 명령을 받을 경우 관청에 향해서 서약하는 말을 이르는 것이나, 조선서는 바로 행정적 결정을 가리키는 말로 전용되였다. 아래에 들어 보이는 감결은 그 내용에 비추어 내수사(內需司)와 같은 관청에서 강원도에 보낸 것으로 판명되나, 그 년대가 미상하다.

(원 문)

即到付營吏廳了

壽進宮圖署公事內宮屬杆城乾鳳寺卽聖節爲祝重地故一切雜役

永勿侵責本山四山局內禁養等節別般禁斷事營邑良中前後圖署
公事何等申嚴而挽近法綱解弛莫重宮令視若弁髦弊固自如慢不
知戢緇徒呼寃入聞狼籍故玆更別飭爲去乎汝矣等以此意告營門
後行關本郡稱以京鄕捕校之討索邑吏隷之橫侵一一痛禁爲㫆附
近梧峴大垈海上郡內面長處嚴立科條樵堅等犯斫之弊到底嚴飭
矣爲先自本邑摘發其尤甚者捉致嚴勵爲遣又爲嚴辭傳令揭付各
洞街壁如有復蹈前習之類是去等卽當照律刑配之意甘飭該郡後
擧行形止急速報來以爲啓禀之地亦爲有置到卽一依公事辭意各
別擧行期有實效是矣該寺四山標內犯葬之弊一體嚴禁是遣甘到
形止先卽報來宜當向事

　　（독　법）

卽到付營吏廳으로

壽進宮圖書公事內　宮屬　杆城　乾鳳寺　卽聖節爲祝重地故　一
切雜役　永勿侵責　本山　四山局內　禁養等節　別般　禁斷事　營邑아
히　前後　圖書公事　何等申嚴而　挽近　法綱解弛　莫重宮令　視若弁
髦　弊固自如　慢不知戢　緇徒呼寃　入聞狼籍故　玆更別飭ᄒᆞ거온 너
의등　以此意　告營門後　行關本郡　稱以京鄕捕校之討索　邑吏隷等
之橫侵　一一痛禁ᄒᆞ며　附近　梧峴，大垈，海上，郡內等面　面長處
嚴立科條　樵堅等　犯斫之弊　到底嚴飭矣　爲先　自本邑　摘發其尤甚
者　捉致嚴勵ᄒᆞ고　又爲嚴辭傳令　揭付各洞街壁　如有復蹈前習之類
이거든　卽當照律刑配之意　甘飭該郡後　擧行形止　急速報來　以爲啓
禀之地亦爲有置　到卽一依公事辭意　各別擧行　期有實效이되　該寺
四山標內　犯葬之弊　一體　嚴禁이고　甘到形止　先卽報來　宜當向事

　　（역　문）

바로 영리청으로 접수시키라

　　수진궁의 공인이 적힌 공문에는 그 궁에 소속되여 있는 간
성 건봉사는 곧 임금의 생신을 축복하는 중요한 곳인 까닭에 일
체의 딴 부역을 영영 부담시키지 말 것이며 그 절의 사방 경계
내는 나무를 건드리지 말 것 등 특별한 금지 사항에 대해서는
도와 군으로 전후해서 궁의 공인을 적은 공문을 내리여 그 엄

마나 엄하게 신칙하였는가. 그렇건만 요사이 법률이 해이해져서 막중한 궁의 명령도 대수롭지 않게 보매 폐단이 그대로 끌어서 좀처럼 고쳐지지 않으니, 중의 무리의 억울하다고 떠드는 소리는 임금의 귀에까지 어지러이 들리는 까닭에 이제 또 한번 특별히 신칙하는 것이다. 너희들이 이런 뜻으로 감영에 고한 후 그 고을로 지시문을 내여서 서울 시골의 포교라고 하는 것들의 토색이라든지 고을의 아전, 사령 등의 침해라든지 하나하나를 절대로 금지하며, 그 부근의 오현, 대대, 해상, 군내 등 면의 면장한테도 엄하게 규정을 집행시키여 나무'군이 범하는 폐단을 철저히 단속케 할 것이다. 우선 그 고을로부터 그 중의 심한 자를 적발해서 붙잡아다가 엄하게 징계하고, 또 엄절한 사연으로 포고문을 써서 각 동리 길'가 벽에 붙이게 할 것이다. 만약에 옛버릇을 그대로 행하는 자가 있거든 곧 마땅히 법률에 비추어 형벌을 가하고 귀양을 보내라고 그 고을로 감결을 보내여 신칙한 후, 그 시행한 실적을 빨리 보고해서 임금께 여쭙게 하도록 하라고 하였으니, 이 공문이 접수되는 대로 그 사연에 따라 각별히 시행해서 꼭 실효가 있도록 하되, 그 절 사방 경계 내 함부로 장사지내는 폐단도 일체 엄금하고 감결이 접수된 후의 실적에 대해서 곧 보고를 내여야 할 일.

(주 석)

營吏. 감영 즉 순영에서 복무하는 아전을 가리키는 말이다. 영리는 그 도내 각 군의 아전들로부터 선발되게 된다.

壽進宮. 임금의 어머니, 할머니 등 다 각각 개인 관계의 재산이 있을 수 있으며, 또 특수한 력사적 관계에 의해서 왕궁 내에는 따로 관리되는 재산이 있을 수 있다. 이런 것들을 대체 모두 궁으로 일컫고 있으니 수진궁도 이런 宮 중의 하나일 것이다.

禁養. 나무를 가꾸는 것을 이르는 말.

圖書. 도장의 뜻.

汝矣等. 수진궁에서 공문을 보내면서 그 상대자를 이렇게 부르고 있는 것이다. 이로 보아 수진궁으로부터 공문을 받고 다시 강원도 영리청으로 이 공문을 낸 것이 내수사(內需司)였던 것으로 추정된다.

入聞. 글'자 대로는 귀에 들어 왔다는 뜻이나, 리조 시대 임금에게 알려진 것을 흔히 이렇게 말하였다. 이것은 궁에서 내는 공문이라 물론 그런 뜻으로 쓴 것임에 틀림이 없다.

捕校. 捕는 捕盜의 뜻이요 校는 軍校의 뜻이다. 즉 도적을 기찰하고 체포하는 직책이다.

甘飭. 감결로 신칙한다는 뜻.

甘到. 감결을 접수하였다는 뜻.

제 4절 초사(招辭)

1. 황신(黃愼)의 조사

리조 제 15 대의 임금인 광해군(光海君)은 그 계모와의 갈등으로 인해서 1612년 그 계모의 아버지인 김 제남(金悌男)을 반역죄로 몰아서 죽이게 되였다. 이것은 김 제남 사건에 련루되여 심문을 받은 황신이란 사람의 공술을 기록한 내용으로서 대동야승(大東野乘) 중 광해 일기(光海日記) 가운데 실리여 있다.

(원 문)

白等鄭俠承服招內金悌男謂鄭俠曰黃愼段水火中救我者是如爲有去等與悌男親切事狀從實直告亦傳敎推考敎是臥乎在亦矣身雖極無狀常時所期待不爲庸劣所與從遊本無泛然相知而已金悌男少時其爲逆謀則何以知之其爲人庸拙暗劣無寸長之人故初不以朋友爲交矣身往在甲申年間方爲韋布時讀書于高嶺山寺適音悌男亦來爲有去乙矣身始爲相知下寺之後悌男乙或遇泮宮或相見於友家等是白遣矣身一不見於其家厥後矣身登科悌男段在布韋其蹤跡絶不相通爲白如可及爲蔭官之後時或來見其時矣身不在京常在南邊罕到京中前後相見只數三番爲白齊辛丑年矣身在喪脫喪後三年上京則冒忝大司憲時悌男適爲持平矣身乙曾以長官頻數來見其後悌男以同僚間有未安事爲呈辭矣矣身往見於其

초사(招辭)

家厥後矣身赴京還來仍然被劾削職即下鄕曲爲白齊矣身赴京往還之間悌男已爲國舅矣身時在罪戾中自壬寅丁未戊申六七年間邈然不相聞爲有如乎戊申國恤之後矣身承召上京五月以陳奏副使赴京其年十二月始還其時悌男始爲來見于矣家而矣身方在陳疏辭之中不卽回謝過一年後始一往見其後則每年歲時或循例往見而已庚戌夏秋辛亥春間日月不記一以國饒往見一以叅宴往見前年春以後至今一不往見爲白齊矣身與悌男不過泛然相知而已元非相許之友是白去等有何親密之事乎設使矣身庸劣逐勢而相交是如爲白良置矣身被罪儕輩皆罷散之時良中置悌男以國舅勢重之時別無拯救汲引之事渠所追隨者不過其時當國用事之人相切之狀在廷諸臣孰不知之自上亦豈不下察乎渠方得勢良中置矣身儕輩尙不因緣攀附爲白去等渠乙失勢之後與渠從遊人情天理千萬無理爲白齊矣身與悌男相切曲折一一盡達爲白去乎天日之下安有一毫欺罔乎此外矣身若有近年因私出入其家之時則自有渠家洞隣近之人是㫆五六年來矣身不爲還官長在一職亦有帶行下人十目所視安敢掩其蹤跡乎矣身壬辰亂初在罪廢中爲白如可趨謁聖上於行在中卽拜書筵官陪護三年最承恩眷其後得罪先朝削職閑住者幾六七年聖上卽位之初首被收用五年之內陞秩者五名忝勳籍位極人臣天恩罔極不知死所度支累年精力俱疲前後得病呈告爲白良置每被聖諭丁寧輒復曳病出仕有若貪戀無恥者誠以聖恩如天報答無路期於自斃而後已爲白如乎畢竟不幸矣身姓名掛於兇賊之口寧欲剖身抉膓以明此寃而末由也有罪無罪只恃聖明洞燭而已此外更無所達右良

(문 目)

슮든 鄭俠 承服招內 金悌男謂鄭俠曰 黃愼쑈 水火中 救我者이다 ᄒᆞ잇거든 與悌男 親切事狀 從實直告여 傳敎 推考이시누온견여 의몸 雖極無狀 常時 所期待 不爲庸劣 所與從遊 本無泛然相知而已 金悌男 少時 共爲遊謀則 何以知之 其爲人 庸拙暗劣 無寸長之人故 初不以朋友爲交 의몸 往在甲申年間 方爲布韋時 讀書于高嶺山寺 마침 悌男이 來ᄒᆞ잇거을 의몸 始爲相知 下寺之

後 悌男을 或過泮宮 或相見於友家ㅎ얏이숩고 의옴 一不見於其家厥後 不久 의옴 登科 悌男은 在布韋 其蹤跡 絕不相通ㅎ숩다가 及爲蔭官之後 時或來見 其時 의옴 不在京 常在南邊 罕到京中 前後相見 只數三番ㅎ숩져 辛丑年 의옴 在喪 脫喪後 三年 上京則冒忝大司憲 時悌男適爲持平 의옴을 曾以長官頻數來見 其後 悌男以同僚間未安事 爲呈辭矣 의옴 往見於其家 厥後 의옴 赴京還來 仍爲被刻削職 卽下鄕曲ㅎ숩져 의옴 赴京往還之間 悌男已爲國舅 의옴 時在罪戾中 自壬寅 丁未 戊申 六七年間 邈然不相聞ㅎ잇다온 戊申國恤之後 의옴 承召上京 五月 以陳奏副使赴京 其年十二月 始還 其時 悌男 始爲來見于의家而 의옴 方在陳疏辭之中 不卽回謝 過一年後 始一往見 其後則 每年歲時 或循例往見而已 庚戌夏秋 辛亥春間 日月不記 一以國澆往見 一以忩宴往見 前年春以後 至今 一不往見ㅎ숩져 의옴 與悌男 不過泛然相知而已 元非相許之友이숩거든 有何親密之事乎 設使 의옴 庸劣 逐勢利而相交이다 ㅎ숩아두 의옴 被罪 擯斥罷散之時아히두 悌男以國舅勢重之時 別無拯救汲引之事 渠所追隨 不過其時當國用事之人相切之狀 在廷諸臣孰不知之 自上亦豈不下察乎 渠方得勢아히두 의옴 儕輩 尙不因緣攀附ㅎ숩거든 渠를 失勢之後 與渠從遊 人情天理 千萬無理ㅎ숩져 의옴 與悌男 前後相切曲折 一一盡達ㅎ숩거은 天日之下 安有一毫欺罔乎 此外 의옴 若有近年因私出入其家之時則 自有渠家洞隣近之人이며 五六年來 의옴 不爲遷官 長在一職 亦有帶行下人 十目所視 安敢掩其蹤跡乎 의옴 壬辰亂初 在罪廢中ㅎ숩다가 趨謁聖上於行在中 卽拜書筵官 陪護三年 最承恩眷 其後 得罪先朝 削職閑住者幾六七年 聖上卽位之初 首被收用 五年之內 陞秩者五 名忝勳籍 位極人臣 天恩罔極 不知死所 度支累年 精力俱疲 前後 得病呈告ㅎ숩아두 每被聖諭丁寧 輒復曳病出仕 有若貪戀無恥者 誠以聖恩如天 報答無路 期於自斃而後已ㅎ숩다온 畢竟不幸 의옴 姓名 掛於兇賊之口 寧欲剖身抉膓 以明此寃而未由也 有罪無罪只恃聖明洞燭而已 此外更無所達 님의아

초 사(招 辭)   387

(역 문)

　　말씀을 여쭙건댄 정협의 자복한 공술에는 김 제남이 정협에게 말하기를, 황신으로 말하면 환란 중에서 나를 구원할 사람이라고 하였으니 제남과 친절히 지낸 내용을 바른 대로 고하라고 임금의 분부로서 심문하시는바, 이 몸이 비록 아주 변변치 못하여도 평상시의 기대는 용렬치 않아서 함께 교유하는 사람으로서 범범하게 서로 알 뿐인 사이가 없습니다. 김 제남이 젊었을 때야 그가 반역죄를 범할 것을 어떻게 알겠습니까. 그 위인이 용졸하고 암문해서 조그만 장처도 없는 사람인고로 처음부터 친구로 사괴지를 않았습니다. 이 몸이 갑신년께 아직 선비로 있을 때 고령산 절에 가서 글을 읽었는데, 마침 제남이 와서 이 몸이 비로소 알게 되였습니다. 절에서 내려 온 뒤 제남을 혹 성균관에서 만나거나 혹 친구 집에서 볼 뿐이옵고 이 몸이 한 번도 그 집으로 찾아 가지 않았습니다. 그 뒤 오래지 않아서 이 몸은 과거에 붙고 제남으로 말하면 선비로 있어서 왕래가 전연 끊어졌다가 그가 남행으로 벼슬을 한 뒤에야 이따금 혹 와서 보았으나, 그 때 이 몸이 서울 있지 않았으며 항상 남쪽 지방에 머물어서 서울은 드물게 왔기 때문에 전후에 서로 본 것이 그저 두서너 번입니다. 신축년 봄에 이 몸이 거상을 입어서 탈상하고 3년만에 서울을 온즉 외람스러이 대사헌에 임명되였는바, 그 때 제남이 마침 지평으로 있어서 이 몸을 웃사람이라고 자주 와서 보았습니다. 그 뒤 제남이 동료간의 말썽으로 인해서 사임 원서를 내기에 이 몸이 그 집으로 가 보았습니다. 그 후 이 몸이 북경을 갔다가 돌아 와서 그 길로 탄핵을 받고 벼슬을 삭제 당하여 곧 시골로 내려 갔습니다. 이 몸이 북경을 갔다 왔다 하는 동안에 제남은 이미 임금의 장인으로 되고, 이 몸은 죄를 입고 있어서 임인으로부터 정미 무신까지 6~7년간 막연히 서로 통치 않았습니다. 무신년에 돌아 가신 임금의 상사가 난 이후 이 몸이 임금의 부르심을 받아 서울로 올라 왔고, 5월에 보고를 가지고 가는 중국 사행의 부책임자가 되여 북경을 갔다가 그 해 12월에 비로소 돌아 왔는바, 그 때 제남이 저희 집으로 보러 왔었으나 이 몸이 바야흐로 상소를 내고 벼슬을 사퇴한 중에 있어서 곧 답인사를 못 하였다가 1년이 지난 후에야 비로소 한 번 가 보았습니다. 그 후로는 매년 명절 때 혹 전례 대로 가 보았을 뿐입니다. 경술년 여름인지 가을인지와 신해년 봄에 날'자는 기억치 못하나마 한 번은 국요로 가 보았고, 한 번은 잔치에 참례하러 가 보았고, 전년 봄 이후 지금까지는 한 번도 가 보지 않았습니다. 이 몸이 제남과는 그저 범범하게 서로 알 뿐이요 원래 서로 허심하는 친구가 아닌어든 무엇이 친밀할 것이 있습니까. 설사 이 몸이 세력과 리익을 좇아서 사람을 사귄다 하더라도 이 몸은 죄를 당하고 한편의 사람이 모두 벼슬 자리에서 몰려 나는 데도 제남이 임금의 장인으로서 세력이 쿨 때 별로 붙들어 주고 빼내 주는 일이 없었으며, 그를 좇아 다니는 자는 그 당시 당국해서 시색이 좋은 사람들에 지나지 않았습니다. 서로 관계된 형편을 중앙에 있는 여러 판리들로서 누가 모르겠습니까. 임금께서도 어찌 또한 굽어서 살피시지 않겠습니까. 저자가 바야흐로 세력을 쓸 적에도 이 몸과 한편의 사람들은 오히려 연줄을 당여서 저자에게 붙으려고 하지 않았는데, 저자가 실세한 이후 좇아 다닌다는 것은 사람의 마음으로나 사물의 리치로나 천만 번 당치 않습니다. 이 몸이 제남과 서로 관계된 래력을 일일이 다 고백하오며, 하늘 아래 서서 어떻게 털끌만치나 기만하겠습니까. 이 이외 이 몸이 만일 근년에 사사로운 일로 그 집에 드나든 적이 있다면 저자의 집 동리의 이웃 사람이 그 대로 있으며, 5~6년 이래 이 몸이 벼슬을 옮지 않고 줄곧 같은 자리에 있어서 데리고 다니던 하인이 뻔한 것이니 여러 사람의 눈이 있는 데야 어떻게 그 종적을 엄폐할 수 있습니까. 이 몸이 임진년 란리가 났을 초판에 죄를 당하고 물러 나 있다가 임금을 행재중에 가서 뵈이였더니 곧 서연관을 시키여 모시고 지낸지 3년 동안에 은혜를 가장 많이 입었으며, 그 뒤 돌아 가신 임금께 죄를 지고서 벼슬을 삭제

당하여 한가히 지낸지 거의 6~7년이나 되다가, 임금이 왕위에
오르신 즉시로 등용되여 다섯 해 안에 직품이 올라간 것이 다
섯 번입니다. 이름이 공신록에 들고 벼슬이 높은 데까지 이르
니 임금의 은혜가 한이 없어서 죽을 곳을 아지 못합니다. 호조
일을 여러 해째 보아오매 정력이 다 빠진지라 몇 번 병으로 인
해서 사직을 청해도 언제나 임금의 친절하신 분부를 받아 다시
도루 병을 지닌 채 사무를 보고 있는 것이 마치 벼슬이나 탐해
서 렴치를 모르는 자와 같으나, 실상 임금의 은혜는 하늘 같고
보답할 길은 없어서 그저 죽기까지 노력하기를 기약하였더니,
필경에 불행해서 이 몸의 성명이 모진 역적놈의 입에서 나오
고 보니 차라리 몸둥이를 쪼개고 창자를 헤쳐서라도 이 원통함
을 밝히고 싶건만은 그렇게 못하고 있습니다. 죄를 당하고 죄
를 아니 당하는 것은 오직 임금이 밝히 살피시기에 달렸을 뿐
이요, 이 이외에 더 말씀 올릴 것은 없습니다. 이상.

(주 석)
傳敎. 리조 시대 임금의 명령이나 지시를 가리키던 말이다.
推考. 법적으로 조사 내지 심문 등을 이르는 말이다. 단지
가벼운 과실이 있을 때 推考라는 책벌을 행하는바, 그 추고는 오
지 빈말 뿐이다.
章布. 선비를 의미하는 한'자 성어.
泮宮. 성균관 즉 리조 시대의 국학(國學)을 이르는 것이다.
陸宣. 과거에 붙지 못하고 벼슬하는 것을 이르는 것이다.
大司憲. 사헌부(司憲府)의 장관.
持平. 사헌부의 벼슬 자리.
呈辭. 사임원이나 휴가원을 모두 呈辭라고 한다. 여기서는
사임원에 해당한 것이다.
國舅. 임금의 장인.
國恤. 나라의 큰 불행을 의미하는 한'자 성어다. 그로부터
임금이 죽은 것을 가리키는 말로 쓰이였다.
國洗. 미상하다.

行在所. 임금이 외지에 나가서 머무는 처소를 가리킨다.

書筵官. 임금이 공부하는 곳을 經筵, 經筵 관계의 벼슬을 經筵官이라고 함에 대해서, 왕위 계승자로 지적된 임금의 아들이 공부하는 곳을 書筵, 書筵 관계의 벼슬을 書筵官이라고 한다.

度支. 호조(戶曹)를 이르는 말.

2. 구천(救天)의 초사

1675년 구천이란 사람의 공술한 바다. 의금부 등록(義禁府謄錄)에 들어 있다고 한다.

(원 문)

刑問施爲次直爲所如中已前所供辭緣不勝刑杖是果誣招矣身曾雖止接於牟京雲家是乎乃今此設祭事實非京雲指揮是白在果忠淸道德山統山里崔泰伋稱名人多有田庄生計饒足今番大同捧上時受杖於本官因此懷忿敎誘矣身曰汝若上京往于新陵近處精備盤器等物焚香陳器潛置陵前有若設祭者然仍自現參奉前則必卽捉告推問因爲上達民弊朝家不必殺汝或有論賞之擧事成而來則當給田畓幷造家舍爲汝生活之資是如爲白去乙矣身依其言上京犯此死罪是乎矣初不直招事叚同崔泰汲曾有資活之恩於矣身是乎等以不忍現告誣引他人是白如乎今將就死不得不直招爲白去乎泰汲捉致與矣身一處面質則可知實狀是白乎旀牟有秋段牟京雲遠族是如常常言說之際矣身知其名是白如乎嚴刑之下不得已誣告是白乎旀京中接主人叚矣身初一日上京無與相知是白等以出宿城佛堂實無城內止接是白置相考施行敎事

(독 법)

刑問 施호 次 直호바다히 已前所供 辭緣 不勝刑杖 是果誣招 의몸 曾雖止接於牟京雲家이오나 今此設祭事 實非京雲指揮이숩 견과 忠淸道 德山 統山里 崔泰汲 稱名人 多有田庄 生計饒足 今番 大同 밧자時 受杖於本官 因此懷忿 敎誘의몸曰 汝若上京 往于 新陵近處 精備盤器等物 焚香陳器 潛置陵前 有若設祭者然 仍自 現參奉前則 必卽捉告推問 因爲上達民弊 朝家不必殺汝 或有論賞 之擧 事成而來則 當給田畓 幷造家舍 爲汝生活之資是如爲白去乙

矣身 依其言 上京 犯此死罪이오되 初不直招辭는 間崔泰汲曾有資活之恩於의몸이온들로 不忍現告 誣引他人이옵다가 今將就死 不得不直招ᄒ옵거온 泰汲捉致 與矣身面質則 可知實狀이옵오며 牟有秋ᄯᆫ 牟京雲遠族이다 常常言說之際 의몸 知其名이옵다온 嚴刑之下 不得已 誣告이옵오며 京中 接主人ᄯᆫ 의몸 初一日 上京 無與相知이옵들로 出宿城佛堂 實無城內止接이옵두 相考施行이신 事.

(역 문)

　　형벌을 가한 다음에야 바른 대로 불기를 이전에 공술한 사연은 형벌을 못 이기여 과연 함부로 끌어 댄 것입니다. 이 몸이 비록 모경운의 집에 류숙하고 있으나 이 번에 제사를 차린 이 일우 사신로 경운이 시킨 것은 아니거니와, 충청도 덕산 통산리에 최 태급이라고 이름을 부르는 사람이 전답을 많이 가져서 생계가 요부한데, 이 번 대동세를 받아 드릴 때 그 고을 원에게 형장을 맞고 이로 인해서 분을 품어 이 몸을 꾀이기를, 네가 만약 서울을 올라 가서 새로 된 릉 근처에 가서 소반이며 그릇이며 정밀하게 장만했다가 향을 피우고 그릇을 벌리여 몰래 릉 앞에 놓아서 마치 제사를 차리는 것처럼 하고, 그리고 참봉 앞에 자현하면 반드시 곧 부뜰어다가 심문을 할 것이다. 그 기회에 민간의 폐단을 진술한다면 정부에서 너를 꼭 죽여야 할 것은 아니요 혹시는 상을 주는 수속이 있을 것이다. 일만 성공하고 돌아 오면 응당 전답을 줄 것이요 집도 함께 지어 줄 것이요 네 생활의 미천이 생길 것이라고 하거늘, 이 몸이 그 말을 듣고 서울로 올라 와서 이런 죽을 죄를 범하였는데, 처음 바른 대로 불지 않은 일로 말하면 동 최 태급이 이 몸에 대해서 일쩌기 생활을 돌보아 준 은혜가 있는지라 차마 불지 못하고 함부로 다른 사람을 끌어 댄 것입니다. 이제 장차 죽게 될 바에야 바른 대로 불지 않을 수 없습니다. 태급을 붙잡아다가 이 몸과 한 장소에서 대질을 시킨다면 확실한 사정을 알 수 있으며, 모 유추로 말하면 모 경운의 먼 일가라고 항상 할말 끝에 이 몸이 그 이름을 들었던 것이라, 엄혹한 형벌 아래 부득이 함부로 끊어 댄 것이며, 서울 안의 류숙한 주인으로 말하면 이 몸이 초하루'날 서울로 올라 와서 서로 아는 사람이 없는지라 성밖 당으로 나가서 잤기 때문에 사실로 성내에는 류숙한 곳이 없은 즉 조사해 보실 일.

(주 석)

直爲所. 直자 아래 招자가 탈락된 것으로 추정된다. 본문에 빠진 것인지 옮기여 베낄 적에 빠진 것인지 그것은 알 수 없다.

大同. 각 지방에서 지정된 각종의 물품을 세로 물던 것을 17세기 이후 일정한 수량의 미곡 및 포목으로 개정하였다. 그것을 대동세 또는 대동이라고만도 한다.

本宜. 그 사람이 사는 지방의 원.

新陵. 릉은 임금의 무덤이니 그 당시 새로 된 릉이란 바로 임금의 부모의 무덤으로 될 것.

參奉. 릉을 지키는 관리.

城佛堂. 산기슭에 지어 놓은 조그만한 집이다. 귀신을 위하는 집으로서 보통 때는 지키는 사람이 있지 않다.

3, 만철(萬鐵)의 조사

1680년 량반 계급의 당파 싸움은 다시 한 번 격화되여 그 당시의 집권자인 허 적(許積)의 서자 허 견(許堅)을 중심으로 해서 많은 사람이 반역죄에 의해서 처단되였다. 이것은 허 견을 반역죄로 밀고한 사람 중의 하나인 강 만철(姜萬鐵)의 공술한 내용으로서 경신 역옥 추안(庚申逆獄推案)이라는 고문서 속에 들어 있다고 한다.

(원 문)

白等矣身與許堅鄭元老及柟等相會謀議之事已盡於上變書中是
在果謀議節次及四張書札某某人書是喻更良――直招亦傳敎推
考敎是臥乎在亦四張書札段矣身與鄭元老已爲書達於上變書中
是白乎旀謀議之事段矣身只聽鄭元老之言是白乎旀許堅與柟相
見事段許堅與鄭元老以要柟相見事謀議是白去乙矣身略知其槩
其後細問曲節於鄭元老而矣身常時深以爲憂則許堅曰雖或相見

庸何關乎有時或曰柟之相表非凡與之相交則他日豈無好事云云
堅與矣身平生相愛之間而至於此事則以色目不同之故其中危言
則不欲使矣身知之未嘗明白說道乙仍于謀議情節矣身不能詳知
是白在果其時得聞鄭元老之言則當初相見只是閑漫說話而已再
次相見時堅謂柟曰主上春秋雖盛而頗有疾病且無後嗣設有不幸
大監雖欲免得乎須善爲之打破黨論云云是如爲白去乙矣身聞來
雖甚驚愕人言未必盡信是不喩此與直爲謀逆者有異且其時自上
眷注領相故恐被誣告之罪不敢發口至于今日與鄭元老一體上變
爲白有置相考施行敎是事

　　（旲　　旨）

　엿ᄯᅳᆫ 의몸 與許堅 鄭元老及 柟等 相會謀議之事 已盡於上變
書中이견과 謀議節次及 四張書札 某某人書인지 가시아 ──直
招여 傳敎推考이시누온견여 四張書札ᄯᅳᆫ 의몸 與鄭元老 已爲
書達於上變書中이ᅀᆞ오며 謀議之事ᄯᅳᆫ 의몸 只聽鄭元老之言이ᅀᆞ
오며 許堅與柟相見事ᄯᅳᆫ 許堅與鄭元老 以要柟相見事 謀議이ᅀᆞ거
을 의몸 略知其槩 其後 細問曲折於鄭元老而 의몸 常時 深以爲
憂則 許堅曰 雖或相見 庸何關乎 有時或曰 柟之相 表非凡 與之相
交則 他日豈無好事 云云 堅與의몸 平生相愛之間而 至於此事 以
色目不同之故 其中危言則 不欲使의몸知之 未嘗明白說道를지즈
루 謀議情節 의몸 不能詳知이ᅀᆞ견과 其時 得聞鄭元老之言則 當
初相見 只是閑漫說話而已 再次 相見時 堅謂柟曰 主上春秋雖盛
而 頗有疾病 且無後嗣 設有不幸 大監雖欲免 得乎 須善爲之
打破黨論 云云이다ᄒᆞᅀᆞ거을 의몸 聞來 雖甚驚愕 人言未必盡信
쑨아닌지 此與直爲謀逆者有異 且其時 自上眷注領相故 恐被誣告
之罪 不敢發口 至于今日 與鄭元老 一體上變爲白有置 相考施行
敎是事

　　（역　문）

　말씀을 여쭙건대 이 몸이 허견, 정 원로 및 염 등과 서
로 모여서 모략한 일은 이미 고변서 가운데 전부 진술하였거니
와, 모략한 경로며 넉 장 편지는 누구 누구의 편지인지 다시 일

일이 바른 대로 불라고 임금의 분부로써 심문하시는바, 녀 장편지로 말하면 이 몸이 정 원로와 함께 고변서를 올린 가운데 이미 말씀한 것이며, 모략한 일로 말하면 이 몸이 단지 정 원로의 말을 들은 것이며, 허 견과 염이 만나 본 일로 말하면 허 견이 정 원로를 데리고 염을 만나자고 요청할 일을 의논하거늘, 이 몸이 대강 그 눈치를 채였고, 그 후 정 원로에게서 자세한 곡절을 들었으나 이 몸이 항상 몹시 념려를 한즉 허 견이 말하기를, 비록 만나 보기로니 무슨 상관이 있느냐고 하고, 때로는 혹시 말하기를 염의 상이 보통 사람이 아니니 서로 사괴여 두면 다음 날 어째 좋은 일이 없으랴고 운운하였습니다. 견과 이 몸은 한평생 서로 정다운 사이지마는 이 일에 이르러는 당파가 같지 않은 까닭에 그 중 위험한 마디를 이 몸에게 알리려고 하지 않은 터라 일찌기 명백하게 이야기하지 않았으므로 모략한 경로는 이 몸이 자세히 아지 못하거니와, 그 때 정 원로의 말을 얻어 들은즉, 맨 첫번 만나 보고서는 그저 헐은 이야기 뿐이였고, 두번째 만나 보았을 때 견이 염에게 말하기를 《임금의 년세는 지금 한참 때지마는 자못 병환이 있고 또 아드님이 없으니 만약에 불행한 일이 있다면 대감이 하고 싶지 않은들 하지 않을 수 있습니까. 되도록 잘 해서 당파를 깨뜨러 버려야 합니다》했다고 운운하거늘, 이 몸이 듣고 나서 비록 심히 놀랍기는 하나, 사람의 말이란 다 믿을 것이 못 될 뿐 아니라, 이것이 바로 역적의 음모와는 다르며, 또 그 때 임금이 령상을 신임하고 계신 까닭에 무고죄를 당할가 겁이 나서 감히 입을 떼지 못하였다가 오늘에 이르러서야 정 원로와 함께 고변한 것인즉 조사해 보실 일.

(주　석)

上變書. 정치 관계의 범죄 사건을 고발하는 것을 告變, 그러한 글을 告變書라고 한다. 上變은 告變과 마찬가지의 뜻이다.

色目. 당파의 갈래를 이르는 말.

大監. 리조 시대에는 정 이품(正 二品)의 높은 관리들을 부르는 존칭이다. 여기서는 허 견(許堅)이 염(柟)이란 사람을 부르는 말로 되고 있다.

 領相. 領議政과 같은 말이니 곧 허 견의 아버지인 허 적을 가리키는 것.

4, 염(柟)의 초사

이것은 허 견이 임금으로 만들려고 음모하였다는 임금의 가까운 일가 리 염의 공술한 내용이다. 이 역시 경신 역옥 추안 속에 들어 있다고 한다.

(원 문)

因口傳更推白等前日刑推問目中許堅不道之言矣身聽受一欵旣已承服爲有在果臣子所不忍聞之言晏然聽受無一言所答云者極爲兇秘是㢱矣身抵元老三度書中每稱社友所謂社友者何人是㢱諱客聚會所議者何事是喩共間情節隱諱除良更良一一直招亦傳敎推考敎是臥乎在亦矣身前日承服納招時有可達之言而蒼黃中未及細達是白如乎當初堅爲不忍聞之言矣身聞來驚懼不答則堅曰何不酬酢乎堅又曰何其有驚懼之色乎矣身曰此乃臣子所不忍聞之言何可酬酢乎堅曰吾言亦非臣子有意經營天位之語何其聞而驚懼乎矣身仍以起出矣此等酬酢說話告者元老聞之元老處當問則可知是白乎㢱矣身抵書元老辭緣段矣身與鄭元老無頻數通書之事只有三度是白在果所謂社友堅居社稷洞故指堅而云也諱客事段堅乃時相之子元老亦多往來於宰相家故渠輩以爲此時可畏人必有謗有客時相見非便必於無客時相見云云故書中泛然及之豈有一毫他意乎凡宗室及宰相欲見親信之人則以諱客相見爲言者豈是異事如有一毫謀逆之事告者豈非盡告是白乎㢱矣身是位高宗室堅乃秩卑庶孼非可相友是白去乙何以稱友是喩鉤問辭緣段堅旣與相見欲爲納交故仍以友稱之非有他意此亦問於告者則可知是白乎㢱元老所納矣身書簡至於三度則其頻數通書之狀據此可知是去乙問目中旣以三度爲言故矣身段置只有三度通書是如爲白臥乎所極爲巧詐鉤問辭緣段矣身與元老旣已相知故或以不緊之事抵書相問者非至一再而豈能盡記是白乎㢱矣身抵元

老三度書中皆有會約之語前後三度果皆相會是喩鉤問辭緣段一次則果爲相見一次則彼此俱有事故不得相見是白乎旀堅與矣身相見時元老亦皆同會是旀相見時所議者何言亦有他客是喩一一直招亦鉤問辭緣段矣身家則元無相會之事而一次則見於安東坊元老家一次則會於西小門外元老寓所而所言者不過閑說話及朝廷黨論等語而已二次相見時矣身與堅及元老只三人會話而已別無他客是白乎旀當初安東坊相見時其前不知許堅則書中何以稱社友是喩鉤問辭緣段其前別無相見之事堅之及第新恩時但一見之是白乎旀西小門外相見後元老之往來矣身家幾度是喩鉤問辭緣段厥後矣身家良中元老二次來訪而一次則堅求得盆梅及趙孟頫書簇故因元老之是白乎旀一次則堅以宗室女爲妻而當初宗室不欲結婚是白去乙領相家亦威脅結婚是去向入其宗室一家人皆以結婚不當是如將欲呈狀乙仍于元老來見矣身欲使矣身止其呈狀之擧是白乎旀前招內堅爲不道之言乙仍于矣身仍以起出遂與相絕是如爲有矣觀此招辭則元老再次之來皆爲堅事其不爲相絕之狀可知一一直招亦鉤問辭緣段盆梅及書簇矣身不爲借給姑以推托之辭答之曰後日相見則可以言之是如言送爲白置前招所謂有求不給云者此事是白乎旀勸止呈狀事段元老言內領相於未結婚前以堅妻娚差爲將宮因以威脅結婚是如其宗室門中將欲呈狀此事有害於領相故使矣身勸止而已非爲堅地是白乎所此外更無所達相考施行敎事

(목 뎐)

因口傳更推 숣든 前日 刑推問目中 許堅 不道之言 의몸 聽受一款 旣已承服ᄒᆞ잇견과 臣子所不忍聞之言 晏然聽受 無一言所答云者 極爲兇秘이며 의몸 抵元老三度書中 每稱社友 所謂社友者 何人이며 譚客聚會 所議者 何事인지 其間情節 隱諱더러 一一直招여 傳敎 推考이시누온견여 의몸 前日 承服納招時 有可達之言而 蒼黃中 未及細達이숣다온 當初 堅爲不忍聞之言 의몸 聞來 不勝驚懼 不答則 堅曰 何不酬酌乎 堅又曰 吾言亦非臣子有意經營天位之語 何其聞而驚懼乎 의몸 仍以起出矣 此等酬酌說話

告者元老 聞之 元老處 當問則 可知이옵오며 의몸 抵書元老辭緣
또 의몸 與鄭元老 無頻數通書之事 只有三度이옵견과 所謂社友 堅
居社稷洞故 指堅而云也 諢客事또 堅乃時相之子 元老亦多往來於
宰相家故 渠輩以爲此時可畏人必有謗 有客時非便 必於無客相時見
云云故 書中泛然及之 豈有一毫他意乎 凡宗室及宰相 欲見親信之
人則 以諢客相見爲言者 豈是異事 如有一毫謀逆之事 告者豈不盡
告이옵오며 의몸是位高官宗室 堅乃秩卑庶孼 非可相友이옵거늘
何以稱友인지 鉤問辭緣또 堅旣與相見 欲爲納交故 仍以友稱之
非有他意 此亦問於告者則 可知이옵오며 元老所納 의몸 書簡 至
於三度則 其頻數通書之狀 據此可知이거을 問目中 旣以三度爲言
故 의몸또도 只有二度通書이다ᄒᆞ옵누온바 極爲巧詐 鉤問辭緣또
의몸 與元老 旣已相知故 或以不緊之事 抵書相問者 非止一再而
豈能盡記이옵오며 의몸 抵元老三度書中 皆有會約之語 前後
三度 果皆相會인지 鉤問辭緣또 一次則 果爲相見 一次則 彼此俱
有事故 不得相見이옵오며 堅與의몸 相見時 元老亦皆同會이며
相見時 所議者 何言 亦有他客인지 一一 直招여 鉤問辭緣또 矣
身家則 元無相會之事而 一次則 見於安東坊元老家 一次則 會於
西小門外元老寓所而 所言者 不過閑說話及 朝廷黨論等語而已 二
次相見時 의몸 與堅及元老 只三人會話而已 別無他客이옵오며 當
初 安東坊 相見時 其前 不知許堅則 何以稱社友인지 鉤問辭緣또
其前 別無相見之事 堅之及第新恩時 但一見之이옵오며 西小門外
相見後 元老之往來의몸家 幾度인지 鉤問辭緣또 厥後 의몸家아
히 元老 二次來訪而 一次則 堅求得盈梅及趙孟頫書簇故 因元老
通之이옵오며 一次則 堅以宗室女爲妻而 當初宗室不欲結婚이옵
거을 領相家이 威脅結婚이거앗드려 其宗室一家人 皆以結婚不當
이다 將欲呈狀을지즈루 元老 來見의몸 欲使의몸止其呈狀之擧이
옵오며 前招內 堅爲不道之言을지즈루 의몸 仍以起出 遂與相絶
이다ᄒᆞ엿되 觀此招辭則 元老再次之來 皆爲堅事 其不爲絶緣之狀
可知 一一 直招여 鉤問辭緣또 盈梅及書簇 의몸 不爲借給 姑以
推托之辭答之曰 後日 相見則 可以言之이다 言送ᄒᆞ옵두 前招所

謂有求不給者 此事이옵오며 勸止呈狀事쓴 元老言內 領相於未結婚前 以堅妻姪差爲將官 因以威脅結婚이다 其宗室門中將欲呈狀 此事有害於領相故 使의몸勸止而已 非爲堅地이옵온바 此外更無所達 相考施行이신 事.

(역　문)

　　구두 분부에 의해서 다시 심문함에 따라 말씀을 여쭙건댄, 전일 형벌을 가하고 심문할 때 문목 가운데서 허 견의 부정당한 말을 이 몸이 들은 그 건에 대해서는 이미 자복하였거니와, 신하로서 차마 듣고 있지 못할 말을 태연히 듣고 앉아서 한 마디의 대답도 하지 않았다는 것이 극히 흉칙하며, 네가 원로에게 보낸 편지 석 장 중 매번마다 《사우》라고 일컫고 있는바, 소위 《사우》란 누구며 손들의 눈을 피해 가면서 모이여 의논한 바 무슨 일인지 그 간의 사정을 속이지 말고 다시 일일이 바른 대로 불라고 임금의 분부로써 심문하시는바 이 몸이 전일에 자복하고 공술을 비칠 때 말씀을 올려야 할 것인데 청황중 미처 자세히 말씀을 올리지 못하였습니다. 당초에 견이 차마 듣지 못할 말을 할 때 이 몸이 듣고 나서 놀랍고 두려워 대답을 못한즉, 견이 말하기를 왜 아무런 대구도 않느냐고 하고, 견이 또 말하기를 왜 그렇게 놀라고 두려워 하는 기색이 있느냐고 하였습니다. 이 몸이 말하기를 이것은 신하로서 차마 듣고 있지 못할 말인데 무슨 대구를 하겠느냐고 하니, 견이 말하기를 내 말도 역시 신하로서 딴 마음을 가지고 임금의 자리를 도모하자는 것은 아니니 무얼 그렇게 놀라고 두려워서 하느냐고 하였습니다. 이 몸은 그만 일어 나서 나와 버렸습니다. 이런 말로 주고 받는 것을 고변한 자인 원로가 들었으니 원로에게 물은즉 알 수 있을 것이며, 이 몸이 원로에게 편지를 보낸 내용으로 말하면, 이 몸은 원로와 자주 편지를 왕복한 일이 없고 오직 세 차례만이어니와 소위 《사우》란 것은 견이 사직골 살고 있기 때문에 견을 가리켜 말한 것입니다. 손들의 눈을 피한 것으로 말하면 견은 현임 정승의 아들이요 원로도 또한 재상의 집에 많이 드나드는 사람이기 때문에 저의들이 말하기를 이런 때 반드시 사람들의 비방이 있을 것이 무서우니 손들이 있을 때 만나 보는 것은 좋지 않다고 운운하기 때문에 편지 가운데 아무 의사 없이 언급한 것입니다. 어찌 터럭만큼이나 딴 생각을 먹었겠습니까. 대개 종실이나 재상이 친근한 사람을 보려고 할 때 손들의 눈을 피해서 서로 보자고 말하는 것이 무슨 이상한 일이겠습니까. 만약에 털끝만큼이나 역적의 음모가 있었다면 고변한 자가 어째서 모두 고해 마치지 않았을 것이며, 너는 지위가 높은 종실이요 견은 직품이 낮은 서자라 서로 친구가 될 수 없거늘 어째서 친구라고 일컬었는지 추궁을 받은 내용으로 말하면 견을 이미 만나 보았고 그가 서로 친히 지내자고 하기 때문에 그대로 친구로 일컬은 것이요 딴 뜻은 없습니다. 이 역시 고변한 자에게 물으면 알 수 있을 것이며 원로가 바친 네 편지가 석 장이나 되는 터인즉 자주 편지 왕복이 있은 것을 이로써 알 수 있거늘 문목 가운데 세 차례라고 말했기 때문에 네 자신도 단지 세 차례만 편지를 했다고 하는바, 극히 간교하다고 추궁을 받은 내용으로 말하면, 이 몸과 원로가 이미 잘 알고 있기 때문에 혹시 긴요치 않은 일에도 편지를 가지고 서로 왕복한 것이 한 두 번이 아니니 어떻게 다 기억할 것이며, 네가 원로에게 보낸 편지 석 장 중 모두 만나자는 약속의 말이 있는바 전후 세 차례를 과연 다 서로 만났는지 추궁을 받은 내용으로 말하면, 두 번은 과연 서로 만나 보았고, 한 번은 피차에 일이 있기 때문에 서로 만나 보지 못하였습니다. 견과 네가 서로 만나 볼 때 원로도 모두 같이 만났으며 서로 만나 보고 의논한 것이 무슨 말이며 또 딴 손도 있었는지 일일이 바른 대로 불라고 추궁을 받은 내용으로 말하면, 이 몸의 집에서는 애초에 서로 만난 일이 없으니 한 번은 안동방 원로의 집에서 만나 보았고, 한 번은 서소문 밖 원로가 거처하는 곳에서 모이였고 담화한 것은 쓸데 없는 이야기나 조정의 당파 등과 같은 것에 지나지 않습니다. 두 차례 서로 만나 볼 때 이 몸과 견 및 원로의 단지 세 사람이 모

여서 담화했을 뿐이요 다른 손은 없었으며, 맨 처음 안동방에
서 서로 만나 볼 그 이전에 허 견을 몰랐다면 편지 가운데 어
떻게 《사우》라고는 일컬었는지 추궁을 받은 내용으로 말하면 그
전에는 별로 만나 본 일이 없고 견이 처음 과거에 붙었을 때
단지 한 번 보았으며, 서소문 밖에서 서로 만나 본 후 너의 집
에 원로의 왕래가 몇 번이나 있었는지 추궁을 받은 내용으로
말하면, 그 뒤 이 몸의 집에 원로가 두 차례를 찾아 왔는데 한
번은 견이 분에 심은 매화와 조맹부 글씨의 족자를 얻으려고 해
서 원로를 시킨 것이며, 한 번은 견이 종실의 딸한테 장가를 들
었는데 맨 처음 종실이 혼인을 하려고 하지 않거늘 령상의 집
에서는 위협해서 혼인을 하려고 들었습니다. 그 종실의 집안
안이 모두 혼인을 하는 것은 부당하다고 장차 소송을 하려고
하므로 원로가 이 몸을 와 보고 이 몸으로 하여금 그 소송 수속
을 밀막게 하려는 것이며, 먼저 번 공술에는 견이 부정당한 말
을 하므로 네가 일어 나 나와서 드디어 끊고 지냈다고 하였으
되, 이 번 공술을 보면 원로가 두 번씩 온 것이 모두 견의 일이
니 끊고 지내지 않은 것을 알 수 있는 것이다. 일일이 바른 대
로 불라고 추궁을 받은 내용으로 말하면, 매화분과 글씨 족자
도 이 몸이 빌려 주지 않고 그저 핑계하는 말로 대답하기를 이
다음 만나면 이야기하겠다고 해서 보냈는바, 먼저 번 공술에서
청하는 것이 있어도 주지 않았다는 것이 이 일이며, 소송을 말
리였다는 것으로 말하면 원로의 말이 결혼하기 전 령상은 견의
처남으로써 장관을 시키여 놓고 위협으로 혼인을 하려 하여 그
종실 집안에서는 장차 소송을 하려고 드니 이 일이 령상에게
해롭기 때문에 이 몸으로 하여금 말리게 한 것 뿐이요 견의 편
을 든 것이 아닌바, 이 이외 더 말씀 올릴 것은 없은즉 조사해
보실 일.

　　(주　석)
　　口傳. 임금의 구두 지시.
　　問目. 죄인의 답변을 요구하는 조목들을 렬기한 것.

矣身. 矣身抵元老三度書의 矣身은 염 자신이 저를 일컫는 말이 아니요 심문하는 사람이 염을 일컫는 말이다. 이와 같이 죄인 심문의 경우에는 1인칭과 함께 2인칭으로도 쓰이고 있다. 그러나 역문에서 2인칭의 경우는 《이 몸》으로 번역하지 않고 《너》로 번역하였다. 그 아래도 전부 마찬가지다.

時相. 현임 정승을 가리키는 말.

宗室. 임금의 친족을 가리키는 말.

一次. 一次則果爲相見의 一次는 二次의 오자로 추정된다. 아래에 명기된 바와 같이 두 사람이 만나 본 것은 한 번만이 아니요 두 번이며, 또 한 번 만나지 못하고 두 번 만났어야 저체로 세 번을 만나자고 한 그 '수'자에 늘어 맞는 것이다.

新恩. 갓 과거에 붙은 사람을 가리키는 한'자 성어.

趙孟頫. 13세기 중국서 시인이요 화가요 또 글씨도 잘 쓰던 사람이다. 그 별호가 송설(松雪)이므로 세상에서 흔히 조 송설로 일컫는다.

將宜. 五衛將급의 무관 벼슬.

門中. 가까운 친족들을 한 개의 집단으로 쳐서 이르는 말.

제 5절 토지 매매 문서

1, 권처균(權處均) 토지 문서

이 문서는 1579년에 된 것이니 그 당시의 유명한 학자요 정치가인 리 이(李珥)의 친필이다.

(원 문)

萬曆七年己卯十二月初二日從弟權處均前明文

右成文段他處移買次以外祖母前別得耕爲如乎江陵羽溪伏畓貳石落只狐孔畓二拾斗落只庫良中價折回捧木捌拾疋租參拾五石捧上爲遣永永放賣爲去乎本文記段他田幷付乙仍于許與不得爲去乎後次或有雜談爲去等此文記乙用良辨正向事

自筆畓主折衝將軍僉知中樞府事 李珥

証 三寸姪子　　　　幼學 李景震

　　　　外三寸姪　　　　幼學 趙嶙
　　（목 범）
　　　　萬曆七年 己卯 十二月 初二日 從弟 權處均前 明文
　　右 成文쓴 他處 移買次로 外祖母前 別得 耕ㅎ다온 江陵 羽溪伏畓 두섬더기 狐孔畓 스무마디기 곳아희 價切 回捧 木捌拾疋, 租參拾五石 밧자ㅎ고 永永 放賣ㅎ거온 本文記쓴 他田幷付를지즈루 許與모질ㅎ거온 後次 或有雜談ㅎ거든 此文記를삐아 辨正안일
　　　　自筆 畓主 折衝將軍 僉知中樞府事 李珥
　　　　証 三寸姪子　　　　　　　幼學 李景震
　　　　　外三寸姪　　　　　　　幼學 趙 嶙

　　（역 문）
　　　　만력 7년 기묘 12월 초 2일 사촌 아우 권 처균 앞 증서
　　상기와 같이 증서를 만드는 것으로 말하면 다른 곳에다가 옮기여 살 량으로 외조모에게 륵별히 받아서 갈아 오던 강릉 우계에 있는 논 두 섬지기, 호공(狐孔) 논 스무 마지기 곳에 값을 정해서 대가로 미명 여든 필, 벼 설흔 닷 섬을 받아 들이고 영영 팔아 버린다. 원 문서로 말하면 다른 것과 함께 붙어 있으므로 주지 못한다. 이 다음 혹시 딴 소리를 하거든 이 문서를 가지고 관청에 고소해서 핵변할 일.
　　　　자필 논임자 절충장군 첨지중추부사 리 이.
　　　　증인 친 조카　　　　　선비 리경진
　　　　　외 조카　　　　　　선비 조 린

　　（주 석）
　　別得. 일반적 재산 분배에서 얻은 것이 아니요 륵별히 받았다는 의미다. 즉 주는 편에서 別給인 것이 받는 편으로 보면 別得으로 된다.
　　狐孔. 조선서 천자(千字)의 글'자 순서로서 번호를 매기였다. 후대에 이르러는 무슨 字畓, 무슨 字田과 같이 字자로서 표시하

논바 16세기 이전에는 孔자로서 표시되였던 것이 아닌가 한다.
回捧. 무슨 물건을 주고 그 대신 받는 물건을 가리킨다.
幷付. 한 장의 문서로 되여 있다는 의미다.

2. 윤 병사(尹 兵使)의 토지 문서

이 문서는 1719년에 된 것이다.

(원 문)

　　康熙五十八年己亥五月十五日尹兵使宅奴命立前明文
　右明文爲要用所致自己買得燭洞伏在糧字垈後田一日耕五負庫
　及同字田半日耕肆負庫又同字田一日耕四負庫等價折錢文貳拾
　兩依數交易捧上爲遣同人處永永放賣爲乎矣本文記一張許給爲
　去乎日後良中子孫族類中如有雜談是白去等持此文告官卞正事
　　　　　主　　　　　　　金自弘　㊞
　　　　　訂人　　　　　　韓龍尙　押
　　　　　筆執　　　　　　劉績漢　㊞

(독 법)

　　康熙五十三年 己亥 五月 十五日 尹兵使宅 奴 命立前 明文
　右 明文 爲要用所致 自己 買得 燭洞伏在 糧字垈後 田 一
日耕 五負庫及 同字田 半日耕 肆負庫 又同字田 一日耕 四負庫等
價折 錢文 二十兩 依數 交易 밧자ㅎ고 同人處 永永 放賣ㅎ오되
本文記 一張 許給ㅎ거온 日後아히 子孫族類中 若有雜談이숩거
든 持此文 告官 卞正事
　　　　　主　　　　　　　金自弘　㊞
　　　　　證人　　　　　　韓龍尙　㊞
　　　　　筆執　　　　　　劉績漢　㊞

(역 문)

　　강희 58년 기해 5월 18일 윤 병사 댁 종 명립 앞 증서
　상기의 증서는 소용이 되는 관계를 위해서 자신이 산 촉동
에 있는 량(糧)자의 터 뒤 밭 하루갈이 닷 짐 곳과 같은 자의
밭 반날갈리 녀 짐 곳, 또 같은 자의 밭 하루갈이 녀 짐 곳 등

값을 정해서 돈 스무 량을 수량 대로 교역해 받아 들이고, 전기 사람에게 영영 팔아 버리되 원 문서 한 장을 준다. 이 뒤 자손과 친족 중에서 만약 딴 소리를 하는 이 있거든 이 문서를 가지고 관청에 고소해서 핵변할 일.

   임자   김 자홍 수결
   중인   한 룡상 수결
   집필자   류 적한 수결

(주 석)

尹兵使. 병사 벼슬을 지낸 윤가 성의 사람이다. 병사는 각 지방에 있는 륙군 관계의 장관이다.

奴命立. 리조 시대 남의 집 종들은 성을 가지지 못하며 설사 가지고 있어도 공식으로 사용할 수 없다. 그와 함께 그 상전이 재산 관계의 문건을 만들 때는 상전 대신 그 이름이 사용되고 있었다.

負. 그 토지의 공칭 면적과 함께 세금액의 표시로 된다. 우로 結, 아래로 束과 련해서 쓰이는 것은 물론이다.

押. 《수결을 두는》 것을 의미한다. 《수결》은 현대의 《수표》와 같은 것이다.

3. 윤 보성(尹寶城)의 토지 문서

이 문서는 1799년에 된 것이다.

(원 문)

  嘉慶四年己未二月初七日尹寶城宅奴三取前明文
 右明文段矣身以要用所致內倉員伏在穚字田一日耕六卜五束廲
 果後洞員伏在假字田二作一卜五束寔捧價貳拾兩後牌旨二丈幷
 以成文納宅爲乎矣日後或有雜談是去等持此文卞正者
   財主   朴天壽 ㊞
   證人   李分金 ㊞
   筆執   朴龍伊 ㊞

(독 법)

토지 매매 문서   405

　　　嘉慶四年 己未 二月 初七日 尹寶城宅 奴 三取前
明文
　　右 明文쓴 의몸 以要用所致 內倉員 伏在 穛字田 一日耕 六
卜五束곳과 後洞員 伏在 假字田 二질 合 一卜五束곳 捧價 二十
兩後 배지 두장 아우로 成文 納宅ᄒ오되 日後 或有雜談이거든
特此文卞正者.
　　　　財主　　　　　　　朴天壽 ㊞
　　　　證人　　　　　　　李分金 ㊞
　　　　筆執　　　　　　　朴龍伊 ㊞
　(역   문)
　　　가경 4년 기미 2월 초 7일 윤보성 댁 종 삼취 앞 증서
　　상기 증서로 말하면 이 몸이 소용이 되는 까닭으로 내창
둘레에 있는 색(穛)자 밭 하루갈이 엿집 닷 뭇 곳과 후동 둘
레에 있는 숙(假)자 밭 문서 두 장으로 된 합 한 짐 닷 뭇 곳
을 값으로 스무 량을 받은 후 배지 두 장과 함께 증서를 만들
어 댁에 바치되, 이 뒤에 혹시 딴 소리가 있거든 이 문서를 가
지고 관청에 고소해서 핵변할 것.
　　　　재산 임자　　　　　박 천수 수결
　　　　증인　　　　　　　리 분금 수결
　　　　집필자　　　　　　박 룡이 수결
　(주   석)
　尹寶城. 보성 원을 지낸 윤가 성의 사람.
　員. 圓과 같은 뜻으로 쓴 것이니 우리 말의 둘레에 해당한다.
庫員의 員이나 마찬가지다.
　作. 전답 문서를 가리키는 말로서 二作은 문서가 두 장으
로 된 것을 명기한 것이다. 여기의 作은 作紙 反作의 作과 마찬
가지다.
　納宅. 윤 보성의 집에 바친다는 말.

　　4, 무명인 토지 문서
　이 문서는 1890년에 된 것이다.

(원 문)

　　光緖十六年庚辰十一月 日處明文
　右明文事段移買次自己買得田在威化面下端員奈字行東二十七
田一日耕四標段東車益煥田南賣主田西車益煥田北買主垈田四
標分明遂如價折則錢文一百二十兩準計捧上是遣本文記段都文
記中故交周背頉爲去乎日後彼此雜談隅是去等持此文記貌如告
官卞政事
　　　自筆田一行放賣主　　　　申雲祥 ㊞
　　　間人　　　　　　　　　　金守得 ㊞

(독 법)

　　光緖十六年 庚辰 十一月 日 處 明文
　右 明文事叱 移買次 自己 買得田 在威化面 下端員 奈字行
東 二十七田 一日耕 四標叱 東 車 益煥田, 南 賣主田, 西 車益煥
田, 北 買主垈田, 四標 分明 드듸여 價折則 錢文 一百二十兩 準
計 밧자이고 本文記叱 都文記中故 옛더러 背탈ᄒ거온 日後 彼
此 雜談 구석이거든 持此文記 갸로혀 告官 卞政事.
　　　自筆 田一行 放賣主　　　申雲祥 ㊞
　　　間人　　　　　　　　　金守得 ㊞

(역 문)

　　　광서 16년 경진 12월 일 ××한테 증서
　상기 증서하는 일로 말하면 옮기여 살 량으로 자신이 산 밭,
위화면 하단 둘레 내(奈)자 줄의 동쪽 27 밭 하루갈이 사표로
말하면 동쪽은 차익환의 밭, 남쪽은 판 임자의 밭, 서쪽은 차익
환의 밭, 북쪽은 산 임자의 터와 밭, 사표를 분명히 해서 값을
정하기는 돈 120 량인바 따져서 받아 들이고, 원 문서로 말하
면 전체 문서 가운데 뜰거 때문에 격자를 쳐서 그 후면에 사유
를 기록한다. 이 뒤에 피차 딴 소리하는 구석이 있거든 이 문
서를 가지고 고대로 관청에 고소해서 핵변할 일.
　　　자필 밭 한 줄을 판 임자　　　신 운상 수결
　　　중개인　　　　　　　　　　　김 수득 수결

(주 석)

庚辰. 광서 16년은 경진이 아니요 경인이다. 이것은 원 문서에는 오자를 내였을 리 없고 옮기여 벗기는 과정에서 오자로 된 것이다.

日處. 사는 편의 사정상 그 당장 이름을 써 넣기에 곤난하기 때문에 그 이름을 보류하고 증서를 받은 것이다. 거기 따라 원 문서에는 日자와 處자의 중간에 사는 편의 성명을 써 넣을 공간이 비여 있었을 것이 아닌가 한다.

四標. 사방 경계에 대한 표시다. 옛날 토지에 대해서 四표가 중요시되던 것은 갈항사 석탑에서도 사표를 분명히 하고 있는 것으로써 알 수 있다.

遂如. 遂를 《드듸어》라고 읽음에 따라 遂如는 곧 《드듸어》로 導良과 마찬가지의 말이다. 현대어로는 부사의 《드듸어》와 같은 의미가 아니요 어떤데 《비추어》 또는 《따라》 등과 같은 의미다.

都文記中. 많은 토지를 한 문서로 만든 것이 都文記요 그 속에 한데 든 것이 都文記中이다. 여기서 이 녀 자는 하나의 명사 성어로 쓰이고 있다.

背頉. 어떠한 서류 후면에다가 그 내용의 개정, 보충 등의 사유를 기입하는 것을 背頉이라고 한다. 즉 都文記에서 매도한 일부의 토지는 꺽자를 치는 동시에 그 후면에다가 꺽자 친 사유를 기입하였다는 설명이다.

雜談隅. 隅는 우리말의 구석으로 해석된다. 현대어에서 《트집을 잡을 구석》, 《일이 안 될 구석》 등과 같이 혼히 추상적인 발단의 의미로 쓰이고 있다.

間人. 사이에 든 사람 즉 중개인.

제 6절 노비 매매 문서

1712년 사녀와 영금의 모자가 노비로서 매매되던 일건의 서류를 소개하기로 한다. 이 문서는 그 두 주인공의 이름을 얹어서 《사녀영금 노비 문서》라고 부르려 한다. 그런데 어떠한 개인 간의 문서도 법적 효력을 더 일층 확보키 위해서는 관청의 승인을 요하고, 그러기 위해서는 다시 복잡한 수속이 필요하다. 마침 이 《사녀영금 노비 문서》에는 이 수속이 완비되고 있어서 이런 종류의 옛문서 중 한 개의 표본을 이루고 있는 것이다.

1, 매도 위임장

이것은 사녀와 영금의 소유자가 그들을 매도할 권리를 다른 종에게 위임하는 글이다. 그 당시의 용어로써는 상전이 종에게 준 그 관계에 의해서 이 위임장을 《배지》라고 부른다.

(원 문)

奴永萬處付
無他要用所致以衿得忠州婢梅介四所生婢士女一口身及士女一所生奴永金一口身乙并以願買人處準價捧納是遣此牌字導良成文許與宜當事
　　　壬辰三月初三日
　　上典 李 ㊞

(독 법)

奴·永萬處 付
無他 要用所致로 깃득 忠州婢 梅介 四所生婢 士女 一口身 及 士女 一所生奴 永金 一口身을 아우로 願買人處 準價 捧納이고 此牌字 드듸여 成文 許與 宜當事
　　　壬辰 三月 初三日
　　上典 李 ㊞

(역 문)

종 영만이한테 부친다.

다름이 아니라 소용이 되는 까닭으로 상속해 받은 충주 사는 녀종 매개의 네째 소생인 녀종 사녀 한 명과 사녀의 첫째 소생인 남종 영금 한 명을 함께 사려고 하는 사람한데서 값을 쳐서 받고 이 배지에 따라 증서를 만들어 주는 것이 합당한 일.

임진 3월 초 3일

상전 리 수결

(주 석)

處付. 리두식 어순으로 쓴 글이니 《어떤 곳에 부친다》 즉 《누구한테 부친다》라는 뜻이다.

口身. 口만도 노비를 계산하는 단위나 다시 그 아래 身자를 첨가해 쓰고 있다.

2. 매도 증서

이것은 소위 《리》라고 하는 사람의 종 영만이 위임장에 의해서 사녀와 영금을 매도한 뒤 산 사람에게 증서를 써 준 것이다. 그 양식은 토지 매매 문서와 다르지 않다.

(원 문)

康熙伍拾壹年壬辰三月十三日尹生員宅奴佝云明文
右明文爲臥乎事段矣上典要用所致以祖上傳來衿得婢梅介四所
生婢士禮己巳生士禮所生奴永金庚寅生貳口身乙後所生并以價
折錢文肆拾五兩依數交易捧上爲遣上典宅牌字導良後所生并以
永永放賣爲乎矣本文記段并付乙仍于許給不得爲去乎後次子孫
族類中如有雜談是去等持此文告官下正者

  奴婢主李生員宅奴   永萬 左手
  訂人   盧宜世 ㊞
  訂人   廉謂成 ㊞
  筆執   曹次石 ㊞

(号 법)

康熙五十一年 壬辰 三月 十二日 尹生員宅奴 佝云處 明文

右 明文ᄒᆞ누온 事쓴 의上典ᄃᆡ 要用 所致로 祖上 傳來 깃득 婢 梅介 四所生婢 士禮 己巳生 士禮 所生奴 永金 庚寅生 貳口身을 後所生 아우로 價折 錢文 四十五兩 依數 交易 밧자ᄒᆞ고 上典ᄃᆡ 배지 드리여 後所生 아우로 永永 放賣ᄒᆞ오되 本文記쓴 倂付를지즈무 許給 모질ᄒᆞ거온 後次 子孫 族類中 如有雜談이

거 든 持此文 告官 下正者

奴婢主 李生員宅 奴　　　　永萬 左手
證人　　　　　　　　　盧宜世 ㊞
證人　　　　　　　　　廉謂成 ㊞
筆執　　　　　　　　　曹次石 ㊞

(역　문)

강희 51년 임진 3월 13일 윤 생원 댁 종 상운에게 증서.

상기와 같이 증서하는 일로 말하면 우리 상전 댁에서 소용이 되는 까닭으로 조상으로부터 전해 내려 왔으며 상속해 받은 녀종 매개의 네째 소생인 사례 기사생과 사례의 소생인 영금 경인생의 두 명을 이후의 소생까지 함께 값을 정해서 돈 마흔 댓 량을 액수 대로 교역해서 받아 들이고 상전 댁 배지에 따라 이후의 소생까지 함께 영영 팔아 버리되, 원 문서로 말하면 다른 것과 함께 붙어 있으므로 주지 못한다. 이 다음 자손과 친족 중에서 만약에 딴 소리를 하거든 이 문서를 가지고 관청에 고소해서 핵변할 것.

　　　　노비 임자 리 생원 댁 종　　영만 왼손
　　　　증인　　　　　　　　　　　로의세 수결
　　　　증인　　　　　　　　　　　렴위성 수결
　　　　집필자　　　　　　　　　　조차석 수결

(주　석)

士禮. 전기 위임장에는 士女로 되였는데 이 매도 증서를 위시해서 다른 문서에는 전체 士禮로 되고 있다. 전기 위임장이 오자로 된 것인지도 모르나 女禮의 두 글'자가 음이 비슷함에 따라 혼용되였을 수 없지 않다.

左手. 종은 수결을 사용하지 못한다. 그 대신 손을 엎어 놓고 다섯 손'가락으로부터 손목 있는 데까지 그려서 표적을 삼는다.

3. 산 사람의 승인 청원서

이것은 산 사람 편으로부터 관청에 향해서 승인을 요청하는 글이다. 그 당시 일반 백성으로부터 관청에 제출하는 글을 소지라고 하기 때문에 이 글 역시 소지의 일종으로 되고 있다.

(원 문)

尹生員宅奴尙云

右謹陳所志矣段奴矣上典宅敎是李生員奴永萬處奴婢二口準給價買得是白如乎文記相考敎是後依例斜給爲白只爲行下敎是事
官主處分

　　壬辰三月 日所志

　　　　　　　依斜　到十八日

(이 두)

尹生員宅奴 尙云

右謹陳 所志의쏜 奴의 上典宅이시 李生員奴 永萬處 奴婢 二口 準給價 買得이숩다온 相考이신 後 依例斜給ᄒᆞ숩기合 行下이신 事.

官主處分

　　壬辰 三月 日 所志

　　　　　　依斜　到十八日

(역 문)

윤 생원 댁 종 상운

전기의 자가 삼가 진술컨댄, 청원하는 일로 말하면 저의 상전댁에서 리 생원의 종 영만이한테 노비 두 명을 값을 쳐서 주고 매수하였는바, 문서를 상고하신 후 전례에 의해서 승인해 주시게끔 처결해 주실 일.

원님의 처분을 바랍니다.

　　임진 삼월 일 청원서

　　　전례대로 승인한다.　접수 十八日

(주 석)

依斜. 이것은 이 청원서에 대한 관청의 결정을 표시한 것이다.

到十八日. 이것은 이 청원서가 관청에 접수된 날'자를 기입한 것이다.

4; 증인 및 집필자의 확인서

관청에서는 먼저 증인과 집필자에 향해서 그 사실의 확인을 요구하고, 그들은 그 요구에 응해서 아래와 같은 확인서를 제출한다.

(원 문)

同日　　證人 盧宜世年　　廉謂成年
　　　　筆執 曹次石年

白等財主私奴永萬班奴婢二口放賣根因現告亦推問敎是臥乎在亦上項奴婢主私奴永萬亦其矣上典牌字導良其矣班婢梅介四所生士禮年己巳生及同婢一所生奴永金年庚寅生二口乙價折錢文四十五兩依數捧上爲白遣同奴婢等後所生幷以尹生員宅奴尙云處永永放賣明文成置矣徒等以證筆隨仒署名的實是白置文記相考依例斜給敎事

　　　　　　　　　　　　　　　　　同 ㊞

　　　官 ㊞　　　　　　　　　　　同 ㊞

　　　　　　　　　　　　　　　　　同 ㊞

(뜻 법)

　　　　同日　　證人 盧宜世 年　　廉謂成 年
　　　　　　　　筆執 曹次石 年

솖든 財主 私奴 永萬 班奴婢 二口 放賣 根因 現告여 推問이시누온견여 운목 奴婢主 私奴 永萬이 저의 上典 배지 드듸어 저의 班婢 梅介 四所生 士禮 年己巳生及 同婢 一所生奴 永金 年庚寅生 二口乙 價折 錢文 四十五兩 依數 밧자흐솖고 同奴婢等 後所生 아우로 尹生員宅奴 尙云處 永永 放賣 明文成置 의너둥으로 證筆隨仒 署名 的實이솖두 文記相考 依例 斜給이신 事.

노비 매매 문서   413

                                                    同 ㊞
            官 ㊞   同 ㊞
                                                    同 ㊞

  (원 문)
        동일 중 인   로의세 나이   렴의성 나이
              집필자   조차석 나이
    말씀을 여쭙건대 소유자의 사노 영만이가 량반의 노비 두
  명을 파는 래력을 아는 대로 말하라고 심문하시는바, 상기 노
  비 소유자의 사노 영만이 저의 상전의 배지에 따라 저의 량반
  의 녀종 매개의 네째 소생 사례 나이 기사생과 그 녀종의 첫째
  소생인 종 영금 나이 경인생 두 명을 값을 정해서 돈 마흔 닷
  량을 액수 대로 받아 들이고 동 노비 등을 이후의 소생과 함께
  윤생원 댁 종 상운한테 영영 팔아 버리고 증서를 만들어 두는
  례, 저희들이 증인과 집필자로 참례되여 서명을 한 것이 적실
  한 즉, 문서를 조사하신 후 전례에 따라 승인하여 주실 일.
                                              동   수결
              관청   수결   동   수결
                                              동   수결

  (주 석)
    同日. 본래는 관청에서 승인 청원서를 받고 나서 증인과 집필
  자에게 확인서를 받게 될 것이지마는 청원서를 제출할 때 애초에
  이 확인서를 함께 해서 청원서에 붙이여 제출한다. 여기 동일이
  라고 한 것은 곧 청원서에 기입된 것과 동일한 날'자임을 의미하
  는 것이니 즉 임진 3월 일인 것이다.
    班奴婢. 량반의 노비란 말.
    根因. 래력과 같은 말.
    同押. 여기의 同은 첫머리에 쓴 세 사람을 가리키는 것이다.
  즉 로의세, 렴위성 조 차석의 순서로 수결을 두었을 것이다.
      5, 판 사람의 확인서
    관청에서는 증인 및 집필자와 함께 판 사람에 향해서도 확인

서를 요구하는 것이니, 관 사람 편으로서는 또 아래와 같은 확인서를 제출한다.

（원　문）

壬辰三月日財主李生員奴永萬年

白等汝矣班奴婢士禮及同婢一所生奴永金等放賣眞僞從實現告亦推問敎是臥乎在亦奴矣上典宅以要用所致祖上傳來衿得婢梅介四所生婢士禮年己巳生及同婢一所生奴永金年庚寅生等二口乙價折錢文四十五兩依數捧上爲白遣上典牌字遵良同奴牌後所生幷以永永放賣明文許與的實是白置文記相考依例斜給敎是事

官押　　　　　同日　　　　左手

（독　법）

壬辰 三月 日 財主 李生員奴 永萬 年

슮든 너의 班奴婢 士禮及 同婢一所生奴 永金等 放賣 眞僞 從實 現告여 推問이시누온견여 奴의 上典宅 以要用所致 祖上 傳來 깃득婢 梅介 四所生婢 士禮 年己巳生及 同婢 一所生奴 永金 年庚寅生等 二口를 價折 錢文 四十五兩 依數 밧자ᄒ슮고 上典 배지 드듸어 同奴婢 後所生 아우로 永永 放賣, 明文許與 的實이슮두 文記 相考 依例 斜給이신 事.

官㊞　　　　　同日　　　　左手

（역　문）

임진 三월 일 소유자 이리 생원의 종 영만 나이

말씀을 여쭙건댄 너희 량반 노비 사례 및 동 녀종의 첫째 소생인 영금 등을 팔아 버리는 일이 사실인지 아닌지 바른대로 고하라고 심문하시는바, 저희 상전댁에서 소용이 되는 까닭으로 조상으로부터 전해 왔고 상속해 맡은 녀종 매개의 네째 소생인 사례 나이 기사생과 동 녀종의 첫째 소생인 영금 나이 경인생 등 두 명을 값을 정해서 돈 마흔 닷 량을 액수 대로 받아들이고 상전의 패지에 따라 동 노비의 이후 소생과 함께 영영 팔아 버리여 중서를 해 준 것이 적실한즉, 문서를 조사하신 후 전례 대로 승인하여 주실 일.

관청   수결   동일   외손

6, 관청의 승인장

상기의 서류를 조사한 뒤 관청으로서는 맨 마지막에 그 서류에 대한 승인장을 내여 준다. 이 승인장을 그 당시의 용어로써 립안(立案)이라고 불렀다. 립안이란 말은 법적 결정을 의미한다. 이 승인도 법적 결정에 속하는 것이다.

(원 문)

康熙五十一年三月日堤川官立案
右立案爲斜給事粘連證筆財主納招是置有亦本文記取納相考爲乎矣庚寅二月廿五日同生中追和會文記是齊一男李允柱二男允石筆同姓孼四寸弟允曄等着名的實是旀上項財主私奴永萬亦其矣上典衿得婢梅介四所生婢士禮年己巳生身及同婢從後一所生奴永金年庚寅生身等二口良中價折錢文四十五兩依數捧上爲遣同奴婢後所生并以尹生員宅尙云處永永放賣的實是乎等以本文記背頉處依例斜給爲遣合行立案者

兼官 [押]

(국 문)

康熙五十一年 三月 日 堤川官 立案
右立案 爲斜給事 粘連 證, 筆, 財主等 納招이두이시며 本文記 取納 相考ᄒᆞ오되 庚寅 二月 廿五日 同生 中追 和會 文記이겨 一男 李允柱, 二男 允石, 筆 同姓 孼四寸 允曄等 着名的實이며 운목 財主 私奴 永萬이 저의 上典 깃득婢 梅介 四所生 婢 士禮 年己巳生身及 同婢 從後 一所生奴 永金 年庚寅身等 二口아히 價折 錢文 四十五兩 依數 捧上 ᄒᆞ고 同奴婢 後所生 아우로 尹生員宅 尙云處 永永 放賣 的實이온들로
本文記 背頉後 依例 斜給ᄒᆞ고 合行立案者

兼官 [押]

(역 문)
　강희 51년 3월 일 제천 고을 립안
　전기 립안은 승인해 줄 데 관해서. 함께 붙이여 있는 증인, 집필자, 소유자 등의 확인서도 있어서 원 문서를 가져다가 조사하니 경인 2월 25일 형제간 협의한 문서였다. 큰 아들 디 윤주, 둘째 아들 윤석, 집필자 동성 서사촌 아우 윤엽 등이 서명한 것이 적확하며, 상기 재산 소유자의 사노인 영만이 저희 상전의 상속해 받은 녀종 매개의 네째 소생인 사례 나이 기사생과 동녀종의 소유가 정해진 이후 첫째 소생인 종 영금 등 두 명에 값을 정해서 돈 마흔 닷 량을 액수 대로 받아 들이고 동 노비의 이후 소생과 함께 윤생원 댁 상운한테 영영 팔아 버린 것이 적확한지라. 원 문서 후면에 그 사유를 기입한 뒤 전례에 의해서 승인한다고 표시했고 마땅히 립안을 내야 할 것.
　　　　겸임한 원　　수결
　　(주　　석)
　粘連. 한데 붙이여 련접시킨다는 뜻이다. 각장 또는 다른 서류를 한데 붙이는 것을 가리키는 말이다.
　中追. 미상하다. 단지 여기서만은 어떠한 사건이 얼마 동안 경과해 오는 중간에 다시 지난 날을 소급해서 일정한 결정을 짓는다는 의미와 같다.
　和會. 협의와 마찬가지의 의미다.
　兼宣. 兼任官의 뜻이다. 이 립안을 낼 당시 제천에는 마침 원이 없어서 단 고을의 원이 겸임으로서 사무를 처리하였던 것이라고 추측된다.

제 四 편 《리문》 주석

리문(吏文)에 대한 해제

이미 설명한 바와 같이 리찰의 전문적 학습을 위해서 저작된 서적으로는 이 때까지 유서필지의 한 종류밖에 더는 발견되지 않았다. 유서필지와 류사한 서적이 반드시 없지 않으리라고 해서, 저자는 수십년간 주의를 게을리 하지 않았음에도 불구하고 그러한 노력이 아무런 효과도 거두지 못하고 있었다. 그런데 이 리두 연구의 집필이 거의 완성되여 가는 때 어떤 동지로부터 리문(吏文)이란 제목의 조그만 책을 얻어 보았다. 이 책이야말로 수십년간 저자가 찾으려고 노력해 오던 그러한 책 중의 하나였다. 근본적으로 많지 못한 수량의 리찰 문헌에서는 이 책의 내용 여하를 물을 것이 없이 귀중한 참고 자료로 되고 있다. 더구나 그것이 유서필지나 마찬가지로 리찰의 전문적 학습을 위한 서적이였다는 점에서 더 한층 귀중하게 치지 않을 수 없다.

이 책은 길이 22센치, 넓이 14센치, 장수도 겨우 16장밖에 안 되는 실로 조그만 목판본이다. 전후면이 각 7 행인데 각 행의 자수가 혹은 16 자, 혹은 19 자로 극히 균일하지 못하다. 그 16장도 전부가 리찰 관계냐 하면 그런 것은 아니다. 제 1장 전면 제 2행에서 제 10장 후면 제 3행까지만 리문이란 제목에 해당한 내용이요, 그 나머지의 6장은 구구(九九), 간단한 면적 계산법 및 고갑자(古甲子) 등이다. 또 리문이란 제목에 해당한 내용이라고 말한 것이 깡그리 리찰 관계냐 하면 그런 것도 역시 아니다. 그 중의 약 반가량이 리두어와 리두 로 등이요, 그 나머지의 약 반가량은 관청 공문에서 관용되는 한'자 성어 내지 한'자 성구인 것이다.

　이상으로써 알 수 있는 바와 같이 이 책은 그 분량으로서나 정연한 체계로서나 유서필지와 비교할 거리가 되지 못한다. 더구나 종이의 마멸로 인하여 불명한 부분은 말하지 말고라도, 그릇된 글'자와 중복된 말조차 아주 적지 않다. 이렇게 볼 때 이 책의 가치는 대단치 않은 것으로 된다. 일부러 주석을 붙이여 소개할 것도 없다고 보일는지 모른다.

　그러나 저금까지는 전률통보, 고금석림, 어록변증 및 유서 필지 등에 의하여 중부의 리두음을 알고 있었을 뿐이였다. 중부 아와 다른 지방의 리두음이 이 책으로써 처음 확증하기에 이른 것이다. 또 지금까지는 유서필지에 의하여 중부에서 어떻게 리찰을 학습하였는가를 알고 있었을 뿐이였다. 중부 아와 다른 지방에서 어떻게 리찰을 학습하였는가는 이 책으로써 처음 짐작하기에 이른 것이다.

　가령 리문은 근세 중국의 관청용 성어나 성구를 가리키는 것이요, 리두는 조선의 독특한 관청용 서사어를 가리키는 것으로써 전연 별개의 물건이다. 그것은 리문의 학습 및 저술을 맡은 승문원(承文院)에서 리두를 전연 돌아 보지 않던 리조 시대의 관습으로써도 략해하기에 충분하다. 그러나 그 당시 승문원의 대상으로 되여 있는 리문이 리두보다 사회적으로 더 훌륭한 평가되였을 것 만은 의심이 없다. 그와 함께 리두 문체 가운데는 적지 않은 리문식의 성어와 성구가 들어 와 있다는 것도 부인하지 못한다. 아무 가지 조건에 의해서 일부 지방에서는 리두가 리문이란 이름으로 불리워졌던 것이다. 이 한 가지의 사실을 알게 되는 것만 해도 리두 연구의 적자 않은 수확인 것이다.

　그러면 이 책이 지방 사람의 저작이라는 것은 무엇으로써 증명되는가? 성어나 성구가 중앙에서 쓰는 것은 거의 하나도 없고 오직 지방 관청에서 쓰는 것을 중심 삼았으며, 지방 관청에서도

도'급(道級)에서 쓰는 것보다 거의 다 군'급(郡級)에서 쓰는 것을 중심 삼았다. 또 이 책의 나온 지방은 짐작컨대, 流와 같은 자의 음을 《누》라고도 읽은 것으로 보아 서북 방언과 비슷하고, 決, 結 등과 같은 자의 음을 《결》로 읽은 것으로 보아 동남 내지 서남 방언과 비슷한바, 그 두 가지가 함께 가능한 점으로 미루어 동북 방언임에 틀림이 없을 것이다.

이 책을 빌려준 동지의 말에 의하면 이 책을 함흥서 구했다고 한다. 또 이 책의 제 5장 후면 및 제 6장 전면에는 정간밖으로 吉州, 明川, 高原 永興 등 함경도 내의 많은 군명을 붓으로 써 놓은 것이 있다. 물론 책이 보관되여 온 지방을 곧 그 저작된 지방 내지 간행된 지방으로 단정할 수는 없으나, 이 책의 내용으로 보아서 먼 지방에까지 전파 보급될 성질의 것은 아니다. 보관되여 온 지방이 바로 저작된 지방 및 간행된 지방과 일치된다고 보더라도 이 책의 경우에는 그다지 착오될 것이 없다.

그런데 이 책에서 郡守만을 들고 牧使, 府使, 縣令, 縣監 등을 일체 들지 않은 것으로 본다면 대개 리조 말기의 저작이 아닌가 한다. 전률통보나 고금석림보다는 물론이요 유서필지보다도 후대의 저작이다. 그럼에도 불구하고 동북 지방의 리두음을 얻었다는 것은 리두 연구에서 아주 귀중한 자료다. 이러한 자료에 주석을 가해서 리두를 연구하는 학도들 앞에 널리 공개하는 것도 결코 무의미한 일은 아닐 것이다.

비단 리두어와 리두 토만이 필요한 것이 아니요 한'자 성어 나 한'자 성구도 지방 관계의 리찰 문헌을 리해하기 위해서 역시 필요하다. 이 책의 순서를 따라 들면서 함께 주석을 가하기로 한다.

제 1장 제 1행에는 吏文이란 두 글'자가 쓰이여 있다. 그것은 이 책의 제목인 것이다.

    1, 右謹言 우근언

관청에 제출하는 서류 첫머리에 례투로 쓰는 문구로서 右謹

陳과 같은 말이다.

2, 右謹陳所志矣段 우근딘소지의단

右謹陳. 이 문구를 쓰기 이전 그 서류를 제출하는 사람의 성명이 먼저 기록되여 있다. 右는 바로 그 사람이 스스로 이르는 말로 된다. 右人 또는 右者의 뜻으로 해석하여야 한다. 謹陳과 합해서는 《전기의 사람이 삼가 말씀을 올리는 바는》의 의미다.

所志矣段. 고금석림에도 이 성어가 나오고 있는데, 리두음은 표시되여 있지 않고 뜻만 해석되여 있다. 그 해석에 의한다면 所志는 아래 사람이 웃사람에게 제출하는 글이요, 矣段은 어조사 (語助辭)라고 하는 것이다.

3, 右所陳爲白內等 우소딘ᄒᆞᄉᆞ니든

右所陳. 右謹陳과 류사한 내용이다. 즉 《전기의 사람이 말씀 올리는 바는》의 의미다.

爲白內等. 원문에는 《ᄉᆞ》 자가 심히 분명치 못하고 또 《니든》이 마치 《뇌든》과 같이 보인다. 전률통보에는 《ᄒᆞᄉᆞ니든》으로 읽고 유서필지에는 《ᄒᆞᄉᆞ옵든》으로 읽었다. 이 책은 전률통보와 일치되고 있다. 하여튼 白等과 같은 의미일 것이다.

4, 奴矣갈든 段公事爲相考事 노의□공ᄉᆞ위샹고ᄉᆞ

(□은 자형 미상)

奴矣. 리조 시대 천인으로 지목되는 계층들은 량반에 대해서 자기를 노자(奴子)라고 일컬었다. 奴矣의 리두 음은 곧 《노의》로서 《노자의》와 같은 말이다.

갈든 段公事. 《갈든》이 아래의 □자와 서로 뒤바뀌어 판각된 듯하다. 뒤바뀐 자가 마침 미상해서 무슨 의미인지 알 수 없다.

爲相考事. 우의 말과는 전연 떨어진 성구니 본래 한 항목에 포괄된 것이 착오일 것이다. 이것은 일반 공문에서 가장 많이 쓰이는 건명(件名)으로서 《참고될 일에 관해서》, 《조사할 일에 관해서》 등에 해당하다.

5, 合行牒呈 합힝텹뎡

合行은 《행하기에 합당하다》의 의미니, 合行牒呈은 《牒呈을 행하기에 합당하다》로 된다. 이것은 牒呈을 낼 때 맨 끝으로 쓰는 례투의 문구 중 한 마디다.

　　6, 伏請복청

아래의 照驗施行과 붙어서 한 개의 성구로 된다. 따로 떨어져서는 싱겁다.

　　7, 照驗施行조험시힝

照驗은 대조 검사의 뜻이다. 伏請照驗施行은 대조 검사해서 처리할 것을 엎드리여 청한다는 의미로 되는 것이다.

　　8, 須至牒呈者슈지텹뎡쟈

《꼭 牒呈을 하기에 이른 것》이라는 말이다.

合行牒呈 伏請照驗施行 須至牒呈者의 세 마디는 련결되여서 牒呈 끄트머리에 쓰는 한 례투를 구성하고 있다.

　　　　제 1장 제 7항은 전항 불명으로 인하여 약 세 항목이 없어졌다.

　　9, 郡守군슈

리조 시대 지방 행정의 체계는 심히 복잡해서 郡과 같은 단위로서 그 우에 또 府가 있고 그 아래 또 縣이 있었다. 府에는 牧使를 두거나 府使를 두고 郡에는 守를 두고 縣에는 令을 두거나 監을 두는바 牧使로부터 縣監까지 그것이 관리의 등급을 의미하는 것은 더 말할 것이 없다. 그런데 1894년 이후에 이르러 그러한 복잡한 체계를 다 없애 버리고 郡으로 일원화하였다. 그와 함께 지방 행정의 책임관도 전체 郡守로 통칭하기에 이른 것이다.

　　10, 某使君모ㅅ군

使君은 지방 행정의 책임관을 존칭하는 한'자 성어다. 某는 구체적인 어떤 사람의 성 또는 이름까지 들어 갈 자리를 표시한 것이다.

　　11, 行下事힝하ㅅ

상급 관청에서 지시 또는 처리되는 일을 가리키는 것이다. 공문 끝에 흔히 行下敎是事를 례투의 성구로 첨가하고 있다.

12, 合行移關請 합힝이관쳥

合行移關은 合行牒呈과 같은 구법의 말이다. 하급 관청에서 상급 관청에 향해서 牒呈을 낼 때는 후자를 쓰고, 상급 관청에서 하급 관청에 향해서나 동급 관청간에 서로 關字를 낼 때는 전자를 쓰는 것이 다르다.

請은 아래의 딴 말과 련결될 글'자다. 만일 억지로 해석한다면 《移關으로써 청을 행하기에 합당하다》로 될 것이다.

13, 侤音 다딤

전률통보와 고금석림에는 《다딤》, 어록변증과 유서필지에는 《다짐》이다. 이 책은 전자와 일치한다.

14, 白等 슯등

전률통보에는 《슯든》, 고금석림에는 《슯둥》, 어록변증에는 《슬든》 또는 《슬둥》, 유서필지에는 《슬둥》이다. 이 책은 고금석림과 일치한다.

15, 矣身亦 의몸여

矣身을 어록변증과 유서필지에도 《의몸》이라고 읽었다. 이 책도 그 두 책과 일치한다. 矣身亦의 亦은 주격 로다. 현대어로는 《이몸이》에 해당한 말로 된다.

16, 他矣財穀 타의 지곡

《남의 재물이나 곡식》을 말함이다.

17, 夜間突人 야간돌입

人은 入의 오자일 것이다. 밤중에 남의 집에 침입하는 것이다.

18, 恣意偸取 즈의투취

恣意는 제멋대로. 偸取는 훔찬다는 말.

19, 連命資生 년명즈싱

連의 음은 《련》인데 《년》으로 쓰고 있다. 이 아래도 《련》의 첫소리를 《ㄴ》로 적은 례가 많으나 일일이 지적하지 않는다.

連命은 목숨을 이어 간다는 말. 資生은 목숨을 유지해 가는 수단으로 삼는다는 말. 따로 떨어진 두 개의 성어지마는 합해서

군색한 생활을 표현할 수도 있는 것.

　　　20, 現露辭緣현로스연

　現露는 탄로, 辭緣은 내용. 합해서는 《이미 들어난 내용》의 의미.

　　　21, 依律施行의률시힝

　律은 법률이니 依律은 법률 대로라는 의미다. 즉 《법률 대로 집행》한다는 말이다.

　　　22, 報使敎事보스이샨스

　報使. 報는 상급 관청에 서류를 보내는 것을 이르니 바로 牒報의 報와 같다. 또 사람이나 물건을 상급 관청으로 보낼 때는 使라고 하는바, 더 분명히 해서는 上使라는 성어를 쓴다. 이 報使는 두 가지의 일을 함께 포괄한 말이다. 즉 서류를 보내는 것과 또 사람이나 물건을 보내는 것을 함께 포괄해서 말하는 것이다.

　敎事. 전물통보, 고금석림, 어록변증에서는 《이샨일》로 읽고, 유서필지에서는 《이샨알》로 읽었다. 敎를 《이샨》으로 읽는 데는 전자와 일치하나 事를 음으로 읽은 것은 전연 독특한 점이다. 敎는 물론 존칭이다. 존칭이 붙은 것으로 미루어 하급 관청에서 상급 관청에 향하여 사용하는 말로 되는 것은 물론이다.

　　　23, 矣徒等亦의내둥이여

　전물통보, 고금석림, 어록변증에서 모두 《의서둠》이라고 했다. 이 책에서는 《비》가 《대》로 되여 있는 것이 다르다.

　　　24, 矣身向爲良의몸향ᄒᆞ야

　《이몸 향하여》이다.

　　　25, 矣身耳亦의몸ᄯᆞ러

　耳亦을 고금석림에는 《ᄯᆞ려》, 어록변증에는 《ᄯᆞ여》, 유서필지에는 《ᄯᆞ녀》라고 하였다. 이 책은 고금석림과 같은 것이 사실이나 《려》를 《러》라고 하는 것이 조금 틀린다.

　　　26, 易亦아ᄂᆞᆨ혀

　전물통보에는 《인으려》, 고금석림에는 《아ᄂᆞᆨ혀》, 유서필지에는 《아ᄂᆡ혀》라고 읽었다. 이 책은 또 하나의 다른 음으로 되고 있다.

27, 專亦전혀

전률통보, 고금석림, 어록변증에는 《전혀》, 유서필지에는 《전여》다. 이 책은 전자와 일치한다.

28, 便亦스리여

便亦은 유서필지에서 《스의혀》, 어록변증에서 《문득》이라고 읽었다. 이로써 便亦이 현대어 《문득》에 해당한 말이라는 것을 알 수 있다. 그런데 고금석림에서 使亦을 《스리여》라고 읽었고 전률통보에 使易을 《스리여》라고 읽었다. 使亦과 使易이 동일한 말인 것은 물론이어니와, 한 걸음 나아 가서 使亦, 使易이 곧 便亦이란 말인 것도 드러나고 있다. 便과 使는 자형이 류사한 데다가 使의 음이 《스리여》의 첫음절과 같다. 여기서 便을 使로 바꾸어 쓸 수가 있은 것이다. 그 뿐 아니라 使亦은 《일부러》, 《굳이》 등과 류사한 뜻으로 사용된 례를 보게 된다. 여기서도 便을 使로 고치여 쓰는 것이 더 적절하게 인정될 수 있은 것이다. 하여튼 이로써 便亦과 使亦은 동일한 리두어라는 것이 확증된다. 전률통보에는 使易으로 쓰고 《스리여》, 고금석림에는 使亦으로 쓰고 《스리여》, 어록변증에는 便亦으로 쓰고 《문득》, 유서필지에는 便亦으로 쓰고 《스의혀》라고 읽는 등 한'자도 불일치하고 음도 다 각각이다. 이 책에서는 한'자를 便亦으로 쓴 것은 어록변증이나 유서필지와 일치하고 음을 《스리여》라고 한 것은 고금석림과 일치한다.

29, 先可아직

전률통보에는 《아덕》, 고금석림과 어록변증에는 《어직》, 유서필지에는 《아즉》이다.. 이 책은 고금석림과 일치하고 있다.

30, 最只안직

전률통보에는 《안직기》, 어록변증에는 《아직기》, 유서필지에는 《안즈기》다. 이 책의 두 음절로 된 음은 전연 독특한 것이다.

31, 敎是이시

전률통보, 고금석림, 어록변증, 유서필지 등 모두 《이시》다고 읽었다. 이 책도 역시 마찬가지다.

32, 物物갓갓

고금석림과 어록변증에서 《갓갓》이라고 읽었다. 이 책도 마찬가지다.

33, 白活발괄

전률통보에는 《발괄》, 고금석림과 유서필지에는 《발결》, 어록변증에는 《술화》다. 이 책에서는 고금석림 및 유서필지와 일치하고 있다.

34, 這這군군

전률통보에는 《又又》, 고금석림과 유서필지에는 《갓갓》이다. 이 책에서는 또 다르게 쓰고 있다.

35, 追于조초

전률통보, 고금석림, 어록변증에는 《조초》, 유서필지에는 《좃초》로 썼다. 이 책에서는 전자와 일치한다.

36, 別乎벼로

《로》자가 분명치 않아서 마치 《노》자 우에 딴 글'자가 있는것 같다. 거기서 혹은 《별노》로 볼 가능성도 없지 않다. 전률통보에는 《별음》, 고금석림에는 《별오》, 어록변증에는 《별롱》, 유서필지에는 《벼름》 등이다. 이 책은 대체로 고금석림과 일치하나 단지 《ㄹ》의 상철을 하철로 쓴 것이 다르다.

37, 哛不喩뿐안디

전률통보, 고금석림, 유서필지에는 分叱不喩로 썼는데, 이 책은 分叱의 두 글'자를 합치여 한 글'자로 만든 것이 다르다. 또 전률통보 등의 세 책은 分叱不喩를 《뿐아닌지》로 읽고, 어록변증에서도 不喩를 《아닌지》라로 읽었는데, 이 책은 《안디》의 두 음절로 읽은 것이 다르다. 그러나 喩乃를 전률통보에서 《더나》, 고금석림에서 《찌더나》로 읽은 등 《喩》의 《디》 음도 결코 례가 없는 것이 아니다. 또 不冬의 음이 《안들》의 두 음절인 것으로 미루어, 不喩도 《안디》의 두 음절이였을 수 있는 것이 사실이다.

38, 帖字톄ᄌ

고금석림, 어록변증, 유서필지에는 帖子로 쓰고 있으나 그것은 결국 마찬가지의 말이다. 고금석림에는 《톄ᄌ》, 어록변증에는 《톄자》, 유서필지에는 《톄ᄌ》라고 셨다. 이 책은 또 이 책 대로 달리 쓰고 있다.

39, 件記볼긔

고금석림에는 《볼긔》, 어록변증에는 《벌긔》, 유서필지에는 《별긔》다. 이 책은 고금석림과 일치한다.

40, 置簿티부

장부 내지 장부에 올린다는 의미다. 장부는 다시 《치부책》이라고 한다.

41, 除良더러

전률통보, 고금석림, 어록변증, 유서필지 등 모두 《더러》다. 이 책도 마찬가지다.

42, 捧上밧자

전률통보에는 《밧ᄌ》, 어록변증과 유서필지에 《밧자》라고 셨다. 이 책은 후자와 일치한다.

43, 絃如시우려

전률통보와 어록변증에는 《시우려》, 고금석림에는 《시우여리》, 유서필지에는 《시오려》다. 이 책은 또 좀 다르게 쓰고 있다.

44, 初亦초혀

어록변증에서 初亦을 《처음》이라고 읽었으나, 初如를 고금석림에서 《초여》, 유서필지에서 《초혀》라고 읽었다. 初亦과 初如는 동일한 말인 동시에 이 책은 유서필지와 일치하는 것이다.

45, 役只겻기

전률통보와 유서필지에는 《격기》, 고금석림에는 《오격》 또는 《직기》, 어록변증에는 《격가》다. 이 책의 음은 전연 독특한 것이다. 두시언해 二五권 三六장에는 공급(供給)을 《겻기》로 번역하였는바, 월인석보 二권 六三장의 《果報겻구미 政第러니》의 겻구미도 그와 동일한 어원인 것이다. 이 《겻구미는 경력(經歷)위 위미로서 일견 공급의 의미인 《겻기》와는 판이한 어의임에 틀림이 없으나, 실상 광범히 보아 役의 의미로는 서로 부합되는 것이다. 이 책의 《겻기》는 15~16 세기의 문헌과 아주 일치한다. 다른 책의 여러 음과 비교해서 가장 정확한 음이라고 볼 수 있다.

46, 導良드듸야

전률통보와 어록변증에는 《드듸여》, 고금석림에는 《드듸아》, 유서필지에는 《드틱여》라고 읽었다. 이 책은 또 이책 대로 달리 쓰고 있다.

47, 舍音모룸

전률통보와 유서필지에는 《말음》, 어록변증에는 《마름》이라고 썼다. 이 책은 또 그와 달리 쓰고 있다. 월인 서보 二一권 九 一갱에는 《牀은 모른미라》고 하였다. 《모룸》으로 쓴 것이 15 세기의 문헌에 부합된다.

48, 擬只시기

전률통보에는 《비김》, 고금석림에는 《시비기기》, 어록변증에는 《비기》, 유서필지에는 《사기》 또는 《시기》라고 읽었다. 이 책은 유서필지의 둘째 번 음과 일치한다.

49, 的只마기

전률통보, 고금석림, 유서필지에는 《마기》, 어록변증에는 《막기》다. 이 책은 전자와 일치한다.

제 2장 전면 제 7행 약 6자 불명으로 인하여 한 항목이 없어 졌다.

50, 卜定지뎡

전률통보에는 《더졍》, 고금석림에는 《지뎡》, 유서필지에는 《지졍》이다. 이 책은 고금석림과 일치한다.

51, 是如이다

고금석림과 유서필지에서 《이다》로 읽었다. 이 책도 역시 마찬가지다.

52, 良中沙아히사

전률통보와 고금석림에는 《아희사》, 유서필지에는 《아히스》

다. 이 책은 전자와 일치한다.
　　　53, 始叱비롯
　전률통보에는 《비릇》, 고금석림에는 《비롤》, 유서필지에는 《비라》 또는 《비릇》이다.　이 책은 전률통보와 일치하고 있다.
　　　54, 謀計모계
　《계책》, 《책모》 등과 같은 말.
　　　55, 向入앗드러
　고금석림에는 《앗드러》 또는 《안이》, 어록변증에는 《알들》, 유서필지에는 《앗드러》다. 이 책은 고금석림의 첫째 번 음 및 유서필지의 음과 일치하고 있다.
　　　56, 下手不得햐슈모질
　下手. 유서필지에도 下의 음은 《햐》로 읽었다. 下手는 손을 댄다는 의미다.
　不得. 전률통보에는 《모딜》, 유서필지에는 《모질》로 읽었다. 이 책은 후자와 일치한다.
　합해서는 손을 대지 못함을 이르는 말이다.
　　　57, 更良가시아
　전률통보, 고금석림, 유서필지에는 《가시아》, 어록변증에는 《다시》다. 이 책은 전자와 일치한다.
　　　58, 作文질문
　전률통보, 고금석림, 유서필지에는 《질문》, 어록변증에 《지어》다. 이 책은 전자와 일치한다.
　　　59, 尺文자문
　어록변증과 유서필지에는 《즈문》이라고 썼다. 이 책에서는 《즈》가 《자》로 쓰이여 있다.
　　　60, 不冬안더
　전률통보, 어록변증, 유서필지에서 모두 《안들》이라고 읽었다. 이 책의 음은 아주 독특한 것이다.
　　　61, 遲晚디만
　죄인의 자복한 공술을 가리키는 말이다.

주 석   429

　62, 推考츄고
　사문(査問) 또는 신문(訊問) 등을 가리키는 말이다.
　63, 報狀移文질장리문
　報狀. 報의 음을 《질》이라고 한 것이 착오로도 보이나 報는 결국 공문서의 일종이요, 일체의 공문서는 作으로 일컬을 수 있다. 作을 《질》음으로 읽는다는 것을 고려한다면 報의 《질》음이 결코 무근거한 것도 아니다.
　移文. 移의 음은 《이》다. 《리》로 쓴 것은 《리》, 《이》를 구별치 못하는데 기인할 것이다.
　報狀은 상급 관청에 보내는 공문이요, **移文**은 동급 내지, 하급 관청에 보내는 공문이다. 이 마디는 따로 떨어진 두 성어로 구성된 것이다.
　64, 關字粘移관ᄌ첩이
　粘移는 곧 **粘連 移文**이니 무엇을 함께 붙이여 보내는 **移文**이요, **關字粘移**는 곧 관자를 붙이여 보내는 **移文**이니, 상급 관청의 지시나 명령을 알리는 공문인 것이다.
　65, 秘密私通비밀ᄉ통
　각 고을의 아전 계층이 비공식으로 주고 받는 통신을 **私通**이라고 한다. 그 사통이 비밀리에 즉 행정관을 모르게 주고 받아질 때 **秘密私通**이라고 한다.
　66, 相考處置샹고쳐치
　相考는 참고 내지 조사의 의미니 상고후 처결한다는 말이다.
　67, 斟酌分揀짐쟉분간
　斟酌. 斟의 현행음은 《침》으로서 여기의 《짐》과는 서로 틀리고 있으나, 현대어에서 역시 《짐작》이라고 말하고 있다. 그 의미는 대체로 현대어에서와 같이 《요량》과 같은 것이 아니라 도리여 《참작》, 《작량》에 가까운 것이다.
　分揀. 본래의 의미는 《구별하다》인바 사물을 구별한다는 데서 《리해》와 같이 쓰이고, 죄인과 구별한다는 데서 《용서하다》와 같이 쓰이였다. 《분간이 나서다》, 《분간이 없다》 등은 전자의 례요, 이 《집작분간》은 바로 후자의 례다.

68, 招引設計토인졈겨

設計의 두 자가 모두 현행음과는 틀린다. 招引은 《끌어 들이다》요 設計는 《계책을 꾸미다》로서, 합해서는 공모자를 끌어 들이여 무슨 계책을 꾸민다는 의미다.

69, 懲戒奸猾넝계간활

猾은 獪의 뜻으로 쓰인 것이다. 간활한 사람을 제재한다는 의미니 혼히 지방의 세력 있는 아전이나 토호들의 제재를 이르는 말이다.

70, 作弊援引

한'자음의 기록이 루락되였다. 두 가지의 의미로 해석될 수 있으니, 하나는 나쁜 짓을 하고 나서 남을 물고 들어 간다고 해석되는 것이요, 다른 하나는 나쁜 짓을 하면서 제 변호로 끌어다가 붙인다고 해석되는 것이다.

71, 決罪決杖결죄결댱

決罪決杖의 꼭 같은 녀 자를 거퍼 썼다. 그것은 아마 作弊援引의 음을 쓸 자리에 착오로 인해서 이 녀 자를 거퍼 쓴 것이리라고 추측된다.

決罪는 죄인에 대한 형벌의 집행을 이르는 말이요, 決杖은 장형(杖刑)의 집행을 이르는 말이다. 장형은 리조 시대 가장 많이 사용되던 형벌이기 때문에 決罪와 決杖을 합해서 한 성어를 이루게까지 된 것이다.

72, 爲等如흐트러

고금석림에는 《허트러》, 유서필지에는 《흐트러》다. 이 책은 유서필지와 일치한다.

73, 歧如가로혀

전률통보에는 《가릐여》, 고금석림에는 《가로여》, 유서필지에는 《가료혀》다. 이 책은 또 하나의 다른 음으로 읽고 있다.

74, 其徒等져도내

전률통보에는 《져동이》, 고금석림과 유서필지에는 《져도니》

다. 이 책은 후자와 같이 읽으면서 단지 《너》를 《내》토 했다.

　　　75, 憤怒發惡분로발악

憤怒나 발악이나 현대어와 마찬가지의 의미다.

　　　76, 爲去等ㅎ걸둥

고금석림과 유서필지에는 《ㅎ거든》이라고 읽었다. 이 책만이 去를 《걸》로 읽고 있다. 소수서원(紹修書院) 립의(立議)에는 載於輿地勝覽爲去乙等이라는 마디가 있다. 본래 爲去等과 爲去乙等이 비슷한 토였음에 따라서 이 책에서 爲去等을 《ㅎ걸둥》의 음으로 읽기에 이른 것이 아닌가 한다.

　　　77, 爲去乙ㅎ거늘

고금석림과 유서필지에서 《ㅎ거늘》로 읽었다. 이 책도 마찬가지다.

　　　78, 粗也아야라

전률통보, 고금석림, 어록변증, 유서필지 등 모두 《아야라》로 읽었다. 이 책도 마찬가지다.

　　　79, 爲乎所ㅎ온배

고금석림 및 유서필지에서 《ㅎ온바》로 읽었다. 이 책은 所를 《배》라고 읽는 것이 그와 다르다.

　　　80, 詮次以견추로

고금석림 및 유서필지에서 詮次를 《젼추》로 읽었다. 이 책도 마찬가지다.

　　　81, 爲白齊ㅎ숣져

전률통보와 유서필지에서 《ㅎ숣져》로 읽었다. 이 책은 白을 《숣》으로 읽는 것이 그와 다르다. 그런데 몇 개의 례외도 없는 것은 아니나, 이 책에서는 대체 白자의 음을 《숣》으로 읽고 있다. 이 아래 그러한 차이를 일일이 지적해서 말하지 않기로 한다.

　　　82, 爲白置ㅎ숣두

유서필지에서 《ㅎ숣두》로 읽었다. 이 책도 마찬가지다. 그런데 여기의 白은 《숣》이 아니요 《숩》이다. 이는 곧 례외라고 볼 수 있는 가운데서의 하나다.

83, 爲白遣ᄒᆞ숣고

고금석림과 유서필지에는 白遣를 《숣고》로 읽었다. 이 책은 白의 음이 다를 뿐이다.

84, 搜括捉送수괄착송

搜括은 수색해서 전부 찾아 낸다는 의미요, 捉送은 붙들어 보낸다는 의미다. 합해서는 수색해 전부 찾아서 붙들어 보낸다는 말로 된다.

85, 擲奸看審덕간간심

擲奸. 擲이 현행음과 틀리는바, 음을 따라 摘奸으로 쓴 례도 있다. 이 말은 검사(檢査), 검열(檢閱) 등의 의미다.

看審. 審의 음도 현행음과 틀린다. 이 말은 실지 조사 내지 답사의 의미다.

86, 丐乞荒唐개걸황당

丐乞이 글'자 대로는 《구걸》의 뜻이나 《애걸》의 뜻으로도 전용되였다. 丐乞荒唐은 허둥지둥 애걸복걸한다는 말이다.

87. 三切鄰并以삼절인아우로

切鄰은 가까운 이웃이요, 三切鄰은 주위 전체의 가까운 이웃이다. 가까운 이웃 동네의 전체를 들어 말할 때도 역시 三洞里란 말을 쓰고 있다. 이런 경우 三 자는 셋의 수효를 가리키는 의미가 아니다. 四면 四방 등의 四 자와 같이 전 주위를 포괄하는 것으로 된다.

并以는 전률통보와 유서필지에서 《아오로》, 고금석림에서 《아으로》, 어록변증에서 《아울너쓰》다. 이 책은 전률통보 및 유서필지와 일치한다.

88, 爲白等ᄒᆞ숣든

전률통보와 유서필지에서 《ᄒᆞ숣둥》이라고 읽었다. 이 책은 白의 음과 함께 等의 음도 그와 다르다.

89, 典當以던당으로

典當은 무슨 물건을 담보로 잡히고 빚을 쓰는 일.

90, 爲乎ᄒᆞ온

전률통보, 고금석림, 유서필지에는 《ᄒᆞ온》, 어록변증에는 《허호》다. 이 책은 전자와 일치한다.

91, 爲白良余ᄒᆞᆷ아금

유서필지에서 《ᄒᆞᆷ아금》으로 읽었다. 이 책도 白자의 음을 제하고는 마찬가지다.

92, 爲臥乎ᄒᆞ누온

유서필지에서 《ᄒᆞ누온》으로 읽었다. 이 책도 마찬가지다.

93, 爲白良結ᄒᆞᆷ아져

전률통보와 유서필지에는 《ᄒᆞᆷ아져》, 고금석림에는 《ᄒᆞ올아쟈》로 읽었다. 이 책은 전자와 일치한다.

94, 爲白如可ᄒᆞᆷ다가

고금석림에는 《ᄒᆞ올따가》, 유서필지에는 《ᄒᆞᆷ다가》로 읽었다. 이 책의 白자 음을 그 두 음의 중간에 넣을 때에는 《ᄉᆞᆷ》, 《ᄋᆞᆷ》, 《올》의 순차적 변화의 자취를 찾아 보기 어렵지 않은 것이다.

95, 爲白有昆ᄒᆞᆷ잇곤

《ᄋᆞᆷ》자의 《ㅇ》아래 다시 《ㅅ》과 같은 것이 포개져 있어서 실상 《ᄋᆞᆷ》도 아니요 《ᄉᆞᆷ》도 아닌 글'자로 되고 있다. 이 책 중에서 白자의 음은 많이 《ᄋᆞᆷ》으로 읽었기 때문에 《ᄋᆞᆷ》으로 적을 뿐이다. 전률통보와 유서필지에는 《ᄒᆞᆷ빗곤》, 고금석림에는 《ᄒᆞ올잇곤》으로 읽었다. 전항에서와 같이 그 두 음의 중간에 이 책의 음을 넣으면 《ᄉᆞᆷ》, 《ᄋᆞᆷ》, 《올》의 변화적 단계를 표시한다.

96, 爲白置ᄒᆞᆷᄒᆞ

아래의 《ᄒᆞ》는 아마 오자일 것이다. 또 이 말은 82항에서 이미 한 번 나온 것이다.

97, 有亦이시니여

유서필지에서 《이신이여》라고 썼다. 이 책은 철자가 조금 틀린다.

98, 爲行如可ᄒᆞ녀다가

전률통보에는 《ᄒᆞ려다가》, 고금석림에는 《ᄒᆞ녀다가》, 유서필지에는 《ᄒᆞ엿다가》로 읽었다. 이 책은 고금석림과 일치한다.

99, 閑良閑丁한량한정

閑良은 일정한 직책이 없는 사람이요, 閑丁은 아직 아무런 역(役)에도 편입되지 않은 성년 남자다. 합해서는 여유 있는 인원, 또는 인원의 여유를 의미한다.

100, 餘丁以여정으로

餘丁은 필요한 인수(人數) 이상의 성년 남자.

101, 抄付受贈초부수증

례컨대 환자(還上) 곡식과 같은 것을 분배할 때 먼저 분배해 줄 만한 사람의 명단을 꾸미는바, 그런 명단에 기입하는 것을 抄付라고 한다. 환자 곡식을 배당 받는다는 것은 관청과의 관계를 맺는 것이요, 이런 관계는 후일의 말썽과 트집을 초치하는 원인으로 되는 것인만큼, 누구나 먼저 뢰물을 주고 그 배당을 모면하려고 하니, 이렇게 해서 뢰물을 받는 것을 抄付受贈이라고 한다.

102, 納賂陰囑남뢰음촉

納의 음을 《남》으로 쓴 것은 賂와 련해서 역행 동화가 일어난 것을 그 대로 적은 데 지나지 않는다. 納賂는 뢰물을 준다는 의미요, 陰囑은 남 모르게 청촉한다는 의미다.

103, 偏聽餙詐편청식작

聽은 聽과 같은 자일 것이다. 詐의 음을 《작》으로 쓴 것은 《作》으로 잘못 본 데 기인한 것이 아닌가 한다. 偏聽은 어떠한 말만을 고지듣는다는 의미요, 餙詐는 거짓으로 꾸며댄다는 의미다. 합해서는 허위에 속아 넘어 간다는 말이다.

104, 符同怨吏부동완리

怨의 글'자로 본위 삼아서 《완》이 《원》의 오자인 것 같고, 《완》의 음을 본위 삼아서는 怨이 혹 頑의 오자가 아닐가고 생각 된다. 符同은 공포의 의미나, 먼저 해석에 좇아서는 怨吏와의 공모란 말로 되고, 나중 해석에 좇아서는 頑吏와의 공모란 말로 된다.

105, 欺罔官員기망관원

《관리를 속이는 일》

106, 逃亡合是遭도 망호이고

合是遭의 리두 토는 이 책에서 처음이요, 또 용례도 별로 없지 않다. 合을 슈의 오자로도 볼 수 있으나 《호이고》의 음으로써 그렇지 않은 것이 명백하다.

優婆離를 몬져 出家히쇼셔
〔월인 석보 七권 四장〕

이제 불러다가 京都를 守히이디 아니 호시느뇨
〔두시 언해 五권 四一장〕

이상의 례로써 알 수 있는 바와 같이 15~16 세기 문헌에는 《호》에 《이》 또는 《丨》를 붙이여 사역상으로 만들고 있다. 合은 그 음의 첫부분이 《호》와 같고 또 그 뜻도 사역을 표시하기에 좋은 것이라, 《호이》의 음을 合是로 기사한 것이 아닐가 한다.

107, 爲白乎事호숣온일

고금석림에는 《호올온일》, 유서필지에는 《호숣온일》이라고 읽였다. 이 책의 음은 그 중간으로 된다.

108, 爲白乎喩호숣온디

유서필지에서 《호숣온지》라고 읽였다. 이 책은 白자의 음과 함께 喩자의 음이 그와 틀랜다.

109, 爲乎弥호오며

유서필지에서 《호오며》라고 읽였다. 이 책도 마찬가지다.

110, 諸雜事考准졔잡스고쥰

諸雜事는 여러 가지의 일이란 의미요, 考准은 관계되는 부분들과 대조해서 심사한다는 의미다.

111, 未盡條件乙良미진됴건으란

未盡條件은 아직 종결 짓지 못한 조건이다. 乙良은 전률통보와 유서필지에서 《을안》, 어록별중에서 《을쇼아》다. 이 책은 철자가 서로 틀리는 이의 전률통보 및 유서필지와 일치한다. 합해서는 《미진한 조건으로 말하면》과 같다.

112, 因禁督促守금독촉

囚禁은 신체를 구속하는 것이요, 督促은 어떠한 일의 수행을 강요하는 것이다. 즉 가두어 놓고 독촉한다는 말이다.

113, 秩秩以더딜로

고금석림과 유서필지에는 《질질로》로 읽었다. 이 책은 목록한 음이다.

114, 惠伊分揀져즈리분가

惠伊. 전률통보에는 《져지리》, 어록변증에는 《져즈려》, 유서필지에는 《져즈리》다. 이 책은 또 하나의 다른 음으로 된다.

分揀. 揀의 음 《가》는 《간》의 오자일 것이다. 65항의 《집작분간》과 같은 의미다.

이 惠伊分揀이란 성어가 고금석림에 들어 있다. 거기서는 《져즈리분간》이라고 하였다.

115, 勢家投托셰가투탁

勢家는 세력 있는 집이요, 投托은 그 관리하에 자진해서 편입되는 일이다.

116, 壓良爲賤압냥위쳔

壓良의 良은 良人을 가리키는 것이니 노비(奴婢)에 대해서 노비 아닌 사람을 이르는 것이요, 爲賤의 賤은 賤人을 가리키는 것이니 良人에 대해서 노비를 이름이다. 壓良爲賤은 일반 良人을 세력으로 역압해서 노비로 만든다는 의미다.

117, 僞造文記위조문긔

협잡해서 만든 서류 또는 서류를 협잡해 만든다는 말이다.

118, 鄰里不睦닌리불목

이웃간의 불화라는 말이다.

119, 用術書員용술셔원

書員은 아전의 직책 중의 하나. 각면(各面)을 총찰하는 직책. 用術은 수단을 부린다는 의미다. 用術 書員은 서원이 사무상 롱간을 많이 부리는 것을 지적하는 말이다.

120, 頑惡鄕吏완악향니

서울에 있는 아전을 경아전(京衙前)이라고 함에 대해서 각 고을의 아전을 향리(鄕吏)라고 한다. 頑惡鄕吏는 악질적 향리라는 의미지마는 아전 계층 전체에 대해서도 흔히 이런 말을 쓴다.

121, 恃老爲惡시로위악

나이 늙은 것을 자세하고(恃老) 법 외의 짓을 한다는(爲惡) 말.

122, 非理好訟비리호송

사리에 맞지 않는 일로(非理) 송사하기를 좋아한다는(好訟) 말.

123, 輕蔑士族경멸사족

士族은 량반 계급을 가리키는 것이니, 輕蔑士族은 량반 계급에 대해서 불공스러운 언동을 행하였다는 의미다.

124, 凌慢長上능만댱샹

長上은 백성들에 대해서 관리, 하관에 대해서 상관, 아래 사람에 대해서 웃사람을 가리키는 것이니, 凌慢長上은 長上에 대해서 항거한다는 의미다.

125, 년杜處女녀두처녀

맨 첫번의 《년》은 확실히 어떠한 한'자의 오자다. 오자로 인하여 그가 무슨 의미인지 추정키 곤난하다.

126, 萬端侵責만단침칙

이런 일 저런 일로(萬端) 억압과 착취를 행한다는(侵責) 말.

127, 爲乎矣ᄒᆞ온ᄃᆡ

고금석림에는 《ᄒᆞ오ᄃᆡ》, 유서필지에는 《ᄒᆞ오되》로 읽었다. 이 책에서 乎를 《온》으로 읽은 것이 전연 독특한 것이다.

128, 便亦不納爲乎樣以스리여블납양으로

고금석림에는 便자 대신에 使자를 써 놓고 《스리여블납양으로》라고 읽었다. 이 책과 마찬가지인 셈이다.

129, 次知囚□ᄎᆞ디슈금 (□은 자형이 불명한 것)

□의 자형만이 불명한 것 아니다. 한'자의 끝자인 囚와 그 음의 끝자인 《금》도 서로 부합되지 않는다. 만일 《슈금》이란 음을 본위로 삼아서 해석한다면 囚와 □이 전도되여야 하며, 또 □이 禁자로 판정되여야 한다. 次知囚禁은 담당 책임자를 가둔다는 말

로도 되고, 담당해서 가둔다는 말로도 된다.

130, 爲白沙餘良ᄒᆞᆷ산나마

고금석림에는 《ᄒᆞ올산남아》, 유서필지에는 《ᄒᆞᆷᄉᆞ나마》다. 이 책은 白자의 음과 함께 《나마》의 철자 등이 또 좀 다르다.

131, 又爲錢兵抄出우위젼병쵸출

錢은 錢과 같은 《젼》의 음으로 읽으나 錢糧의 의미를 가지는 글'자로 추정된다. 왜 그런고 하면 糧의 왼쪽인 米와 錢의 오른쪽인 戔을 합성해서 만든 것이기 때문이다.

錢은 돈이나 곡식, 즉 물질 편인 데 대해서, 兵은 군대 즉 사람 편이다. 전체의 뜻은 물적 수집 및 인적 동원을 위한 명단의 작성을 가리키는 것이다.

132, 爲白臥乎所ᄒᆞᆷ누온매

《온매》는 《온배》의 오자일 것이다. 是白臥乎所에 대해서 유서필지에서 《이ᄉᆞᆷ누온바》라고 하고, 爲白臥乎事에 대해서 전률통보와 유서필지에서 《ᄒᆞᆷ누온일》, 고금석림에서 《ᄒᆞ오누온일》이라고 하였다. 79항에서 爲乎所를《ᄒᆞ온배》라고 한 것으로 미루어서도 《온매》는 오자인 것이 분명하다. 결국 다른 책과 다른 것은 白을 《ᆷ》, 所를 《배》로 읽는 그 뿐이다.

133, 加于支當不得더욱지당모질

加于. 전률통보에는 《더욱》, 고금석림과 유서필지에는 《더욱》, 어록변증에는 《더우여》다. 이 책은 고금석림 및 유서필지와 일치한다.

支當不得. 支當은 《감당》의 의미다. 그러니까 支當不得은 감당치 못한다는 말이다.

134, 極爲悶望극위민망

悶은 悶의 오자일 것이다. 극히 민망하다는 의미다.

135, 爲白去乙ᄒᆞᆷ거늘

爲去乙을 고금석림과 유서필지에서 모두 《ᄒᆞ거늘》로 썼다. 이 책은 白을 《ᆷ》으로 쓴 것과 함께 乙을 《늘》로 쓴 것이 다른 책과 다르다.

136, 謀免拒逆모면거역

모면과 거역이 따로 각개의 성어인 것이다. 책임을 지우면 벗어져 나려 하고, 명령을 내리면 거역하는 것을 가리키는 말이다.

— 137. 秘密捕捉비밀포착

비밀히 붙들다 또는 비밀을 알아 내다라는 말이다.

138, 累朔囚禁누삭슈금

여러 달을 가두어 두다이다.

139, 爲白乎旀

리두음의 기입이 루락되고 있다.

140, 鄰里人段置닌리인단두

段置를 고금석림과 유서필지에는 《단두》라고 읽고, 어록변증에는 《쓴두》라고 읽었다. 이 책은 전자와 일치하고 있다.

141, 常爲蔑略상위멸략

蔑은 멸시의 의미요 略은 침해의 의미다. 언제나 멸시 침해한다는 말이다.

142, 詈罵惡談니매악담

詈罵는 꾸짖는 말이요, 惡談은 남의 불행과 재난을 바라는 말이다. 입으로 할 수 있는 모든 적대적 태도의 표시다.

143, 易亦對答아ㄴ혀딕답

易亦을 전률통보에는 《인으려》, 고금석림에는 《이ㄴ혀》, 어록변증과 유서필지에는 《아ㄴ혀》라고 읽었다. 이 책은 또 하나의 다른 음으로 읽고 있다. 對答은 현대어 그 대로다. 易亦對答은 쉽게 대답한다는 의미다.

144, 爲白在如中ㅎ숣견다히

고금석림에는 《ㅎ을견짜에》, 유서필지에는 《ㅎ숣견다히》라고 읽었다. 白자의 음을 제한 이외에는 이 책이 후자와 일치한다.

145, 決不安接결블안접

결코 안접되지 못하다이다.

146, 爲白昆ㅎ숣곤

고금석림에는 《ᄒᆞ올곤》, 유서필지에는 《ᄒᆞᆱ곤》이다. 례에 의해서 白자의 음이 서로 틀리는 것이다.

147, 科科分揀과과분간

전률통보에도 이 말이 있는바, 科科를 《츠츠》로 읽었다. 科科는 본래 과목 과목의 뜻으로서 《츠츠》와는 다른 것임에 틀림이 없으나, 과목 과목의 유죄 무죄를 결정하는 것은 응당 시간이 지연될 것임에 따라서 《차차 용서》의 뜻으로 된 것이다.

148, 使得存接수득존접

存接은 《안접》과 같은 의미다. 즉 안접하게 하라는 말이다.

149, 爲白良沙ᄒᆞᆱ아사

전률통보와 유서필지에는 《ᄒᆞᆱ아사》, 고금석림에는 《ᄒᆞ올야사》다. 이 책은 오직 白자의 음을 제한 이외 전자와 일치한다.

150, 洞里等狀동리등장

온 동리가 함께 나서서 신소 내지 청원을 하는 것, 또는 그러한 신소 내지 청원의 서류.

151, 始訟元情시송원정

元情은 흔히 原情으로 쓴다. 곧 억울한 사정이 있을 때 그것을 변백하는 글이다. 始訟과 元情은 각개의 말이다.

始訟은 글'자 대로 송사를 시작한 사람 또는 송사의 시초를 이르는 말로 추측된다.

152, 決得無期결득무긔

결정될 기약이 없다라는 말.

153, 曖昧莫甚이미막심

曖昧는 죄가 없이 의심을 받거나 책벌을 당한다는 의미다. 曖昧莫甚은 애매하기가 그 이상 더 할 수 없다는 말이다.

154, 許多卜役허다지역

卜役을 전률통보와 유서필지에는 《뎐역》이라고 읽었다. 이 책은 그와 다르다. 許多卜役은 아주 많은 종류의 卜役을 이르는 말이다. 즉 병역(兵役), 신역(身役) 및 부역(賦役) 등을 의미한다.

155, 並只다므기

전률통보에는 《다목기》, 고금석림에는 《다모기》, 유서필지에는 《다무기》, 어록변중에는 《아울녀쓰》다. 이 책은 또 이상의 책과 달리 쓰고 있다.

156, 役只除良긔기더러

45항에서는 役只를 《겻기》로 읽었는데 여기서는 또 딴 음으로 읽는다. 설사 격의 가로 건너 그은 두 획이 흐리여졌다고 하더라도 《겻》과는 다르다.

役只除良는 役只를 제외한다는 말이다. 즉 음식 대접의 폐지를 의미한다.

157, 雜物以收合잡믈로뉴합

雜은 物과 련해서 역행 동화를 일으키기 때문에 《잠》으로 썼다고 하지마는, 合은 《합》으로 쓸 하등의 근거가 없음에 따라 단순한 착오로 밖에 더는 인정할 수 없다. 雜物은 일정한 품종으로 제한치 않은 물건이요, 收合은 무엇을 한 군데로 모아 들이는 것이니, 즉 인민에게서 기부나 의연 등을 이것 저것으로 받아 들이는 상황을 설명하는 것이라고 추측한다.

158, 定日納官뎡일납관

정한 기한 내에 관청에 바치다는 말이다.

159, 爲有去乙ᄒ잇거늘

전률통보와 유서필지에는 《ᄒ잇거늘》이라고 썼다. 이 책은 《잇》을 《인》으로 쓴 것이 다르다.

160, 罰定催促벌뎡최촉

아래의 《벌》은 《명》의 오자일 것이다. 어떠한 책벌을 조건부로서 그 명령 및 지시의 수행을 독촉한다는 말이다.

161, 乙仍于지졀우

乙자의 음은 전연 루락되였다. 《졀》의 《ㄹ》도 마치 《지》처럼도 보이도록 새기여지고 있다.

仍于에 대해서 고금석림에는 《지즈무》, 어록변중에는 《즈를우》, 유서필지에는 《지즈로》다. 이 책에서는 《지절우》 또는 《지저

지우》의 그 어느 편이나 전연 독특한 음이다.

162, 粗也措備아야라조비

겨우 마련이 되다라는 말이다.

163, 已爲捧上이위밧자

이미 바치다라는 말이다.

164, 尺文受出자문슈출

바친 물건에 대하여 증서를 받아 냈다는 말.

165, 爲有在而亦ㅎ잇견마리여

전률통보와 고금석림에서 《ㅎ잇견마리여》라고 읽었다. 이 책도 마찬가지로 되고 있다.

166, 更生謀計겅싱모계

《겅》은 《깅》의 오자일 것이다. 다시 계책을 꾸며 낸다는 말이다.

167, 誣訴白活무소발괄

33항에서는 白活을 발괄이라고 읽었는데 여기서는 발괄로 고치였다. 거짓말로 소송 내지 신소하는 것이 誣訴니, 거짓말로 신소를 해서 애걸복걸한다는 말이다.

128항의 便亦不納爲乎樣以로부터 次知□囚 爲白沙餘良 又爲糧兵抄出 爲白臥乎所 加于支當不得 極爲悶望 爲白去乙까지 의미가 련속되는 문장으로 되고, 136항의 謀免拒逆으로부터 秘密捕捉 累朔囚禁 爲白乎旀 鄕里人段置 常爲蔑略 詈罵惡談까지 의미가 련속되는 문장으로 되고, 154항의 許多卜役으로부터 並只 役只除良 雜物以收合 定日納官 爲有去乙까지 의미가 련속되는 한 문장으로 되고 160의 罰宼催促으로부터 乙仍于 粗也措備 已爲捧上 尺文受出 爲有在而亦 更生謀計 誣訴白活까지 의미가 련속되는 문장으로 된다. 이와 같이 이 책은 군데군데 한 토막의 문장을 각개의 성어나 성구로 분해해서 각각 그 음을 들어 보이였다.

168, 發明無路발명무로

변명할 도리가 없다라는 말이다.

169, 仰不下手양불하수

고금석림에서 《앙불하수》다. 이 책도 마찬가지다. 下手는 《손

을·닿인다》는 의미지마는 글'자 대로 해석해서는 《손을 내리다》로
된다. 몸을 굽히고서 손을 내리기는 쉬워도 몸을 쳐들고서 손을
내리기는 쉽지 못한만큼 무슨 일을 시작키 어려운 환경을 비유해
서 쓰는 말이다.

   170, 接足不得접족모질

 발을 붙일 수 없다라는 말이다.

   171, 爲有如乎ᄒ잇다온

 고금석림에는 《ᄒ잇ᄃ온》, 유서필지에는 《ᄒ잇ᄶ온》으로 썼
다. 이 책은 또 달리 쓰고 있다.

   172, 適音相逢마즘샹봉

 適音은 저률통보와 고금석림에는 《미즘》, 유서필지에는 《마참》
으로 읽었다. 이 책은 그와 아주 다른 음이다. 相逢은 《서로 만
나다》의 의미다. 適音相逢은 마침 서로 만난다는 말이다.

   173, 不意追逐불의튜튝

 의외로(不意) 교유한다는(追逐) 말로도 되고, 교유하게 될 것
을(追逐) 예기치 않았다는(不意) 말로도 된다.

   174, 頭髮扶曳두발부예

 머리 꼬뎅이를(頭髮) 잡아 끈다는(扶曳) 말. 지금 중부 방언
의 《두발부리》는 바로 이 말이 변음된 것.

   175, 滿廷周揮만뎡쥬휘

 廷은 朝廷을 이름이요, 滿廷은 全朝廷이란 말이다. 周揮는
휘두룬다는 말이니 마음 대로 시킬 수 있다는 의미다.

   176, 軍令決杖군령결댱

 군법에 의해서 장형을 집행한다는 말이다.

   177, 謹得解放근득히방

 謹은 僅의 오자일 것이다. 겨우 석방되였다는 말이다.

   178, 誣餙欺罔무식긔망

 거짓으로 꾸며 대어 속이다라는 말이다.

   179, 萬般侵勞만반침노

 126항의 萬端侵責과 비슷한 의미의 말이다.

180, 別于督役별오독명

《명》은 《역》의 오자일 것이다. 別于가 바로 別乎와 같은 말일 것인데, 36항의 別乎는 《벼로》로 셨음에 대하여, 여기서는 다시 《별오》로 쓰고 있다:

역(役)을 배정하기 때문에 別于라고 한 것이요 다시 그 배당한 역을 감독하기 때문에 督役이다. 督役을 배당한다고 해석키 가능하나 리두어의 別于를 순수한 한문식 어순으로 해석하는 것은 아무래도 타당치 못한 짓이다.

181, 爲巴只호도로기

전률통보에는 《호도록》, 고금석림에는 《호도로기》, 유서필지에는 《호두록》이다. 이 책은 고금석림과 일치한다.

182, 揚臂極目양견극목

《견》이 《비》의 오자거나 臂가 肩의 오자거나 그 어느 한 편은 오자임에 틀림이 없다. 揚肩보다 揚臂란 성어가 흔히 사용되는 것으로 본다면 《견》을 오자로 단정하여야 할 것이다. 揚臂는 힘목을 뽑는 형상이요 極目은 먼 곳을 바라 보는 태도다. 두 말은 한데 붙은 것이 아니요 각개의 성어다.

183, 持其頑惡시기완악

持는 恃의 오자일 것이다. 제 모질고 나쁜 성질을 믿고 덤빈다는 말이다.

184, 威力據奪위력거탈

《위력으로 빼앗어 차지하다》로서 토지, 가옥 등을 강탈한 데 대해서 쓰는 말이다.

185, 任意私用임의사용

《마음 대로 사사로운 일에 사용하다》로서 개인적 리익을 위해 관청 물건 내지 공공적 물건을 사용한 데 대해서 쓰는 말이다.

186, 延拖不納연타브랍

현행음으로 보아서 《ㄷ》, 《ㅈ》의 우에서는 不의 《ㄹ》음이 탈락되나 그 이외에는 그런 례가 없다. 不納의 不을 《브》로 읽는 것은 확실히 특이한 현상이다. 단지 納의 음은 《납》임에 불구하고 嘉納은 《가랍》, 受納은 《슈랍》 둥으로 읽어 왔다. 不納의 納을 《랍》으로 읽은 것은 도리여 괴이할 것이 없다.

延拖는 날'자를 끈다는 의미요 不納은 바치지 않는다는 의미다. 즉 날'자를 끌면서 바치지 않는다는 말이다.

187, 加于過甚더옥괴심

132항의 加于는 《더욱》으로 읽었는데 여기서는 다시 《더옥》으로 읽고 있다. 《괴》는 《과》의 바깥 점이 흐리여진 것으로 추정된다.

過甚은 너무 지나친다는 의미나 여기서는 괘씸하다는 말이다. 괘씸이란 그 말이 딴데서 나온 것이 아니라 바로 過甚이 약간 변유된 것이다.

188, 爲白齊ᄒᆞ져

81항에서 이미 한 번 나온 말이다. 거기서는 《ᄒᆞᅀᆞ져》로 읽었었다.

189, 況□當番臨迫ᄒᆞ물며당번님박(□는 자형이 미상한 자)

《ᄒᆞ물며》의 음으로 미루어 □은 㫋자일 것임에 틀림이 없을 것이다. 況㫋를 전률통보와 유서필지에는 《ᄒᆞ물며》, 어록변증에는 《허믈며》로 썼다. 이 책은 또 좀 달리 쓰고 있다. 월인 석보 二一권 八一장에는 《ᄒᆞ물며 한 獄이ᄯᆞ녀》, 또 동 八六장에는 《ᄒᆞ물며 ᄯᅩ 女身 受ᄒᆞ미ᄯᆞ녀》 등과 같이 15세기의 문헌은 이 책의 음에 꼭 부합된다.

當番은 자기가 번을 들 차례에 당하였다는 의미요, 臨迫은 바짝 가까웠다는 의미다. 전체의 의미는 《하물며 당번할 시기가 박도해서》와 같다.

190, 悶望無際민망무제

민망스럽기 한이 없다이다.

191, 流離絃如누리시오려

絃如를 전률통보와 어록변증에는 《시우려》, 고금석림에는 《시우여리》, 유서필지에는 《시오려》라고 읽었다. 이 책의 음은 전률통보와 어록변증의 《우》가 《오》로 바뀌고 유서필지의 《려》가

《려》로 바뀌여 읽힌 셈이다.

流를 《누》로 읽는 현상은 주의를 요하는 바다. 이것은 서북 방언과 동북 방언의 일부에서 밖에 나타나지 않는 현상이다.

流離는 주민의 분산을 의미한다. 流離絃如는 《주민이 분산한 까닭에》와 같은 말이다.

192, 安接不得 안접모질

안접할 수 없다는 말이다.

193, 爲白去乎 ᄒᆞᆲ거온

고금석림에는 《ᄒᆞ올거온》, 유서필지에는 《ᄒᆞᆲ거온》이다. 이 책은 白의 음과 함께 去의 《거》라는 음도 다른 책과 다르다.

194, 一時推閱 일시츄열

推閱은 검사 또는 심문의 의미다. 一時推閱은 한꺼번에 여러 곳을 검사(심문)한다는 말로도 되고, 한 번 검사(심문)를 행한다는 말로도 된다.

195, 的實爲白去等 적실ᄒᆞᆲ걸둥

爲白去等을 전률통보와 유서필지에는 《ᄒᆞᆲ거든》으로 읽었다. 이 책의 음은 그와 전연 틀린다. 的實은 적확하다는 의미다. 的實爲去等은 《적확하거든》과 같은 말이다.

196, 勿侵事乙 믈침ᄉᆞ롤

侵은 侵責 또는 侵勞의 의미다. 《침책(침로)치 말 일을》과 같은 말이다.

197, 分揀解悶 분간히민

解悶은 초민하던 마음이 풀린다는 의미다. 《용서를 받아서 초민한 마음이 풀리다》와 같은 말이다.

198, 是白在如中 이ᄉᆞᆲ견다히

고금석림에는 《이ᄉᆞᆯ견다히》라고 읽었다. 이 책은 그와 다르다.

199, 使無民寃 ᄉᆞ무민원

民寃은 백성의 원통한 일이다. 《백성의 원통한 일이 없게 하다》와 같은 말이다.

주　　석　　　　　　　　　　　　　　　447

200, 爲白乎去ᄒᆞᇗ오가

이 책에서 처음 나오는 리두 토다. 경우에 따라서 《온가》 또는 《을가》 둥 의미에 해당하게 쓰일 것이다.

201, 望良白去乎바라ᄉᆞᆲ가오

전률통보와 유서필지에는 《바라ᄉᆞᆲ거온》이다. 이 책은 白자의 음과 함께 去乎를 《가오》로 읽은 것도 다르다.

202, 叅商行下참샹힝하

참작해서 결정을 내리다라는 말.

203, 敎矣이샤ᄃᆡ

전률통보에는 《이시딕》, 고금서림에는 《이시되》, 유시필지에는 《이ᄉᆞ되》다. 이 책은 또 하나의 다른 음으로 되고 있다.

204, 唯只오지기

전률통보, 고금석림, 어록변증에는 《오직》, 유서필지에는 《아직》이다. 세 음절로 된 것은 이 책에서 아주 독특하게 낸 음이다.

205, 冤悶辭緣段원민ᄉᆞ연ᄯᅡᆫ

《원통하고 초민한 내용으로 말하면》의 뜻이다.

206, 根脚不知근각브디

《근각을 아지 못하다》.

207, 不干之人乙불간지인을

《관련이 없는 사람을》.

208, 一族之役일족지역

리조 시대 어떠한 사람이 자기에게 부담된 의무를 수행치 못할 때는 그의 가까운 친족에게 대리 수행을 강요하는 습관이 존재하였다. 여기서 《一族을 물린다》란 성어가 있었으니 一族之役도 그와 류사한 성어다. 또 리조 시대 많은 천역(賤役)이 례컨대 역졸(驛卒), 격군(格軍) 등이 모두 세습(世襲)으로 정해 있어서 임의로 딴 역과 바꾸는 자유를 가지지 못하였다. 여기서도 一族之役이란 성어가 사용되였을 수 있다.

209, 無數被侵무수피침

被侵은 침책 또는 침로를 당한다는 의미다. 즉 수가 없이 침책(침로)을 당한다는 말이다.

210, 其等徒져드내근패

74항의 其等徒에서는 《져드내》로 썼는데 여기서는 다시 《져》를 《저》로 고쳐 쓰고 있다. 根派는 가정 및 당파의 관계를 가리키는 말이다.

211, 詳細查覈샹세사힉

查覈은 조사 핵변의 의미다. 즉 자세히 조사 핵변한다는 말이다.

212, 曾呈立案并以증뎡닙안아우로

曾呈은 《이미 제출한》의 의미다. 즉 《이미 제출한 립안과 함께》란 말이다.

213, 退伊相考믈리샹고

退伊를 전률통보에는 《물리》, 유서필지에는 《물이》라고 읽었고, 退伊相考를 고금석림에는 《물려샹고》라고 읽었다. 이 책이 고금석림과 다른 것은 물론이요 退伊에 대한 전률통보와 유서필지의 음과도 같지 않다.

退伊는 어떠한 장소로부터 떠나는 것도 의미하지마는, 시일을 늦추는 것도 의미한다. 退伊相考는 시일을 늦추어, 즉 연기해서 더 조사한다는 말이다.

214, 不干與否블간여부

《관계되였는가 안되였는가》.

215, 切鄰色掌져린싈쟝

色掌은 일정한 사무의 담당자를 의미한다. 이 말은 切鄰의 色掌으로 해석될 것이 아니요 切鄰과 色掌으로 해석될 것이다.

216, 推閱次以츄열츠로

심문(검사) 할 차로

183항의 持其頑惡으로부터 威力據奪任意私用 延拖不納 加于過甚 爲白齊까지 의미가 련속되는 한 문장이요, 189항의 況□當番臨迫으로부터 悶望無際 流離絃如 安接不得 爲白去乎 一時推閱 的實爲白等 勿侵事乙 分揀解悶 是白在如中 使無民寃爲白乎去 望良白去乎 叅商行下 敎矣까지

주　석　　　　　　　　　　　　　　　　　449

의미가 련속되는 한 문장이요, 204항의 唯只로부터 寃悶辭緣段　根脚不
知 不干之人乙 一族之役 無數被侵 其等徒根派 詳細査覈 曾呈立案幷以 退
伊相考 不干與否 切鄰色掌 推閱次以까지 의미가 련속되는 한 문장이다.

217, 物故公文물고공문

物故는 사망하였다는 말이다. 物故公文은 어떤 사람이 사망
한 데 대한 통지서 내지 확인서를 의미한다. 그런데 봉건 시대의
법률로서 사형 수속은 복잡함에 따라 고문하다가 사망한 형식으
로서 사형을 집행하고 있었고, 그런 사형 집행은 《물고 내다》,《물
고 올리다》라고 말한다. 이런 경우의 物故公文은 사망에 대한 것
이 아니라 사형 집행에 대한 것으로 된다.

218, 追于現納조조현납

《추후해서 납부(納付)》한다는 말.

219, 潛隱充定줌은충뎡

역(役)을 회피하여 도망하면 그 자리를 대신 딴 사람으로 보
충해야 한다. 역을 회피하여 도망한 것이 潛隱이요, 그 자리에
대신 보충하는 것이 充定이다.

220, □□□案乙良암슈넙안으란(□은 결자된 글자)

案의 바로 웃자는 立임에 틀림이 없으나, 또 그 우의 두 자
를 알 수가 없다. 그 두 자가 불명한 것으로 인하여 무슨 立案인
것은 모른다고 하더라도 단지 이 마디의 대의는 《□□ 立案으로
말하면》과 같은 것에 지나지 않는다.

221, 取納爻周爲白遣취납뉴듀ᄒ옯고

《뉴듀》의 두 자는 자형이 심히 어지러워서 꼭 분명한 것이
아니다. 爻周를 고금석림에는 《쇼쥬》, 어록변증에는 《엣텨려》라
고 읽었다. 이 책의 음은 고금석림과 같이 그 글'자의 음으로 읽
는 것이 아닐가 한다. 《듀》는 《쥬》와 같다고 보겠지마는 오직
《뉴》의 음이 의심스럽다. 우리말로 《흐리다》가 지운다는 뜻이요
한'자의 流로 표시될 수 없지 않다. 그렇게 보아서는 爻周를 流
周와 같이 읽은 것이 아닌가 의심한다.

取納은 받아 들인다는 의미요 爻周는 격자를 친다는 의미다.

즉 누구에게서 무엇을 받아 들인 후 명단 중의 그 이름에 꺽자를 친다는 말이다.

222, 今後乙良금후을안

《금후로 말하면》이다.

223, 一切勿侵일절물침

一切의 切는 본래 《체》로 읽으나 후대로 내려 오면서 흔히 글'자의 음 그 대로 읽기도 하였다. 절대 침책 또는 침로치 말란 의미다.

224, 使之安接수지안접

《안접케 하다》란 뜻이다.

225, 萬蒙天恩만몽천은

萬蒙은 수없이 입었다는 말이요, 天恩은 봉건 시대 임금의 은덕을 일컫는 말이다.

226, 爲白在如中ᄒ옳견다히

144항에서 이미 한 번 나온 말이다.

227, 黃務伐民고무잔민

《고무》의 음으로 보아서 黃이 오자요 또 《잔민》의 음으로 보아서 伐이 오자임이 분명하다. 이렇게 오자가 둘 썩이나 있어서 그 의미도 해석되지 않는다.

제 8장 전면의 제 6행~제 7행과 후면의 제 1행 제 2행 등 합해서 4행이 전부 떨어져 없어지고 말았다. 두 행에 평균 다섯 마디가 들어 있다고 본다면 꼭 열 마디의 손실로 되는 것이다.

228, □□其役욱면기역 (□은 결자된 글'자)

□□은 欲免의 두 자일 것이다. 제 자신의 역을 회피하려고 한다는 말이다.

229, 逢點時公然不現봉점시공연불현

點은 點名의 의미다. 사열(查閱)도 點의 한 자로 말할 때가 있다. 逢點時는 點名 查閱의 경우를 가리키는 것이요, 公然不現은 공공연히 나타나지 않았다는 의미다. 즉 사열을 받을 때 참가치 않은 것을 지적하는 말이다.

230, 罪不可掩죄불가엄

《죄를 엄페할 수 없다》는 말이다.

231, 泛濫莫甚범람막심

《외람스럽기 이를 수 없다》는 말이다.

232, 爲白乎矣 ᄒᆞᆲ오되

전률통보와 유서필지에는 《ᄒᆞᆲ오되》, 고금석림에는 《ᄒᆞᆯ보뫼》다. 이 책은 례에 의해서 白자의 음이 다른 것은 물론이요 《뫼》도 《뒤》로 고치여 읽고 있다.

233, 終時發明종시발명

終時는 終始와 같은 말이다. 《끝까지 변명하다》란 의미다.

234, 其惡不測기악불측

《그 완악함을 이로 말할 수 없다》라는 말.

235, 如此奸滑之人乙 여차간팔지인을

滑은 猾의 뜻으로 쓴 자니 《팔》은 《활》의 오자일 것이다. 《이런 간활한 사람을》과 같은 말이다.

236, 不爲重治 믈위듕티

《믈》은 《블》의 오자일 것이다. 《중하게 치죄하지 않다》, 또는 《중하게 치죄하지 않으면》과 같은 말이다.

237, 後弊難□ 후폐난방 (□은 불명한 글'자)

□은 防일 것이다. 《뒤의 페단을 막기 어렵다》와 같은 말이다.

228항의 □□其役으로부터 逢點時公然不現 罪不可掩 泛濫莫甚 爲白乎矣 終時發明 其惡不測 如此奸滑之人乙 不爲重治 後弊難□까지 의미가 련속되는 한 문장이다.

238, 每欲冒頉 미욕모탈

頉은 사고의 의미요 冒頉은 사고를 리유로 삼아 빠진다는 의미다. 즉 언제나 무엇을 핑계하고 빠지려고 한다는 말이다.

239, 不无其責 불무기책

《그 책임이 없을 수 없다》는 말이다.

240, 着枷下獄챠가하옥

리조 시대 죄인의 목에다가 긴 나무판을 씌우는데 그것을 《칼》이라고 불렀다. 枷는 《칼》이요, 着枷는 《칼》을 씌운다는 의미요, 着枷下獄은 《칼》 씌워 옥에 가둔다는 말이다.

241, 項鎖足鎖항사족사

목에 칼을 씌우고 자물쇠로 채울 뿐이 아니라, 발에는 고랑을 채우고 역시 자물쇠로 채우는 것이였다. 목에 씌우는 것을 項鎖, 발에 끼우는 것을 足鎖라고 하는바, 중부 방언에서는 《황새 축새》라고 한다.

242, 從重決杖종둥결댱

한 사람의 죄에 여러 가지의 법률 죄목이 해당될 때는 중한 편을 적용하는 것이 從重이다. 또 그렇게 중한 편의 법률 조목을 적용해서 장형(杖刑)을 집행하는 것이 從重決杖이다.

243, 使無後弊ᄉ무후폐

《뒤의 페단이 없도록 하다》.

244, 謀弄呈狀모롱졍장

謀弄은 일을 꾸민다는 의미니 일을 일부러 꾸며서 소송을 제기한다는 말이다.

245, 僞造文記위조문긔

117항에서 이미 한 번 나온 말이다.

246, 印後加書인후가셔

어떤 서류든지 맨 끝으로 도장을 찍기 때문에 서류의 마지막 부분을 印이라고 쓰고서 《끗》이라고 읽는다. 서류의 마지막 부분도 印이라고 하겠지마는 서류 작성이 끝난 것도 또한 印이라고 할 수 있다. 여기의 印은 나중 번의 의미로도 해석된다. 즉 작성이 끝난 서류에 더 써 넣는다는 말이다.

247, 飛擶洗濯비비셰탁

서류를 지워 버리거나 붙여 버리고(飛擶) 씻어 버린다는(洗濯) 말로 추정된다.

248, 官行爲私관형위스

《형》은 《힝》의 오자일 것이다. 관리의 행차가 관청 일을 위한 것이라야 할 것이나, 실상 제 개인의 사사로운 일을 위하였다는 말이다.

249, 謀術奸謀모술간모

謀術은 모략의 의미요, 奸謀는 간교한 계책이라는 의미다.

250, 凌慢作弊作亂无數능만작폐작난무수

凌慢은 관리를 능멸, 모만한다는 말이요, 作弊作亂는 말썽을 일으키고 분란을 일으킨다는 말이요, 无數는 그런 일이 수가 없다는 말이다.

251, 謀陷誣訴ㅁ한무소

謀陷은 본래 誣陷이란 한' 자 어휘인데, 誣의 음을 《모》로 읽기 때문에 다시 謀자로 대용하고 있다. 誣陷은 허무한 일을 얽어서 명예를 훼손커나 죄를 당케 하는 것이요, 誣訴는 허무한 일을 얽어서 고소하는 것이다.

252, 橫行收斂횡힝슈렴

橫行은 기탄이 없다는 의미요, 收斂은 백성의 재물을 걸터듬어 드린다는 의미다.

253, 侵民取利之物乙良침민취리지믈으란

侵民取利는 백성을 침해해서 리를 보았다는 의미니, 즉 《백성을 침해해서 리를 본 물건으로 말하면》과 같은 말이다.

254, 不分是非블분시비

《옳거나 그르거나를 따질 것 없이》라는 말.

255, 盡爲屬公진위속공

屬公은 몰수의 의미니 전부 몰수한다는 말이다.

256, 以懲其濫이딩기남

그 불법의 짓을 징계한다는 말이다.

257, 是白乎旀이숣오며

전률통보와 유서필지에는 《이숩오며》라고 읽었다. 이 책은 례에 의해서 白자의 음을 달리 읽고 있다.

252항의 橫行收斂으로부터 侵民取利之物乙良 不分是非 盡爲屬公 以懲其濫 是白乎旀까지 의미가 련속되는 한 문장이다.

258, 前頭良中 젼두아히

《앞날에》라는 말이다.

259, 矣身茂火 의 몸뎌브러

茂火를 전률통보에는 《더블어》, 어록변증에는 《더부려》, 유서필지에는 《지븍녀》라고 읽었다. 이 책은 오직 철자가 틀리는 이외 전률통보와 일치한다.

260, 一應刷馬 일응쇄마

一應은 대략 또는 우선의 의미요, 刷馬는 관청에서 삯을 주고 쓰는 말이다.

261, 雜役推刷監考 잡역츄쇄감고

推刷는 숨은 것을 찾아 내거나 도망 간 것을 붙들어 온다는 의미요, 監考는 어떠한 일의 집행을 직접 감독하는 하급 직무다. 즉 각종의 역(役)을 맡은 사람들이 숨은 것은 찾아 내고 도망 간 것은 붙들어 오는 감고(監考)를 이름이다.

262, 捕盜部將 보도부쟝

중부 방언에서도 속어(俗語)에 한해서는 捕盜廳을 《보도청》 내지 《보두청》이라고 해서 捕의 음을 《보》로 읽고 있다. 리조 시대 도적을 전문적으로 잡기 위해서 서울과 시골에 捕校를 두었고, 또 그 포교들을 령솔키 위해서 捕盜部將을 두었었다.

263, 勸農約正 권롱약졍

勸農은 면(面)에서 일을 보는 사람이요, 約正은 지방 사람들의 한 단체로 볼 수 있는 향약(鄕約)에서 일을 보는 사람이다.

264, 陷穽守直 함졍슈딕

陷穽은 땅을 깊이 **파고 그 우만 슬쩍 덮**어서 짐승이나 또는 사람이 지나다가 빠지게 만든 것이요, 守直은 **무엇**을 지키고 있는 사람이다.

265, 是沙餘良 이산나마

전률통보에는 《이사남아》, 고금석림에는 《이산나마》다. 이 책

주 석

266, 鄕所座首 향소좌슈

리조 시대 각 고을에는 鄕所란 것을 두고 그 고을의 출신으로써 그 인원을 구성하였다. 座首는 바로 鄕所의 제일 우두머리 되는 자리다. 원이 없을 때는 형식상 원의 사무를 대행하는 관습으로 보아서 본래 지방 행정의 중요한 직책이였던 것으로 보인다. 후대에 이르러는 원과 아전에게 모든 실권을 다 빼앗기고 오직 빈 자리만이 전해 왔을 뿐이다.

267, 別監品官 별감품관

別監. 왕궁에서 심부름하는 남자들도 別監으로 일컫지마는, 각 고을 향수에서 座首의 다음 가는 자리로 別監으로 일컬었다. 여기서는 물론 첫번의 뜻보다 나중의 뜻으로 쓰인 것이다.

品官. 리조에서 관리의 등급을 九品으로부터 一品까지 만들어 놓았다. 그러한 등급에 끼우지 못하는 각종 직무에 대해서 그러한 등급에 끼울 수 있는 관직을 品官이라고 한다.

268, 丘從使令 구종사령

丘從은 騶從과 같으니 관리들 옹위하고 다니는 하인이요, 使令은 관청에서 심부름하는 하인이다.

269, 羅將吹手 라장취슈

羅將. 서울서는 법률 맡은 관청 즉 사헌부(司憲府)와 같은 곳에서 법률 관계의 심부름을 하는 하인이요, 각 고을로는 군로(軍牢)와 사령(使令), 즉 라졸(羅卒)로 부르는 사람들의 우두머리다.

吹手. 취주악을 하는 사람을 吹打手라고 하는바, 다시 그 중에서 북 같은 것을 치는 사람을 打手라고 함에 대해서 새납 같은 것을 부는 사람을 吹手라고 한다.

270, 軍器庫直 군긔고딕

무기를 보관하는 창고를 軍器庫라고 하고 그 창고를 맡아서 수직하는 사람을 軍器庫直이라고 한다.

271, 伺㑋別定 스후별뎡

㑋는 候의 오자일 것이다. 상관의 명령을 대기하는 것을 伺

候라고 하고 특별 임무에 전임되는 것을 別定이라고 한다.

272, 色吏押領싁니압녕

色吏는 그 부문의 사무를 담당한 아전이요, **押領**은 령솔해서 간다는 말이다.

273, 罪人拿去죄인나거

《죄인을 체포해서 가다》라는 말이다.

274, 移文到付이문도부

《공문을 접수하다》라는 말이다.

275, 關字成給관ᄌ성급

《공문을(상급에서 하급에나 또 동급의 관청 간에)써서 주다》라는 말이다.

276, 爲有置ㅎ잇두

고금석림과 유서필지에서 모두 《ㅎ잇두》라고 읽었다. 이 책도 그와 마찬가지다.

277, 自權文書ᄌ권문셔

제 임의로 만든 문서라는 의미다.

278, 身致富足신치부족

부유한 살림을 이루었다는 의미다.

279, 此必侵民作弊ᄎ필침만작폐

《이 반드시 백성을 침해해서 폐해를 끼친 것이다》라는 말이다.

280, 百般謀勒빅반모덕

勒은 策의 오자인 동시에 《덕》도 《칙》의 오자일 것이다. 여러 가지로 계책을 쓴다는 말이다.

281, 收歛以爲己物수염이위긔믈

歛의 음을 《염》으로 쓴 것은 현행음과 틀린다. 백성들의 재물을 걸터듬어 들이여 제 소유로 삼는다는 말이다.

282, 甘當重治감당듕티

《중한 죄책도 달게 받다》라는 말이다.

278항의 **身致富足**으로부터 **此必侵民作弊 百般謀勒 收歛以爲己物 甘**

當重澄까지 의미가 련속되는 한 문장이다.
　　　283, 仕官出于사관출궐
　고금석림에는 仕官出干으로 쓰고 《사관출권》이라고 읽었다. 干는 干의 오자일 것이나 《궐》은 이 책의 독특한 음으로 인정된다. 신라의 관직은 전부 17 등(等)이 있는 중, 제 9등으로부터 湌 즉 干으로 일컫기 시작한다. 仕官出干은 벼슬을 해서 干의 등급에까지 올라 갔다는 의미다. 리조 시대에도 六品에 올라 가는 것을 출륙(出六)이라고 말하였다. 出干이 바로 出六에 대응하는 것이 아닌가 한다.
　　　284, 粘連呈狀첨년뎡장
　어떤 서류에 딴 서류를 붙이는 것을 粘連이라고 한다. 청원, 신소, 내지 소송하는 서류에 증빙 또는 참고의 서류를 붙이여 제출하는 것을 이르는 말이다.
　　　285, 論罪除良논죄이리
　《이리》는 《더러》의 오자일 것이다. 이 말은 론죄를 않는다는 의미다.
　　　286, 已爲決折이위결결
　決의 음을 《결》이라고 한 것은 구개음화된 음을 기사한 것으로 보인다. 決折은 판결(判決)의 의미니 이미 판결되였다는 말이다.
　　　287, 更良訟事가시야송사
　《다시 소송》이라는 말.
　　　288, 眞僞現捉진위현착
　사실과 거짓의 실증을 붙들었다는 말이다.
　　　289, 更推結尾깅츄결미
　更推는 다시 조사 내지 심문한다는 말이요, 結尾는 결말을 짓는다는 말이다.
　　　290, 交易放賣교역방매
　交易은 교환의 의미니 交易放賣는 화폐(貨幣)와 교역해서 팔았다는 말이다. 현대어로는 交易과 放賣를 접말로 붙는지 모르지마는, 옛날 문헌에서는 交易과 放賣를 딴 의미의 말로 쳐서 혼히 포개 쓰고 있다.

291, 逃聚付火도취부화

逃聚는 도망해서 한데 몰키였다는 말이요, 付火는 불을 질렀다는 의미다.

292, 闊失善役셔실치역

善는 무슨 자인지 모르겠고 따라서 아래로 두 글'자의 뜻은 불명하다. 闊失은 잃어 버린다는 의미니 결국 무슨 役을 잃어 버리였다는 말일 것이다.

293, 歇役重役헐역둥역

歇役은 하기 쉬운 역, 重役은 하기 힘든 역.

294, 成川浦落성천개락

浦는 뜻으로 읽어서 《개》라고 한·모양이다. 成川은 토지가 전체 내바닥으로 들어 간 것이요. 浦落은 그 한 모퉁이가 떨어져 달아 난 것이다.

295, 違法決給위밥결급

《밥》은 《법》의 오자일 것이다. 법률과 위반되는 것을 처결해 주었다는 말이다.

296, 重記磨勘둥긔마감

重記는 사무를 인계할 때의 서류니 重記磨勘은 사무 인계 서류의 완료를 이름이다.

297, 頒赦行移반샤힝이

頒赦는 대사(大赦)의 반포니 頒赦行移는 대사를 반포함에 대한 공문을 이름이다.

298, 有旨箋文유지견문

有旨. 각 도의 행정 및 군사 장관에게 임금의 명령이나 지시는 승정원(承政院) 승지(承旨)의 서한으로써 전달되였다. 그러한 서한을 有旨라고 일컬은 것이다.

箋文. 일정한 경우 중앙의 중요한 관리와 함께 각 도의 행정 및 군사 장관들은 임금에게 향하여 사륙체(四六體)라는 특별한 한문 문제로서 축하문을 제출하였다. 그러한 축하문을 箋文이라고 일컬은 것이다.

299, 如前待候 여전디후

待候는 伺候와 같다. 전과 같이 상관의 명령을 대기하고 있다는 말이다.

300, 毆打叱辱 구타즐욕

《때리고 욕하는 것》을 말한다.

301, 結縛亂打 멸박란타

結의 음이 구개음화에 의해서 《졀》로 변한 것을 다시 《멸》로 기사한 것이라고 추정된다. 붙들어 매 놓고 함부로 때린다는 말이다.

302, 皆是迷劣 기시미렬

《모두 못난 사람》이라는 말이다.

303, 風損旱災 풍손한지

旱는 旱의 오자일 것이다. 風損은 바람으로 인한 농사의 재해요, 旱災는 가물로 인한 농사의 재해다.

304, 大黨同黨 대당동당

黨은 黨의 뜻으로 쓴 글'자다. 大黨은 수효가 많은 도적의 집단이요, 同黨은 같은 집단에 속하는 도적들이라는 말이다.

305, 盡力搜括 진녁수괄

力의 음을 《녁》으로 쓴 것도 그 방언의 발음을 그 대로 기사한 것으로 추정된다. 힘껏 수색해 낸다는 말이다.

306, 乘夜突人 승야올입

人은 入의 오자요 《올》은 《돌》의 오자다. 17항의 夜間突入과 마찬가지의 의미다.

307, 衝火燔燼 충화외신

《불을 질러서 태워버리다》라는 말이다.

308, 恐其反坐 공기반좌

남을 허무한 일로 고발한 데 대해서는 고발한 자가 도리여 죄를 당하게 되니 그것을 反坐라고 하는 것이다. 恐其反坐는 남을 고발하고 싶어도 반좌죄가 무섭다는 의미다.

309, 搆成虛事구성허ᄉ

《허무한 일을 얽어서 만들다》라는 말이다.

310, 暗然還放암연환방

잡힌 죄인을 몰래 놓아 준다는 말이다.

311, 知非誤決디비오결

이 말은 두 가지의 정반대되는 뜻으로 해석될 수 있다. 첫째는 《그른줄 알면서 잘못 처결하다》요, 그 다음은 《잘못 처결한 것이 아님을 알다》다. 그러나 여기서는 搆成虛事 暗然還放 등의 성어와 함께 들고 있다. 물론 다음 번의 의미보다 첫째 번의 의미로 쓴 것이라고 보아야 할 것이다.

312, 姑此書塡고초셔뎐

공문 맨 끝에 쓰는 례투의 문구다. 그 의미는 우선 이만 쓴다는 말이다.

이상 312항이 《리문》에 나타나 있는 리두어, 리두토 및 한'자 성어의 전부다. 그 중의 중복된 항이 여러 항 있다는 것을 고려해서는 실상 이보다 약간 적은 행수로 보아야 한다. 그려나 떨어지고 흐려진 것이 또 행으로서 다섯이요, 글'자로서 약 67자가 있다. 다른 행수와 자수의 례로 미루어 약 14~15항을 잃어 버린 결과로 된다. 만일 이 책이 완전한 것이였다면 총 항수가 응당 330 이상에 달하였을 것이다. 거기서 설사 중복된 항수를 빼 버리더라도 현재의 수효보다는 오히려 많은 수효로 되는 것이다.

그런데 이상에서 이미 보아 온 바와 같이 이 책은 말의 선택, 말의 배렬, 또는 판각의 양식 등 극히 정밀치 못하고 정확치 못한 것이 사실이다. 더구나 적지 않은 오자로 인하여 과연 어느것이 이 책의 독자적인 리두음인지 판단하기도 극히 곤난하다. 그러나 그것은 지방적 소박성에 의해서 면치 못한 결함임에 벗어 나지 않는다. 그런 가운데서 우리의 찾을 수 있는 데까지 찾고 얻을 수 있는 데까지 얻는 수밖에 다른 도리가 없다.

이 책은 아주 낡고 헐었다. 장정 전문가의 잔 손질을 거쳐서만 겨우 책 꼴이 될 수 있을 것 같다. 본래 리두 연구의 제 4편은 《리두용

주 석

한'자 일람표》로 구성하려고 계획했던 것이나, 드디어 이 책의 소개로써 바꿀 것을 결의하였다. 설사 이 책이 보존되더라도 그 존재를 널리 알리는 것이 나쁘지 않거니와, 만일 불행하여 이 책이 보존되지 않는다면 아주 의의가 큰 것으로 된다.

　이 《리문》란 책의 전모를 보이기 위해서는 제 11장 이하의 부분도 소개하여야 한다. 그 중에도 경지 면적 계산법에 관한 부분은 조선의 수학 보급 상태를 연구하는 데 있어 중요한 자료다. 그러나 본 저서와 너무 거리가 먼 문제까지를 덧붙이여 넣을 수는 없다. 따라서 부득이 할애(割愛)하기로 한다.

리 두 연 구
1957년 12월 25일 인쇄
1957년 12월 30일 발행
저 자 **홍 기 문**
발 행 조선 민주주의 인민 공화국
과 학 원 출 판 사
인 쇄 로동 신문 출판 인쇄소

과—187　　　　　갑 240원　　　　2,000부 발행

海外우리語文學硏究叢書60

리두연구

1995년 12월 1일 인쇄
1995년 12월 10일 발행

저자 홍 기 문
발행 과학원출판사
영인 **한국문화사**
133-112 서울시 성동구 성수1가 2동 13-156
전화 464-7708, 499-0846
팩스 499-0846
등록 제2-1276호

값15,000원

ISBN 89-7735-174-X